DIE HEILIGE SCHRIFT IN DEUTSCHER ÜBERSETZUNG

EZECHIEL

DIE HEILIGE SCHRIFT

IN DEUTSCHER ÜBERSETZUNG

ECHTER-BIBEL

DAS ALTE TESTAMENT

Herausgegeben von

DDr. FRIEDRICH NÖTSCHER

o. Professor an der Universität Bonn

unter Mitarbeit von

Professor Dr. Johann Fischer, Niederstaufen / Professor Dr. Vinzenz Hamp, Freising / Professor Dr. Hubert Junker, Trier / Professor Dr. Martin Rehm, Eichstätt Professor Dr. Heinrich Schneider, Mainz / Lektor DDr. Dionys Schötz OFM, München Professor DDr. Friedrich Stummer, München / Professor Dr. Joseph Ziegler, Würzburg

DAS NEUE TESTAMENT

Herausgegeben von

DDr. KARL STAAB

o. Professor an der Universität Würzburg

unter Mitarbeit von

Professor Dr. Joseph Kürzinger, Eichstätt, Professor DDr. Joseph Reuß, Regensburg und Professor Dr. Eduard Schick, Fulda

1953

ECHTER-VERLAG WÜRZBURG

DAS ALTE TESTAMENT

Herausgegeben von
PROFESSOR DDr. FRIEDRICH NÖTSCHER

EZECHIEL

von

Dr. JOSEPH ZIEGLER
o. Professor an der Universität Würzburg

1953

ECHTER-VERLAG WÜRZBURG

Imprimatur
Wirceburgi-Cellae Superiory, 26. Juli 1948
Dr. Miltenberger
vic. gen.

Ezechiel und Daniel erscheinen als 6. Lieferung der Echter-Bibel

Jeder Mitarbeiter trägt die Verantwortung für seinen Beitrag ausschließlich selbst

---

2. Auflage
Unveränderter Nachdruck der 1. Auflage 1948
Gesamtherstellung: Fränkische Gesellschaftsdruckerei Würzburg

Ezechiel

Von Joseph Ziegler

Die Zeit. Ezechiel ist der Prophet des Exils. Zwei Ereignisse sind für sein Wirken grundlegend: die erste Wegführung 597 und die Zerstörung Jerusalems 586. Die Jahre vor dem Fall mit ihren erschütternden Ereignissen sind in der Einleitung zu Jeremias näher geschildert.

Bei der ersten Wegführung 597 wurde der König Jojakin mit den Mitgliedern seiner Familie, den obersten Schichten der Bevölkerung, allen waffenfähigen Männern und ausgebildeten Handwerkern nach Babel gebracht; unter ihnen befand sich auch Ezechiel. Auch in der Fremde weilten seine Gedanken in der Heimat und beschäftigten sich viel mit dem Schicksal der Stadt und des Tempels, wie die Reden, Visionen und sinnbildlichen Handlungen in 1—24 deutlich zeigen. So erfahren wir verhältnismäßig wenig über die Zustände in der Exilsgemeinde (Gola) in Babylonien. Die Verschleppten waren in geschlossenen Siedlungen untergebracht; eine der wichtigsten, Tell-Abib 3[15], lag an einem Eufratkanal Kebar 1[1 3]. An der Spitze der Gemeinde standen die Ältesten 8[1] 14[1] 20[1]. Die Lage der Verbannten war nicht gänzlich verzweifelt. Wirtschaftlich konnte man durchkommen und sogar zu einem gewissen Wohlstand gelangen; es war möglich, eine Familie zu gründen und Landwirtschaft zu treiben Jer 29[5 f]; auch durch Handel und Geschäft konnte man seinen Lebensunterhalt bestreiten. Manche Verbannten wurden wohl zu Arbeiten städtebaulicher und landwirtschaftlicher Art für das Fremdland herangezogen, wie uns babylonische Berichte bezeugen; diese Fronarbeiten waren besonders drückend; sogar Greise wurden dazu verwendet vgl Is 47[6]. Manche mußten sich aus wirtschaftlicher Not an das Fremdvolk verkaufen und konnten nur als geplagte Sklaven ihr Leben fristen vgl Neh 5[8]. Gelegentlich sind auch Exulanten, vielleicht manchmal aus eigener Verschuldung (infolge Arbeitsverweigerung oder Unruhestiftung), öfters unschuldig, eingekerkert worden; verschiedene Stellen sprechen von Kerker und Gefängnis vgl Is 42[7 22] 49[9] 52[2]. Größer als die äußere Not aber war die innere Bekümmernis. Man war fern von der Heimat, von der geliebten Stadt Jerusalem und vom Tempel, „der Lust der Augen und dem Verlangen der Seele" 24[21]. Das Heimweh ließ manche Tränen fließen Ps 137[1].

Die religiös- sittliche Haltung der Verbannten war durch den Gang der Ereignisse auf das schwerste gefährdet; der Fall Jerusalems ließ viele am Glauben an Jahwes Macht zweifeln. Der Sieg der Babylonier über Jerusalem war nach der Ansicht der Heiden und auch der glaubensschwachen Juden zugleich ein Sieg Marduks über Jahwe, der nicht mächtig genug war, seine Stadt und sein Volk zu schützen. So mußten die Verbannten den Spott der Babylonier hören, die sagten: „Das ist Jahwes Volk, und (trotzdem) mußten sie aus seinem Lande ausziehen" 36[20]. Die prunkvollen Gottesdienste und feierlichen Prozessionen, bei denen die Statuen der babylonischen Götter einhergetragen wurden, machten auf die Israeliten sicherlich großen Eindruck. So sind manche nicht der Gefahr, die Bar 6[3-6] ausgesprochen ist, entgangen und zum Heidentum abgefallen. Solche Bestrebungen wurden sogar von den Ältesten unterstützt, die den heidnischen Bilderdienst in der Gemeinde einführen wollten, wie 20[32] zeigt: „Wir wollen wie die Völker sein..., indem wir Holz und Stein verehren". Daneben waren Zauberei und Wahrsagerei im Schwange, die auf heidnischem Boden und in fremdländischer Umgebung eine noch bessere Nahrung fanden als im Heimatland 13[17-23] Jer 29[8]. Viele gaben sich der falschen Hoffnung hin, daß das Exil nur kurze Zeit dauere; namentlich vor dem Fall Jerusalems dachte man an eine baldige Rückkehr in die Heimat. Solche falsche Erwartungen wurden von den „Lügenpropheten" erweckt, gegen die in der Heimat Jeremias und im Exil Ezechiel scharf Stellung nehmen mußten vgl zu 13[2].

Der Fall Jerusalems zerstörte diese falschen Hoffnungen und schuf bei den Gefangenen vielfach eine verzweifelte Stimmung 21 ^{12}, so daß der Prophet durch den Hinweis auf die Zukunft trösten mußte, die eine Wendung der Dinge bringen sollte.

Die religiöse Haltung der Exilierten von 597 war besser als die der in Jerusalem Zurückgebliebenen. Zwar dünkten sich diese als die Frömmeren; sie schauten mit Verachtung auf die Verbannten, die in die Fremde geschleppt wurden und dadurch „fern von Jahwe" weilen mußten 11 ^{15}; sie hielten sich für das „Fleisch im Topf", das wohlverwahrt sei 11 ^{3}; sie glaubten, ein Anrecht auf das von den Verschleppten zurückgelassene Eigentum, namentlich auf Grund und Boden zu haben 11 ^{15} 33 ^{24}. Dem gegenüber sagt Ezechiel, daß die Gola als der bessere Teil wieder in die Heimat zurückkehren werde, um dort ein neues Staatswesen aufzubauen 11 $^{17-20}$. Auch Jeremias zeigt durch sein Gesicht von den zwei Feigenkörben, daß der bessere Teil („die guten Feigen") die Gola sei, die als Trägerin der Verheißung wieder zurückgeführt werde Jer 24.

Die Lebensverhältnisse des Propheten. Der Name „Ezechiel" oder „Hesekiel" besagt: „Gott ist stark" oder „Gott macht stark". Ezechiel stammte aus priesterlichen Kreisen und war selbst Priester 1 ^{3}; seine Sprache verrät seine priesterliche Herkunft und kultische Einstellung (siehe unten). Er war verheiratet; seine Frau starb plötzlich vor der Zerstörung Jerusalems (Januar 586). Bei der ersten Wegführung 597 kam er nach Babylonien, näherhin nach Tell-Abib. Hier schaute er die große Vision vom Gotteswagen mit der Herrlichkeit Jahwes im fünften Jahre der Wegführung des Königs Jojakin (592) und wurde zum Propheten berufen 1 $^{1-28}$ 2 $^{1-7}$. Die Buchrolle, die er verschlingt 2 ^{8}-3 ^{3}, kennzeichnet seine Predigt hauptsächlich als Gerichtspredigt, da sie völlig mit „Klagen, Seufzen und Wehe" beschrieben war 2 ^{10}. Über zwanzig Jahre scheint er den Verbannten gepredigt zu haben; denn die letzte Weissagung ist auf den April 570 datiert 29 ^{17}. Über sein Ende wissen wir nichts Bestimmtes; die spätjüdische Überlieferung erzählt, daß er wegen seiner Predigt von einem Volksgenossen erschlagen worden sei.

Ezechiel ist zum „Wächter" des Hauses Israel bestellt 3 ^{17} 33 ^{7}; er fühlt sich für das Seelenheil jedes Einzelnen verantwortlich 3 $^{16-21}$ 33 $^{1-20}$. Die Ältesten des Volkes kommen zu Ezechiel, um ihn in ihren Anliegen zu befragen 8 ^{1} 14 ^{1} 20 ^{1}; er gibt ihnen Bescheid, allerdings nicht den von ihnen erwarteten. Er steht im harten Kampf gegen die falschen Propheten und Prophetinnen, die „Heil künden, wo doch kein Heil ist" 13 ^{10}, und die „Seelen fangen" 13 $^{18\,f}$. Er nimmt Stellung gegen die im Volk umlaufenden „Schlagwörter" 8 ^{12} 9 ^{9} 11 ^{15} 12 ^{22} 18 ^{2} 18 $^{25\ 29}$ 33 $^{17\ 20\ 24}$. So kann man mit Recht Ezechiel als den „Seelsorger" unter den Propheten bezeichnen.

Manche Ausdrücke bei der Schilderung des Verhaltens Ezechiels beim Empfang der göttlichen Offenbarungen werden vielfach in dem Sinne gedeutet, daß er an krankhaften, parapsychischen Zuständen gelitten habe. Das „Fallen auf das Angesicht" 1 ^{28} 3 ^{23} 9 ^{8} 11 ^{13} 43 ^{3} 44 ^{4}, das „Lasten der Hand Jahwes" auf den Propheten 3 ^{14} oder das „Kommen der Hand Jahwes" über Ezechiel 1 ^{3} 3 ^{22} 8 ^{1} 33 ^{22} 37 ^{1} 40 ^{1}, das seltsame sieben Tage dauernde Verhalten 3 ^{15}, das untätige Liegen auf der rechten und linken Seite 4 $^{4-8\ 9}$ sollen auf pathologische Zustände kataleptischer Art deuten; das „Verstummen" 3 $^{25-27}$ 24 ^{27} 33 $^{21\,f}$ sei eine krankhafte Sprachlähmung (Alalie). Jedoch ist bereits von medizinischer Seite gegen diese Auffassung Stellung genommen worden; die genannten Stellen lassen sich befriedigend auch auf andere Weise erklären. Das „Fallen auf das Angesicht" ist ein Zeichen der Ehrfurcht vor dem Göttlichen, das erst eintritt, wenn die Vision bereits geschaut ist; das „Lasten der Hand Jahwes" besagt den prophetischen Zwang, unter dem der Prophet handelt; das „Verstummen" ist als Schweigen und sich Zurückziehen aufzufassen, indem der Prophet nicht öffentlich auftritt.

In neuerer Zeit ist die Auffassung vertreten worden, daß Ezechiel nicht im Exil gewirkt habe, sondern in Jerusalem in der Zeit des Sidqia in den Jahren vor dem Fall der Stadt; wenn man einen exilischen Aufenthalt annehme, dann sei Ezechiel vielleicht erst um 585 nach Babylonien gekommen. Für einen palästinensischen Aufenthalt und für judäische Hörer würden besonders die Reden und Handlungen in 1—24 zeugen. Nicht die babylonische Gola, sondern die Bevölkerung Jerusalems sei das „Haus der Widerspenstigkeit", wie Ezechiel häufig (vierzehnmal) seine

Hörer nenne; nur auf die Bewohner von Juda-Jerusalem könne sich der scharfe Vorwurf des Götzendienstes beziehen, namentlich des Höhenkultes und der Kinderopfer 14$^{2-8}$ 20^{30}f. Die symbolischen Handlungen in 4 5 12 (Belagerungs- und Exilssymbolik) seien viel besser verständlich und wirksam, wenn sie in Jerusalem ausgeführt seien; der Ausdruck „inmitten der Stadt" 5^{2} verweise deutlich auf Jerusalem. Auch andere Wendungen setzten voraus, daß Ezechiel sich in Palästina befinde und zu den Bewohnern von Jerusalem-Juda spreche, so 12^{22} 18^{2} „im Lande Israel"; ähnlich würden die in Jerusalem Verbliebenen 33^{24} als Bewohner „dieser Ruinen" bezeichnet. Das Urteil, das Ezechiel der „Blutstadt" Jerusalem 22^{2} 24^{6} ^{9} sprechen soll, setze eine genaue Kenntnis der Zustände der Hauptstadt vor dem Fall voraus, die nur ein Einheimischer haben könne. Dagegen ist zu sagen, daß man den Aufenthalt Ezechiels im Exil nicht verneinen kann, da es nicht möglich ist, sämtliche Stellen, die vom Exil reden und es voraussetzen, als Werk eines Späteren auszuscheiden; Ezechiel hat sicherlich im Exil gelebt. Auch die Annahme eines doppelten, teils jerusalemischen, teils exilischen (etwa seit 585) Wirkungskreises ist nicht erforderlich. Richtig ist die Beobachtung, daß sich Ezechiel besonders in 1—24 an die Bewohner von Jerusalem wendet, die in der Ferne weilen, und nicht an die anwesenden Mitverbannten. Diese auffallende Tatsache kann man durch die Annahme des „Fernspruches" erklären; besser aber findet sie ihre Deutung durch die eigenartige Lage der Gola von 597. Der beherrschende Gedanke im Exil war das Schicksal der Heimat; denn mit dem Schicksal Jerusalems entschied sich auch die Lage der Exulanten. Bei ihnen war die Hoffnung lebendig, daß Jerusalem verschont bleibe und die Dauer der Verbannung nur kurz sei. Dem gegenüber muß Ezechiel betonen, daß der Fall der Hauptstadt unvermeidlich sei. Tag und Nacht weilen seine Gedanken in Jerusalem; sie beschäftigen ihn so stark, daß er in einer Vision nach dort getragen wird, wo er im Geiste den sogar im Tempel betätigten Götzendienst und die Einäscherung der Stadt schaut 8—11. Gegen eine Wirksamkeit Ezechiels in Jerusalem spricht auch ein Vergleich mit Jeremias. Dieser Prophet stand in größtem Gegensatz zu den Priestern, Propheten und Vertretern der nationalen Partei. Mit dem König Sidqia hatte er öfters vertrauliche Aussprachen. Seine prophetische Tätigkeit wurde vonseiten der Gegner aufs schärfste beobachtet, behindert und unterbunden. Ähnlich wurde sein Zeitgenosse, der Prophet Uria, verfolgt und sogar getötet Jer 26$^{20-23}$. Bei Ezechiel hören wir nichts von persönlichen Beziehungen zum König Sidqia und von Verfolgungen vonseiten der prophetischen Gegner.

Die Verkündigung des Propheten. Im Gegensatz zu den älteren Propheten, die zwar auch göttlicher Visionen gewürdigt werden, sinnbildliche Handlungen vollziehen und Gleichnisse (Bilderreden) dem Volke vortragen, spielen diese Formen der Verkündigung bei Ezechiel eine Hauptrolle. Bei jenen treten sie nur vereinzelt auf und werden in knappen Worten geschildert. Ezechiel dagegen ist breit und ausführlich, beschreibt alles bis ins einzelne und geht manchmal nach unserer Auffassung in der Darstellung zu sehr in die Breite. Ausführlich schildert er in seiner Berufungsvision die Herrlichkeit Gottes, der auf dem Gotteswagen über den viergestaltigen Keruben thront 1$^{4-28}$ 10$^{1-22}$. Dabei scheut er sich aber, das Göttliche in zu menschlicher Weise zu schildern, und sagt immer, daß er „etwas wie" oder „etwas, das aussah wie", oder „etwas, das eine Ähnlichkeit hatte mit" geschaut habe. Die Dinge der überirdischen Welt können ja nur vergleichsweise dargestellt werden. Ein übergroßes Ausmaß hat die Vision vom neuen Gottesreich; wie ein Architekt entwirft hier Ezechiel den Tempel mit genauer Angabe der Maße, stellt wie ein Gesetzgeber das neue Kultgesetz auf und verteilt wie ein Landesherr Palästina unter die Stämme Israels 40—48. Die Vision von der Auferstehung der Toten 37$^{1-14}$ verrät seine dichterische Gestaltungskraft.

Besonders häufig sind die symbolhaften Handlungen, die Ezechiel im Auftrag Gottes ausführt. Sie sollen die Aufmerksamkeit seiner Volksgenossen wachrufen; wenn sie dann fragen, was der Prophet tut, und ihn um Aufklärung der sinnbildlichen Handlungen bitten 12^{9} 21^{12} 24^{19} 37^{18}, gibt er ihnen Aufschluß. Er stellt die Belagerung Jerusalems und die Dauer der Gefangenschaft dar 4, die Vernichtung des Volkes bis auf einen Rest 5$^{1-4}$, den Auszug in die Verbannung 12$^{1-16}$, die Not der Belagerung 12$^{17-20}$, den Schrecken bei der Kunde vom Fall der Stadt 21^{11}f.

den König von Babel an der Wegscheide 21[23-28], die Unmöglichkeit der Trauer beim Fall Jerusalems 24[15-24] und die Vereinigung beider Reiche 37[15-22]. So ist Ezechiel für seine Umgebung ein „Wahrzeichen" 12[6 11] 24[24 27]; wie der Prophet gehandelt hat, so wird auch Israel tun.

Nicht alle symbolischen Handlungen wurden auch wirklich ausgeführt; so wird die sinnbildliche Handlung mit dem rostigen Topf 24[3-14] ausdrücklich als „Gleichnis" bezeichnet 24[3], das dem widerspenstigen Haus Israel vorzutragen ist. Eine Reihe von Gleichnissen erzählt der Prophet, die manchmal sehr umfangreich und bis aufs kleinste ausgemalt sind, so das Gleichnis in Kap. 16 über Jerusalem als treulose Ehebrecherin und in Kapitel 23 über Samaria und Jerusalem, die als zwei böse Schwestern und unverschämte Dirnen dargestellt werden. Weitere Gleichnisse sind: Kap. 15 Juda als unbrauchbares Rebholz, das verbrannt wird; Kap. 17 Nebukadnezar als großer Adler (und ebenso der Pharao als großer Adler), der den König nach Babel wegschleppt; Kap. 19 Juda als Löwin und die Könige als Löwen, die gefangen nach Babel geführt werden; Juda als Weinstock, den Jahwe verpflanzt; Kap. 21[1-5] Jerusalem-Juda als Wald, der verbrannt wird; Kap. 27 Tyrus als Prachtschiff, das untergeht; Kap. 29[1-6a] 32[1-8] der Pharao als Drache (Krokodil), der gefangen, und Kap. 31 der Pharao als Zeder, die gefällt wird.

Die Visionen und symbolischen Handlungen erinnern uns an die späteren Apokalyptiker; in der Schilderung des Ansturmes des Gog von Magog gegen das Gottesvolk am Ende der Tage Kap. 38 f „enthüllt" der Prophet den Verlauf des Kampfes der feindlichen Weltmächte gegen das Gottesreich, wie er in der apokalyptischen Literatur öfters geschildert wird; so kann man mit Recht Ezechiel als „Vater der Apokalyptik" bezeichnen.

Der priesterliche Beruf hat die theologischen Anschauungen Ezechiels weithin beeinflußt und seinen Stil geformt. Die Hauptaufgabe der Priester ist nach Ezechiel die Befolgung des Gesetzes, namentlich des levitischen Reinheitsgesetzes, „den Unterschied zwischen Rein und Unrein zu lehren" 22[26] 44[23]. In diesen Kategorien von „Rein und Unrein" denkt und redet der Prophet immer wieder. Er selbst ist von Jugend auf erzogen, die levitischen Speisegesetze gewissenhaft zu halten, und erschrickt vor der Zumutung, etwas Unreines zu essen 4[14]. Das Volk „befleckt sich" durch seine Sünden 14[11] 20[30 43] 37[23], namentlich durch den Götzendienst 20[7 18 31] 22[3 4] 23[7 30] 37[23] und durch die Kinderopfer 20[26 31]. Der Tempel ist durch den Götzendienst „entweiht" 5[11] 7[22 24] 23[38 39] 24[21]; das Land ist durch die Sünden „verunreinigt" 36[17]. Jahwes Name ist „entweiht" 20[39] 36[20-23] 39[7] 43[7 f]. Oft erhebt der Prophet den Vorwurf, daß die Israeliten die Sabbate „entweiht" hätten 20[13 16 21 24] 22[8] 23[38]. Deshalb ist es notwendig, daß das Volk in der kommenden Heilszeit mit reinem Wasser besprengt und von seinen Sünden „gereinigt" werde 36[25 33]. Durch die vielen Leichname ist nach dem Sieg über Gog das Land Israel verunreinigt; die große Sorge bedrückt den Propheten, daß es wieder gereinigt werde 39[12 14 16]. So sind es hauptsächlich kultische Sünden, die Ezechiel rügt, sein Ziel ist: ein heiliges Volk in einem heiligen Land.

Neben den kultischen Vergehen tadelt Ezechiel auch die sittlichen und sozialen Mißstände im Volk: Geringschätzung von Vater und Mutter 22[7], Bedrängung der Witwen und Waisen 22[7 25], Vernachlässigung der Armen 18[7 16] 22[29], Bedrückung der Fremden 22[7 29], Wucher, Erpressung und Bestechung 18[7 f] 22[12], Unzucht und Ehebruch 18[6] 22[10 f], Mord und Totschlag („Blut vergießen") 18[10] 22[2-4 6 9 12 27] 33[25] 36[18].

Das Bild der Sünden des Volkes malt Ezechiel in dunklen Farben. Die ganze Geschichte Israels ist ein ständiger Abfall von Jahwe. Während die früheren Propheten wenigstens noch einige lichte Seiten gelten ließen (so die erste Zeit in der Wüste als die Zeit der jungen, anhänglichen Liebe Jer 2[2] Os 2[16 f] 11[1]), ist nach der Predigt Ezechiels Israel von Anfang an völlig verdorben und entartet (in rhetorisch-übertriebener Weise verschweigt der Prophet die lichten Seiten); schon sein Usprung ist heidnisch 16[3], bereits in Ägypten fiel es zum Götzendienst ab 23[3], dann erst recht in der Wüste und in Kanaan Kap. 16 23. Der ganze Abscheu des Propheten gilt den fremden Gottheiten, denen Israel nachgelaufen ist;

sehr häufig verwendet er für sie die auch sonst gebrauchten derben Bezeichnungen „Götzen“ und „Scheusale“.

Diese ausführliche Darstellung des Abfalles Israels in Vergangenheit und Gegenwart mußte der Prophet bringen, um seinen Hörern das unabänderliche Kommen des Gerichtes (Zerstörung Jerusalems) einzuprägen. Jahwe ist ein Gott der Gerechtigkeit, der Israel wegen seiner Sünden strafen muß. Diesen Ausführungen konnten sich die Verbannten nicht verschließen; sie mußten zugeben, daß Jahwe gerecht gehandelt habe, wenn er ihre Vorfahren in der Wüste ob ihrer Sünde bestrafte; aber sie wehrten sich dagegen, daß auch die „Gerechten“ (zu diesen zählten sie sich im Gegensatz zu den in der Heimat Verbliebenen, und zwar teilweise mit Recht) für die Sünden der Väter büßen sollten, indem sie das Sprichwort zitieren: „Die Väter haben Herblinge gegessen, und den Söhnen wurden die Zähne stumpf“ 18^{2} (auch Jer 31^{29}). Demgegenüber betont Ezechiel die individuelle Vergeltung: Gott straft nur den Bösen und belohnt den Guten 3$^{16-21}$ 18$^{3-32}$ 33$^{1-20}$. Ezechiel macht dies auch deutlich durch ein Beispiel das er anführt: Wenn Gott über ein Land, in dem nur drei gerechte Männer wie Noe, Daniel und Job wohnten, ein Unheil senden würde, so müßten alle Menschen darin umkommen, und nur die drei gerechten Männer würden gerettet werden 14$^{12-20}$.

Die Strafgerechtigkeit Gottes wirkt sich jedoch nicht voll aus, weil mit der Vernichtung des Volkes Israel auch Jahwes Geltung als Gott Israels bedroht ist. Seine Ehre, sein „heiliger Name“, fordert die Erhaltung und Begnadigung Israels. Schon in der Wüste hätte er eigentlich sein Volk ob der Sünden vernichten müssen; aber er tat es nicht, „damit nicht sein heiliger Name entweiht würde“ 20$^{9\ 14\ 22}$. Durch das Exil ist das Ansehen Jahwes bei den Völkern gesunken und „sein Name entweiht“. So wie sich Jahwe durch das Gericht an den Völkern (an Sidon 28^{22}, an Gog 38$^{16\ 23}$) „heilig erweist“, so verherrlicht er sich auch vor den Augen der Völker durch die Sammlung und Heimführung Israels 20^{41} 28^{25} 36^{23} 39^{27}. Nicht aus Liebe und Barmherzigkeit, um Israels willen, sondern wegen seiner Ehre, „um seines Namens willen“ 36^{22}, begnadigt Jahwe sein Volk. Die Ehre Gottes ist das Motiv des göttlichen Handelns; das große Anliegen Ezechiels lautet: „Geheiligt werde dein Name!“.

Das Buch des Propheten. Wie die Datierung vieler Stücke zeigt, ist das Buch im Laufe einer langen Reihe von (über zwanzig) Jahren entstanden. Ezechiel hat diese Stücke wohl selbst zu einem Ganzen vereinigt. Sehr viele Teile liegen in einer doppelten Gestalt vor (Parallelstücke)· Der göttliche Thronwagen ist zweimal beschrieben in 1 und 10; die Aufgabe des Propheten als „Wächter“ ist 3$^{16-21}$ und 33$^{1-9}$ mit ähnlichen Worten dargestellt; die Ausführungen über Sünde und Strafe in 18$^{21-32}$ berühren sich eng mit denen in 33$^{10-20}$. Hier ist nicht leicht zu entscheiden, welche Ausführungen auf Ezechiel und welche auf einen späteren Redaktor zurückgehen. An zahlreichen Stellen ist der Text auch durch Auffüllungen erweitert. die gewöhnlich in der Septuaginta fehlen; sie sind durch [ ] gekennzeichnet.

Der Text ist oft verderbt und kann nicht immer befriedigend hergestellt werden. Schon die Septuaginta stand solchen Stellen ratlos gegenüber; auch die neueren Übersetzer können sich vielfach nicht helfen z. B. 21^{18} 23^{43}.

Berufung zum Propheten

1 1-3 Zeit und Ort der Berufung

1 Es geschah im dreißigsten Jahre, im vierten (Monat), am fünften des
Monats, als ich mich inmitten der Verbannten am Flusse Kebar aufhielt, da
öffnete sich der Himmel, und ich schaute göttliche Gesichte. 2 Am fünften
des Monats — das ist das fünfte Jahr der Wegführung des Königs Jojakin —
3 da erging das Wort Jahwes an Ezechiel, den Sohn des Buzi, den Priester,
im Lande der Kaldäer am Flusse Kebar, und es kam über *mich* [dort] die
Hand Jahwes.

1 4-28 Die Gotteserscheinung

Die vier Lebewesen

4 Ich schaute, und siehe: ein Sturmwind kam von Norden, eine große Wolke
und flackerndes Feuer [und Glanz rings um ihn her]; aus dessen Mitte
(strahlte es) wie das Blinken von Glanzerz [aus der Mitte des Feuers]. 5 In

1 3 ʿālaj mit dreizehn Hss G Syr; M: „über ihn".

1 1 Die Zeitangabe im „dreißigsten" Jahre ist schwierig. Manche denken an das 30. Lebensjahr des Propheten (kommt wohl nicht in Frage, da der Prophet dies deutlicher ausgedrückt hätte), andere an das 30. Jahr nach der Kultreform (621) des Josia 4 Kg 22 f (591; so T und Hier). Diese Annahme wird durch 2 gestützt, wo das 5. Jahr seit der Exilierung des Jojakin (597) genannt wird, also 592. Das 30. Jahr der Wegführung kann nicht gemeint sein, da dies Datum (567) zu spät ist. Man könnte auch daran denken, daß Ezechiel, da er in Babylonien weilt, die Regierungszeit des Nebukadnezar als Zeitrechnung nimmt, wie es Jer 52 29-30 geschehen ist. Aber dann paßt das 30. Jahr wiederum nicht, außer man müßte eine Textverderbnis annehmen und dafür das „dreizehnte" Jahr einsetzen, das 592 entspricht. Der 4. Monat ist der Tammuz (Juni/Juli). Das Datum ist der Juli 592. Die Weggeführten sind die unter Jojakin 597 nach Babylon gebrachten Juden. Der Kebar (nar Kabaru) ist ein Euphratkanal, der von Babel in südöstlicher Richtung über Nippur führt und wieder in den Euphrat einmündet; er wird keilinschriftlich in den Kontrakten aus der Zeit des Artaxerxes I. erwähnt (424).

2 Das 5. Jahr der Wegführung Jojakins ist das Jahr 592 vgl 1. 2 und 3a werden von manchen als später ausgeschieden.

3 Man kann übersetzen „den Priester" (auf Ezechiel bezogen), oder auch „des Priesters" (auf Buzi, den Vater des Ezechiel, bezogen). Die „Hand Jahwes" bezeichnet die Macht Gottes, die den Propheten in seinen Dienst zwingt Is 8 11 Jer 15 17. Bei Ezechiel ist diese Redewendung häufig; sie besagt hier genauer, daß die Ekstase über den Propheten kommt 3 14 22 8 1 33 22 37 1 40 1. An den beiden zuletzt genannten Stellen ist zugleich die Entrückung des Propheten geschildert.

4 Der Sturmwind ist der Träger der Wolke, in der Gott erscheint. Auch sonst ist der Sturmwind mit der Theophanie verbunden 3 Kg 19 11 Nah 1 3. Die Wolke ist wohl eine Gewitterwolke, aus der Blitze fahren. Auch Lichtglanz und Feuer gehören zur Theophanie vgl 3 Kg 19 11 f. Es ist auffallend, daß das Erdbeben hier nicht genannt ist, das sonst das Erscheinen Gottes begleitet. „Glanzerz" (G V „electrum") wird nur noch 27 und 8 2 genannt. Es ist vermutlich eine Mischung von Gold und Silber. Die Gotteserscheinung kommt „von Norden", nicht weil im hohen Norden der sagenhafte Götterberg als Sitz der Gottheit liegt Is 14 13 Ps 48 3, oder weil vom Norden der Weg von Babel nach Jerusalem führt, sondern weil nach atl Auffassung das Unheil von Norden hereinbricht 9 2 26 7 Jer 1 13 f 4 6 10 22. Als Gott des Gerichtes kommt er von dieser Richtung.

5 Zunächst sieht der Prophet die Gotteserscheinung von der Ferne vgl 4. Beim

seiner Mitte (war) etwas, das vier Lebewesen glich; dieses aber war ihr Aus-
sehen: sie hatten Menschengestalt. 6 Ein jedes hatte vier Gesichter und jedes
von ihnen vier Flügel. 7 Ihre Füße waren *gerade* und ihre Fußsohlen *gerun-
det;* sie funkelten wie das Blinken von glattem Erz. 8 Sie hatten Menschen-
hände unter ihren Flügeln an den vier Seiten; die Gesichter [und ihre
Flügel] der Viere 9 — es waren nämlich ihre Flügel miteinander verbun-
den — wandten sich nicht, wenn sie gingen; ein jedes (Lebewesen) ging ge-
rade vor sich hin. 10 Das Aussehen aber ihrer Gesichter war so: ein Men-
schengesicht *(nach vorne hatten die Viere),* ein Löwengesicht nach rechts
hatten die Viere, ein Stiergesicht nach links hatten die Viere und ein Adler-

1 7 Streiche rægæl und lies j^{e}šārōt. — ʿ^{a}gullāh mit T Aq; M: „wie die Fußsohle eines Kalbes“.
10 Füge ein: miqqædæm l^{e}ʾarbaʿtān und: l^{e}ʾāḥōr.

Näherkommen unterscheidet er vier Lebewesen, die menschenähnlich aussehen; sie stehen aufrecht, haben Füße und Hände wie Menschen. Im weiteren Verlauf werden diese Lebewesen noch näher beschrieben. Der Prophet kann die Erscheinung nicht genau schildern. Er scheut sich, die himmlischen Gestalten mit Worten, die sich nur auf irdische Dinge anwenden lassen, zu beschreiben. Er sagt immer, daß das Geschaute „aussah wie“, oder „eine Ähnlichkeit“ hatte, oder „ein Bild“ war.

6 Besonders auffallend ist, daß jedes Wesen vier Gesichter hatte vgl 10 10 14. Ebenso hatte jedes vier Flügel vgl 11.

7 Nach M heißt es, daß ihre Fußsohlen „wie die Fußsohlen eines Kalbes“ waren; diese Vorstellung würde durch eine weitere Textkorrektur gestützt, wenn man lesen würde „ihre Beine waren *Stier*beine“. Es ist aber nicht anzunehmen, daß die Füße diese Gestalt gehabt hätten. Besser ist mit der oben gegebenen Übersetzung zu lesen: die Beine waren gerade und unten abgerundet, damit sie sich leicht nach allen vier Seiten bewegen konnten, ohne umzuwenden vgl 9 17. Sie funkelten wie geglättetes Erz vgl Dan 10 6.

8 Weil die Flügel nach oben ausgebreitet waren 11, sah der Prophet die Hände. Die Darstellung läßt vier Hände bei jedem Wesen vermuten, die den vier Flügeln entsprechen.

9 Der erste Versteil ist wohl sekundär vgl 11. Die vier Wesen bildeten ein Viereck, an dessen vier Seiten in der Mitte immer ein Wesen stand, das mit seinem Menschenangesicht nach vorne sah. Es ist nicht genau zu sagen, wie die Bewegung gedacht ist; wenn jedes Wesen gerade vor sich hin ging, dann mußten sie doch auseinanderstreben; aber dies ist verneint. Es ist wohl so vorzustellen, daß die vier Wesen immer der Richtung des Wesens folgten, das die Richtung angab. Oder ist hier nicht mit irdischen Maßstäben zu messen, da es eben ein himmlisches Gefährt ist, dessen Bewegung menschliche Vorstellungskraft übersteigt?

10 Die vier Gesichter waren ein Menschengesicht, ein Löwengesicht, ein Stiergesicht und ein Adlergesicht. Die Lebewesen, die Johannes schaut Apk 4 7, sind nicht viergesichtig, sondern das erste glich einem Löwen, das zweite einem Stier, das dritte hatte ein Menschengesicht und das vierte glich einem Adler. Bei der Darstellung der viergesichtigen Lebewesen war der Prophet wohl von den Mischgestalten der babylonischen Götterwelt abhängig. Wie aufgefundene Bildwerke zeigen, gab es verschiedene Verbindungen: Menschen mit Adlerkopf, Stiere mit Menschenkopf und ähnliche Doppelwesen. Oftmals wurden Löwen mit Flügeln als Träger des Gottesthrones verwendet. Man kann auch auf den Baal tetramorphos, „den viergestaltigen Baal“, hinweisen. Bekannt sind die ägyptischen Sphinxe. Die vier Gesichter sollen das Wesen Gottes kennzeichnen: Der Mensch als Bild der Vernunft Spr 30 2 bezeichnet die Weisheit Gottes. Der Löwe als König der Tiere Spr 30 30 versinnbildet die Hoheit und Majestät Gottes. Der Stier als Bild der Kraft bezeichnet die Macht Gottes; Jahwe selbst wird „Stier Jakobs“ genannt Gen 49 24 Is 1 24 49 26 60 16 (gewöhnlich im abge-

gesicht *(nach rückwärts)* hatten die Viere. 11 [Und ihre Gesichter] und ihre Flü-
gel waren nach oben ausgespannt; je zwei waren miteinander verbunden und
je zwei bedeckten ihre Leiber. 12 Ein jedes (Lebewesen) ging gerade vor sich
hin; wohin der Geist sie trieb zu gehen, dahin gingen sie. Sie wandten sich
nicht, wenn sie gingen. 13 *Zwischen* den Lebewesen war etwas, das aussah
wie glühende Feuerkohlen, wie Fackeln, die zwischen den Lebewesen hin-
und herfuhren; das Feuer hatte einen (hellen) Glanz, und aus dem Feuer
gingen Blitze hervor. [14 Und die Lebewesen liefen hin und her, so daß sie
wie Blitze aussahen.]

Die Räder

15 Ich schaute [die Lebewesen], und siehe: ein Rad war auf der Erde neben
den Lebewesen *bei den Vieren.* 16 Die Räder sahen aus [und waren gearbei-
tet] wie das Blinken von Tarsis; die Viere hatten die gleiche Gestalt; [und

1 13 übetōk mit G; M: „und die Ähnlichkeit".
15 le'arba'tān vgl G Syr; M: „den vier Gesichtern".

schwächten Sinn als „Starker Jakobs bzw. Israels" übersetzt). Der Adler ist das Bild der Schnelligkeit, der sich auf seine Feinde stürzt Dt 28 49 Os 8 1 Jer 4 13; Jahwe wird mit dem Adler verglichen, der sein Volk auf seinen Flügeln trägt Ex 19 4 Dt 32 11; unter dem „Schatten seiner Flügel" ist man geborgen Ps 17 8 36 8 57 2 63 8 91 4. Der Adler versinnbildet die schützende Macht Jahwes. Bei den Vätern (erstmalig bei Irenäus von Lyon) stellen die viergestaltigen Wesen das viereinige Evangelium dar; deshalb ihre Verwendung als Evangeliensymbole in der christlichen Kunst.

11 Die Flügel waren nach oben in wagrechter Richtung ausgespannt, so daß die Flügel der vier Wesen einander berührten. Es ist nicht so zu verstehen, daß die Flügel nach oben in senkrechter Richtung erhoben waren, so daß die zwei Flügel des gleichen Wesens sich berührten; so hätten sie ihre Häupter verdeckt. Indem die Flügel einander berührten, bildeten sie ein Viereck. Mit dem anderen Flügelpaar bedeckten sie die Leiber, näherhin die Pudenda. Bei Is 6 2 haben die Seraphe ein weiteres Flügelpaar (also 6 Flügel; ebenso die Lebewesen der Apk 4 8; Johannes verbindet die Vorstellung der Kerube des Ez mit den Seraphen des Is), mit dem sie ihr Antlitz bedeckten, damit sie nicht Gott sahen. Dies ist hier nicht notwendig, weil Gott über den Wesen thront, und so nicht von ihnen gesehen werden kann. Auch bei Isaias bedecken zwei Flügel der Seraphe ihren Leib.

12 Hier ist dasselbe gesagt wie 9; neu ist nur, daß der göttliche Geist die bewegende Kraft ist. Dieser Geist als treibende Macht ist auch in den Rädern neben den Lebewesen 20 f 10 17.

13 Zwischen den vier Lebewesen befand sich ein Feuer, das näher beschrieben wird, ohne jedoch genau gekennzeichnet zu werden: es sah aus wie Feuerkohlen und Fackeln; es hatte einen Lichtglanz, und Blitze gingen aus. Diese vier Dinge gehören zur Theophanie vgl die Theophaniepsalmen 18 und 97, ferner Gen 15 17 (Feuerfackeln) Ex 19 16 (Blitze) 20 18 (Fackeln) Hab 3 4 (Glanz).

14 Glosse, fehlt in G. Würden die Wesen wie Blitze hin und her laufen, so hätte sie der Prophet nicht erkannt. Wenn der Satz ursprünglich ist, dann muß man ein anderes Subjekt annehmen. Nach 13 fahren die Fackeln wie Blitze hin und her.

15 Neben den vier Lebewesen befanden sich vier Räder. Sie standen auf dem Boden, d. h. auf dem unteren Teil, auf der Basis des Visionsbildes. Auch Daniel sieht den Gottesthron auf Rädern von loderndem Feuer stehen Dan 7 9. Diese Räder begründen die Vorstellung vom Gotteswagen (Merkaba). Er wird auch 43 3 (nach G) Sir 49 8 1 Chr 28 18 genannt und Dan 7 9 vorausgesetzt. Der auf seinem Wagen einherfahrende Gott wird öfters dargestellt Is 66 15 Hab 3 8 Ps 68 5 18; manchmal gelten die Wolken als Gefährt Jahwes Dt 33 26 Is 19 1.

16 Die Räder sahen aus wie Tarsisstein, ebenso 10 9; Tarsis ist ein Edelstein 28 13, ein Chrysolith (so V 10 9) oder Türkis. Dieses Aussehen hatte auch der

sahen aus] sie waren so gearbeitet, als ob ein Rad inmitten des (anderen)
Rades wäre. 17 Nach den vier Seiten konnten sie gehen [wenn sie gingen];
sie wandten sich nicht, wenn sie gingen. 18 *Auch Felgen hatten sie; ich schaute,*
und siehe: ihre Felgen waren voll Augen ringsum bei den Vieren. 19 Wenn
die Lebewesen gingen, gingen (auch) die Räder neben ihnen; wenn die Lebe-
wesen sich von der Erde erhoben, erhoben sich (auch) die Räder. 20 Wohin der
Geist sie trieb zu gehen, gingen [dorthin (trieb sie) der Geist zu gehen] auch
die Räder. Sie erhoben sich gleichzeitig mit ihnen; denn der Geist der Lebe-
wesen war in den Rädern. 21 Wenn sie (die Lebewesen) gingen, gingen (auch)
sie (die Räder); wenn sie stehen blieben, blieben (auch) sie stehen; und
wenn sie sich von der Erde erhoben, erhoben sich (auch) die Räder gleich-
zeitig mit ihnen; denn der Geist der Lebewesen war in den Rädern.

Der Thron

22 Über den Häuptern *der* Lebewesen war etwas wie eine Feste, wie das
Blinken von [furchtbarem] Kristall, ausgebreitet über ihren Häuptern nach
oben. 23 Unterhalb der Feste waren ihre Flügel *ausgespannt,* einer neben dem
anderen; ein jeder hatte zwei, mit denen sie ihre Leiber bedeckten [ein jeder
hatte zwei, mit denen sie bedeckten]. 24 Ich hörte das Rauschen ihrer Flügel
wie das Rauschen vieler Wasser [wie die Stimme des Allmächtigen], wenn
sie gingen [Getöse eines Geräusches wie das Rauschen eines Heerlagers];
wenn sie standen, ließen sie ihre Flügel herabhängen. 25 Und es ward ein

1 18 w^{e}gabbōt lāhæm wā'ēræ' w^{e}hinnēh; M: „und ihre Felgen, und Höhe (war) ihnen und Furcht (war) ihnen".

22 Plur. mit einigen Hss und den Übss; M: Sing.

23 p^{e}rūdōt vgl 1 11.

himmlische Bote Dan 10[6]. Die Räder waren alle gleichartig. Sie sind als Kugelräder gedacht. Daß die Räder an einer Achse befestigt waren, ist nicht gesagt. Aber sie setzen voraus, daß das Ganze eine Art Wagen, ein Gefährt, bildete. Über diesen Gotteswagen hat das spätere Judentum viel geschrieben.

17 Als Kugelräder konnten sie sich nicht nur vor- und rückwärts bewegen, ohne wenden zu müssen, sondern auch nach rechts und links, also nach vier Seiten, wohin gerade die Lebewesen gingen.

18 Die Felgen waren voller Augen. Nach 10[12] waren die Kerube und die Räder mit Augen bedeckt. Man kann auf Zach 3[9] verweisen, wo ein Stein mit sieben Augen erwähnt wird. Die Augen sollen wohl auf die Allwissenheit Gottes hindeuten. Die Lebewesen der Apk hatten nach 4[6] Augen „vorne und hinten"; nach 4[8] waren ihre (sechs) Flügel „ringsum und innen voller Augen."

19-21 Zwischen Rädern und Wesen bestand eine enge Beziehung. Die Bewegung war die gleiche; das treibende und lenkende Prinzip war ebenfalls das gleiche, nämlich der Geist vgl zu [12].

22 Die Feste (oder das Firmament) zu Häupten der Wesen ist nicht als Wölbung, sondern als feste Platte vorzustellen, die den göttlichen Thron trug. Ähnlich sahen Moses und die Ältesten Ex 24[10] einen Estrich aus Saphirplatten, der einen hellen Glanz ausstrahlte und die Unterlage der Füße Gottes bildete.

23 Es ist nicht gesagt, daß die ausgespannten Flügel den Estrich trugen; nach [24b] („wenn sie standen, ließen sie ihre Flügel herabhängen") kann dies nicht gemeint sein. Die Feste ruhte auf den Häuptern der Kerube.

24 Das Schlagen der Flügel war auffallend stark. Ezechiel vergleicht es mit dem Rauschen des Meeres. Der Vers ist durch Glossen erweitert. Auch 43[2] hört der Prophet beim Nahen der Herrlichkeit Gottes ein Rauschen, das dem Rauschen vieler Wasser glich. Ob der Vergleich mit dem Heerlager darauf hinweist, daß in der Begleitung der Gottheit die himmlischen Heerscharen sind, ist nicht auszumachen.

25 fehlt in neun Hss und stammt wohl als Glosse aus [24].

Rauschen (gehört) oberhalb der Feste, die zu ihren Häupten war; wenn sie
standen, ließen sie ihre Flügel herabhängen.

Die Herrlichkeit Gottes

26 Oberhalb der Feste, die sich zu ihren Häupten befand, war etwas, das aus-
sah wie Saphirstein, das einem Throne glich; auf dem, was einem Throne glich,
war oben darauf eine Gestalt, die einem Menschen glich. 27 Dann sah ich etwas
wie das Blinken von Glanzerz [das wie Feuer aussah, sein Gehäuse ringsum].
Von dem an, was aussah wie seine Hüften aufwärts, und von dem an, was
aussah wie seine Hüften abwärts, sah ich etwas, das wie Feuer aussah, und
Glanz war rings um ihn her. 28 Wie der Regenbogen aussieht, der im Ge-
wölk am Regentage erscheint, so sah der Glanz rings um ihn aus. Dies war
das Aussehen von dem, was der Herrlichkeit Jahwes glich. Ich schaute (sie);
dann fiel ich auf mein Angesicht nieder und hörte die Stimme eines, der
redete.

2 1-3 27 Weihe und Sendung des Propheten

Der göttliche Auftrag

1 Er sprach zu mir: Menschensohn, stelle dich auf deine Füße; ich will mit
dir reden! 2 Da kam Geist in mich [als er mit mir redete] und stellte mich auf

26-28 Bei der Schilderung der Herrlichkeit Gottes vermeidet es der Prophet noch mehr als im Vorhergehenden, eine genaue Schilderung zu geben. Er sagt immer, daß alles nur eine Ähnlichkeit hatte; 8mal verwendet er den Ausdruck „das Aussehen wie" oder „das aussah wie" und 4mal „eine Ähnlichkeit mit" oder „das glich". Der Prophet ist nicht in der Lage, mit passenden Worten die Herrlichkeit Gottes zu schildern.

26 Auf dem festen Untergrund, der wie Kristall aussah 22, war ein thronähnliches Gebilde, das blau wie Saphirstein war vgl Ex 24 10. In der Vision Is 6 1 sah der Prophet Jahwe auf einem Throne sitzen. Ezechiel sagt, daß es eigentlich kein Thron war, sondern nur einem Throne glich. Auch sagt er nicht, daß Jahwe auf dem Throne saß, sondern nur unbestimmt: eine menschenähnliche Gestalt. Dan 7 9 ist diese Gestalt als Greis mit weißem Gewand und weißem Haar beschrieben.

27 Die Gestalt war eine Lichtgestalt. Der obere Teil der Gestalt erstrahlte in einem helleren Lichte.

28 Der Lichtglanz ringsum wird als Regenbogen geschildert; er hatte also verschiedene Farben. Daß hier der Regenbogen zugleich das Friedenszeichen ist wie Gen 9 12-17, ist nicht angedeutet. Ezechiel sagt nicht, daß er Jahwe selbst reden hörte, sondern wiederum unbestimmt und zurückhaltend: „die Stimme eines, der redete" wie 2 2 43 6.

2 1 Der Eindruck der Gotteserscheinung ist auf den Propheten so groß, daß er vor Schrecken zu Boden fällt. Jahwe aber richtet ihn wieder auf. Stehend empfängt der Prophet den Auftrag zur Predigt vgl Dan 8 17 f 10 9-11. Hier begegnet uns zum ersten Mal die Anrede „Menschensohn", die sich über 90mal bei Ezechiel findet. Sonst ist die Anrede „Menschensohn" nur noch Dan 8 17 verwendet. „Menschensohn" besagt soviel wie „Mensch". Der Ausdruck ist von Ezechiel geprägt, um den Abstand zwischen Gott und Mensch auszudrücken und die Niedrigkeit und Nichtigkeit des Menschen gegenüber Gott auszusagen. Zugleich ist aber auch das Moment des Vertrauens ausgesprochen; der Prophet wird aufgemuntert, Gottes Botschaft bereitwillig entgegenzunehmen. Die messianische Bedeutung „Menschensohn" ist erst später im Anschluß an Dan 7 13 entwickelt.

2 Göttlicher Geist, nicht eigene Kraft, stellt den Propheten auf seine Füße 3 24. Der Prophet befindet sich nicht in einer Ohnmacht (er hört ja reden), sondern in einem lähmenden Schrecken, den die Erscheinung Gottes hervorgerufen hat wie Dan 8 17 f 10 9.

meine Füße; ich hörte ihn mit mir reden. 3 Er sprach zu mir: Menschensohn,
ich sende dich zu den Söhnen Israels, [zu Völkern,] den widerspenstigen, die
wider mich widerspenstig waren, sie und ihre Väter [haben sich gegen mich
verfehlt] bis auf eben diesen Tag. 4 Die Söhne sind noch frecheren Angesich-
tes und verstockteren Herzens; ich sende dich zu ihnen und du sollst zu
ihnen sprechen: „So spricht der Herr Jahwe“. 5 [Und sie,] mögen sie hören oder
mögen sie es lassen — denn ein Haus der Widerspenstigkeit sind sie —, so
sollen sie (doch) erkennen, daß ein Prophet unter ihnen ist. 6 Du aber, Men-
schensohn, fürchte dich nicht vor ihnen und erschrick nicht vor ihren Wor-
ten, wenn auch Disteln und Dornen um dich sind, und du auf Skorpionen
sitzen mußt. Vor ihren Worten fürchte dich nicht und vor ihrem Angesicht
erschrick nicht, denn ein Haus der Widerspenstigkeit sind sie. 7 Du sollst
meine Worte zu ihnen reden, mögen sie hören oder mögen sie es lassen;
denn *(ein Haus der)* Widerspenstigkeit sind sie.

Das Essen der Buchrolle

8 Du also, Menschensohn, höre, was ich zu dir sage! Sei nicht widerspen-
stig wie das Haus der Widerspenstigkeit! Öffne deinen Mund und iß, was ich
dir gebe. 9 Ich schaute, und siehe: eine Hand war gegen mich ausgestreckt,
und [siehe] darin war eine Buchrolle. 10 Er breitete sie vor mir aus, und sie
war auf der Vorder- und Rückseite beschrieben; geschrieben aber ward auf
ihr Klage, Seufzen und Wehe.

2 7 Ergänze bēt mit vielen Hss G Syr.

3 Der Prophet redet und handelt in einem besonderen göttlichen Auftrag. Der Ausdruck „senden“ ist amtlich Ex 3 10 Is 6 8 Jer 1 7; er bezeichnet die Berufung zum Propheten. Für den Abfall Israels wählt Ezechiel scharfe Ausdrücke. Hier ist bereits kurz ein Thema angegeben, das später (16 20 23) ausführlich behandelt wird: das jetzige Volk und die vergangenen Geschlechter haben Gott die Treue gebrochen. Israels Geschichte ist eine Kette ständigen Abfalls.

4 Der Prophet ist „Mund Gottes“ Ex 4 12 Jer 15 19; er muß Gottes Wort verkünden. „So spricht der Herr Jahwe“ ist die gewöhnliche Einleitungsformel der Gottesrede bei Ezechiel.

5 „Haus der Widerspenstigkeit“ ist die häufig (14mal) von Ezechiel gebrauchte Bezeichnung Israels. Der Name kennzeichnet das Wesen Israels; es ist Jahwe gegenüber völlig verstockt. Die spätere Erfüllung der prophetischen Worte wird die Wahrheit der Drohungen erweisen.

6 Ezechiel wird auf harten Widerstand und scharfen Widerspruch bei seinen Hörern stoßen. Er soll sich aber nicht entmutigen lassen. Sein Name „Ezechiel“ („Gott ist stark“ oder „Gott macht stark“) ist für den Propheten ermutigend. Wie Dornen und Disteln den Menschen belästigen und giftige Skorpionen (Dt 8 15 Sir 26 7 39 30; ihr Biß wirkt zwar nicht tödlich, ist aber sehr schmerzlich Apk 9 5) ihn stechen, so werden die Hörer durch ihr Verhalten den Propheten tief kränken.

7 Ezechiel muß Gottes Wort verkünden; er steht unter einem göttlichen Zwang. Die Erfolglosigkeit seiner Predigt darf ihn nicht von seiner Sendung abhalten vgl Is 6 9-12 Jer 1 17-19.

8-10 Jahwe selbst legt seine Worte dem Propheten in den Mund vgl Jer 1 9. Bei Ezechiel ist aber die göttliche „Inspiration“ anschaulicher geschildert: der Prophet nimmt die Botschaft Gottes in sich auf, indem er eine Buchrolle ißt (es geschieht alles in der Vision 2 2). Die Buchrolle versinnbildet die göttliche Botschaft. Sie ist vorzugsweise Unheilspredigt. Mit dem ersten Wort „Klage“ sind verschiedene Stücke im Buch Ezechiel bezeichnet 19 1 14 26 17 27 2 32 28 12 32 2 16. Die Rolle ist nicht nur wie gewöhnlich innen, sondern auch außen beschrieben, um die Menge der Unheilsprophezeiungen anzudeuten vgl Apk 5 1.

3 1 Er sprach zu mir: Menschensohn, [was du findest, iß,] iß diese Buch-
rolle; dann gehe hin und rede zum Hause Israel! 2 Da öffnete ich meinen
Mund, und er gab mir die[se] Buchrolle zu essen. 3 Er sprach zu mir: Men-
schensohn, gib (sie) deinem Bauch zu essen und fülle dein Inneres mit dieser
Buchrolle, die ich dir gebe! Ich aß (sie), und sie ward in meinem Munde so
süß wie Honig.

Die Sendung zum verstockten Israel

4 Dann sprach er zu mir: Menschensohn, auf, gehe zum Hause Israel und
rede mit meinen Worten zu ihnen! 5 Denn nicht zu einem Volke mit tiefer
Lippe und schwerer Zunge bist du gesandt, [sondern zum Hause Israel;]
6 (auch) nicht zu vielen Völkern mit tiefer Lippe und schwerer Zunge, deren
Worte du nicht verstehst. Fürwahr, hätte ich dich zu ihnen gesandt, sie
würden auf dich hören. 7 Aber das Haus Israel will nicht auf dich hören, da
sie ja (auch) nicht auf mich hören wollen; denn das ganze Haus Israel ist
harter Stirn und verstockten Herzens. 8 Siehe, ich mache dein Angesicht so
hart wie ihr Angesicht und deine Stirn so hart wie ihre Stirn, 9 wie Dia-
mant, härter als Kiesel [mache ich deine Stirn]. Fürchte dich nicht vor ihnen
und erschrick nicht vor ihrem Angesicht; denn ein Haus der Widerspenstig-
keit sind sie!

Entrückung zu den Verbannten

10 Dann sprach er zu mir: Menschensohn, nimm alle meine Worte, die ich
zu dir rede, in dein Herz auf und höre sie mit deinen Ohren! 11 Nun mach
dich auf, geh zu den Verbannten, zu deinen Volksgenossen! Rede zu ihnen
und sprich zu ihnen: „So spricht der Herr Jahwe", mögen sie hören oder
mögen sie es lassen.
12 Da hob mich Geist empor, und ich hörte hinter mir das Brausen eines

3 12 bᵉrūm vgl 10 4; M: „gepriesen sei (die Herrlichkeit Jahwes)!".

3 1-3 Der Prophet ißt die Rolle. Sie schmeckt so süß wie Honig. Es ist auffallend, daß der Prophet einen süßen Geschmack empfindet; man erwartet, daß die Rolle bitter schmeckt, da sie mit Unheilsweissagungen beschrieben ist. Aber für den Propheten ist auch die Unheilsweissagung eine göttliche Botschaft und als göttliches Wort schmeckt sie süß vgl Ps 19 11 119 103. Auch Jeremias sagt, daß er die göttlichen Worte wie eine Lieblingsspeise „verschlinge", die ihm „Wonne" bereite Jer 15 16. Der Seher in der ntl Offenbarung erwähnt den bitteren Nachgeschmack Apk 10 9 f.

5-7 Fremde, heidnische Völker, die eine andere als die hebräische Sprache Israels reden, würden auf Ezechiel hören, obwohl sie ihn nicht verständen, falls der Prophet zu ihnen gesandt würde. Der prophetischen Verkündigung wohnt als Gotteswort eine sichere Wirksamkeit inne. Die Niniviten haben sich einst auf die Predigt des Jonas hin bekehrt Jon 3 5-9. Israel ist also böswilliger als die Heiden; dieser Gedanke findet sich bei Ezechiel öfters 5 6 16 27 48 vgl auch Mt 11 20-24.

8 f Ezechiel wird von Gott ermutigt, seine Aufgabe zu erfüllen. Ähnlich wird auch Jeremias von Gott zu seinem Beruf gestärkt Jer 1 18 f 15 20.

11 Die Hörer des Propheten sind die Exilierten in Babel. Jahwe verwendet nicht wie sonst die Anrede „mein Volk", die immer zärtlich klingt, sondern „deine Volksgenossen" (wörtlich „Söhne deines Volkes"). Damit ist angedeutet, daß das innige Verhältnis zwischen Jahwe und Israel durch die Schuld des Volkes gelöst ist.

12 In der Ekstase, in der er „göttliche", d. h. gottgewirkte Gesichte schaut, wird

großen Bebens, *als* sich die Herrlichkeit Jahwes von ihrer Stätte *erhob,*
13 nämlich das Rauschen der Flügel der Lebewesen, die an einander stießen,
und das Rollen der Räder gleichzeitig mit ihnen [und das Brausen eines
großen Bebens]. 14 So hatte mich denn Geist empor gehoben und entrückt.
Ich ging [bitter] im Grimme meines Geistes dahin, während die Hand Jah-
wes auf mir lastete. 15 So kam ich zu den Verbannten nach Tell-Abib, die
am Flusse Kebar wohnten, [woselbst sie wohnten] und ich weilte daselbst
sieben Tage erstarrt in ihrer Mitte.

Der Prophet als Wächter über die Verbannten

16 Es geschah nach Verlauf von sieben Tagen, da erging das Wort Jahwes
an mich also: 17 Menschensohn, zum Wächter für das Haus Israel habe ich
dich bestellt; wenn du aus meinem Munde ein Wort hörst, so sollst du sie von
mir aus verwarnen. 18 Wenn ich zum Gottlosen sage: „Du wirst sicherlich

er vom „Geiste" an einen anderen Ort gebracht, ebenso 8 3 11 1 24 37 1 40 1 f 43 5. Diese Entrückung geschieht nicht corporaliter, sondern spiritualiter. Der Prophet sieht sich in traumhafter Weise durch die Luft getragen. 8 3 ist dies noch konkreter geschildert, daß er bei einer Haarlocke erfaßt und so von Babel nach Jerusalem gebracht wurde. Der Ort der großen Vision der göttlichen Herrlichkeit 1 4 10 4 und der prophetischen Sendung (2 8 3 3 Essen der Buchrolle) ist das Ufer des Flusses Kebar 1 3 10 15 22, von dem Ez im Geiste nach seinem Hause in Tell-Abib zurückkommt 15. Das gewaltige Tosen, das der Prophet hört, rührt nicht von einem Erdbeben her, wie man aus 3 Kg 19 11 und Zach 14 3 f schließen möchte, sondern vom Schlagen (Rauschen) der Flügel und vom Rasseln der Räder, wie 13 näher erklärt wird.

14 Das Verbum „emporheben" ist hier wie 12 gebraucht, und damit auf diesen Vers verwiesen. Daneben steht ein anderes Verbum, das der eigentliche Ausdruck für „entrücken" ist vgl Gen 5 24 4 Kg 2 3-12. Es ist mit Hinblick auf 12 im Plusquamperfekt zu übersetzen. Das Gehen ist nicht ein körperliches Gehen zu Fuß, sondern im geistigen Sinne zu verstehen, wie auch das „Kommen" 15. Es soll nur gesagt sein, daß die Ekstase mit der Vision zu Ende ist, und daß der Prophet sich wieder bei seiner Umgebung weiß. Die Beifügung „bitter" (fehlt in G) scheint Glosse zu „im Grimme meines Geistes" zu sein. Dieser Ausdruck kennzeichnet die seelische Stimmung des Propheten; er ist innerlich erregt ob des Geschauten und bebt vor dem göttlichen Auftrag zurück, der ihm eine große Last und bittere Aufgabe bedeutet. Vielleicht hatte ihn eine besondere Erbitterung über das verstockte Volk ergriffen.

15 Tell-Abib (hebräisch „Ährenhügel"; V „acervus novarum frugum"; richtiger assyr. „Sturmfluthügel") ist die Hauptniederlassung der Exulanten. Die nähere Lage ist nicht eindeutig zu bestimmen; sie liegt am Flusse Kebar 1 1, wohl nicht direkt am Ufer, sondern in einiger Entfernung, wie der Name („Hügel") anzudeuten scheint. Ezechiel verweilt inmitten der Exulanten sieben Tage „erstarrt". So oder ähnlich übersetzt man das hebräische Wort („betäubt", „starr und stumm", „vor sich hinbrütend", V „mœrens"). Es bezeichnet wohl den Zustand körperlicher Erschöpfung nach der Ekstase; der Prophet ist von dem Erlebnis völlig in Anspruch genommen. G übersetzt: „indem ich mit ihnen verkehrte"; kaum richtig.

17-21 bilden eine Parallele zu 33 7-9. Es sind vier Fälle vorgesehen (der Prophet zeigt sich hier als echten „Kasuisten"):

1. Wenn ein Gottloser dem Tode verfallen ist, und Ezechiel warnt ihn nicht, so stirbt der Gottlose, und der Prophet ist dafür haftbar 18.
2. Ezechiel verwarnt den Gottlosen, aber der Gottlose bekehrt sich nicht und stirbt, so ist der Prophet schuldlos 19.
3. Wenn ein Gerechter gottlos wird, und Ezechiel verwarnt ihn nicht, und der Gerechte stirbt, so ist der Prophet dafür haftbar 20.
4. Ezechiel verwarnt den Gerechten, daß er nicht mehr sündigt; dann ist der Prophet schuldlos 21.

sterben", und du verwarnst ihn nicht und redest nicht, um den Gottlosen
vor seinem [gottlosen] Wandel zu warnen, um ihn am Leben zu erhalten,
so wird dieser Gottlose ob seiner Schuld sterben; sein Blut aber werde ich
von deiner Hand fordern. 19 Wenn du aber den Gottlosen verwarnst, ohne
daß er sich von seiner Gottlosigkeit und von seinem Wandel bekehrt, so
wird er [dieser Gottlose] ob seiner Schuld sterben; du aber hast deine Seele
gerettet. 20 Wenn sich ein Gerechter von seiner Gerechtigkeit abwendet und
Frevel verübt, und ich ihm einen Anstoß bereite, daß er stirbt: wenn du ihn
nicht verwarnt hast, so wird er ob seiner Sünde sterben; seiner Gerechtig-
keit, die er geübt hat, wird nicht gedacht werden; sein Blut aber werde ich
von deiner Hand fordern. 21 Wenn du aber einen Gerechten verwarnt hast,
daß er [der Gerechte] nicht (mehr) sündige, und er sündigt nicht (mehr), so
wird er sicherlich am Leben bleiben, weil er sich verwarnen ließ; du aber
hast deine Seele gerettet.

Das Stummsein des Propheten

22 Die Hand Jahwes kam [dort] über mich, und er sprach zu mir: Auf! Geh
hinaus in die Talebene; dort will ich mit dir reden! 23 Da machte ich mich
auf und ging in die Talebene hinaus, und siehe, dort stand die Herrlichkeit

Der Prophet verwendet 3 17-21 und besonders 18 und 33 häufig die beiden Begriffe „leben" und „sterben". Im Anschluß an 33 1-6, wo auf das verantwortungsvolle Amt des Wächters einer Stadt hingewiesen ist, zeigt sich deutlich, daß Ezechiel „leben" auffaßt im Sinne von „am Leben bleiben", vom Feind verschont werden, und „sterben" im Sinne von „ums Leben kommen". Manche Stellen aber (z. B. 18 4) sind allgemeiner gehalten, so daß hier „leben" so viel heißt wie glücklich und lange leben, dagegen „sterben" von Krankheit und Tod heimgesucht werden (als Strafe für die Sünden). Der Prophet denkt wohl an einen plötzlichen Tod, der aber nicht sofort eintritt; denn Gott läßt dem Sünder Zeit zur Bekehrung, da er „nicht den Tod des Sünders will" 18 32 33 11. In seinem großen Rückblick auf die Vergangenheit Israels 20 sagt Ezechiel im Anschluß an Lev 18 5, daß Jahwe den Israeliten in der Wüste seine Gebote gegeben habe, durch deren Befolgung der Mensch „lebe" 20 11 13 21, d. h. lange und glücklich lebe und so in das verheißene Land Kanaan und in den Genuß dessen Güter komme. Andererseits gab Jahwe dem Volke Israel auch Gesetze zur Strafe, durch deren Befolgung der Mensch „nicht lebe" 20 25; es sind hier die Erstgeburtsopfer gemeint, die den Tod der Erstgeborenen fordern und als sündhafte, heidnische Abirrung auch die Bestrafung (den Tod) der Opfernden selber nach sich ziehen. „Leben" und „sterben" bedeutet also bei Ezechiel lange leben und bald sterben, konkret die kommende Katastrophe überleben oder darin umkommen, die Heilszeit nach dem Exil erleben oder nicht. Es ist damit die Brücke geschlagen zum Begriff des „Lebens" im NT, wo Lk 10 28 die oben genannte Formulierung von Lev 18 5 und Ez 20 11 13 21 übernommen ist, aber deutlich „leben" im jenseitigen Sinne verstanden wird als Genuß des ewigen Lebens, wie aus Lk 10 25 hervorgeht.

20 Jahwe bereitet dem Gerechten einen „Anstoß": er gibt ihm Gelegenheit, in der er sündigt. Gott ist hier als Urheber des Falles hingestellt, ohne daß der freie Wille und die Schuld des Menschen damit aufgehoben ist. S. zu 14 9 f.

22 schließt sich am besten an 16a an; vielleicht ist 16b-21 Einschub aus 33 7-9. Nach sieben Tagen ergeht eine neue Offenbarung an Ezechiel. Der nämliche Ort „Talebene" wird auch 8 4 und 37 1 2 (als Stätte der Vision von der Auferstehung der Totengebeine) genannt. Wo sich diese Talebene befand, ist nicht gesagt. Sie wird in der Nähe von Tell-Abib gelegen sein. Nicht in der lauten Siedlung der Exilierten, sondern in der stillen freien Natur ergeht die Gottesoffenbarung.

23 f Der Prophet fällt wegen der Wucht der Gotteserscheinung zu Boden

Jahwes wie die Herrlichkeit, die ich am Flusse Kebar geschaut hatte, und
ich fiel auf mein Angesicht. 24 Da kam Geist in mich und stellte mich auf
meine Füße; er redete mit mir und sprach zu mir: Gehe hin, schließ dich in
deinem Haus drin ein. 25 Und du, Menschensohn, siehe, man wird dir Stricke
anlegen und dich damit binden, so daß du nicht (mehr) unter sie ausgehen
kannst. 26 Deine Zunge will ich an deinem Gaumen kleben lassen, so daß du
verstummst und ihnen nicht Mahnredner sein kannst; denn ein Haus der
Widerspenstigkeit sind sie. 27 Wenn ich aber mit dir rede, dann will ich
deinen Mund öffnen, und du sollst zu ihnen sagen: „So spricht der Herr
Jahwe"; wer hören will, der höre, und wer es lassen will, der lasse es; denn
ein Haus der Widerspenstigkeit sind sie.

Drohweissagungen über Juda und Jerusalem

4 1-5 17 Gerichtsverkündigung durch sinnbildliche Handlungen

Belagerung Jerusalems

4 1 Und du, Menschensohn, nimm dir einen Ziegelstein, lege ihn vor dich
hin und zeichne darauf eine Stadt ein [Jerusalem]! 2 Dann leite wider sie die
Belagerung ein, baue einen Wall wider sie, schütte einen Damm wider sie
auf, errichte wider sie Lager und stelle wider sie ringsum Sturmböcke auf!
3 Nimm dir ferner eine eiserne Pfanne und mache sie zu einer eisernen
Mauer zwischen dich und die Stadt; dann richte dein Angesicht gegen sie,
als wäre sie belagert und du wärest ihr Belagerer! Ein Zeichen sei dies für
das Haus Israel!

wie 1 28; aber göttlicher Geist richtet ihn wieder empor, um stehend Gottes Auftrag zu empfangen vgl 2 2.

25 f sind nicht eindeutig zu erklären. Manche betrachten sie als versprengtes Stück, das an falscher Stelle stehe und hinter 24 18 gehöre. Andere sehen darin ausgesprochen, daß der Prophet bei seinem erstmaligen Auftreten auf scharfen Widerstand bei den Hörern gestoßen sei, die ihn gefesselt und in sein Haus gesperrt hätten. Wieder andere glauben, daß hier ein krankhafter Zustand kataleptischer Art (Alalie) des Propheten geschildert sei. Besser jedoch ist folgende Deutung: der Prophet erhält zunächst ein Predigtverbot; er soll nicht reden, sondern sich still in seinem Hause aufhalten. Er soll aber nicht untätig sein, sondern durch sinnbildliche Handlungen (Kap. 4 und 5) das Volk aufmerksam machen. Das Binden mit Fesseln 25 besagt nur das Gebot des Schweigens. Vielleicht ist hier Jahwe selbst Subjekt wie 4 8.

27 erweckt den Eindruck eines Zusatzes; er lehnt sich an 2 4 7 an. Erst wenn Jahwe es bestimmt, darf Ezechiel zu den Verbannten wieder reden.

4 1 Auf dem ungebrannten, weichen Ziegelstein ritzt Ezechiel den Plan der Stadt Jerusalem ein. In Babylonien und Assyrien wurden Pläne und Grundrisse gewöhnlich auf Tontafeln gezeichnet, wie Funde zeigen.

2 Ob die Belagerungswerke auf dem Ziegelstein nur gezeichnet oder irgendwie aufgestellt waren (wie Spielsachen), ist nicht ersichtlich. Hier ist die Belagerungstechnik vorausgesetzt, wie sie die Assyrer ausgebildet haben. Es sind Fachausdrücke verwendet, von denen das mit „Wall" übersetzte Wort (auch 17 17 21 27 26 8 und Jer 52 4 = 4 Kg 25 1 erwähnt) nicht ganz klar ist; manche wollen es mit „Turm", „Wandelturm" wiedergeben.

3 Die eiserne Pfanne (noch heute als einfache Platte zum Backen in Palästina verwendet) soll die Scheidewand zwischen Gott und Jerusalem darstellen vgl Is 59 2. Vielleicht soll sie auch die unwiderstehliche Macht des Belagerers

Die Dauer der Verbannung

4 Dann aber lege dich auf deine linke Seite, und *ich* lege die Schuld des
Hauses Israel *auf dich;* (nach) der Zahl der Tage, die du auf ihr liegst, sollst
du ihre Schuld tragen. 5 Ich setze dir die Jahre ihrer Schuld als Zahl von
Tagen fest; *hundertneunzig* Tage sollst du die Schuld des Hauses Israel tra-
gen. 6 Wenn du damit fertig bist, dann lege dich auf deine rechte Seite [ein
zweites Mal] und trage die Schuld des Hauses Juda vierzig Tage lang; für
jedes Jahr setze ich dir einen Tag fest. 7 Richte dein Angesicht und deinen
entblößten Arm auf die Belagerung Jerusalems und weissage wider sie!
8 Siehe, ich lege dir Stricke an, damit du dich nicht von einer Seite auf die
andere wenden kannst, bis die Tage deiner Bedrängnis zu Ende sind.

Knappe und unreine Speise in der Verbannung

9 Du aber, nimm dir Weizen, Gerste, Bohnen, Linsen, Hirse und Emmer,
tue sie in ein Gefäß und mache dir Brot daraus! (Nach) der Zahl der Tage,

4 4 weśamtī; M: „und du lege". — ʿālækā; M: „auf sie".
5 „190" nach G; M: „390".

kennzeichnen vgl Jer 1 18. Das „Richten des Angesichtes gegen jemand" besagt die feindliche Haltung 7; sehr oft ist dieser Ausdruck als Einleitung bei Drohworten verwendet 6 2 13 17 21 2 7 25 2 28 21 29 2 35 2 38 2. Manche Erklärer schließen hier Vers 7 an, der nicht Exils-, sondern Belagerungssymbolik enthält.

4-6 Links bedeutet infolge der Orientierung (Richtung nach Osten!) das Nordreich, rechts das Südreich. Die Zahlen bereiten Schwierigkeit. Die Anrechnung eines Jahres zu einem Tag (oder umgekehrt) findet sich auch sonst vgl Num 14 34. Deutlich ist die Zahl 40 für das Südreich als runde Zahl gewählt; sie bezeichnet im AT die Zeit einer Generation. Diese Zahl paßt in dem Sinne für Ezechiel, daß die eine Generation im Exil für ihre Sünden gestraft worden ist und dort sterben muß, während die andere unschuldige Generation heimkehren kann. Nach Jer 25 11 soll das Exil 70 Jahre dauern. Schwieriger ist die Zahl für das Nordreich zu erklären. M liest 390, G 190. Manche Erklärer ziehen die letztere Zahl vor: 722 (Fall Samarias) weniger 190 ergibt 532, ein Jahr, das dem Jahre der Freilassung 538 (Edikt des Cyrus) nahesteht. Genaue Zahlen will ja Ezechiel nicht angeben. Die Zahl des M 390 ließe sich zur Not auch irgendwie befriedigend erklären. Die jüdische Tradition denkt an die Zeit von Salomo (oder Reichstrennung) bis Sidqia, also ungefähr von 976 bis 586, die als Zeit von 390 „Sündenjahren" gilt. Am ansprechendsten ist die Erklärung: 390 + 40 Jahre = 430 Jahre, d. i. dieselbe Zeit, während der Israel in Ägypten weilte vgl Ex 12 40 f. Babylonisches Exil und ägyptische Knechtschaft werden oft in Parallele gesetzt.

7 Zum Ausdruck „Richten des Angesichtes" s. zu 3 . Das „Entblößen" des Armes (vgl Is 52 10) bedeutet die Bereitstellung zum Kampf; der Kämpfer streift sein Obergewand ab und tritt zum Zweikampf an.

8 Die Fesseln sind weder wirkliche Bande noch krankhafte Lähmungserscheinungen, sondern bedeuten nur die strenge göttliche Weisung, die sinnbildliche Handlung genau durchzuführen.

9-17 In diesem Abschnitt gehören 9 und 12-15 einerseits (unreine Speisen) und 10 f und 16 f andererseits (knappe Speisen) zusammen.

9 Weizen ist das wichtigste Brotgetreide, dann folgt Gerste. Gerstenbrote wurden häufig gebacken Ri 7 13 4 Kg 4 42; Gerste wurde auch als Viehfutter verwendet 3 Kg 5 8. Bohnen und Linsen werden auch 2 Sm 17 28 nebeneinander genannt. Unter Hirse (nur hier aufgeführt) ist die Mohrhirse (heute Durra) zu verstehen. Der Emmer (V„ vicia" Wicken) ist ein Vorfahre unseres Weizens (ähnlich dem Dinkel), in Ägypten Ex 9 32 und im Zweiströmeland angebaut; die im Berliner Museum untersuchten altägyptischen Brote sind mit Emmermehl gebacken. Das Mischbrot aus verschiedenen Früchten ist notwendig, um das Brot-

die du auf deiner Seite liegst, dreihundertneunzig Tage, sollst du davon essen.
10 Deine Speise, womit du dich nährst, sollst du abgewogen essen, zwanzig Sekel
täglich; von Zeit zu Zeit sollst du sie essen. 11 Auch das Wasser sollst du abgemes-
sen trinken, ein Sechstel Hin; von Zeit zu Zeit sollst du (es) trinken. 12 Wie Ger-
stenkuchen (zubereitet) sollst du es (dein Brot) essen und (es) auf Menschen-
kot vor ihren Augen backen. 13 *Und du sollst sprechen: So spricht* Jahwe:
Ebenso müssen die Söhne Israels unreines Brot essen unter den Völkern, wo-
hin ich sie verstoßen werde. 14 Da sprach ich: Ach, Herr Jahwe, siehe, nie habe
ich mich verunreinigt; Gefallenes und (von Tieren) Zerrissenes habe ich nie
gegessen von meiner Jugend an bis jetzt; verdorbenes Fleisch ist nie in
meinen Mund gekommen. 15 Da sprach er zu mir: Wohlan, ich gestatte dir
Rindermist statt Menschenkot, daß du darauf dein Brot bereiten kannst.
16 Er sprach zu mir: Menschensohn, siehe, ich zerbreche den Stab des Brotes
in Jerusalem, daß sie das Brot abgewogen und mit Kummer essen und das
Wasser abgemessen und mit Entsetzen trinken müssen, 17 damit sie an Brot
und Wasser Mangel leiden und alle miteinander sich entsetzen und ob ihrer
Schuld dahinschwinden.

4 13 w^e'āmartā kōh 'āmar mit G; M: „und es sprach (Jahwe)".

mehl zu strecken, gilt aber auch als unrein, wie aus den Mischverboten Lev 19 19 Dt 22 9-11 zu schließen ist. Statt der Zahl 390 erwartet man die volle Zahl 430; vgl zu 4-6.

10 f Wasser und Brot sind sehr knapp. Die Tagesration beträgt 20 Sekel Brot (= 327,4 Gramm) und 1/6 Hin Wasser (= 1,012 Liter). Im Orient braucht man mehr Flüssigkeit als bei uns. In den Klageliedern ist die Hungersnot anschaulich geschildert vgl Kl 1 11 19 2 11 f 20 4 3-5. Der Prophet soll täglich nur einmal Speise zu sich nehmen; dies besagt der Ausdruck „von Zeit zu Zeit": von einer Stunde des Tages bis zur gleichen Stunde des nächsten Tages.

12 Die Zubereitung der Gerstenkuchen war einfach: man erhitzte Steine oder auch eiserne Platten mit Feuer aus Reisig oder Tierkot, legte darauf die Fladen, deckte sie mit Asche zu und wendete sie um, bis sie auf beiden Seiten gebacken waren. Dem Propheten ist die Zumutung ekelig, das Brot auf Menschenkot zu backen, der nach Dt 23 13 f unrein ist.

13 Jegliche Speise im nichtisraelitischen Land gilt als unrein, weil das fremde Land unrein ist vgl Jos 22 19 Os 9 3 f Am 7 17.

14 Hier zeigt sich die betont kultisch-levitische Einstellung des Propheten, die auch sonst immer wieder zu Tage tritt. Ezechiel hat sich von Jugend an streng an die Reinheitsgesetze gehalten. Fleisch von „gefallenen" und „zerrissenen" Tieren Lev 7 24 17 15 22 8 Ez 44 31 und „verdorbenes" Opferfleisch Lev 7 18 19 7 sind dem Israeliten aus dem Gesetz bekannte Ausdrücke.

15 Jahwe mildert seinen Befehl. Noch heute wird in den holzarmen Gegenden oft Rindermist (neben Kamelmist) als Feuerung verwendet.

16 f Jahwe schickt während der Belagerung eine Hungersnot in die Stadt. Die nämliche Drohung findet sich auch 12 17-20 und Lev 26 26. „Der Stab des Brotes" ist ein beliebter biblischer Ausdruck Lev 26 26 Ez 5 16 14 13 Ps 105 16 vgl Is 3 1 („Stütze des Brotes und Stütze des Wassers"). Ob dieser Ausdruck davon kommt, daß man die durchlöcherten Brote an Stäben aufbewahrte (wie noch heute im Morgenland), ist nicht sicher. Er will besagen: das Brot hält den Menschen aufrecht und stützt ihn wie ein Stab; vgl auch Ps 104 15 „Brot, das das Herz des Menschen stärkt." Die Leute werden „mit Kummer und Entsetzen" Speise zu sich nehmen; das Essen schmeckt ihnen nicht aus Angst vor dem Tod; dazu kommt die Sorge, daß es nicht mehr reichen wird.

Die Vernichtung des Volkes bis auf einen Rest

5 1 Und du, Menschensohn, nimm dir ein scharfes Schwert; als Schermesser
sollst du es benutzen und (damit) über dein Haupt und deinen Bart fahren!
Dann nimm dir eine Waage und teile sie (die abgeschnittenen Haare)! 2 Ein
Drittel verbrenne im Feuer inmitten der Stadt, wenn die Tage der Belage-
rung voll sind; das (andere) Drittel nimm und schlage es mit dem Schwerte
rings um sie (die Stadt) herum; das (letzte) Drittel streue in den Wind [und
ich will das Schwert hinter ihnen her zücken]. 3 Doch nimm davon ein wenig
und binde es in deinen Gewandzipfel! 4 Davon nimm noch (einmal), wirf es
mitten ins Feuer und laß es im Feuer verbrennen; davon wird Feuer über
das ganze Haus Israel ausgehen. 5 So spricht der Herr Jahwe: So ergeht es
Jerusalem. Mitten unter die Völker habe ich es gestellt und rings um es her-
um die Länder. 6 Aber es war in seiner Widerspenstigkeit gegen meine
Rechte schlimmer als die Völker und gegen meine Satzungen ärger als die
Länder rings um es herum; denn meine Rechte haben sie verachtet und nach
meinen Satzungen sind sie nicht gewandelt.

7 Darum spricht so der Herr Jahwe: Weil *ihr widerspenstiger gewesen seid*
als die Völker rings um euch herum, (weil) ihr nach meinen Satzungen nicht
gewandelt seid und meine Rechte nicht ausgeführt habt, ja nicht einmal nach
den Rechten der Völker ringsum gehandelt habt, 8 darum spricht so der Herr
Jahwe: Siehe, auch ich will an dich, und in deiner Mitte Gericht vor den Augen
der Völker halten. 9 Ich werde dann an dir tun, was ich (noch) nie getan habe,
und dergleichen ich nie wieder tun werde wegen all deiner Greuel. 10 Darum
sollen Väter in deiner Mitte Kinder verzehren, und die Kinder ihre Väter ver-

5 7 hamrōt^{e}kæm; M: „wegen eures Tobens" (?).

5 1 Das Scheren der Haare versinnbildet die Beraubung und Entblößung des Landes von seinen Bewohnern und Erzeugnissen vgl Is 7 20. Das Abschneiden der Kopf- und namentlich der Barthaare galt als besonders schimpflich 2 Sm 10 4 f.

2 Das erste Drittel der Bewohner wird innerhalb der Stadt durch Hunger und Pest zugrunde gehen; ein zweites Drittel wird nach der Eroberung außerhalb der Stadt vom Feinde erschlagen oder von wilden Tieren zerrissen werden 17; das letzte Drittel kommt ins Exil. Diese Deutung bringt 12.

3 f Vom letzten Drittel wird wiederum ein kleiner Rest übrig bleiben vgl 6 8 f 12 16 Is 6 13 Zach 13 8 f, aber auch von diesem werden einige zugrundegehen und mit sich das Haus Israel in den völligen Untergang reißen. Das Bergen im Gewandzipfel besagt das sichere Verwahren einer wertvollen Sache vgl 1 Sm 25 29. Die Verse 3 f sprengen den Zusammenhang und scheinen nicht ursprünglich zu sein.

5-7 Jerusalem liegt in der Mitte der Welt; 38 12 wird die heilige Stadt als „Nabel der Erde" bezeichnet. Als Mittelpunkt sollte Jerusalem auch die geistige und religiöse Führerin der benachbarten Völker sein. Aber die Stadt trieb es schlimmer als die Heiden vgl 3 6.

8 Die Völker ringsum sind Zeugen des göttlichen Gerichtes. Dies ist für Israel besonders beschämend, weil sie dann ihren Spott an ihm auslassen werden 14 f. Die Wendung „Siehe, ich will an dich" (oder ähnlich) verwendet Ezechiel dreizehnmal (sonst kommt sie nur noch bei Jeremias und Nahum vor); sie leitet gewöhnlich als „Herausforderungsformel" (wohl dem Zweikampf entnommen) ein Drohorakel ein.

9 Das Unerhörte, das Jahwe tun wird, besteht in der Vernichtung von Tempel, Stadt und Volk vgl 11-17.

10 Als besonders grauenhaften Einzelzug nennt der Prophet den Kannibalismus. Bereits Lev 26 29 Dt 28 53-57 ist diese Drohung ausgesprochen; Kl 4 10 (vgl 2 20) wird die Erfüllung berichtet. 4 Kg 6 28 f wird ein Einzelfall erzählt, daß während der Belagerung Samarias zur Zeit des Elisäus ein Kind gegessen

zehren! Ich will an dir das Gericht vollziehen und deinen ganzen Rest in alle
Winde zerstreuen. 11 Darum, so wahr ich lebe — Spruch des Herrn Jahwe —
weil du mein Heiligtum [mit all deinen Scheusalen und] mit all deinen
Greueln verunreinigt hast, so will auch ich Schur halten; mein Auge soll
nicht mitleidig blicken, und auch ich will nicht Schonung üben. 12 Ein Drittel
von dir soll an der Pest sterben und durch Hunger in deiner Mitte umkom-
men; ein (anderes) Drittel soll durch das Schwert fallen rings um dich her-
um; das (letzte) Drittel werde ich in alle Winde zerstreuen und das Schwert
hinter ihnen her zücken. 13 So wird sich mein Zorn erschöpfen; ich werde
meinen Grimm an ihnen stillen und Rache nehmen. Dann werden sie erken-
nen, daß ich, Jahwe, in meinem Eifer geredet habe, indem ich meinen Grimm
an ihnen auslasse. 14 Ich will dich zur Wüste machen [und zur Schmach]
unter den Völkern rings um dich herum, vor den Augen eines jeden, der
vorübergeht. 15 *Du wirst* zur Schmach und zum Hohn, zur Warnung und zum
Entsetzen für die Völker rings um dich herum, wenn ich an dir das Gericht
in [Zorn und Grimm und] grimmigen Züchtigungen vollziehe. Ich, Jahwe,
habe gesprochen. 16 Wenn ich die [schlimmen] Pfeile des Hungers wider sie
sende, daß sie ihnen Verderben bringen, [die ich sende um euch zu verderben
und den Hunger über euch mehre,] da zerbreche ich euch den Stab des
Brotes. 17 Ich sende gegen euch Hunger und wilde Tiere, daß sie dich kinder-
los machen; Pest und Blut wird über dich kommen, und das Schwert werde
ich über dich bringen. Ich, Jahwe, habe gesprochen.

6 1-7 27 Zwei Drohreden wider Land und Volk Israel

6 1 Das Wort Jahwes erging an mich also: 2 Menschensohn, richte dein Ange-
sicht wider die Berge Israels, weissage wider sie 3 und sprich: Ihr Berge Israels,

5 15 w^ehājīt mit den Übss; M: „und sie wird".

wurde. Der bei Ez öfters wiederkehrende Ausdruck „in alle Winde zerstreuen" (vgl 12 12 14 17 21 Jer 49 32 36) besagt die völlige Auflösung der Volksgemeinschaft, während „unter die Völker verstreuen" 11 16 12 15 20 23 22 15 die Verbannung (vgl „Diaspora") bedeutet.

11 Die Entweihung des Heiligtums ist in den Augen des Propheten eine besonders schwere Sünde. In Kapitel 8 sind die Greuel im Tempel näher beschrieben.

12 bringt die Deutung von 2. Die drei Plagen Pest, Hunger und Schwert, werden öfters bei Ezechiel 6 11 f 7 15 12 16 und besonders häufig bei Jeremias (18mal) genannt. Als vierte Plage erscheinen die wilden Tiere 17 14 15 21 vgl Dt 32 24. In der ntl Apk ist dem vierten Reiter auf dem fahlen Roß, der „Tod" heißt, das Recht gegeben „zu töten durch Schwert, Hunger, Pest und durch die Tiere der Erde" Apk 6 8.

13 Die Sünden Israels rufen den vollen Zorn Jahwes heraus. Jahwe übt keine Schonung mehr.

14 f Jerusalem wird völlig verwüstet, weil es seine Aufgabe als „Stadt Gottes" nicht erfüllt hat.

16 f bringen eine weitere Ausdeutung von 2. Als vierte Plage werden die wilden Tiere genannt (vgl zu 12), die sich infolge der Verwüstung des Landes und der geringen Besiedlung stark vermehren. Zum „Stab des Brotes" s. zu 4 16. Neben „Pest" wird noch „Blut" aufgeführt (ebenso 28 23 38 22); damit ist vielleicht im Anschluß an Ex 7 14-25 (erste Plage: Verwandlung des Wassers in Blut, auch Apk 11 6 übernommen) die Vergiftung des Wassers gemeint. Zu den „Pfeilen des Hungers" ist auf die verwandte Stelle Dt 32 23 (vgl 42) zu verweisen; Jahwe wird als Bogenschütze vorgestellt, der auf die Menschen seine Pfeile (Bild für Leiden) schießt vgl Ps 38 3 Job 6 4 Kl 2 4 3 12 f.

6 2 f Die „Berge" Israels sind angeredet, weil sie das Land Juda als Bergland besonders treffend kennzeichnen und beliebte Stätten des Götzendien-

höret das Wort des Herrn Jahwe! So spricht der Herr Jahwe zu den Bergen
und Hügeln, zu den Schluchten und Tälern: Siehe, ich bringe über euch das
Schwert und vernichte eure Höhen. 4 Eure Altäre sollen verwüstet und eure
Sonnensäulen zertrümmert werden; eure Erschlagenen werde ich vor eure
Götzen hinwerfen. 5 [Und ich lege die Leichen der Söhne Israels vor ihre
Götzen] und ich zerstreue eure Gebeine rings um eure Altäre. 6 An all euren
Wohnsitzen sollen die Städte verwüstet und die Höhen zerstört werden, so
daß eure Altäre verwüstet [und zerstört], eure Götzen zertrümmert [und
vernichtet], eure Sonnensäulen zerschlagen [und eure Machwerke ausgetilgt]
werden. 7 Erschlagene fallen in eurer Mitte. Dann werdet ihr erkennen, daß
ich Jahwe bin.

Ein Rest wird gerettet

8 [Und ich lasse übrig.] Wenn es Schwertentronnene bei euch unter den
Völkern gibt, wenn ihr in die Länder zerstreut werdet, 9 so werden eure
Entronnenen meiner gedenken unter den Völkern, wohin sie in die Gefangenschaft geführt worden sind, und ich zerbreche ihr buhlerisches Herz, das sich von mir abwandte, und ihre Augen, die sich buhlerisch auf ihre Götzen richteten. So werden sie vor sich selber [wegen des Bösen, das sie getan
haben,] ob all ihrer Greuel Ekel empfinden. 10 Dann werden sie erkennen,
daß ich, Jahwe, [nicht umsonst] gesprochen habe, [ihnen dieses Böse anzutun.]

Die Vernichtung des Volkes

11 So spricht der Herr Jahwe: Schlage in deine Hand und stampfe mit
deinem Fuß und sprich: Ha über all die [schlimmen] Greuel des Hauses

stes waren („Höhen"). Neben den Bergen werden aber gleich die Täler genannt, die ebenfalls oft illegitime Kultorte waren (es sei nur auf das Hinnomtal verwiesen).

4 Neben den Altären werden die Sonnensäulen genannt (vielleicht ist „Räucheraltäre" zu übersetzen vgl zu Is 17 8). Sie trugen wohl ein Bild des Sonnengottes Die Erschlagenen (man kann auch „Durchbohrte" übersetzen) werden von Ezechiel oft erwähnt. Es handelt sich um Krieger, die im Kampf gefallen sind und kein ehrenvolles Grab bekommen. Sie gelten als unrein. Durch ihr Herumliegen werden die Kultstätten entweiht.

5 Auch die unbestatteten Leichen der Israeliten entweihen die Heiligtümer; sie liegen neben den Götzenbildern und zeigen die Ohnmacht der heidnischen Götter. Noch drastischer klingt die Androhung Jer 8 1 f, daß man die Gebeine der Vornehmen aus den Gräbern zerren wird, um sie vor Sonne, Mond und Sterne hinzuwerfen.

7 Die Vernichtung der illegitimen Heiligtümer führt zur Erkenntnis, daß Jahwe der einzig große und allmächtige Gott im Gegensatz zu den ohnmächtigen Götzen ist. Der Ausdruck „fallen" besagt hier und 28 23 29 5 35 8 39 4 5 getötet werden und unbeerdigt liegen bleiben vgl zu 4.

8-10 Der gerettete Rest wird sich bekehren, aber nicht aus eigener Kraft, sondern durch das Eingreifen Gottes, der ihr Herz und ihre Augen „bricht", d. h. der sie innerlich zusammenbrechen läßt, so daß sie zerknirscht sind und reuig zu Jahwe zurückfinden. Der Abfall von Jahwe ist als Treubruch (Ehebruch, Buhlerei) ausführlich in 16 und 23 dargestellt.

11 Das Schlagen in die Hände und das Stampfen mit den Füßen sind Gebärden lebhafter Schadenfreude vgl 25 6. Es ist aber nicht so, als ob sich der Prophet über den Untergang von Stadt und Volk freute; er ist vielmehr darüber erregt, stimmt aber doch dem göttlichen Ratschluß zu, weil damit der Gerechtigkeit Gottes Genüge getan wird und die

Israel; durch Schwert, Hunger und Pest sollen sie fallen! 12 Wer ferne ist,
wird durch die Pest sterben; wer nahe ist, wird durch das Schwert fallen;
[und wer übrig ist] und wer bewahrt ist (vor Pest und Schwert), wird durch
Hunger *umkommen*. Ich erschöpfe meinen Grimm an ihnen. 13 Dann werdet
ihr erkennen, daß ich Jahwe bin, wenn ihre Erschlagenen inmitten ihrer
Götzen rings um ihre Altäre liegen, auf jedem hohen Hügel, [auf allen Gip-
feln der Berge], unter jedem grünen Baum [und unter jeder belaubten Tere-
binthe], da wo sie all ihren Götzen lieblichen Opferduft spenden. 14 Ich
strecke meine Hand wider sie aus und mache das Land zur Öde und Einöde,
von der Wüste *bis nach Ribla*, an all ihren Wohnsitzen. Dann werden sie
erkennen, daß ich Jahwe bin.

Das Ende kommt

7 1 Das Wort Jahwes erging an mich also: 2 Und du, Menschensohn, *(sprich)*:
So spricht der Herr Jahwe zum Lande Israel: Das Ende kommt, das Ende
(kommt) über die vier Säume der Erde. 3 Nun (kommt) das Ende über dich.
Ich sende meinen Zorn wider dich; ich richte dich nach deinem Wandel und
bringe über dich alle deine Greuel. 4 Mein Auge wird nicht mitleidig [auf
dich] blicken, noch werde ich Schonung üben, sondern deinen Wandel werde
ich über dich bringen, während deine Greuel in deiner Mitte sind. Dann
werdet ihr erkennen, daß ich Jahwe bin. 5 So spricht der Herr Jahwe: Unheil
über Unheil, siehe, es kommt! 6 Das Ende kommt, es kommt das Ende [es er-
wacht] über dich, siehe, es kommt! 7 Das Verhängnis kommt über dich, Be-
wohner des Landes. Die Zeit kommt, der Tag der Bestürzung naht; nicht
(mehr hört man) Jauchzen auf den Bergen. 8 Nun werde ich in Bälde meinen
Grimm über dich ausgießen und meinen Zorn an dir erschöpfen. Ich werde
dich nach deinem Wandel richten und alle deine Greuel über dich bringen.
9 Mein Auge wird nicht mitleidig blicken, noch werde ich Schonung üben,
sondern deinen Wandel werde ich über dich bringen, während deine Greuel
in deiner Mitte sind. Dann werdet ihr erkennen, daß ich Jahwe bin, der
schlägt.

6 12 jittōm mit G; M: „wird sterben".
14 riblātāh; M: diblātāh.
7 2 Einfügung mit G Syr.

große Schuld Israels endlich ihre Sühne findet.

13 wiederholt einen Gedanken von 4 f (die Erschlagenen liegen rings um den Altären). Als Kultorte werden Bäume genannt vgl Os 4 13 Jer 2 20 u. ö. Als heidnische Zeremonie wird das Rauchopfer erwähnt, ebenso 8 11 16 19 20 28.

14 Das Land wird völlig zerstört von der arabischen Wüste (Südgrenze) bis nach Ribla (Nordgrenze). Ribla lag am Orontes in Cölesyrien, wo Nebukadnezar bei der Zerstörung von Jerusalem sein Hauptquartier aufgeschlagen hatte 4 Kg 25 6 20 f.

7 2 Das Ende ist die kommende Katastrophe, die das Unheil über Juda-Jerusalem bringt. Zugleich fließen universelle Züge ein: das Ende kommt über die ganze Welt.

3 f Jahwe ist seinem Wesen nach ein Gott des Erbarmens; aber jetzt kann er nicht mehr Gnade üben, sondern muß Israel wegen der Sünden strafen. Durch das Gericht kommt Israel zur Erkenntnis, daß Jahwe der gerechte Gott ist. 3 f ist in 8 f wiederholt.

5-7 Der Text ist unsicher. Immer wieder verwendet Ezechiel das Wörtchen „es kommt".

7 Das Jauchzen auf den Bergen ist der Erntejubel beim Keltern (vgl Is 16 10) und das ausgelassene Geschrei bei den Opferfeiern.

10 Siehe, der Tag! Siehe, das Verhängnis kommt (und) bricht herein. *Die*
Vergewaltigung blüht, der Übermut sproßt. 11 Die Gewalttat erhebt sich zum
Stab der Gottlosigkeit. Nichts mehr wird ihnen verbleiben; nichts mehr von
ihrem Gepränge, [und nichts mehr von ihrer Pracht und nichts mehr Herr-
liches ist in ihnen.] 12 Die Zeit kommt, der Tag naht. Der Käufer freue sich
nicht und der Verkäufer traure nicht, [denn Zorn (kommt) über all ihr Ge-
pränge.] 13 Denn der Verkäufer wird nicht mehr zum Verkauften zurück-
kehren, auch wenn sie noch am Leben wären, denn *Zorn* (kommt) über all
ihr Gepränge; nicht wird er zurückkehren, und keiner wird ob seiner Schuld
sein Leben festhalten.

14 Blast in die Trompete und rüstet alles! Aber keiner zieht in den Kampf;
denn mein Zorn (kommt) über all ihr Gepränge. 15 Draußen (wütet) das
Schwert, drinnen die Pest und der Hunger. Wer auf dem Felde ist, wird
durch das Schwert sterben, und wer in der Stadt ist, den werden Hunger
und Pest aufreiben. 16 Entkommen von ihnen Flüchtlinge, so sind sie auf
den Bergen wie girrende Tauben; sie alle klagen, ein jeder ob seiner Schuld.
17 Alle Hände werden schlaff, und alle Knie triefen von Wasser. 18 Sie gür-

7 10 hammuṭṭæh vgl 9 9; M: „der Stab“.
13 ḥārōn vgl 12; M: „Gesicht“.

10 f Text und Deutung sind völlig unklar. Im Lande herrschen Übermut und Gottlosigkeit. Vielleicht ist auf das böse Treiben einer geschichtlichen Persönlichkeit angespielt, nämlich auf Sidqia, der seine Vasallenschaft aufgab. Auf den König deuten die Ausdrücke „Stab“ 11 (für „Zepter“ vgl Ps 125 3) und „Krone“ 10 hin, wie vielleicht statt „Verhängnis“ zu übersetzen ist.

12 Man könnte hier ein Bild aus dem täglichen Leben geschildert sehen: ein Kaufgeschäft wird abgeschlossen, da kommt plötzlich die Katastrophe. Der Käufer will das erworbene Gut an sich nehmen, aber er sinkt tot zu Boden; der Verkäufer braucht wegen des mißlungenen Geschäftes nicht traurig sein, weil auch er vom Tode ereilt wird. Vielleicht denkt man jedoch besser an die Landverkäufe der Deportierten von 597, die ihr Eigentum schnell und verlustreich abgeben mußten. Der Käufer kann keine rechte Freude über seinen Erwerb haben, weil er demnächst ebenfalls in die Verbannung oder in den Tod gehen muß; auch dem Verkäufer braucht es nicht leid zu sein, weil alles seinen Wert verloren hat.

13 Hier ist auf das Jubeljahr angespielt; das Verkaufte wird nicht mehr zurückerstattet vgl Lev 25 8-28. Mit dem Ende von Stadt und Staat ist aller Handel und Wandel vorbei. Alle müssen wegen ihrer Sündenschuld sterben; hier sagt Ezechiel in einem kurzen Sätzchen. was er später (18 und 33) ausführlich darlegt.

14 Niemand zieht in den Kampf, obwohl das Zeichen (Trompetenstoß) gegeben wird, weil der Schrecken die Bewohner gelähmt hat oder weil sie vom Tode ereilt werden, bevor sie zu den Waffen greifen können. So plötzlich kommt das Gericht.

15 Zu den drei Plagen Schwert, Pest und Hunger s. zu 5 12.

16 Der Rest, der sich in die Berge flüchtet, wird dieser Rettung nicht froh, sondern infolge seiner Sünden weiterhin von Todesangst gepackt. Er ist verängstigt wie aufgescheuchte Tauben vgl Jer 48 28.

17 Die Menschen sind völlig vor Angst gelähmt, so daß sie ihre Hände nicht mehr regen können. Die Füße versagen ihren Dienst vgl Jos 7 5. Vielleicht ist aber dieser letztere Ausdruck im obszönen Sinn zu verstehen: die Menschen können das Wasser nicht mehr halten (so schon Hieronymus). Die nämliche Schilderung der Angst 21 12.

18 Infolge der vielen Toten muß allüberall die Totenklage gehalten werden; zu den Trauergebräuchen gehören das Tragen des Sackgewandes (grobes Tuch) und das Scheren des Hauptthaares. An diesem Kahlscheren hielt das Volk zäh

ten sich in Sackgewand, und es umhüllt sie Schaudern. Auf allen Gesichtern
ist Scham, und auf all ihren Häuptern Glatze. 19 Ihr Silber werfen sie auf
die Gassen, und ihr Gold gilt ihnen als Unflat. [Ihr Silber und ihr Gold kann
sie nicht am Tag des Zornes Jahwes retten]. Ihren Rachen können sie (damit)
nicht sättigen und ihr Inneres nicht füllen; denn es ist ihnen Anstoß zur
Sünde geworden. 20 *Ihre* schmucke Pracht verwandten sie zur Hoffahrt und
verfertigten daraus ihre greuelhaften Bilder [ihre Scheusale]; darum mache
ich es ihnen zum Unflat. 21 Ich gebe es den Fremden als Beute in die Hand
und den Gottlosen der Erde zum Raube, daß sie es entweihen.

22 Ich wende mein Angesicht von ihnen ab, daß man mein Kleinod ent-
weihe, und Räuber darin einbrechen und es entweihen. 23 Mache die Kette (?);
denn das Land ist voll Blutschuld, und die Stadt ist voll Gewalttat. 24 [Und
ich bringe die schlimmsten der Völker, daß sie ihre Häuser in Besitz neh-
men.] Ich mache ihrer stolzen Pracht ein Ende und ihre Heiligtümer sollen
entweiht werden.

25 Angst kommt; dann sucht man Heil, aber es ist keines da. 26 Unfall auf
Unfall wird kommen und Gerücht über Gerücht wird auftauchen; dann wird
man vom Propheten eine Schauung fordern, aber die Weisung ist dem Prie-
ster entschwunden und der Rat den Ältesten. 27 [Der König trauert und] der

7 20 „Ihre" mit Sym Syr; M: „seine".
23 Statt „Mache die Kette" ist vielleicht im Anschluß an G zu übersetzen „und sie machen (aus dem Tempelschatz) Ketten" (für die Fesselung der Weggeführten) und der Ausdruck zu 22 zu ziehen vgl Nah 3 10. V „fac conclusionem", d. h. „mache Schluß" mit der Strafankündigung.
27 keḏarkām nach G V Syr; M: „von ihrem Wandel".

fest vgl Is 15 2 Jer 7 29 16 6 Am 8 10 Mich 1 16, obwohl es im Gesetz Dt 14 1 verboten war.

19-21 Weil das Gold und Silber für Götzenbilder verwertet wurde, deshalb wird es jetzt völlig wertlos vgl Is 2 20 Os 2 10 8 4. Es wird den Feinden, den Babyloniern, als Beute anheimfallen.

22 Der Tempel, das von Jahwe bewahrte „Kleinod", d. h. sein kostbarster Schatz, wird den Feinden preisgegeben. Für Ezechiel ist die Entweihung des Tempels besonders schmerzlich vgl 5 11.

23 Nicht nur die Bewohner von Jerusalem, sondern auch die Landleute sind sittlich verderbt, so daß die Strafe kommen muß (ähnlich 9 9).

24 Die schlimmsten der Völker sind die Babylonier, die 21 als „die Gottlosen der Erde" bezeichnet werden vgl 30 11. Die „stolze Pracht" ist der Tempel. Auch die Heiligtümer der Götzen werden entweiht.

25 Mit der Zerstörung des Tempels ist die Hilfe Gottes weggefallen. Die Überlebenden können nirgends Rettung finden.

26 Auch menschliche Hilfe versagt. Die Propheten haben keine Gesichte mehr, die Priester können keine Weisung mehr geben und die Ältesten werden keinen Rat mehr erteilen vgl Jer 18 18. Wenn sich Jahwe nicht mehr durch seine Diener offenbart, dann ist die Zeit größten Unglücks gekommen 1 Sm 3 1 Kl 2 9 Ps 74 9.

27 König und Volk sind in Not. Als König ist Sidqia gemeint. Ezechiel verwendet für die Könige Judas nur 1 2 17 12 die gewöhnliche Bezeichnung „König"; sonst steht immer (auch 37 22 24 43 7 9 nach G) „Fürst". Das Gericht kommt unerbittlich und bringt die strafende Gerechtigkeit. Im Gericht werden die Überlebenden Jahwe als gerechten Gott kennen lernen.

Das „Volk des Landes" (auch 12 19 22 29 33 2 39 13 45 22 46 3 9 genannt) bezeichnet die vollberechtigten, männlichen Mitglieder des israelitischen Gemeinwesens, politisch (Bürger) oder religiös-kultisch (Laien) gesehen, unter Führung des Königs, der Fürsten, Priester und Propheten.

Fürst kleidet sich in Entsetzen. Dem Volk des Landes werden die Hände erstarren. *Nach* ihrem Wandel werde ich an ihnen handeln und sie auf Grund ihrer Rechte richten. Dann werden sie erkennen, daß ich Jahwe bin.

8 1 - 11 25 Das Gesicht von Jerusalems Götzendienst und dem Gericht Jahwes

Die Entrückung nach Jerusalem

8 1 Es geschah im sechsten Jahre, *im fünften (Monat)*, am fünften des Monats, als ich in meinem Hause weilte und die Ältesten Judas vor mir saßen, da fiel auf mich [dort] die Hand des Herrn Jahwe. 2 Ich schaute, und siehe: eine Gestalt (erschien), die wie *ein Mann* aussah; von dem an, was aussah wie seine Hüften abwärts, (war es wie) Feuer, und von dem an, was aussah wie seine Hüften aufwärts, war es wie das Aussehen von Glanz, wie das Blinken von Glanzerz. 3 Er streckte etwas wie eine Hand aus und ergriff mich an einer Locke meines Hauptes. Dann hob mich Geist zwischen Himmel und Erde empor und brachte mich nach Jerusalem in göttlichen Gesichten an den Eingang des inneren Tores, das nach Norden schaut, wo sich der Platz des Eifersuchtsbildes befand, das die Eifersucht (Jahwes) erregte. 4 Und siehe, dort war die Herrlichkeit des Gottes Israels ähnlich dem Gesicht, das ich in der Talebene geschaut hatte.

8 1 baḥ^amiššī mit G; M: „im sechsten (Monat)".
2 'īš mit G; M: „Feuer".

8 1 Datum: August 591. Ort: Haus des Propheten in Tell-Abib. Zugegen sind die Ältesten der Exilsgemeinde, die wohl zu Ezechiel gekommen sind, um über das Schicksal der Heimat, näherhin des Tempels, Auskunft zu erhalten. Sie sind Zeugen der Ekstase, die über den Propheten kommt. In ihr sieht Ezechiel alles, was in 8—11 geschrieben ist. 11 24 wird erzählt, daß das Gesicht entschwindet.

2 Ezechiel schaut die Gestalt Jahwes, wie er sie 1 27 gesehen hatte. Sie ist in Feuer und Licht eingetaucht.

3 Ähnlich wird Habakuk an seinem Haarschopf vom Engel Jahwes nach Babel zu Daniel in die Löwengrube getragen Dan 14 36. Dieser seltsame Zug findet sich öfters in den apokryphen Schriften. Bei Ezechiel geschah es in der Vision, nicht in Wirklichkeit. Er wird an die innere Pforte des Nordtores der äußeren Umfassungsmauer gebracht. Der Prophet sieht ein Astarte- (Aschera-) Bild. Der gottlose König Manasse hatte ein solches errichten lassen 4 Kg 21 7 2 Chr 33 7. Der fromme König Josia ließ es bei der Kultreform beseitigen 4 Kg 23 6, aber vielleicht wurde es später wieder unter Jojaqim oder Sidqia aufgestellt vgl Jer 7 30 32 34. Nach Hieronymus war das Eiferbild identisch mit dem Götzenbild des Manasse; es stellte ein Baalbild mit vier Gesichtern dar (so übersetzt die Peschitta 2 Chr 33 7), das Ezechiel noch im Tempel gesehen hatte. Die syrische Baruchapokalypse macht daraus ein Götzenbild mit fünf Gesichtern: „vier davon schauten nach den vier Windrichtungen und das fünfte Gesicht war auf dem Scheitel der Statue, wie um den Eifer des Allmächtigen zu reizen". Jahwes Eifersucht, die strenge über die Alleinverehrung des einzigen Gottes wacht, duldet kein Bild einer anderen Gottheit; er ist ein „eifersüchtiger Gott" Ex 20 5 (= Dt 5 9) 34 14 Dt 4 24 6 15. In seiner „Eifersucht" wird er die Dirne Israel strafen 16 38 23 25 (im Hintergrund steht das Bild der Ehe).

4 Es ist dieselbe Erscheinung der Herrlichkeit Gottes wie in der Talebene 3 23. Der Vers 4 ist wohl Einschub; 5 schließt sich direkt an 3 an.

Das Eifersuchtsbild

5 Er sprach zu mir: Menschensohn, erhebe doch deine Augen in der Rich-
tung nach Norden; da erhob ich meine Augen in der Richtung nach Norden,
und siehe, nördlich vom Altartor war das Eifersuchtsbild. Dieses stand am
Eingang. 6 Er sprach zu mir: Menschensohn, siehst du, was diese treiben?
Große Greuel sind es, die das Haus Israel hier verübt, so daß ich mich von
meinem Heiligtum entfernen muß. Aber du wirst noch größere Greuel sehen.

Der Tierkult

7 Dann brachte er mich an den Eingang des Vorhofes; ich schaute, und
siehe: da war ein Loch in der Wand. 8 Er sprach zu mir: Menschensohn,
durchstoße doch die Wand! Ich durchstieß die Wand, und siehe, da war eine
Tür. 9 Er sprach zu mir: Gehe hinein und siehe die [schlimmen] Greuel, die
sie hier verüben. 10 Ich ging hinein und ich schaute, und siehe: da waren
allerlei Gebilde von Gewürm und Getier; Scheusale und alle Götzen des
Hauses Israel waren ringsum auf die Wand eingezeichnet. 11 Siebzig Männer
von den Ältesten des Hauses Israel standen vor ihnen; auch Jaazanja, der
Sohn des Saphan, stand in ihrer Mitte. Ein jeder hatte seine Räucherpfanne
in seiner Hand, und der Duft der Weihrauchwolke stieg empor. 12 Er sprach

5 Das „Altartor" ist das innere Nordtor. Es hieß vielleicht so, weil hier Achaz den früheren Brandopferaltar hatte aufstellen lassen 4 Kg 16 14.

6 Die Entweihung des Tempels durch das 3-5 genannte Götzenbild hat die Entfernung Jahwes vom Heiligtum zur Folge.

7 Die Ortsangabe ist ungenau. Es ist wohl der Eingang des Nordtores zum inneren Vorhof gemeint, und zwar die äußere Seite; das Tor scheint Ezechiel nicht durchschritten zu haben.

8 Das Loch in der Wand, das Ezechiel sieht, war wohl nicht so groß, daß man hindurchschlüpfen konnte. Er muß es erweitern, schlüpft hindurch und sieht eine Tür, durch die er eintreten kann. Es war wohl eine Tür, die man sonst nur auf Umwegen erreichen konnte und die für Nichteingeweihte schwer auffindbar war. Verschlossen war die Tür nicht. In G, die in 7 f einen kürzeren Text hat, ist nur gesagt, daß der Prophet den Eingang „durchstoßen" soll; es ist möglich, daß 7 f nach 12 5 7 aufgefüllt wurde.

10 Ezechiel sieht Bilder von allerlei Tieren, die an der Wand gemalt oder eingeritzt waren. Es waren Kriechtiere (Krokodile, Schlangen, Käfer), Säugetiere (Katzen, Widder, Stiere, Schakale) und sonstige Götzenbilder, wie sie besonders in Ägypten verehrt wurden. Die Hinneigung mancher Kreise nach Ägypten in politischer Beziehung hatte auch eine religiöse Abhängigkeit zur Folge. Der Tierkult ist für Ezechiel eine besonders krasse Abirrung.

11 Die Zahl 70 ist eine runde Zahl und besagt eine ansehnliche Menge. Der Raum scheint also ziemlich groß gewesen zu sein. Die genannten Männer waren wohl Vertreter der Ägypterpartei. Über den namentlich aufgeführten Jaazanja (Jezonias), den Sohn Saphans, wissen wir nichts näheres; den Exulanten war er sicherlich bekannt. 11 1 wird ein Jaazanja als Sohn Azzurs genannt. Beide sind wohl nicht identisch. Ein Saphan war Kanzler des Königs Josia 4 Kg 22 3 8; vielleicht ist dieser Saphan hier gemeint. Der Weihrauch wird Jer 6 20 als Ausfuhrartikel von Saba genannt. Das Rauchopfer ist im ganzen alten Orient bekannt und wird bei Ezechiel öfters als den Götzen dargebracht erwähnt vgl zu 6 13.

12 Der Raum war in ein geheimnisvolles Halbdunkel gehüllt. Dies gehörte wohl zur Stimmung des Götzendienstes, der irgend ein Mysterienkult war. Unklar ist der Ausdruck „in seiner Bildkammer" oder „in den Kammern seines Schaustückes (Gebildes?)". Ist dies so vorzustellen, daß der Raum in einzelne Zellen abgeteilt war, in denen die einzelnen Teilnehmer ihrem Gebilde an der Wand räucherten? Die Denkweise der Teilneh-

zu mir: Siehst du, Menschensohn, was die Ältesten des Hauses Israel im Dunkeln tun, ein jeder in seiner Bildkammer? Sie sagen ja: Jahwe sieht es [uns] nicht, Jahwe hat das Land verlassen. 13 Er sprach zu mir: Du wirst noch größere Greuel sehen, die sie verüben.

Der Tammuzkult

14 Dann brachte er mich an den Eingang des Tores des Hauses Jahwes, das nach Norden liegt, und siehe, da saßen Frauen, die den Tammuz beweinten.
15 Er sprach zu mir: Siehst du (es), Menschensohn? Du wirst noch größere Greuel als diese sehen.

Die Sonnenverehrung

16 Dann brachte er mich in den inneren Vorhof des Hauses Jahwes, und siehe, am Eingang zum Tempel Jahwes, zwischen der Vorhalle und dem (Brandopfer-)Altar, waren gegen fünfundzwanzig Männer, mit ihrem Rükken gegen den Tempel Jahwes und mit ihrem Angesicht nach Osten zu (gewendet); diese beteten [nach Osten zu] die Sonne an.

Jahwe schreitet erbarmungslos ein

17 Er sprach zu mir: Siehst du (es), Menschensohn? Ist es dem Hause Juda zu wenig, die Greuel zu verüben, die sie hier tun, daß sie (auch noch) das

8 17 z^{e}mōrāh, oben mit „Büschel" übersetzt, ist dunkel; gewöhnlich bedeutet es „Zweig", „Ranke", „Reisig" (so 15 2), V „ramus". G zu allgemein: „sie sind wie solche, welche die Nase rümpfen", d. h. mich verspotten. Nach der jüdischen Überlieferung heißt z^{e}mōrāh „membrum virile" oder „strepitus ventris". Vielleicht ist nach 23 20 zirmāh „effusio seminis" zu lesen (falls nicht zirmāh in z^{e}mōrāh zu verbessern ist).

mer ist bezeichnend; da Jojakin mit einem großen Teil des Volkes in die Verbannung geschleppt war, glaubte man, daß sich Jahwe nicht mehr um sein Volk kümmere, da er mit dem König und Volk auch sein Land verlassen habe. Weil Jahwe nicht mehr in Jerusalem ist und somit nicht mehr helfen kann, müssen die fremden Götter angerufen werden. Dieselbe Vorstellung 9 9.

14 f Der Ort, an den Ezechiel geführt wird, ist nicht sicher festzustellen; es ist kaum das äußere Nordtor gemeint wie 3, sondern das innere Nordtor zum Tempelvorhof wie 7, und zwar die Innenseite. Der Tammuzkult stammt aus dem Zweiströmeland; er nahm seinen Weg von Sumer über Babylonien, Syrien, Phönizien nach Griechenland, wo Tammuz als Adonis verehrt wurde. Er ist der Gott der Frühlingsvegetation. Wenn alles pflanzliche Leben im Sommer unter den Strahlen der Sonne abstirbt, halten die Frauen die Totenklage um den in die Unterwelt hinabsteigenden Gott (im Juni/Juli, der als Monat „Tammuz" heißt); wenn im Frühling das Wachstum wieder auflebt, wird unter Freuden die Auferstehung des Gottes Tammuz gefeiert (erst spät bezeugt).

16 Im inneren Vorhof zwischen der Vorhalle des Tempels und dem Brandopferaltar, wo nach Jo 2 17 die Bußfeier abgehalten wird, sieht der Prophet 25 (nach G 20) Männer stehen, die die Sonne anbeten. Ihre Haltung zeigt schon äußerlich die Abwendung von Jahwe: sie kehren dem Heiligtum den Rücken. Der Gestirnkult, namentlich die Sonnenverehrung, wurde besonders unter Manasse betrieben 4 Kg 21 3 5 23 4 f 11. Auch Jeremias 8 2 und Sophonias 1 5 kämpfen gegen den Gestirnkult, der babylonischer Herkunft ist.

17 Nicht nur die Hauptstadt, sondern auch das Land ist voller Frevel 7 23 9 9. Die hier genannte heidnische Zeremonie ist nicht eindeutig zu bestimmen, siehe die Textanmerkung. Manche denken an die persische Sitte, den bareçman, einen Büschel von verschiedenen Baumzweigen, an die Nase zu halten, um durch den Atem den heiligen Raum nicht zu verunreinigen. Andere übersetzen: „sie

Land mit Gewalttat erfüllen [und mich immer wieder zum Zorne reizen]?
Siehe, sie halten den Büschel an ihre Nase. [18] So werde auch ich im Zorne
handeln; mein Auge soll nicht mitleidig blicken, noch will ich Schonung üben.
[Auch wenn sie mit lauter Stimme mir in die Ohren schreien, so will ich
nicht auf sie hören.]

Das Blutbad in der Stadt und das rettende Zeichen

9 [1] Dann rief er mir mit lauter Stimme in die Ohren also: Die Heim-
suchungen der Stadt nahen! [Ein jeder hatte sein Vernichtungswerkzeug in
seiner Hand.] [2] Siehe, sechs Männer kamen von der Richtung des oberen
Tores her, das nach Norden liegt; ein jeder hatte sein Zerstörungswerkzeug
in seiner Hand. Auch war ein Mann in ihrer Mitte, in Linnen gekleidet, mit
einem Schreibzeug an seinen Hüften. Sie kamen und stellten sich neben dem
ehernen Altare auf. [3] Die Herrlichkeit des Gottes Israels aber hatte sich von
den Keruben, über *denen* sie gewesen war, nach der Tempelschwelle hin
erhoben. Da rief er dem Manne zu, der in Linnen gekleidet war und der das
Schreibzeug an seinen Hüften hatte, [4] und Jahwe sprach zu ihm: Gehe mitten

9[3] Plur. mit G; M: Sing.

lassen den (Opfer-)Gestank in meine Nase emporsteigen", d. h. sie bringen Jahwe durch ihre Opfer nicht „einen lieblichen Opferduft" dar, sondern erzürnen ihn. Vielleicht hat die jüdische Überlieferung recht, die hier eine obszöne Handlung sieht. Jedenfalls ist etwas Jahwe besonders Widerwärtiges gemeint.

9 [1] Das laute Rufen in die Ohren soll den Ernst der Drohung kennzeichnen. Der letzte Teil des Verses stammt aus [2].

[2] Das obere Tor ist das innere Nordtor wie 8[7] [14]; der Prophet steht im inneren Vorhof 8[16]. Die Männer kommen von Norden, weil von dort das Unheil (der Feind aus Babylonien) naht vgl 1[4]. Es sind sieben Männer, die von Jahwe gesandt sind und in seinem Namen handeln, also Beauftragte Jahwes oder Engel, wie sie in späteren Schriften genannt werden, namentlich bei Zach 1[9] u. ö., Dan (siehe unten) und in der ntl Apk. Einer ist als Führer der anderen hervorgehoben; er ist mit Linnen bekleidet [3] [11] 10[2] [6f], trägt also priesterliche Kleidung Ex 28[41f] Lev 16[4] [23]. Nach Dan 10[5] 12[6f] ist der Engel Gabriel ebenfalls in Linnen gekleidet, ebenso die sieben Schalenengel der Apk 15[6]. Nach orientalischer Sitte trägt er das Schreibzeug am Gürtel. Dieser Engel hat vielleicht sein Vorbild im Schreibergott Nebo, der in der Götterversammlung die Feder führt. Der eherne Altar ist nicht der 8[16] genannte Brandopferaltar, sondern der alte salomonische Altar 3 Kg 8[64], den Achaz an die Nordseite des Tempels rücken ließ 4 Kg 16[14].

[3a] ist wohl Glosse aus 10[4]. Nach 10[18] kehrt die Herrlichkeit Gottes wieder auf die Kerube zurück. Die Stelle verrät sich schon deshalb als Glosse, weil erst in 10 die Lebewesen als Kerube geschildert werden.

[4] Die Menschen, die gerettet werden sollen, werden mit einem „Tau" bezeichnet. In der althebräischen Schrift hatte es die Form eines schrägen Kreuzes. Das Tau galt als Unterschrift für diejenigen, die des Schreibens unkundig waren vgl Job 31[35]. Es war ein Schutzzeichen, wie das Mal für Kain Gen 4[15] und das Blut an den Häusern der Israeliten in Ägypten Ex 12[7] [13]. In der ntl Offenbarung werden die „Knechte Gottes" ebenfalls mit einem Zeichen auf der Stirn „besiegelt" Apk 7[2-8] 9[4]; nach 14[1] ist dieses Siegel der Name des Lammes und des Vaters. Die Väter sehen in dem Zeichen der Geretteten ein Vorbild des Kreuzes, des signum salutis, im vornehmlichen Sinn. Es ist nicht gesagt, daß die Menschen gerettet werden, die gerecht sind, sondern diejenigen, die klagen und seufzen über all die Greuel, die in Jerusalem verübt werden. Hier ist wohl angedeutet, daß alle ungerecht sind, daß aber manche wenigstens die Greuel verabscheuen.

durch die Stadt, [mitten durch Jerusalem,] und zeichne ein Tau auf die Stirn
der Männer, die über all die Greuel, die in ihrer Mitte verübt werden, seuf-
zen und wehklagen. 5 Zu den andern aber sprach er vor meinen Ohren: Gehet
hinter ihm her durch die Stadt und schlaget drein! Euer Auge blicke nicht
mitleidig! Übet keine Schonung! 6 Greise, Jünglinge, Jungfrauen, Kinder
und Frauen metzelt nieder bis zur Ausrottung! Rühret dagegen keinen an,
der das Tau trägt! Machet den Anfang bei meinem Heiligtum! Da fingen sie
an bei den Männern, [den Ältesten,] die vor dem Tempel waren. 7 Dann
sprach er zu ihnen: Entweihet den Tempel und füllet die Vorhöfe mit Er-
schlagenen an! *Dann gehet hinaus und schlaget drein* in der Stadt!

Erfolglose Fürbitte des Propheten

8 Es geschah, als sie dreinschlugen, [und ich übriggeblieben war,] da fiel
ich auf mein Angesicht und schrie und sprach: Ach, Herr Jahwe, willst du
den ganzen Rest Israels vernichten, da du deinen Grimm über Jerusalem
ausschüttest? 9 Er sprach zu mir: Die Schuld des Hauses Israel und Juda ist
gar zu groß; das Land ist voller Blutschuld und die Stadt voller Vergewal-
tigung; sagen sie doch: Jahwe hat das Land verlassen und Jahwe sieht es
nicht. 10 So soll mein Auge nicht mitleidig blicken, noch will ich Schonung
üben. Ihren Wandel werde ich auf ihr Haupt geben. 11 Und siehe, der Mann,
der in Linnen gekleidet war und das Schreibzeug an seinen Hüften trug,
erstattete Bericht und sprach: Ich habe getan, wie du mich geheißen.

Der Brand Jerusalems

10 1 Ich schaute, und siehe: über der Feste, die sich zu Häupten der Kerube
befand, war etwas wie Saphirstein; [wie das Aussehen,] etwas, das einem
Throne glich, wurde über ihnen sichtbar. 2 Er sprach zu dem Manne, der in

9 7 ūṣeʼū wehakkū vgl G Syr; M: „gehet hinaus, und sie gingen hinaus und schlugen drein".

10 2 Plur. mit G wie 4 9 3.

6 f Die Männer sollen ihr Vernichtungswerk beim Tempel beginnen, weil die Greuel hier besonders groß sind vgl Kap. 8. Die Würger sollen sich nicht scheuen, im Tempel ein Blutbad anzurichten und ihn zu verunreinigen; denn durch die dort geübten Greuel ist das Heiligtum bereits entweiht. Im NT ist 6 von 1 Petr 4 17 in dem Sinne verwendet, daß das Gericht zuerst bei den Gläubigen beginnt und gleich hier seinen Ernst zeigt, um dann erst recht die Ungläubigen mit seinem ganzen Schrecken zu erreichen.

8 Der Prophet sieht, daß die Männer ganze Arbeit leisten. Er ist allein übrig von denen, die im Tempel niedergemacht werden, und fürchtet, daß auch in der Stadt niemand übrig bleibt (jedoch ist „und ich übriggeblieben war" Zusatz; fehlt in G). Er ist so bestürzt, daß er gar nicht mehr daran denkt, daß die „Gezeichneten" sicherlich verschont werden, und legt Fürsprache für den „Rest" ein, wie einst Abraham für Sodom Gen 18 23-33. Der „Rest" bezeichnet die nach der Deportation Jojakins im Lande Zurückgebliebenen vgl 11 13.

9 Die übergroße Schuld Israels muß bestraft werden. Die vermeintliche Abwesenheit Jahwes vom Lande gibt dem Volk Freiheit zur Sünde. S. zu 8 12.

11 Die Meldung schließt mit ein, daß die schuldige Bevölkerung niedergemacht ist.

10 1 wiederholt 1 26. Neu ist nur, daß die Lebewesen als Kerube bezeichnet werden.

2 Derselbe Mann wie 9 2 holt glühende Kohlen, die sich nach 1 13 zwischen den Lebewesen befinden, aus Jahwes Thronwagen. Mit diesen Kohlen soll er die

Linnen gekleidet war [und er sprach]: Geh hinein in den Raum zwischen den
Rädern, unterhalb *der* Kerub*e*, fülle deine Hände mit Feuerkohlen aus dem
Raum zwischen den Keruben und streue (sie) über die Stadt! Er ging vor
meinen Augen hinein. 3 Die Kerube aber standen rechts vom Hause, als der
Mann hineinging, und die Wolke erfüllte den inneren Vorhof. 4 Dann erhob
sich die Herrlichkeit Jahwes von *den* Kerub*en* zur Tempelschwelle hin; das
Haus wurde von der Wolke erfüllt, und der Vorhof ward voll vom Glanz der
Herrlichkeit Jahwes. 5 Das Rauschen der Kerubflügel konnte man bis zum
äußeren Vorhof hören, gleich der Stimme Gottes, des Allmächtigen, wenn
er spricht. 6 Es geschah, als er dem Manne, der in Linnen gekleidet war,
gebot und sagte: Nimm Feuer aus dem Raum zwischen den Rädern, aus dem
Raum zwischen den Keruben, da ging er hinein und stellte sich neben das
Rad. 7 Er [der Kerub] streckte seine Hand [aus dem Raum zwischen den
Keruben] nach dem Feuer aus, das zwischen den Keruben war; [und holte
(es) und legte (es) in die Hände des Mannes, der in Linnen gekleidet war;]
er nahm es und ging hinaus.

Abermalige Beschreibung des göttlichen Thronwagens

8 Man konnte an den Keruben etwas wie eine Menschenhand unter ihren
Flügeln sehen. 9 Ich schaute, und siehe: da waren vier Räder neben den Ke-
ruben, je ein Rad neben jedem Kerub; die Räder sahen aus wie das Blinken
von Tarsisstein. 10 Ihrem Aussehen nach waren die Viere einander gleich, als

10[4] Plur. wie [2].

Stadt in Brand setzen. Es ist zu bemerken, daß alles in der Vision des Propheten geschieht! Unsere Stelle ist Vorbild für Apk 8[5], wo ein Engel seine Räucherpfanne mit Feuer vom Altar füllt und es auf die Erde wirft, und Apk 15[7], wo eines der vier Lebewesen den sieben Engeln die sieben Zornesschalen gibt.

[3] Der Standort der Kerube ist die Südseite des Tempels. Die Wolke als Trägerin der Herrlichkeit Gottes 1[4] erfüllt den ganzen inneren Vorhof.

[4] Die Herrlichkeit Gottes bewegt sich von der Südseite des Tempels zur Tempelschwelle (ebenso 9[3]), so daß die Wolke den Tempel erfüllt und der Lichtglanz den Vorhof erhellt, verläßt dann wieder die Tempelschwelle [18], begibt sich zum äußeren östlichen Tempeltor [19], verläßt schließlich Tempel und Stadt und macht auf dem Ölberg halt 11[23]. Von Osten her (durch das äußere östliche Tor) zieht in der kommenden Zeit wieder die Herrlichkeit Gottes ein 43[2-4]. Die Zerstörung von Stadt und Tempel ist ein Zeichen, daß Jahwe Jerusalem verlassen hat; nach dem Exil erfolgt wieder der Aufbau, weil Jahwes „Herrlichkeit im Lande wohnt" Ps 85[10].

[5] Das Rauschen der Flügel ist mit dem Donner verglichen (vgl 1[24]); es war so stark, daß man es im ganzen Umkreis des Tempels hören konnte.

[7] ist glossiert. Nach dem hebräischen Text nimmt ein Kerub das Feuer und gibt es dem in Linnen gekleideten Mann in die Hand. Nach dem ursprünglichen Text nimmt der in Linnen gekleidete Mann selbst das Feuer und streut es über die Stadt, wie aus [2] hervorgeht. Das schaurige Bild, wie der Mann die Brandkohlen über die Stadt ausstreut und wie das Feuer alles zerstört, ist nicht weiter ausgemalt.

[8-17] bringen eine erneute Thronwagenbeschreibung. Die Gedanken von 1[6-26] sind teilweise wörtlich wiederholt. Ob Ezechiel selbst oder ein Redaktor diese abermalige Beschreibung vorgenommen hat, ist schwer zu entscheiden. Auf Ezechiel als Verfasser verweisen zwei neue Gesichtspunkte, die ausdrücklich hervorgehoben sind: 1. Die Räder heißen Haggalgal (= der Wirbelwind) [13]; 2. Die Lebewesen sind Kerube [20]. Dreimal ist dann gesagt, daß es dieselbe Gotteserscheinung wie am Flusse Kebar war [15] [20] [22].

ob ein Rad inmitten des (andern) Rades wäre. 11 Wenn sie gingen, so gingen
sie nach ihren vier Seiten; sie wandten sich nicht, wenn sie gingen, sondern
in der Richtung, wohin sich der vorderste wandte, gingen sie hinter ihm
drein; sie wandten sich nicht, wenn sie gingen. 12 [Ihr ganzer Leib aber,] ihre
Rücken, ihre Hände, ihre Flügel und die Räder waren ringsum voller Augen
bei den Vieren [ihre Räder]. 13 Die Räder wurden vor meinen Ohren Hag-
galgal genannt. 14 Vier Gesichter hatte ein jedes (Lebewesen): *sein* erstes
Gesicht war das Gesicht *eines Stieres; sein* zweites Gesicht war das Gesicht
eines Menschen; das dritte das Gesicht eines Löwen und das vierte das Ge-
sicht eines Adlers. 15 Die Kerube aber konnten sich erheben; es war das-
(selbe) Lebewesen, das ich am Flusse Kebar geschaut hatte. 16 Wenn die Ke-
rube gingen, dann gingen (auch) die Räder neben ihnen; wenn die Kerube ihre
Flügel hoben, um sich von der Erde zu erheben, dann wandten sich auch die
Räder nicht von ihrer Seite. 17 Wenn sie aber stehen blieben, dann blieben
(auch) jene stehen; wenn sie sich erhoben, dann erhoben sich (auch) jene mit
ihnen; denn der Geist der Lebewesen war in ihnen.

Jahwe verläßt den Tempel

18 Dann zog die Herrlichkeit Jahwes von der Tempelschwelle fort und
stellte sich auf die Kerube. 19 Da schwangen die Kerube ihre Flügel und
erhoben sich vor meinen Augen von der Erde; als sie hinauszogen, da waren
(auch) die Räder gleichzeitig mit ihnen. *Sie* mach*ten* am Eingang des öst-
lichen Tores des Hauses Jahwes halt, und die Herrlichkeit des Gottes Israels
(thronte) über ihnen. 20 Das war das(selbe) Lebewesen, das ich unterhalb des
Gottes Israels am Flusse Kebar geschaut hatte; ich erkannte, daß es Kerube

10 14 pānāw; M: „das Gesicht". — haššōr; M: „des Kerub". — ūphānāw; M: „und das Gesicht".

19 Plur. Hiphil mit G Syr; M: Sing. Qal.

18 f Vgl zu 4.

20 Vgl zu 1 3-28. Anstatt der Lebewesen steht 9 3 (wohl Einschub) 10 1-9 15 f 18 f 11 22 „Kerube". Erst bei der zweiten Vision des göttlichen Thronwagens erkennt Ezechiel, daß die Lebewesen Kerube sind. Die Beziehung der biblischen Kerube zu den assyrischen kāribāti ist weder dem Namen noch dem Wesen nach völlig geklärt. Gen 3 24 Ez 28 14 16 ist ein Kerub Wächter des Paradieses; vielleicht kann man hier auf die assyrischen geflügelten Mischwesen mit Menschenkopf und Tierleib verweisen, die an den Portalen der Tempel und Paläste angebracht waren. Im neuen Tempel sind sie neben Palmen als Schnitzwerk verwendet 41 18 f 20 26; hier schweben wohl Ezechiel die in den Zeltdecken und im Vorhang des Wüstenheiligtums eingewebten Figuren Ex 26 1 31 und die im salomonischen Tempel auf den Wänden und Türen eingeschnitzten Kerubgestalten vor 3 Kg 6 29 32 2 Chr 3 7. Während dort über die Gestalt der Kerube nichts Näheres gesagt ist, sind sie bei Ezechiel 41 18 f Mischwesen mit zwei Gesichtern (ein Menschen- und Löwengesicht). Die Kerube über der Lade waren geflügelte Wesen Ex 25 18-20. Die Kerube sind deutlich Träger der göttlichen Gegenwart; aus dem Raum zwischen ihnen spricht Jahwe zu Moses Num 7 89. Sie sind der Thron Jahwes, auf dem er sitzt; „der über den Keruben Thronende" (= „der auf den Keruben Sitzende?") 1 Sm 4 4 u. ö. wird Jahwe genannt. Sie sind sein Wagen, auf dem er am Himmel einherfährt 2 Sm 22 11 (= Ps 18 11), ähnlich der Wolke, die Is 19 1, und dem Wind, der Ps 104 3 als Gefährt Jahwes genannt wird. An diese Vorstellung knüpft Ezechiel an, wenn er die Kerube als Träger der göttlichen Herrlichkeit nennt. Bei der Darstellung der Kerube mit vier Gesichtern war Ezechiel wohl von den babylonischen Mischwesen beeinflußt (vgl auch 3 Kg

waren. 21 Vier Gesichter und vier Flügel hatte ein jeder; etwas, das Men-
schenhänden glich, war unter ihren Flügeln. 22 Von dem Aussehen ihrer
Gesichter (ist zu sagen): Es waren die(selben) Gesichter, die ich am Flusse
Kebar geschaut hatte [ihr Aussehen]; sie gingen ein jedes gerade vor sich hin.

Strafgericht über die Fürsten

11 1 Dann hob mich Geist empor und brachte mich an das östliche Tor des
Hauses Jahwes, das nach Osten schaut, und siehe, am Eingang des Tores
waren fünfundzwanzig Männer; auch sah ich in ihrer Mitte den Jaazanja,
den Sohn des Azzur, und den Pelatja, den Sohn des Benaja, Fürsten des
Volkes. 2 Er sprach zu mir: Menschensohn, das sind die Männer, die Unheil
sinnen und bösen Rat pflegen in dieser Stadt, 3 die da sprechen: Sind nicht
erst kürzlich die Häuser aufgebaut worden? Sie ist der Topf und wir sind
das Fleisch. 4 Deshalb weissage wider sie, weissage, Menschensohn!

5 Da fiel Geist [Jahwes] auf mich, und er sprach zu mir: Sprich: So spricht
Jahwe: So redet ihr, Haus Israel; was euch in den Sinn kommt, das weiß ich
wohl. 6 Viele habt ihr in dieser Stadt erschlagen und ihre Gassen mit Er-

7 29 36, wo die Kerube auf den Kesselwagen neben Löwen und Rindern dargestellt werden).

21 Wiederholung von 1 6 8 10 8. Späterer Einschub.

22 Vgl 1 10 und 10 14. Das letzte Sätzchen wiederholt 1 12a.

11 1-13 Dieser Abschnitt steht nicht an richtiger Stelle; er ist besser an das Ende des 8. Kap. zu stellen.

11 1 Ezechiel stand vor der Tempelfront zwischen Vorhalle und Brandopferaltar 8 16 und wird nun vom göttlichen Geist in der Vision zum äußeren Osttor gebracht. Am Toreingang (nach dem äußeren Vorhof zu) ist eine Versammlung von fünfundzwanzig Männern (dieselbe Zahl wie 8 16). Besonders genannt sind Jaazania (Jezonias) und Pelatja (Pheltias), die als Stadthäupter bezeichnet werden. Jaazania ist ein anderer Mann als der 8 11 genannte s. zu 8 11. Beide Männer sind uns nicht bekannt, hatten aber bei der Exilsgemeinde ein besonderes Ansehen. Das Tor (sonst das Stadttor) war der gewöhnliche Versammlungsraum vgl Jer 26 10.

2 Die Männer treiben eine falsche Politik, die für Staat und Stadt schädlich ist.

3 Die Worte, die die Ratsherren sprechen, sind textkritisch unsicher. Sie scheinen von einer falschen Sicherheit zu reden. Man kann die Rede so verstehen, daß die Schäden der Stadt, die bei der Belagerung 597 verursacht wurden, bereits wieder behoben sind, und daß also alles in Ordnung ruhig weiter verlaufen werde, obwohl doch die endgültige Zerstörung erst drohend in der Zukunft steht. Man kann auch übersetzen: „Ist es nicht nahe daran, Häuser zu bauen?“, und es so verstehen, daß also in Bälde alles wieder in Ordnung sein wird. Das andere Wort vom Topf und Fleisch scheint eine sprichwörtliche Redensart zu sein, die 24 1-14 wieder aufgenommen und ausführlich behandelt wird. Sie besagt: wie das Fleisch im Topf wohl verwahrt und vor dem Verbrennen geschützt wird, so sind die Bewohner in der Stadt geborgen. Die Stadt ist der Topf, die Bewohner das Fleisch. Die in Jerusalem Zurückgebliebenen betrachteten sich als den wertvolleren Teil der Bevölkerung, während sie ihre nach Babel verschleppten Volksgenossen als mit Recht von Gott gestraft ansahen. Dem gegenüber muß Ezechiel feststellen, daß die Zurückgebliebenen in der kommenden Katastrophe wegen ihrer Schlechtigkeit umkommen, die Exilierten dagegen als besserer Teil zurückkehren werden 15-21 33 23-29.

6 Die in der Stadt Getöteten sind nicht Leute, die in irgend einem Aufstand oder durch Mord und Totschlag umgekommen sind, sondern die bei der Belagerung 597 von den Babyloniern niedergemacht wurden. Sie sind durch die Mitschuld der noch Lebenden umgekommen und heißen in diesem Sinne die von ihnen Getöteten. Manche wurden auch von der nationalen Partei aus dem

schlagenen angefüllt. 7 Darum spricht so der Herr Jahwe: Eure Erschlagenen,
die ihr in ihrer Mitte hingestreckt habt, die sind das Fleisch, und sie (die
Stadt) ist der Topf. Euch aber entferne *ich* aus ihrer Mitte. 8 Das Schwert
fürchtet ihr, aber das Schwert werde ich über euch bringen — Spruch des
Herrn Jahwe. 9 Ich führe euch aus ihrer Mitte heraus; ich gebe euch in die
Hand Fremder und vollstrecke das Gericht an euch. 10 Durch das Schwert
sollt ihr fallen; an der Grenze Israels werde ich euch richten. Dann werdet
ihr erkennen, daß ich Jahwe bin. 11 Sie (die Stadt) wird für euch nicht der
Topf, und ihr werdet *(nicht)* das Fleisch darin sein; an der Grenze Israels
werde ich euch richten. 12 Dann werdet ihr erkennen, daß ich Jahwe bin,
nach dessen Satzungen ihr nicht gewandelt seid und dessen Rechte ihr nicht
bewahrt habt; vielmehr habt ihr nach den Rechten der Völker ringsum
gehandelt. 13 Als ich weissagte, da geschah es, daß Pelatja, der Sohn des
Benaja, starb. Ich aber fiel auf mein Angesicht, schrie mit lauter Stimme
und sprach: Ach, Herr Jahwe, willst du dem Rest Israels ein Ende machen?

Wiederherstellung des Volkes

14 Das Wort Jahwes erging an mich also: 15 Menschensohn, von deinen
Brüdern [deine Brüder], *deinen Mitverbannten* und dem ganzen Haus Israel
insgesamt, sagen die Bewohner Jerusalems: Fern sind sie von Jahwe; uns ist
das Land zum Besitz gegeben. 16 Darum sprich: So spricht der Herr Jahwe: Ja,

11 7 'ōṣī'; M: „entfernt er".
11 Füge mit G-Hss V Syr die Negation ein.
15 gālūtækā mit G Syr; M: „deine Blutsverwandtschaft".

Wege geräumt, weil sie zur Unterwerfung unter die Babylonier rieten. So wurde dem Propheten Jeremias nach dem Leben gestrebt und der Prophet Uria getötet Jer 26 20-24.

7 Jahwe gibt eine gegensätzliche Deutung des Sprichwortes vom Fleisch und Topf. Nicht die in Jerusalem Verbliebenen sind das Fleisch, sondern die Erschlagenen.

8 f Die Babylonier werden die aus der Stadt Geflüchteten niedermachen.

10 Die Grenze ist das Gebiet von Ribla vgl 6 14, wo nach 4 Kg 25 6 f 18-21 Jer 52 9-11 24-27 das Gericht von Nebukadnezar vollzogen wurde; der König Sidqia wurde geblendet, seine Söhne und alle Prinzen hingerichtet.

11 f fehlen in der ursprünglichen G und sind wohl Zusätze.

13 Ezechiel schaut in einer Vision den plötzlichen Tod des Pelatja, der in der Versammlung der Stadthäupter erfolgte [1]. Der Tod wirkt wie ein Gottesurteil. Der Name Pelatja („Jahwe läßt entrinnen") ist für den Propheten bedeutungsvoll. Gerade dieser Mann, der einen heilvollen Namen trägt, stirbt plötzlich; deshalb sieht Ezechiel auch die anderen gefährdet und bittet wie 9 8 um Gnade für den Rest Israels, d. h. für die 597 in Jerusalem Zurückgebliebenen. Die Kunde von dem Tod des Pelatja wird später zu den Exulanten gedrungen sein und für Ezechiel den Erweis seiner prophetischen Sendung bestärkt haben.

14-21 Die Heilsweissagung sprengt den Zusammenhang zwischen 10 22 und 11 22 und gehört vielleicht nach 11 25.

15 Die nach der Wegführung von 597 Zurückgebliebenen erhoben den Anspruch auf das Land und den Besitz der Exilierten, ebenso 33 24. Diese sind „fern von Jahwe"; sie haben keine Beziehung zu ihrem Gott und keine Bindung mehr an das Land, das eigentlich Eigentum Jahwes ist. Fremdes Land gehört nach dem Volksglauben nicht Jahwe, sondern fremden Göttern vgl 1 Sm 26 19 Os 9 3.

16 Der Ausdruck „wenig Heiligtum" bedeutet, daß Jahwe nur einen kleinen Ersatz des Tempels für die Exilierten schaffen konnte; sie konnten in der Fremde wohl zu Jahwe beten, aber nicht opfern. Es ist nicht an einen opferlosen Altar wie Jos 22 9-34 als Ersatz für den

ich habe sie unter die Völker entfernt und in die Länder zerstreut; ich bin ihnen
nur wenig zum Heiligtum geworden in den Ländern, wohin sie gekommen
sind. 17 Darum sprich: So spricht der Herr Jahwe: Aber ich sammle euch aus
den Völkern und ich bringe euch zusammen aus den Ländern, wohin ihr
zerstreut seid; ich gebe euch das Land Israel. 18 Wenn sie dorthin kommen,
dann entfernen sie daraus all seine Scheusale und all seine Greuel. 19 Ich
gebe ihnen dann ein *neues* Herz und lege einen neuen Geist in ihr Inneres;
ich entferne das Herz von Stein aus ihrem Leibe und gebe ihnen ein Herz
von Fleisch, 20 damit sie nach meinen Satzungen wandeln und meine Rechte
beobachten und sie ausführen. So werden sie mein Volk sein, und ich werde
ihr Gott sein. 21 *Jenen aber,* die mit ihrem Herzen *hinter* ihren Scheusalen
und Greueln einherlaufen, gebe ich ihren Wandel auf ihr Haupt — Spruch
des Herrn Jahwe.

Jahwe verläßt die Stadt

22 Dann schwangen die Kerube ihre Flügel und die Räder (liefen) gleich-
zeitig mit ihnen, während die Herrlichkeit des Gottes Israels sich oben über
ihnen befand. 23 Die Herrlichkeit Jahwes erhob sich mitten aus der Stadt
und machte auf dem Berge östlich von der Stadt halt. 24 Geist hob mich em-
por und brachte mich im göttlichen Gesicht [im Geiste] nach Kaldäa zu den
Verbannten. Dann entschwand mir das Gesicht, das ich geschaut hatte.
25 Und ich redete zu den Verbannten alle Worte Jahwes, die er mich hatte
schauen lassen.

12 1-20 Abermalige sinnbildliche Ankündigung der Verbannung und der Belagerung

Ezechiels Auszug als Sinnbild der Wegführung

12 1 Das Wort Jahwes erging an mich also: 2 Menschensohn, inmitten des
Hauses der Widerspenstigkeit wohnst du; sie haben Augen, um zu sehen,
sehen aber nicht; sie haben Ohren, um zu hören, hören aber nicht; denn ein

11 19 ḥādāš mit 3 Hss Syr nach 18[31] 36[26]; M: „einerlei (Herz)".
21 w^{e}'ēllæh 'aḥ^{a}rē vgl V T; M: „und zum Herzen".

Tempel zu denken, den sich die Exilierten gebaut hätten vgl zu 20[32]. Man könnte das „wenig" auch zeitlich fassen: nur kurze Zeit ließ Jahwe sein Volk in der Fremde weilen und sich dort von den Israeliten verehren; bald kommt die Rückkehr, die 17 verheißen ist.

17 Nicht die Zurückgebliebenen, sondern die Exulanten bekommen das Land als Besitz nach ihrer Rückkehr.

19 f Die neue Gesinnung gewährt die rechte religiöse Einstellung. 36[26 f] sind dieselben Gedanken ausgesprochen. „Sie werden mein Volk, und ich werde ihr Gott sein" ist die aus dem Pentateuch (vgl Lev 26[11] Dt 26[16-19]) bekannte Bundesformel, die Ezechiel häufig verwendet 14[11] 34[30] 36[28] 37[23] [27] (ebenso Jer 7[23] 24[7] 31[1] [33] 2 Kor 6[16] Apk 21[3]).

22 f Der Berg im Osten der Stadt ist der Ölberg. Vgl zu 10[4].

24 Ezechiel sieht sich im Geiste wieder nach Babel zurückgebracht. Die Vision ist zu Ende. Der Prophet fühlt sich gleichsam erleichtert, nachdem das Gesicht entschwunden ist.

25 Die Verbannten sind zunächst die Ältesten, die nach 8[1] zu ihm kamen und Zeugen der Vision waren.

12 2 Die Umgebung des Propheten Ezechiel sieht zwar seine sinnbildlichen Handlungen, erkennt aber nicht ihren Sinn; sie hört zwar seine Worte, faßt aber nicht ihren Ernst. Der Haupt-

Haus der Widerspenstigkeit sind sie. 3 Du nun, Menschensohn, mache dir
Wandergeräte [und wandere] bei Tag vor ihren Augen und wandere von
deinem Ort weg zu einem anderen Ort vor ihren Augen! Vielleicht sehen sie
(es); denn ein Haus der Widerspenstigkeit sind sie. 4 Du sollst deine Geräte
wie Wandergeräte bei Tag vor ihren Augen herausbringen; du selbst aber
sollst am Abend vor ihren Augen fortziehen, wie einer der in die Verban-
nung zieht. 5 Vor ihren Augen stoße dir ein Loch durch die Wand und *gehe*
durch sie hinaus! 6 Nimm vor ihren Augen (die Geräte) auf die Schulter und
gehe in der Dunkelheit *fort!* Verhülle dein Angesicht, daß du das Land nicht
sehen kannst; denn ich mache dich zu einem Wahrzeichen für das Haus
Israel!

7 Ich tat so, wie ich geheißen war; meine Geräte brachte ich bei Tag wie
Wandergeräte heraus und am Abend stieß ich mir ein Loch durch die Wand
[mit der Hand]. In der Dunkelheit *ging ich fort;* auf den Schultern trug ich
(die Geräte) vor ihren Augen.

Das Schicksal des Königs Sidqia

8 Das Wort Jahwes erging an mich am (andern) Morgen also: 9 Menschen-
sohn, hat nicht das Haus Israel, das Haus der Widerspenstigkeit, zu dir ge-
sagt: Was machst du da? 10 Sprich zu ihnen: So spricht der Herr Jahwe:
Dieser Drohspruch gilt dem Fürsten in Jerusalem und dem ganzen Haus
Israel, das darin wohnt. 11 Sprich: Ich bin für euch ein Wahrzeichen. Wie ich
getan habe, so wird es ihnen ergehen: sie werden in die Verbannung [in die
Gefangenschaft] wandern. 12 Der Fürst in ihrer Mitte wird (seine Geräte)

12 5 w^{e}jāṣā'tā mit den Übss; M: „und du sollst hinausbringen".
6 tēṣē' mit G Syr T; M: „du sollst hinausbringen".
7 jāṣā'tī mit den Übss; M: „brachte ich hinaus".
12 jaḥtōr mit G Syr; M: „werden sie ... stoßen". — lāṣē't mit G Syr; M: „um hinauszuschaffen". — Niphal mit G; M: Qal.

inhalt seiner Predigt ist die Zerstörung der Stadt Jerusalem. Vielleicht waren in der Gola Stimmen laut geworden, die über ihr eigenes Los zu sehr klagten und die in Palästina Zurückgebliebenen beneideten. Deshalb zeigt Ezechiel aufs neue, daß das nämliche Schicksal dem König und den Bewohnern Jerusalems drohe, wie es die in Babel Weilenden bereits erlebt haben. Durch die neue sinnbildliche Handlung werden doch wenigstens einige seiner Mitgefangenen aufmerken und aufgerüttelt werden.

3 Zur Ausrüstung der Exilierten gehören vor allem Stab, Wasserschlauch und ein Sack mit dem wichtigsten Hausgerät. So sieht man es auf assyrischen Abbildungen.

4 Die Wanderausrüstung soll Ezechiel bei Tage vor seinem Hause niederlegen, damit alle sehen, daß hier jemand fortwandern will.

5 f Besonders auffallend für die Zuschauer ist das Durchstoßen der Hauswand (infolge der leichten Bauart der damaligen Häuser konnte dies leicht geschehen) und das Fortziehen in der Nacht mit verhülltem Gesicht. Die Deutung bringt 12.

9 f Das seltsame Gebaren des Propheten macht seine Umgebung aufmerksam. Auf ihre Frage gibt er die Antwort und deutet seinen Auszug. Der Prophet will das Schicksal des Königs Sidqia versinnbilden; er nennt ihn „Fürst", nicht König" (s. zu 7 27), und verwendet im Hebräischen ein Wortspiel.

11 So wie der Prophet, wird auch das Volk in die Verbannung ziehen müssen.

12 f Die Flucht des Königs wird besonders ausführlich dargestellt. Sidqia verließ heimlich Jerusalem nach der Einnahme der Stadt durch ein Tor Jer 39 4. Vielleicht war dieses Tor verbaut, so daß

Berichtigungen und Nachträge zu Daniel

Seite 5 Zeile 6 von unten: Jes **6** statt 1

Seite 7 Zeile 29 von oben: Auch die Danielfragmente aus der Höhle von Qumrān zeigen den Übergang vom Hebräischen zum Aramäischen

Seite 8 Anm. 2 Zeile 8 ergänze: Jos 6^{19} ^{24}

Seite 9 Anm. 8 Zeile 2: Am 7^{17} statt ^{19}

Seite 18 Anm. 24—90 vorletzte Zeile: Überschneidungen

Seite 22 Vers 69: Komma nach „Kälte"

Seite 22 Anm. 66—72 letzte Zeile unten: Verschiedenheit **der** statt des

Seite 23 Anm. 86 streiche letzte Zeile

Seite 25 Anm. 3 am Anfang: 4^{3} statt ^{3}

Seite 28 Anm. 24 Zeile 7 ergänze: Sir 3^{30}

Seite 31 Anm. 23 unten lies: ^{21} statt ^{23}

Seite 36 Anm. 7 (letzte Zeile): 7 (Kapitel)

Seite 41 Anm. 28 ergänze am Schluß: vgl Hab 3^{16}
ferner Kapitel statt Kapital

Seite 44 Anm. 23—25 Zeile 9: ^{25} (Vers-, nicht Kapitelzahl)

Seite 49 Textkrit. Anm. zu 9^{27} füge an: „Beschlossenes Ende" wie Jes 10^{23} 28^{22}
Anm. rechte Spalte, Zeile 9: Edikt statt Edik

Seite 50 rechte Spalte, Zeile 17: setze Komma hinter „Endzeit"

Seite 51 Anm. linke Spalte, Zeile 11: Messianisches statt messianisches
Anm. 5 f, Zeile 7 ergänze: Offb. 19^{14}; weiß ist das Festgewand Koh 9^{8}

Seite 57 Anm. 31, Zeile 2: Verfolgung ohne "
Anm. 34 Rechtgläubige statt Rechtsgläubige

Seite 58 Anm. 39, drittletzte Zeile: freigebig statt freigiebig

Seite 61 Anm. 4, Zeile 4: vgl statt vol

Seite 64 Vers 50: Tilge " hinter ‚Bericht'

Seite 65 Zeile 1 setze als Verszahl 54 ein vor „Nun"

Seite 66 Anm. 3, Zeile 6 ergänze: Dt 32^{38} Ps 50^{13}

Seite 70 Anm. 41 Schluß: gleich statt gleicht

auf der Schulter tragen und in der Dunkelheit fortgehen; durch die Wand
wird er ein Loch stoßen, *um* durch sie *hinauszugehen.* Sein Angesicht wird er
verhüllen, damit er von keinem (andern) Auge *gesehen werde* (und) selber
das Land (nicht sehe). 13 Ich aber breite mein Netz über ihn aus, und er wird
in meinem Garn gefangen. Ich bringe ihn nach Babel ins Land der Kaldäer;
aber er wird es nicht sehen und dort sterben. 14 Alle rings um ihn, seine
Helfer und alle seine Scharen, werde ich in alle Winde zerstreuen und das
Schwert hinter ihnen her zücken. 15 Dann werden sie erkennen, daß ich
Jahwe bin, wenn ich sie unter die Völker versprenge und in die Länder zer-
streue. 16 Aber ich lasse von ihnen einige wenige dem Schwert, dem Hunger
und der Pest entrinnen, damit sie alle ihre Greuel unter den Völkern, wohin
sie kommen, erzählen. Dann werden (auch diese) erkennen, daß ich Jahwe bin.

Die Not der Belagerung

17 Das Wort Jahwes erging an mich also: 18 Menschensohn, dein Brot sollst
du mit Beben essen und dein Wasser mit Zittern und Kummer trinken.
19 Und zum Volk des Landes sollst du sagen: So spricht der Herr Jahwe von
den Bewohnern Jerusalems im Lande Israel: Ihr Brot werden sie mit Kum-
mer essen und ihr Wasser mit Entsetzen trinken, dieweil *ihr* Land aus seiner
Fülle ob der Gewalttat all seiner Bewohner öde wird. 20 Die bewohnten
Städte sollen verwüstet und das Land soll zur Öde werden. Dann werdet ihr
erkennen, daß ich Jahwe bin.

12 21 - 13 23 Wahre und falsche Prophezeiungen

Die Worte Ezechiels gehen in Erfüllung

21 Das Wort Jahwes erging an mich also: 22 Menschensohn, was geht da
bei euch im Lande Israel für ein Sprichwort um, das lautet: Die Tage ziehen

12 19 'arṣām mit Hss; M: 'arṣāh.

man erst eine Bresche für den flüchtenden König schlagen mußte. Die Flucht mißlang. Er wurde von den Babyloniern gefangen, nach Ribla am Orontes geschleppt, dort geblendet und nach Babel abgeführt 4 Kg 25 7 Jer 39 1-7 52 4-11.

14 Mit dem König wird auch seine Gefolgschaft das Los der Verbannung und des Todes ereilen.

16 Ein Rest bleibt übrig, der den Heiden die Kunde bringen soll, daß Jahwe als gerechter Gott gehandelt hat. Das Volk wurde nicht deshalb vernichtet, weil sein Gott schwach war, sondern weil es gegen Jahwe gesündigt hat, der es in seiner Gerechtigkeit strafen mußte. Sogar die Heiden werden erkennen, daß Jahwe ein solch verderbtes Volk vernichten mußte.

17-20 Der Prophet ißt sein Brot mit Kummer und Entsetzen als Vorbedeutung für die Belagerungsnot.

18 f Bereits 4 10 f 16 f findet sich eine ähnliche symbolische Handlung. Die beiden Ausdrücke von 4 16 „Kummer“ — „Entsetzen“ kehren 19 wieder. Der Prophet soll die sinnbildliche Handlung wiederholen, um die Gewißheit der kommenden Not einzuprägen. Das „Volk des Landes“ 19 bezeichnet hier nicht Mitglieder der Exilsgemeinde, sondern die Bürger Jerusalems und der Landstädte, die noch die Not der Belagerung erleben werden vgl zu 7 27.

22-28 Ezechiel muß gegen böswillige Kritik seiner Worte Stellung nehmen. Der erste Einwand 22 lautet: Die Weissagung erfüllt sich überhaupt nicht, die Zeit geht ruhig weiter. Darauf antwortet der Prophet: Es gibt keine trügerische Weissagung; denn es ist Jahwes Wort, das sich sicher erfüllt. Der zweite Einwand 27 lautet: Die Weissagung geht in Erfüllung, aber erst in später Zeit. Der Prophet antwortet: Die Erfüllung tritt bald ein.

sich in die Länge und jegliche Schauung wird zunichte? 23 Darum sprich zu
ihnen: So spricht der Herr Jahwe: Ich mache diesem Sprichwort ein Ende;
man soll es nicht mehr in Israel gebrauchen. Sprich vielmehr zu ihnen: Die
Tage nahen sich und jegliche Schauung *trifft ein.* 24 Denn keinerlei nichtige
Schauung noch trügerische Weissagung soll es mehr inmitten des Hauses
Israel geben, 25 sondern ich, Jahwe, werde sprechen, was ich spreche. Ich
spreche und führe es aus; es wird nicht länger hinausgeschoben; fürwahr,
in euren Tagen, Haus der Widerspenstigkeit, rede ich ein Wort und führe es
aus — Spruch des Herrn Jahwe.

26 Das Wort Jahwes erging an mich also: 27 Menschensohn, siehe, das Haus
Israel sagt: Das Gesicht, das er schaut, (geht) auf viele Tage, und für ferne
Zeiten weissagt er. 28 Darum sprich zu ihnen: So spricht der Herr Jahwe:
Es wird nicht länger hinausgeschoben. Alle meine Worte, die ich spreche,
spreche ich und führe sie aus — Spruch des Herrn Jahwe.

Wider die falschen Propheten

13 1 Das Wort Jahwes erging an mich also: 2 Menschensohn, weissage wider
die Propheten Israels, *weissage* und sprich zu denen, die da weissagen nach
ihrem (eigenen) Herzen: Höret das Wort Jahwes! 3 So spricht der Herr
Jahwe: Wehe über die Propheten, die Toren, die ihrem (eigenen) Geiste fol-
gen, ohne etwas geschaut zu haben! 4 Wie Füchse in den Ruinen, sind deine
Propheten, Israel. 5 Nicht seid ihr in die Bresche getreten, noch habt ihr eine
Mauer für das Haus Israel gebaut, daß es im Kampfe am Tage Jahwes be-
stehe. 6 Sie schauen Trug und *orakeln* Lüge, die da sagen: „Spruch Jahwes“,
aber Jahwe hat sie nicht gesandt, und (doch) erwarten sie, daß er das Wort
bestätige. 7 Habt ihr nicht Truggesichte geschaut und Lügenorakel gesprochen,
als ihr sagtet: „Spruch Jahwes“, da ich doch nicht gesprochen habe? 8 Darum
(sprich): So spricht der Herr Jahwe: Weil ihr Trug geredet und Lüge ge-

12 23 w^{e}gābar; M: „und das Wort“.
13 2 hinnābē' mit G; M: „die da weissagen“.
6 w^{e}qās^{e}mū mit V; M: „und Orakel“.
8 Ergänze mit G 'æmōr.

13 2 Die „Lügenpropheten“ wurden von Jeremias in der Heimat bekämpft vgl Jer 23 9-32 27 16-22 28 1-17. Auch in Babel treiben falsche Propheten ihr Unwesen Jer 29 8 f 15 21-23. Sie weissagen nicht aus dem göttlichen, sondern aus ihrem eigenen Geist; deshalb sind ihre Worte Lug und Trug Kl 2 14.

4 Die Füchse bringen durch ihre Wühlereien die noch bestehenden Mauerreste zum Einsturz vgl HL 2 15 Neh 3 35. Wie 5 zeigt, ist auch daran zu denken, daß die Füchse nur nachts und heimlich auf Raub ausgehen, sich aber in den Löchern verbergen, wenn es hell und gefährlich wird; sie sind feig und furchtsam.

5 Die Lügenpropheten treten nicht mannhaft am Tage der Not auf, sondern verkriechen sich; ihre Aufgabe wäre es gewesen, „in die Bresche zu treten“ wie einst Moses vgl zu 22 30. Der „Tag Jahwes“ ist der Gerichtstag, die Zeit der Belagerung Jerusalems vgl 7 7 10.

6 f Die falschen Propheten geben ihre menschlichen lügenhaften Worte als Gottesrede aus, indem sie wie die wahren Propheten ihre Predigt beginnen: „So spricht Jahwe“.

8 Die Lüge besteht vor allem darin, daß sie das Volk mit dem Hinweis beruhigen, daß keine Gefahr bestehe; der Feind werde Jerusalem nicht erobern, und die Exulanten könnten bald heimkehren.

9 Die falschen Propheten sollen beim Wiederaufbau des Staatswesens als Ratsherren (Älteste) keine führende

schaut habt, darum siehe, will ich an euch — Spruch des Herrn Jahwe. 9 *Ich
strecke* meine Hand wider die Propheten aus, die Trug schauen und Lüge
orakeln. Der Gemeinschaft meines Volkes sollen sie nicht (länger) angehören
noch in die Liste des Hauses Israel eingeschrieben werden noch in das Land
Israel kommen. Dann werdet ihr erkennen, daß ich der Herr Jahwe bin.
10 Dieweil sie mein Volk irreleiten, indem sie sagen „Heil", wo doch kein
Heil ist; wenn dieses eine Wand baute, siehe, da haben sie dieselbe mit
Tünche bestrichen. 11 Sprich zu den Tünchestreichern: [Und sie wird fallen.]
Strömender Regen soll kommen [und ich will schicken], Hagelsteine sollen
fallen und ein Sturmwind wird losbrechen. 12 Und siehe, die Mauer fällt.
Wird man da nicht zu euch sagen: Wo ist die Tünche, mit der ihr getüncht
habt? 13 Darum spricht so der Herr Jahwe: Ich lasse einen Sturmwind in
meinem Grimme losbrechen; strömender Regen soll in meinem Zorne kom-
men und Hagelsteine *sollen* in meinem Grimme *fallen*. 14 Ich reiße die Mauer
ein, die ihr mit Tünche bestrichen habt, und werfe sie auf die Erde hin, daß
ihr Grund bloßgelegt wird. Wenn sie fällt, dann kommt ihr dabei um. Dann
werdet ihr erkennen, daß ich Jahwe bin. 15 Ich erschöpfe meinen Grimm an
der Mauer und an denen, die sie mit Tünche überzogen haben, so daß man
zu euch sagen wird: Dahin ist die Mauer und dahin sind ihre Tüncher,
16 (nämlich) die Propheten Israels, die über Jerusalem weissagten und die
für es Gesichte des Heiles schauten, wo es doch kein Heil gab — Spruch des
Herrn Jahwe.

Wider die falschen Prophetinnen

17 Und du, Menschensohn, richte dein Angesicht wider die Töchter deines
Volkes, die da nach ihrem (eigenen) Herzen als Prophetinnen auftreten,
weissage wider sie 18 und sprich: So spricht der Herr Jahwe: Wehe denen,

13[9] w^{e}nāṭītī mit G vgl 14[9 13].
[13] tippolnāh vgl [11]; M: „zur Vernichtung".

Rolle spielen, ja nicht einmal als Bürger in die Listen eingetragen werden, sondern in der Verbannung sterben. Wie diese Stelle zeigt, gab es seit alter Zeit in Israel Bürgerlisten, die angelegt wurden, um die Rechte (Anteil bei der Landverteilung) und Pflichten (Abgaben) zu notieren vgl Ps 87[6]. Andere Listen enthielten die Geschlechtsurkunden (Zugehörigkeit zum Priesterstamm) vgl Esr 2[62f] (= Neh 7[64f]). An diese Listen knüpft die Vorstellung vom „Buch des Lebens" an, d. h. das Verzeichnis der Lebenden, das Gott führt; wenn jemand sündigt und stirbt, dann wird er ausgestrichen Ex 32[32] Ps 69[29] Mal 3[16].

[10] Anstelle von Unheil und Gericht verkünden die falschen Propheten Heil und Rettung. Dadurch verharrt das Volk in seiner Sünde. Ezechiel knüpft hier an Jer 6[14] 8[11] an. Die Wand, die das Volk baut, ist das falsche Vertrauen auf Gottes Schutz. Anstatt daß die Propheten diese Wand niederreißen, streichen sie die Wand noch an, d. h. bestärken das Volk in seinem falschen Glauben. Durch die Tünche wird die Baufälligkeit der Wand verdeckt, und so eine falsche Sicherheit wachgerufen (ähnlich 22[28]).

[11-14] Wie ein Unwetter (Regengüsse, Hagel, Sturmwind) die brüchige Wand schnell niederreißt, so wird das babylonische Heer die Zuversichtlichkeit und Selbstsicherheit des Volkes zerstören. Ein ähnliches Bild Mt 7[24-27].

[15] Auch die falschen Propheten werden bei der Katastrophe ums Leben kommen.

[16] ist wohl Glosse.

[17] Neben den wahren (Mirjam Ex 15[20], Debora Ri 4[4], Hulda 4 Kg 22[14]), gab es auch falsche Prophetinnen (Noadja Neh 6[14]).

die Binden für jegliches Handgelenk nähen und Hüllen für Köpfe jeglichen
Wuchses fertigen, um Seelen zu fangen! Wollt ihr Seelen meines Volkes
fangen, aber eure eigenen Seelen am Leben erhalten? 19 Ihr entweiht mich
bei meinem Volke um eine Handvoll Gerste und um einen Bissen Brot, in-
dem ihr Seelen tötet, die nicht sterben sollen, und indem ihr Seelen am
Leben erhaltet, die nicht am Leben bleiben sollen, indem ihr mein Volk
belüget, das (gern) auf Lügen hört. 20 Darum spricht so der Herr Jahwe:
Siehe, ich will an eure Binden, *mit* denen ihr Seelen fangt [wie Vögel]; ich
reiße sie von euren Armen und lasse die Seelen, die ihr fangen wollt, *frei*
[wie Vögel]. 21 Ich zerreiße eure Hüllen und rette mein Volk aus eurer Hand,
daß es nicht länger als Fang in eurer Hand bleibe. Dann werdet ihr erken-
nen, daß ich Jahwe bin. 22 Weil ihr das Herz des Gerechten [fälschlich] ge-
kränkt habt, während ich ihn nicht kränken lassen wollte, und (weil) ihr
die Hände des Gottlosen gestärkt habt, daß er sich nicht von seinem bösen
Wandel bekehre, um ihn am Leben zu erhalten, 23 darum sollt ihr nicht
mehr Trug schauen *und Lüge* orakeln; ich aber errette mein Volk aus eurer
Hand. Dann werdet ihr erkennen, daß ich Jahwe bin.

14[1-11] Die Götzendiener befragen Jahwe umsonst

14 1 Als zu mir Männer von den Ältesten Israels *kamen* und sich vor mir
niedersetzten, 2 erging das Wort Jahwes an mich also: 3 Menschensohn, diese
Männer haben ihren Sinn auf ihre Götzen gerichtet und (sie) als Anstoß
ihrer Schuld vor sich hingestellt. Soll ich mich wirklich von ihnen befragen
lassen? 4 Darum rede mit ihnen und sprich zu ihnen: So spricht der Herr

13[20] bām mit V Syr T; M: „dort". — 'ōtām ḥòphšīm; M: „die Seelen".
[23] wekāzāb vgl [6 7 8 9 19]; M: „Wahrsagerei".
14[1] Plur. mit 6 Hss und den Übss; M: Sing.

[18] Hier ist die Rede von abergläubischen, durch die babylonische Umwelt beeinflußten Zauberhandlungen, die nicht mehr ganz durchsichtig sind. Es handelt sich wohl um das Anlegen von Binden (Binden-, Knotenzauber), um dadurch den abwesenden Feind zu binden, d. h. unschädlich zu machen, und um das Aufsetzen von Zauberkappen, um magische Kräfte zu übertragen. In der babylonischen Religion war das Zauberwesen sehr stark ausgebildet, wie die Texte der Maqlu- und Schurpu-Serie zeigen. Die Haupttätigkeit dieser Prophetinnen war also nicht Prophezeien, sondern „Hexen". Dadurch brachten sie ihre Kundschaft zum Abfall von Jahwe.

[19] Die Entweihung Jahwes besteht vielleicht auch darin, daß sie bei ihren Zaubereien den Gottesnamen gebrauchten (wie dies häufig spätere Zauberpapyri überliefern). Ihr Geschäft treiben sie gegen Bezahlung, die in Naturalien erfolgt vgl 1 Sm 9[8] 3 Kg 14[3] 4 Kg 4[42] Mich 3[5].

[22] Durch ihre Handlungsweise und ihre Reden bringen sie die Gerechten zu Fall und bestärken die Gottlosen, während die Aufgabe des wahren Propheten gerade umgekehrt ist vgl 3[16-21].

14[1] Wie 8[1] 20[1] kommen wieder einige Älteste zu Ezechiel, um ihn über das Schicksal der Heimat zu befragen.

[3] Die Fragenden haben sich dem Götzendienst ergeben. Nach außen halten sie an der Jahwereligion fest. Der Götzendienst ist das Hindernis für einen Gottesspruch vgl 20[31]. Die Schuld ist besonders groß, weil sie als Älteste dem Volke ein gutes Beispiel hätten geben müssen.

[4 f] Die Götzendiener bekommen zwar keine Antwort auf ihre Frage, wohl aber einen Bescheid auf ihr abtrünniges Verhalten hin. In den Worten steckt eine treffende Ironie. Das Volk soll sich besinnen und zu Jahwe zurückkehren.

Abkürzungen

Biblische Bücher:

Altes Testament

Gen	Genesis
Ex	Exodus
Lev	Leviticus
Num	Numeri
Dt	Deuteronomium
Jos	Josua
Ri	Richter
1 Sm	1 Samuel
2 Sm	2 Samuel
3 Kg	3 Könige
4 Kg	4 Könige
Jes (Is)	Jesaja (Isaias)
Jer	Jeremias
Bar	Baruch
Ez	Ezechiel
Hos (Os)	Hosea (Osee)
Jo	Joel
Am	Amos
Ob (Abd)	Obadja (Abdias)
Jon	Jonas
Mich	Micha (Michäas)
Nah	Nahum
Hab	Habakuk
Seph (Soph)	Sephanja (Sophonias)
Hag (Ag)	Haggai (Aggäus)
Sach (Zach)	Sacharja (Zacharias)
Mal	Maleachi (Malachias)
Ps(s)	Psalm(en)
Spr	Sprüche
Job	Job
HL	Hohes Lied
Rut	Rut
Kl	Klagelieder
Koh (Prd)	Kohelet (Prediger)
Est	Ester
Dan	Daniel
Esr	Esra (Esdras)
Neh	Nehemias
1 Chr	1 Chronik
2 Chr	2 Chronik
Tob	Tobit (Tobias)
Jdt	Judit
Sap (Weish)	Sapientia (Weisheit)
Sir	Sirach (Ecclesiasticus)
1 Makk	1 Makkabäer
2 Makk	2 Makkabäer

Neues Testament

Mt	Matthäus
Mk	Markus
Lk	Lukas
Joh	Johannes
Apg	Apostelgeschichte
Röm	Römerbrief
1 Kor	1. Korintherbrief
2 Kor	2. Korintherbrief
Gal	Galaterbrief
Eph	Epheserbrief
Phil	Philipperbrief
Kol	Kolosserbrief
1 Thess	1. Thessalonikerbrief
2 Thess	2. Thessalonikerbrief
1 Tim	1. Timotheusbrief
2 Tim	2. Timotheusbrief
Tit	Titusbrief
Phm	Philemonbrief
Hebr	Hebräerbrief
Jak	Jakobusbrief
1 Petr	1. Petrusbrief
2 Petr	2. Petrusbrief
1 (2, 3) Joh	1. (2., 3.) Johannesbrief
Jud	Judasbrief
Apk (Offb)	Apokalypse (Geheime Offenbarung)

Sonstige Abkürzungen

AT atl	Altes Testament, alttestamentlich
NT ntl	Neues Testament, neutestamentlich
Aq	Aquila
G	Septuaginta
Hier	Hieronymus
Hs(s)	Handschrift(en)
M	Masoretischer Text
Sam	hebräischer Pentateuch der Samaritaner
Sym	Symmachus
Syr	Syrische Übersetzung
T	Targum
Th	Theodotion
V	Vulgata
Übs(s)	Übersetzung(en)
vgl	vergleiche

Umschrift der hebräischen Lautzeichen in den textlichen Anmerkungen

Aleph	ʾ	Sade	ṣ
Bet	b	Qoph	q
Gimel	g	Resch	r
Dalet	d	Sin	ś
He	h	Schin	š
Waw	w	Taw	t
Zajin	z	Qames	ā
Chet	ḥ	Patach	a
Tet	ṭ	Sere	e, ē
Jod	j	Segol	æ
Kaph	k	Chireq	i, ī
Lamed	l	Cholem	o, ō
Mem	m	Qames chatuph	ò
Nun	n	Schureq	ū
Samek	s	Qibbus	u
Ajin	ʿ	Schᵉwa mobile	e (hochgestellt)
Pe	p bzw. ph	Chateph	a, æ, o (hochgestellt)

NB. Im laufenden Text der Übersetzung bleiben die diakritischen Zeichen (bei Eigennamen) weg.

Schrägdruck bedeutet Textänderung

[ ]: im Text zu tilgen

( ): Erklärung oder Ergänzung des Übersetzers

Jahwe: Ein jeder vom Hause Israel, der seinen Sinn auf seine Götzen richtet
und (sie) als Anstoß seiner Schuld vor sich hinstellt und zum Propheten
kommt, dem werde ich, Jahwe, Antwort geben [trotz der Menge seiner
Götzen], 5 um das Haus Israel zur Verantwortung zu ziehen, das sich wegen
seiner Götzen von mir entfernt hat [insgesamt].

6 Darum sprich zum Hause Israel: So spricht der Herr Jahwe: Kehret um
und wendet euch von euren Götzen ab und von all euren Greueln wendet
euer Angesicht ab! 7 Denn ein jeder von dem Hause Israel und von den Bei-
sassen, die sich in Israel aufhalten, der sich mir entfremdet und seinen Sinn
auf seine Götzen richtet und (sie) als Anstoß seiner Schuld vor sich hinstellt
und zum Propheten kommt, um mich durch ihn zu befragen, dem will ich,
Jahwe, Antwort geben. 8 Ich richte mein Angesicht gegen einen solchen
Menschen; ich mache ihn zum Wahrzeichen und Sprichwort und rotte ihn
aus der Mitte meines Volkes aus. Dann werdet ihr erkennen, daß ich
Jahwe bin.

9 Wenn sich aber ein Prophet verleiten läßt, eine Antwort zu geben, so
habe ich, Jahwe, einen solchen Propheten verleitet; ich strecke meine Hand
wider ihn aus und vertilge ihn aus der Mitte meines Volkes Israel. 10 Sie
(beide) sollen (die Strafe für) ihre Schuld tragen: die Schuld des Fragenden
und die Schuld des Propheten sollen gleich groß sein, 11 damit das Haus
Israel nicht fürderhin von mir abirre und sich nicht mehr durch all seine
Vergehen beflecke. Dann werden sie mein Volk sein, und ich werde ihr Gott
sein — Spruch des Herrn Jahwe.

14 12-23 Die Gottlosen werden vernichtet, die Gerechten aber gerettet

12 Das Wort Jahwes erging an mich also: 13 Menschensohn, wenn ein Land
sich wider mich versündigte, indem es Treubruch beginge, wenn ich meine

6 Die Umkehr ist die unerläßliche Voraussetzung der Erhörung.

7 Auch die Fremdlinge, die Proselyten, müssen sich vom Götzendienst abwenden. Es sind dies keine in Babel zum Judentum übergetretenen Heiden, sondern Fremdlinge, die bereits in Juda sich anschlossen und 597 mit in die Verbannung geschleppt wurden.

8 Der Götzendiener muß sterben. Sein Tod wird sprichwörtlich werden, d. h. alle, die ihn erleben, werden über das plötzliche Ende sprechen. In seiner Formulierung („ich richte mein Angesicht" und „ich rotte ihn aus") schließt sich hier Ezechiel (wie bereits 4 7) an das Heiligkeitsgesetz an Lev 17 10 20 3 6.

9 f Auch der Prophet wird ausgerottet, wenn er gegen Jahwes Willen Bescheid gibt. Wenn auch nach biblischer Anschauung die Betörung von Jahwe selbst ausgeht, so ist doch die Schuld des Menschen keineswegs aufgehoben. Der nämliche Gedanke findet sich bei der Verstockung des Pharao Ex 7 3 und bei der Eingebung eines Lügengeistes in die Propheten 3 Kg 22 19-23. Direkte Veranlassung und indirekte Zulassung werden nicht unterschieden. S. zu 3 20.

11 Aus dem Schicksal der Götzendiener wird das Volk die Lehre ziehen und vom verbotenen Kult ablassen. Zur Formel: „Sie mein Volk — ich ihr Gott" s. zu 11 20.

13-20 Wenn die vier Plagen Hunger 13, wilde Tiere 15, Schwert 17 und Pest 19 über ein Land kämen, und Noe, Daniel und Job, drei beispielhaft fromme Männer, würden darin wohnen, so würden nur diese drei gerettet werden; alle anderen aber würden umkommen, sogar deren eigene Söhne und Töchter. Es gilt das Grundgesetz der streng individuellen Vergeltung.

13 Zum Ausdruck „Stab des Brotes" vgl zu 4 16. Ob hier an Sidqias Abfall von Ba-

Hand wider es ausstreckte, ihm den Stab des Brotes zerbräche, ihm Hungersnot
schickte und aus ihm Menschen und Vieh vertilgte, 14 es wären aber diese drei
Männer in seiner Mitte: Noe, Daniel und Job, so würden (nur) diese wegen
ihrer Gerechtigkeit ihr Leben retten — Spruch des Herrn Jahwe. 15 *Oder*
ich ließe wilde Tiere durch das Land streifen, daß sie es entvölkerten, und
es würde zur Einöde, so daß niemand wegen der (wilden) Tiere es durch-
wanderte, 16 (aber) diese drei Männer wären darin, so wahr ich lebe —
Spruch des Herrn Jahwe —, weder Söhne noch Töchter würden sie retten;
sie allein würden gerettet werden, aber das Land würde zur Einöde wer-
den. 17 Oder ich brächte das Schwert über jenes Land und spräche: Das
Schwert soll durchs Land fahren, und ich tilgte aus ihm Menschen und Vieh,
18 aber diese drei Männer wären darin, so wahr ich lebe — Spruch des Herrn
Jahwe —, sie würden weder Söhne noch Töchter retten, sondern (nur) sie
allein würden gerettet werden. 19 Oder ich schickte die Pest über jenes Land
und würde meinen Grimm darüber ausgießen mit Blut, um daraus Menschen
und Vieh zu vertilgen, 20 Noe, Daniel und Job aber wären darin, so wahr
ich lebe — Spruch des Herrn Jahwe —, weder Söhne noch Töchter würden
sie retten, sie (allein) würden durch ihre Gerechtigkeit ihr Leben retten.

21 Denn so spricht der Herr Jahwe: Wenn ich (nun gar) meine vier schlim-
men Plagen, Schwert, Hunger, wilde Tiere und Pest wider Jerusalem ent-
sende, um Menschen und Vieh daraus zu vertilgen, 22 siehe, so sollen (doch)
darin Entronnene übrig bleiben, die (ihre) Söhne und Töchter herausführen.
Siehe, diese sollen zu euch herausgehen; ihr werdet dann ihren Wandel und
ihr Treiben sehen und euch über das Unheil trösten, das ich über Jerusalem
gebracht habe, über all das, was ich über es gebracht habe. 23 Sie werden
euch trösten, wenn ihr ihren Wandel und ihr Treiben seht. Dann werdet ihr
erkennen, daß ich nicht ohne Ursache all das getan habe, was ich ihm ange-
tan habe — Spruch des Herrn Jahwe.

14 15 'ō vgl 17 19; M: „wenn".

bel zu denken ist 4 Kg 24 20, ist nicht zu erweisen.

14 vgl 20. Die drei Männer gelten als Beispiel besonderer Frömmigkeit. Von Daniel ist 28 3 die Gabe der Weisheit gerühmt. Die Hörer kannten das Schicksal dieser drei Männer. In den neugefundenen Ras-Schamra-Texten (aus der Mitte des zweiten Jahrtausends v. Chr.) wird ein Danel (ebenso die Schreibweise, also ohne i, im hebräischen Text!) genannt, der als berühmter Weiser und als Anwalt der Witwen und Waisen geschildert wird. An diese Gestalt wird hier vielleicht angeknüpft. An den Daniel des kanonischen Daniel-Buches, der der Exilszeit angehört, wird Ezechiel nicht denken, da er fromme Männer einer ferneren Vergangenheit im Auge hat.

21-23 Von dem Grundsatz der streng indidivuellen Vergeltung, wie er 13-20 ausgeführt wird, macht aber Jahwe eine Ausnahme: Bei der Zerstörung bleiben einige am Leben, aber nicht wegen ihrer Gerechtigkeit, sondern um den Exilierten als Muster der Schlechtigkeit zu zeigen, daß Jahwe gerecht gehandelt hat; wenn die Geretteten bereits so schlecht sind, wie viel schlimmer müssen es die Umgekommenen getrieben haben! Jahwe mußte also um seiner Gerechtigkeit und Heiligkeit willen das Strafgericht vollziehen. Die Exilierten werden dann die Handlungsweise Jahwes richtig beurteilen und das Unglück, das Jahwe über Jerusalem gebracht hat, nicht mehr für unverdient halten; dies besagt der Ausdruck „sich trösten" 22 (ebenso 32 31), d. h. mit seinem Schicksal zufrieden sein oder „jemanden trösten" 23 (ebenso 16 54), d. h. jemanden beruhigen und zur

15 1-8 Jerusalem, das unnütze Rebholz

15 1 Das Wort Jahwes erging an mich also: 2 Menschensohn, was hat das
Rebholz vor allem Reisigholz voraus, das sich unter dem Waldgehölz findet?
3 Nimmt man etwa davon Holz, um es zu einem Werkzeug zu verwenden?
Oder nimmt man davon einen Pflock, um allerlei Gerät daran aufzuhängen?
4 Siehe, man gibt es dem Feuer zum Fraße; hat das Feuer seine beiden
Enden gefressen und sein Mittelstück angebrannt, taugt es (dann noch) zu
einem Werkzeug? 5 Siehe, wenn es noch unversehrt ist, kann man es nicht
zu (irgend) einem Werkzeug verwenden; erst recht nicht kann man es noch
zu einem Werkzeug verwenden, wenn es das Feuer verzehrt hat und wenn
es angebrannt ist.

6 Darum *(sprich)*: So spricht der Herr Jahwe: Gleich dem Rebholz unter
dem Waldgehölz, das ich dem Feuer zum Fraße gegeben habe, mache ich die
Bewohner Jerusalems. 7 Ich richte mein Angesicht wider sie; aus dem Feuer
sind sie herausgekommen, aber das Feuer wird sie fressen. Dann werdet ihr
erkennen, daß ich Jahwe bin, wenn ich mein Angesicht wider sie richte. 8 Ich
mache das Land zur Einöde, weil sie Treubruch begangen haben— Spruch
des Herrn Jahwe.

16 1-63 Jerusalem, die Ehebrecherin

Jerusalems Herkunft

16 1 Das Wort Jahwes erging an mich also: 2 Menschensohn, tue Jerusalem
seine Greuel kund 3 und sprich: So spricht der Herr Jahwe zu Jerusalem:

15 6 Ergänze 'æmōr mit G.

Erkenntnis bringen, daß Jahwe recht gehandelt hat. Nach Jer 52 30 wurden nach der Zerstörung Jerusalems viertausendsechshundert Personen nach Babel weggeführt.

15 2 Das Bild des Weinstocks wird öfters verwendet 17 5-10 19 10-14 Os 10 1 Is 5 1-7 Jer 2 21. An den genannten Stellen ist immer der Vergleichspunkt die Fruchtbarkeit. Davon kann Ezechiel nicht mehr reden, weil sie allgemein Israel abgesprochen werden muß; er kann also nur noch das Holz des Weinstockes zum Vergleich heranziehen. Seine Wertlosigkeit steht außer Frage.

3 f Aus dem Rebholz kann man kein Werkzeug herstellen, da es zu keiner Verarbeitung geeignet ist.

4 Das Rebholz taugt nur zum Verbrennen. Die beiden Enden sind das Nordreich, dessen Bewohner 722 weggeführt wurden, und das Südreich, das durch die Verschleppung von 597 eine starke Einbuße erlitt. Die Mitte ist der in Jerusalem übriggebliebene Rest, der bereits angesengt und dem Verfall anheimgegeben ist.

5 Halbverbranntes Rebholz taugt erst recht nicht zur Verarbeitung.

6-8 bringen die Deutung. Jerusalem als nutzloses Rebholz wird dem Feuer übergeben.

7 Die Übriggebliebenen haben die erste Gefahr (Wegführung 597) überstanden; der zweiten Bedrohung werden sie nicht entgehen.

8 Der Grund der völligen Verwüstung ist der Abfall von Jahwe.

16 2 Die Geschichte Jerusalems und des Volkes zeigt den Abfall von Jahwe. Anstatt den Bund mit seinem Gott zu halten, hat Israel die Treue gebrochen. Die Propheten (Os 1-3, Jer 2 2 Is 54 1-8 62 4 f) stellen das Verhältnis zwischen Jahwe und Israel als Ehe dar; Ezechiel zeigt die Gegenseite: Israel ist nicht ein liebendes, getreues Eheweib, sondern eine treulose, verkommene Dirne. Er malt ihr Bild in derben Strichen.

3 Die Schlechtigkeit Jerusalems lag sozusagen im Blut. Es war eine heidnische Gründung, eine alte kanaanitische Stadt mit amorritisch-hettitischen Volksteilen. Die Amorriter wohnten zur

Deiner Herkunft und deiner Abstammung nach bist du aus dem Lande
Kanaan; dein Vater war ein Amorriter und deine Mutter eine Hettiterin.
4 (Wie steht's denn) mit deiner Geburt? Am Tage, da du geboren wurdest,
wurde dein Nabel nicht abgeschnitten, noch wurdest du mit Wasser gewaschen zur Reinigung, noch mit Salz eingerieben, noch in Windeln gewickelt.
5 Kein Auge blickte mitleidig auf dich, um etwas von all dem an dir
zu tun (und) an dir Erbarmen zu üben, sondern du wurdest am Tage deiner Geburt auf freiem Feld ausgesetzt, weil man dich verabscheute.

Jahwes Liebe

6 Da kam ich an dir vorüber, sah dich in deinem Blute zappeln und sprach
zu dir [in deinem Blute]: Bleibe am Leben! [und sprach zu dir in deinem
Blute: Bleibe am Leben!]
7 *Wachse heran*, wie die Blume des Feldes mache
ich dich. So wuchsest du heran, wurdest groß und kamst in die Zeit der
Reife; *deine* Brust entwickelte sich und dein Haar sproßte, du aber warst
(noch) nackt und bloß.
8 Da kam ich wieder an dir vorüber und sah dich;
und siehe, die Zeit der Liebe war für dich gekommen. Da breitete ich meinen
Gewandzipfel über dich und bedeckte deine Blöße. Ich leistete dir den
Schwur und ging einen Bund mit dir ein — Spruch des Herrn Jahwe. So
wurdest du mein.
9 Dann wusch ich dich mit Wasser, spülte dein Blut von
dir ab und salbte dich mit Öl.
10 Ich kleidete dich mit buntgewirktem Stoff,
zog dir Schuhe von Tachasch-Leder an, umwand dich mit Byssus und hüllte
dich in Seide.
11 Dann zierte ich dich mit Geschmeide; ich legte Spangen an
deine Arme und eine Kette um deinen Hals.
12 Auch legte ich einen Ring an
deine Nase, Gehänge an deine Ohren und (setzte) eine herrliche Krone auf

16 7 ūrᵉbī mit G Syr; M: „zu Zehntausend". — šādajik mit G V Syr; M: „die Brust".

Zeit der Patriarchen bei Hebron und Sichem Gen 14 7 13 48 22; sie scheinen sehr zahlreich unter der Bevölkerung Kanaans vertreten gewesen zu sein Gen 15 16. Die Hettiter hatten ein großes Reich in Kleinasien 1800—1200 v. Chr.; einzelne Teile saßen auch in Hebron Gen 23 3-20; in Jerusalem wohnte der Hettiter Uria 2 Sm 11 3. In den Amarna-Briefen wird die Stadt Jerusalem als Urusalimmu unter dem König Abdichiba genannt (um 1400 v. Chr). Nicht nur die Bevölkerung der Hauptstadt, sondern auch die des Landes hatte heidnische Volksteile. Im folgenden geht der Prophet von der Stadt auf das Volk über.

4 f Beim Beginn seiner Existenz war das Volk völlig vernachlässigt. Es glich einem ausgesetzten, neugeborenen Kind. Die Verse sind kulturgeschichtlich wertvoll. Die Einreibung mit Salz hatte wohl nicht hygienische, sondern kultische (abergläubische) Zwecke; sie sollte den Neugeborenen vor den Dämonen schützen. Der Prophet hat hier die erste Zeit des Aufenthaltes in Kanaan im Auge.

6 Jahwe als Gott des Lebens bewahrte Israel vor dem Untergang. Ezechiel denkt an die Zeit der Patriarchen, namentlich an die Erwählung des Stammvaters Abraham.

7 Die Nachkommen Abrahams wuchsen in Ägypten zu einem zahlreichen Volk heran. Sie waren aber immer noch verachtet und verschmäht. Das Kind war zur mannbaren Jungfrau herangewachsen, fand aber noch keinen Freier.

8 Jahwe vermählte sich mit Israel durch den Sinaibund. Das Bedecken mit dem Gewandzipfel hatte rechtliche Bedeutung und besagt soviel wie „heiraten" vgl Ruth 3 9. Der Schwur bekräftigte den Bund vgl 20 5.

9-14 Jahwe selbst schmückte seine Braut auf das schönste. Er reinigte sie von Schmutz und Blut (Menstruationsblut) und salbte sie 9, kleidete sie aufs herrlichste 10, legte ihr köstlichen

dein Haupt. 13 So warst du mit Gold und Silber geschmückt; dein Gewand
bestand aus Byssus, Seide und buntgewirktem Stoff. Kernmehl, Honig und
Öl waren deine Speise, und du wurdest wunderschön [und befähigt zum
Königtum]. 14 Dein Ruf drang zu den Völkern wegen deiner Schönheit; denn
sie war vollkommen durch meine Pracht, die ich dir angelegt hatte — Spruch
des Herrn Jahwe.

Israels Undank

15 Aber du pochtest auf deine Schönheit; du buhltest auf deinen Ruf hin
und botest dich als Dirne jedem feil, der vorüberging. [Ihm *wurdest du zu
eigen.]* 16 Du nahmst deine Kleider, machtest dir bunte Höhen und buhltest
auf ihnen. *Zu ihm kamst du und ihm wurdest du zu eigen.* 17 Du nahmst
deine Schmucksachen von meinem Gold und meinem Silber, die ich dir
gegeben hatte, machtest dir männliche Bilder daraus und buhltest mit ihnen.
18 Du nahmst deine buntgewirkten Kleider und bedecktest sie damit; du
stelltest mein Öl und meinen Weihrauch vor ihnen hin, 19 und mein Brot,
das ich dir gegeben hatte, — Kernmehl, Öl und Honig hatte ich dir zur
Nahrung gegeben — stelltest du vor ihnen zum lieblichen Wohlgeruche hin
[und es geschah] — Spruch des Herrn Jahwe. 20 Du nahmst deine Söhne
und deine Töchter, die du mir geboren hast, und schlachtetest sie ihnen zur
Speise. War dies zu wenig mit deiner Buhlerei? 21 Du schlachtetest meine
Söhne und gabst sie hin, indem du sie (durchs Feuer) für sie gehen ließest.
22 Aber bei all deinen Greueln und deiner Buhlerei gedachtest du nicht der
Tage deiner Jugend, als du nackt und bloß warst und in deinem Blute zap-

16 15 hājīt mit G; M: „er war".
16 ʾēlāw bāʾt w^{e}lō hājīt; M: „nicht durch das Zeichen und nicht wird er sein".

Schmuck an 12, setzte ihr die Brautkrone aufs Haupt 12 und gab ihr reichliche Speise 13. Die Nahrung war „Kernmehl" (oder „Grieß", als Opfermehl genannt 46 14), wie es am königlichen Hof verwendet wurde 3 Kg 5 2, „Honig", der ein königliches Geschenk war 3 Kg 14 3, und „Öl", das die Butter ersetzte. Die Kleidung bestand aus „buntgewirktem Stoff", von Ezechiel oft erwähnt 13 18 26 16 27 7 16 24, der für das Hochzeitskleid der königlichen Braut verwendet wurde Ps 45 15, aus „Byssus", einem feinen Leinen, aus Ägypten bezogen 27 7, das für kultische Zwecke Verwendung fand Ex 25 4 u. ö., und aus „Seide" (nur hier erwähnt). Die Schuhe waren aus einem besonderen feingegerbten Leder (aus der Haut der Seekuh oder des Delphins?) gefertigt, auch für das heilige Zelt verwendet Ex 25 4 u. ö. Die Erwähnung der Königswürde in 13 ist Glosse, die das Königtum unter David und Salomo meint. Der Ruf der bräutlichen Schönheit Israels wurde bei allen umliegenden Völkern bekannt.

15 Das schöne Weib wurde zur schamlosen Ehebrecherin. Ezechiel denkt an die Übernahme kanaanäischer Kultformen, die einen Abfall von Jahwe bedeuten.

16-19 Alles, was Israel an Kleidern, Schmucksachen, Öl, Weihrauch und Speisen von Jahwe bekam, verwendete es für den Götzendienst. Den nämlichen Vorwurf macht der Prophet Osee vgl 2 7 10 f 8 4. „Bunte Höhen" 16 bedeuten entweder besondere Zelte für die Prostitution auf den Höhen oder Kleider (so G), die für Bilder (Statuen) der Astarte von den Kedeschen nach 4 Kg 23 7 gewebt wurden.

20-22 nennen das Kinderopfer als besonders greuelhaften Götzendienst vgl 23 37. Im Gesetz war es streng verboten Lev 18 21 20 2-5. Auch Jeremias 7 31 19 5 32 35 und Michäas 6 7 haben das Menschenopfer scharf abgelehnt. Der Molochkult wurde in Israel trotz Verbot und Bekämpfung von prophetischer Seite immer geübt; durch die Reform

peltest. 23 Nach all deiner Bosheit — wehe, wehe dir, Spruch des Herrn Jahwe — geschah es, 24 daß du dir einen Stand bautest und dir auf jedem freien Platz eine Höhe errichtetest. 25 An jeder Straßenkreuzung bautest du dir eine Höhe, schändetest deine Schönheit, gabst dich jedem Vorübergehenden preis und mehrtest deine Buhlerei. 26 Du buhltest mit den Ägyptern, deinen Nachbarn mit großem Glied, und mehrtest deine Buhlerei, um mich zu reizen. 27 Doch siehe, ich streckte meine Hand wider dich aus und verkürzte deinen Anteil. Ich gab dich der Gier deiner Feindinnen preis, den Töchtern der Philister, die sich wegen deines unsittlichen Wandels schämten. 28 Dann buhltest du mit den Assyrern, ohne es satt zu bekommen; du buhltest mit ihnen, aber auch (damit) bekamst du es nicht satt. 29 Du dehntest deine Buhlerei auf das Krämerland Kaldäa aus, aber auch damit bekamst du es nicht satt. 30 Was *soll ich mit meinem Bunde mit dir anfangen* — Spruch des Herrn Jahwe —, da du all dies tust, wie es eine ausgeschämte Dirne treibt, 31 da du dir an jeder Straßenkreuzung einen Stand bautest und eine Höhe auf jedem freien Platz errichtetest? Dabei warst du nicht wie eine Dirne, die Buhllohn *sammelt.* 32 Das ehebrecherische Weib nimmt statt seines Mannes Fremde! 33 Allen Dirnen gibt man Geschenke, du aber gabst (selbst) deine Geschenke all deinen Liebhabern und bestachest sie, daß sie von überall zu dir kamen, um mit dir zu buhlen. 34 So machtest du es umgekehrt, im Gegensatz zu den (anderen) Weibern: von dir ging die Buhlerei aus, während man nicht versuchte, mit dir zu buhlen; du gabst Buhllohn, während man dir nicht Buhllohn gab. So machtest du es umgekehrt.

Jerusalems Bestrafung

35 Darum, du Dirne, höre das Wort Jahwes! 36 So spricht der Herr Jahwe: Weil du bei deinen Buhlereien vor deinen Liebhabern und vor all deinen abscheulichen Götzen deine Scham *enthülltest* und deine Blöße aufdecktest, und wegen des Blutes deiner Kinder, die du ihnen gabst, 37 siehe,

16 30 lī ūl^{e}b^{e}rītēk vgl kopt. und arab. Übss; M: „wie schmachtend war dein Herz".
31 l^{e}aqqēṭ mit G V Syr; M: „zu verachten".
36 ḥòšpēk mit T; M: „hingegossen wurde".

des Josia (621) wurde er beseitigt 4 Kg 23 10, scheint aber bald wieder aufgelebt zu sein. Kinderopfer gelten als heidnischer Greuel Dt 12 31 Ps 106 35-38.

24 f Israel trieb es wie eine öffentliche Dirne, die sich jedem anbietet. Es handelt sich hier um politische Bündnisse mit fremden Völkern, die gleichfalls einen Abfall von Jahwe bedeuten. Die Vielfalt der Abgötterei geißelt auch Jeremias vgl 2 28 11 13.

26 f Hier sind die politischen Bündnisse mit Ägypten gemeint, die auch Is 30 f verworfen werden. Die heidnischen Philister sind besser als die Israeliten. An welche Philistereinfälle hier zu denken ist, weiß man nicht. 701 griff Sanherib ein und trennte einige judäische Städte für die Philister ab.

28 Besonders im achten Jahrhundert suchte man den Anschluß an Assur vgl 4 Kg 16 7 Os 12 2.

29 Mit Babel hatte Israel viele Handelsbeziehungen, die sich durch ihre Beimengung heidnischer Einflüsse als schädlich für Israel erwiesen.

31-34 Das Gebaren Israels war völlig abwegig und verkehrt; Israel war nicht wie eine Dirne, die sich bezahlen ließ, sondern wie eine Ehebrecherin, die selbst für ihr schändliches Tun Geld aufwendete.

37 Die Liebhaber sind die Nachbar-

darum will ich all deine Liebhaber versammeln, denen du gefallen hast, und alle die, die du liebtest samt allen, die du zurücksetztest; ich sammle sie wider dich von überall und decke deine Blöße vor ihnen auf, so daß sie deine ganze Blöße sehen. 38 Ich richte dich nach dem Rechte von Ehebrecherinnen und solchen, die Blut vergossen haben, *und ich lasse* (meinen) Grimm und Eifer *über dich kommen.* 39 Ich gebe dich in ihre Hand, daß sie deinen Stand niederreißen, deine Höhe zerstören, dir deine Kleider ausziehen, deine Schmucksachen nehmen und dich nackt und bloß liegen lassen. 40 Sie werden gegen dich eine Volksversammlung einberufen, dich steinigen und dich mit ihren Schwertern in Stücke hauen. 41 Dann werden sie deine Häuser in Brand stecken und vor den Augen vieler Weiber das Gericht an dir vollstrecken. So mache ich deiner Buhlerei ein Ende; dann wirst du auch keinen Buhllohn mehr geben. 42 So stille ich meinen Grimm an dir, und meine Eifersucht läßt von dir ab; dann beruhige ich mich und werde mich nicht mehr ärgern. 43 Weil du der Tage deiner Jugend nicht gedachtest und mich durch all dies erzürntest, so gebe auch ich deinen Wandel auf (dein) Haupt — Spruch des Herrn Jahwe. *Hast* du *nicht* Unzucht getrieben mit all deinen Greueln?

Jerusalem ist schlimmer als Sodom und Samaria

44 Siehe, jeder Spottversdichter wird über dich folgenden Spottvers machen: „Wie die Mutter, so die Tochter!" 45 Die (echte) Tochter deiner Mutter bist du, die ihren Mann und ihre Söhne verabscheute; die Schwester deiner Schwestern bist du, die ihre Männer und Söhne verabscheuten. Eure Mutter war eine Hettiterin und euer Vater ein Amorriter. 46 Deine größere Schwester ist Samaria mit ihren Töchtern, die nördlich von dir wohnt; deine kleinere Schwester, die südlich von dir wohnt, ist Sodom mit ihren Töchtern. 47 Aber nicht auf ihren Wegen bist du gewandelt und hast nicht solche Greuel wie

16 38 w^enātattī bāk; M: „und ich werde dich zu Blut machen".
43 56 h^alō'; M: „und nicht".
45 51 52 Plur. mit den Übss; M: Sing.

völker, die das Gericht vollziehen, in erster Linie die Assyrer und Babylonier.

38 f Das Recht bestimmte für Ehebruch und Mord die Todesstrafe vgl Lev 20 10 Dt 22 22-27. Vorher ging die öffentliche Bloßstellung (völlige Entkleidung vgl Os 2 5) der Ehebrecherin, so daß man ihre Scham sah.

40 Die Vollstreckerin der Todesstrafe (Steinigung) ist die Gemeinde 23 47 Lev 24 16, hier die versammelten Völker, die „Völkergemeinde". Nach der Steinigung wurde der Körper in Stücke gehauen.

41 Die zuschauenden Frauen sind die Nachbarvölker. Die Zerstörung der Häuser deutet auf die Verwüstung Jerusalems hin.

45 greift auf 3 zurück: Das jetzige Jerusalem (die Tochter) ist schlimmer als das alte heidnische Jerusalem (die Mutter). „Der Apfel fällt nicht weit vom Stamm."

46 Um Jerusalems Sünde richtig zu beurteilen, muß man sie mit den Freveln von Samaria und Sodom vergleichen. Samaria wird als größere (mächtigere) Schwester, die links (nördlich), und Sodom als kleinere (unbedeutendere) Schwester genannt, die rechts (südlich) von Jerusalem wohnt. Hier führt Ezechiel den bereits von Jer 3 6-11 verwendeten Vergleich weiter aus.

47 f Jerusalem übertraf an Bosheit beide Schwestern. Auch Kl 4 6 wird gesagt, daß die Schuld Jerusalems größer als Sodoms Sünde ist. Die „Töchter" sind die kleineren Landstädte im Gegensatz zur Hauptstadt.

sie verübt; es fehlte nur wenig, daß du es ärger als sie auf all deinen Wegen
triebst. 48 So wahr ich lebe — Spruch des Herrn Jahwe —, deine Schwester
Sodom, sie mit ihren Töchtern, handelte nicht so, wie du samt deinen Töch-
tern gehandelt hast. 49 Siehe, dies war die Schuld deiner Schwester Sodom:
Hoffart, Sattheit an Brot und sorglose Ruhe hatte sie und ihre Töchter; aber
sie reichte*n* dem Elenden und Armen nicht die Hand, 50 sondern wurden
hochmütig und verübten Greuel vor mir. Da entfernte ich sie, wie du ge-
sehen hast. 51 Auch Samaria hat nicht die Hälfte deiner Sünden begangen;
du hast mehr Greuel als sie verübt und hast deine Schwester*n* durch all die
Greuel, die du verübt hast, gerechtfertigt. 52 So trage auch du deine Schmach,
die du für deine Schwester*n* eingetreten bist; durch deine Sünden, durch die
du dich ärger als sie vergangen hast, stehen sie im Vergleich mit dir gerecht-
fertigt da. So schäme auch du dich und trage deine Schmach, weil du deine
Schwester*n* gerechtfertigt hast.

Wiederherstellung Jerusalems und Bundeserneuerung

53 Aber ich werde ihr Geschick wenden, das Geschick Sodoms samt ihren
Töchtern und das Geschick Samarias samt ihren Töchtern, ich wende auch
dein Geschick in ihrer Mitte, 54 damit du deine Schmach trägst und beschämt
werdest wegen all dessen, was du verübt hast, indem du sie tröstest. 55 Deine
Schwester Sodom samt ihren Töchtern soll wieder hergestellt werden,
ebenso Samaria nebst ihren Töchtern soll wieder hergestellt werden; aber
auch du mit deinen Töchtern sollst wieder hergestellt werden. 56 *War nicht*
deine Schwester Sodom in deinem Munde berüchtigt am Tage deiner Hof-
fart, 57 bevor *deine Blöße* aufgedeckt wurde? So *wirst du nun wie sie* zum
Spott für die Töchter *Edoms* und alle, die ringsum sind, und für die Töch-
ter der Philister, die dich ringsum verachten. 58 Deine Unzucht und deine
Greuel, die mußt du tragen — Spruch Jahwes.

59 Denn so spricht der Herr Jahwe: Ich habe an dir gehandelt, wie du
gehandelt hast, die du den Schwur verachtetest, um den Bund zu brechen.
60 Aber ich will meines Bundes mit dir in den Tagen deiner Jugend geden-
ken und mit dir einen ewigen Bund aufrichten. 61 Du sollst deines Wandels
gedenken und beschämt werden, wenn *ich* deine Schwestern *nehme*, die

16 49 Plur. mit den Übss; M: Sing.

57 ʿærwātēk mit 3 Hss vgl 37; M: „deine Bosheit". — kāmōhā ʾatt ʿattāh vgl G; „wie zur Zeit (des Spotts)". — ʾædōm mit vielen Hss und Syr; M: „Aram".

61 beqaḥtī; M: „wenn du nimmst".

49 f Es ist auffallend, daß hier nicht die bekannte „sodomitische" Sünde (Gen 19 1-11) genannt wird, sondern vor allem soziale Schäden gerügt werden. Die Sodom vorgeworfenen Vergehen würden besser auf Samaria passen vgl Am 6 1-7.

51 f Sodom und Samaria stehen Jerusalem relativ gerecht gegenüber vgl Jer 3 11. Die Schuld Jerusalems ist größer, weil es das Gesetz und die Propheten hatte, die ihm seine Pflichten immer vorhielten.

53-58 Jahwe begnadigt wieder Sodom, Samaria und Jerusalem.

59 f Jahwes Liebe ist größer als seine Gerechtigkeit. Er schließt einen ewigen Bund, der nicht wieder gebrochen wird vgl 37 26 Lev 26 42 45 Is 55 3 61 8 Jer 31 31 32 40.

61 Das Gebiet von Samaria und Sodom wird Jerusalem unterstellt. In der Zukunft sieht Ezechiel ein einheitliches Reich unter Judas (Jerusalems) Führung vgl 37 15-22.

größer sind als du, nebst denen, die kleiner sind als du, und sie dir als Töchter gebe, aber nicht um deines Bundes willen. 62 *Ich* richte meinen Bund mit dir auf, — dann wirst du erkennen, daß ich Jahwe bin — 63 damit du voller Scham daran denkst und den Mund vor lauter Beschämung nicht mehr auftust, wenn ich dir all das vergebe, was du getan hast — Spruch des Herrn Jahwe.

17 1-24 Treubruch des Königs Sidqia und Wiederherstellung des davidischen Königtums

Das Gleichnis vom Zedernsproß und Weinstock

17 1 Das Wort Jahwes erging an mich also: 2 Menschensohn, trage ein Rätsel vor und sage ein Gleichnis dem Hause Israel 3 und sprich: So spricht der Herr Jahwe:

Der große Adler mit großen Flügeln,
mit langer Schwinge, mit vollem Gefieder, mit bunten Farben,
kam zum Libanon.
Er nahm den Wipfel der Zeder,

4 die Spitze ihrer Sprossen riß er ab;
er brachte sie ins Krämerland,
in die Händlerstadt setzte er sie ein.

5 Dann nahm er vom Samen des Landes
und legte ihn in ein Saatfeld.
[Er nahm(?).] An reichliches Wasser,
als Uferpflanze(?) setzte er ihn ein,

6 daß er sprosse und zum wuchernden Weinstock werde,
nieder an Wuchs, dessen Ranken sich ihm zuwenden,
und dessen Wurzeln unter ihm seien.
So ward er zum Weinstock und trieb Äste
und streckte Zweige aus.

62 f Wegen der übergroßen Heilstat Gottes wird Jerusalem völlig beschämt werden. Es muß ob solchen Gnadenerweises verstummen.

17 2 „Rätsel" und „Spruch" (die gleiche Zusammenstellung Ps 49 5 78 2) besagen hier eine bildliche, lehrhafte Darstellung geschichtlicher Ereignisse, die eine allgemein gültige Lebensweisheit vermitteln soll, wie sie 24 ausgesprochen ist: Jahwe erniedrigt und erhöht.

3 Der große Adler ist Nebukadnezar, der auch Jer 49 22 (vgl 48 40) mit einem Adler verglichen wird. Bei der Schilderung des Adlers schwebte Ezechiel die bunte Darstellung der Adlerflügel auf den assyrisch-babylonischen Abbildungen vor. Der Libanon versinnbildet Juda und Jerusalem. Die Zeder ist das judäische Königshaus vgl Jer 22 6 f.

4 Der Wipfel der Zeder ist Jojakin; ihn brachte Nebukadnezar 597 nach Babel 19 5-9 4 Kg 24 10-16. Babel wird als Handelsstadt und Babylonien als Krämerland bezeichnet vgl 16 29. Ezechiel schaut auf das Krämertum mit Verachtung herab. Der Handel bringt für Stadt und Land die Gefahr des Reichtums und damit des Abfalls (vgl die Schilderung der Krämerstadt Tyrus Kap. 27).

5 f Nebukadnezar nimmt ein Glied der davidischen Dynastie, nämlich den Sidqia, und setzt ihn als Vasallenfürsten ein; dieser hat nur ein kleines Reich unter der Oberhoheit Babels zu regieren.

7 Aber es war ein *anderer* großer Adler, mit großen Flügeln
und viel Gefieder.
Siehe da, dieser Weinstock streckte
seine Wurzeln nach ihm
und trieb ihm seine Ranken entgegen,
daß er ihn besser tränke als *das* Beet,
in das er gepflanzt war.
8 Auf gutes Feld, an reichliches Wasser
verpflanzte er ihn,
daß er Zweige treibe und Frucht bringe,
daß er ein prächtiger Weinstock werde.
9 Darum sprich: So spricht der Herr Jahwe: Wird er gedeihen?
Wird er nicht seine Wurzeln ausreißen
und seine Frucht abpflücken,
so daß all seine frischen Zweige verdorren? [Er wird verdorren.]
(Man braucht dazu) keinen starken Arm und nicht viel Volk,
um ihn aus seinen Wurzeln zu ziehen.
10 Siehe da, verpflanzt ist er, wird er gedeihen?
Wird er nicht, sobald ihn der Ostwind anfährt,
gänzlich verdorren?
Auf *dem* Beet, auf dem er wuchs, wird er verdorren.

Die Deutung des Gleichnisses

11 Das Wort Jahwes erging an mich also: 12 Sprich doch zum Hause der
Widerspenstigkeit: Wisset ihr nicht, was dies bedeutet? Sprich: Siehe, der
König von Babel kam nach Jerusalem, nahm dessen König und dessen Für-
sten und brachte sie zu sich nach Babel. 13 Dann nahm er einen von dem
königlichen Geschlecht, schloß mit ihm einen Bund und verpflichtete ihn
unter Eid. Die Großen des Landes nahm er weg, 14 um das Reich nieder zu
halten, daß es sich nicht wieder erhebe, um den mit ihm geschlossenen Bund
zu sichern, daß es (ihm) *diene.* 15 Er aber empörte sich wider ihn, indem er
seine Boten nach Ägypten sandte, daß man ihm Rosse und viel Volk gebe.

17 7 'aḥēr mit den Übss; M: 'æḥād „einer". — Sing. mit einigen Hss und G Syr; M: Plur.
8 hū' šᵉtūlāh; M: „ist er gepflanzt".
10 Sing. wie 7; M: Plur.
14 lᵉʿŏbdō mit T; M: „daß es Bestand habe".

7 f Aber Sidqia ist damit nicht zufrieden; er schüttelt die Oberhoheit Babels ab und wendet sich der anderen Großmacht, Ägypten, zu, dessen Pharao Hophra ebenfalls als Adler dargestellt wird.

9 f Nebukadnezar wird zur Strafe den König Sidqia in die Verbannung führen und sein Reich zerstören. Der König von Babel ist mit dem alles ausdörrenden Ostwind verglichen (wie 19 12).

11-21 bringen die Deutung des Gleichnisses, wie sie in den Anmerkungen zu 3-10 bereits gegeben ist. Als besondere Sünde und Schuld wird Sidqia der Eidbruch vorgeworfen 15 16 18 19 20. Bei der Ernennung zum König mußte Sidqia einen Eid Nebukadnezar gegenüber schwören 13. Da jeder Eid Jahwe anruft, galt der Bruch zugleich als Untreue gegen Gott 19 und wird deshalb von ihm durch die Verbannung nach Babel und den Tod im fremden Land bestraft. 20 f berühren sich engstens mit 12 13 f.

Wird es gelingen? Wird heil davon kommen, der solches tut? Wer seinen
Bund gebrochen hat, wird der heil davon kommen?

16 So wahr ich lebe — Spruch des Herrn Jahwe —, an dem Wohnsitz des
Königs, der ihn zum König gemacht hat, dessen Eid er mißachtet und dessen
Bund mit ihm er gebrochen hat, inmitten von Babel soll er sterben! 17 Nicht
mit großer Heeresmacht und zahlreichem Aufgebot wird der Pharao für ihn
im Krieg eintreten, wenn man einen Damm aufschüttet und einen Wall baut,
um viele Menschenleben zu vernichten. 18 (Denn) er hat den Eid mißachtet,
indem er den Bund gebrochen hat, und siehe, er hat (doch) seine Hand dar-
auf gegeben und (trotzdem) all dies getan; er soll nicht heil davon kommen.
19 Darum *(sprich):* So spricht der Herr Jahwe: So wahr ich lebe, meinen Eid,
den er mißachtet hat, und meinen Bund, den er gebrochen hat, die gebe ich
ihm auf sein Haupt. 20 Ich breite mein Netz über ihn aus, und er wird in
meinem Garn gefangen; dann bringe ich ihn nach Babel und halte dort über
ihn Gericht wegen seines Treubruches, den er an mir verübt hat. 21 All *seine
Auserlesenen* unter all seinen Kriegsscharen sollen durch das Schwert fallen;
die Übriggebliebenen aber sollen in alle Winde zerstreut werden. Dann wer-
det ihr erkennen, daß ich, Jahwe, gesprochen habe.

Der neue Davidsproß und sein Reich

22 So spricht der Herr Jahwe:
Dann nehme ich selbst von dem Wipfel der hohen Zeder und setze (es) ein;
von der Spitze seiner Sprossen breche ich ein zartes Reis ab
und pflanze (es) auf einem hohen und erhabenen Berge.

23 Auf Israels Bergeshöhe will ich es pflanzen:
es wird Zweige treiben, Frucht tragen
und zur prächtigen Zeder werden.
Darunter sollen alle Vögel jeglichen Gefieders wohnen,
im Schatten seiner Zweige sollen sie wohnen.

24 Dann werden alle Bäume des Feldes erkennen,
daß ich Jahwe bin;
(daß) ich einen hohen Baum erniedrigt

17 19 Ergänze mit G 'æmōr.
21 mibḥārō; M: „seine Flüchtlinge".

22 f Jahwe selbst greift ein. Er setzt aus der davidischen Dynastie einen Herrscher ein, „ein zartes Reis" vgl Is 11 1, auf dem Berge Sion. Dieses kleine Reis wird sich zum großen Baum entwickeln, in dessen Schatten alle Völker Platz haben. Das Bild vom großen „Weltenbaum" liegt auch 31 6 Dan 4 7-9 17 f und besonders beim Gleichnis vom Senfkorn zugrunde Mt 13 32 und Parallelen. Der neue Herrscher wird ein Nachkomme des Jojakin sein, der auch im NT mit dem Namen Jechonias unter den Vorfahren Jesu genannt wird Mt 1 11. Jeremias droht dem Jojakin Kinderlosigkeit an Jer 22 30; nach 1 Chr 3 17 f wurden ihm in Babel noch Söhne geboren, die aber nicht zum Königtum kamen. Aber einer seiner Enkel, Zorobabel, wurde Statthalter in Judäa.

24 Alle Könige werden Jahwe als Gott anerkennen, der das niedrige Königtum von Juda wieder erhöht, dagegen das babylonische Reich erniedrigt. Dieses ist unter dem hohen und grünen Baum zu verstehen, nicht das Königtum des Sidqia. Vgl zu 21 31.

und einen niedrigen Baum erhöht habe,
einen grünen Baum habe verdorren
und einen dürren Baum sprossen lassen.
Ich, Jahwe, habe gesprochen und handle.

18[1-32] Die Gerechtigkeit Gottes: er vergilt jedem nach seinem Tun

Ein falsches Sprichwort

[1] Das Wort Jahwes erging an mich also: [2] Was ist mit euch, daß ihr folgen-
des Sprichwort im Lande Israel im Munde führt: „Die Väter *haben* Herb-
linge *gegessen*, und den Söhnen wurden die Zähne stumpf“? [3] So wahr ich
lebe — Spruch des Herrn Jahwe —, nicht soll man ferner bei euch in Israel
dieses Sprichwort sagen. [4] Siehe, alle Seelen sind mein; die Seele des Vaters
wie die Seele des Sohnes, sie sind mein. Die Person, die sündigt, die soll
sterben.

Der Gerechte lebt

[5] Wenn nun jemand gerecht ist und Recht und Gerechtigkeit übt, [6] *(Fleisch)
mitsamt dem Blut* nicht ißt, seine Augen nicht zu den Götzen des Hauses
Israel erhebt, das Weib seines Nächsten nicht verunreinigt, einem Weib in
der Zeit von dessen Unreinigkeit nicht naht, [7] niemanden bedrückt, sein
schuldiges Pfand zurückgibt, keinen Raub begeht, sein Brot dem Hungrigen
gibt, den Nackten bekleidet, [8] auf Wucher nicht leiht, keinen Zins nimmt,
vom Unrecht seine Hand zurückhält, ehrliches Recht spricht zwischen den
Parteien, [9] nach meinen Satzungen wandelt und meine Rechte beobachtet,
sie zu üben — dieser ist gerecht; er soll bestimmt am Leben bleiben —
Spruch des Herrn Jahwe.

18[2] 'ākelū wie Jer 31[29]; M: „essen“.
[6] ʿal haddām nach 33[25] Lev 19[26], ebenso [11] [15] 22[9]; M: „auf den Bergen“.
[9] 'ōtām mit G vgl [19]; M: „Treue“.

18[2] Bereits Jeremias 31[29] mußte gegen das Sprichwort auftreten vgl auch Kl 5[7]. Es ist aus der Not der Zeit entstanden; die große Strafe (Verbannung) ist eine Folge der Vätersünde. Die Väter sind wohl das Geschlecht zur Zeit des gottlosen Königs Manasse; ihm besonders wurde es zugeschrieben, daß das nationale Unglück über das Volk kam vgl 4 Kg 21[11-15] 23[26 f] 24[3 f]. In dem Sprichwort liegt vielleicht auch ein Protest gegen die prophetische Predigt, die immer wieder auf die Sünden der Vergangenheit hinwies vgl Kapitel 16 20 23.

[3] Im Gegensatz zur kollektiven Vergeltung (vgl Ex 20[5] 34[7]) soll nur die persönliche Sünde bestraft werden Dt 24[16].

[4] Jahwe als Schöpfer der Menschen und als Gott des Volkes Israel hat das Eigentumsrecht über jeden Einzelnen. Er kann über ihn verfügen; er kann ihn auch dem Tod überliefern. Aber er handelt gerecht, nicht willkürlich. Nur der Sünder muß sterben. Dies wird im folgenden genau ausgeführt. Es werden zunächst drei Fälle, die drei Generationen umfassen, behandelt [5-20]. Dann werden noch zwei Fälle, die im Leben des Einzelnen vorkommen, besprochen [21-29].

[5-9] Erster Fall. Ein Vater, der gerecht ist, bleibt am Leben. Zu „leben“ und „sterben“ s. zu 3[17-21].

[6-8] Als Werke der Gerechtigkeit werden zwölf kultisch-rituelle und sittlich-soziale Pflichten (negativ und positiv) aufgeführt. Die Zwölfzahl ist absichtlich gewählt; man liebte in Israel die Zusammenstellung von Geboten und Verboten zu Reihen von zehn (s. den Dekalog) oder zwölf Gliedern (s. den Fluch-Dodekalog Dt 27[15-26]).

Der böse Sohn eines guten Vaters muß sterben

10 Erzeugt er nun einen verbrecherischen Sohn, der Blut vergießt [und er tut *eines* von diesen] 11 und der dies alles nicht tut, sondern *(Fleisch) mitsamt dem Blut* ißt, das Weib seines Nächsten verunreinigt, 12 den Elenden und Armen bedrückt, Raub begeht, das Pfand nicht zurückgibt, zu den Götzen seine Augen erhebt, Greuel verübt, 13 auf Wucher ausleiht und Zins nimmt — dieser wird sicherlich nicht am Leben bleiben. Alle diese Greuel hat er verübt, bestimmt muß er sterben; sein Blut liegt auf ihm.

Der gute Sohn eines bösen Vaters bleibt am Leben

14 Erzeugt er aber einen Sohn, und der sieht alle Sünden, die sein Vater getan, *und fürchtet sich* und handelt nicht also: 15 ißt nicht *(Fleisch) mitsamt dem Blut*, erhebt nicht seine Augen zu den Götzen des Hauses Israel, ver-

18 10 'aḥad mit V Syr; M: „Ach(?), mehr als eines".
11 Vgl zu 6.
14 wajjīrā' mit G V; M: „und sieht".
15 Vgl zu 6.

1. Enthaltung von Blutgenuß 6, ebenso 11 15. Auch 22 9 ist der Blutgenuß gerügt. Blut darf man nicht genießen Lev 3 17 7 26 17 13 Dt 12 16 15 23, weil im Blut die Seele (das Leben) wohnt Lev 17 11.
2. Nichterheben der Augen zu den Götzen Israels 6. Hier ist der Götzendienst wohl nicht im allgemeinen verboten, sondern eine besondere Gepflogenheit hervorgehoben; wenn man an einem Götzenbild vorbeikam, schaute man es verehrend an (in abergläubischer Weise).
3. Kein Ehebruch 6. Im Gesetz verboten Ex 20 14 Lev 18 20.
4. Kein Verkehr mit der Menstruierenden 6. Im Gesetz verboten Lev 18 19 20 18.
5. Keine Bedrückung des Nächsten 7 vgl 22 7. Nach Ex 22 20 f soll man vor allem die Fremdlinge vgl Lev 19 33, Witwen und Waisen nicht ungerecht behandeln, nach Dt 23 17 keinen flüchtigen Sklaven bedrücken, d. h. ausliefern. Jeremias wirft dem König Jojaqim vor, daß er Fremdlinge, Witwen und Waisen unterdrückt Jer 22 3; Jahwe gilt als Beschützer dieser drei hilfsbedürftigen Menschenklassen Ps 146 9. Es ist auch an die Übervorteilung beim Kauf und Verkauf gedacht vgl Lev 25 14 17.
6. Rückgabe des Pfandes 7. Unentbehrliche, zum täglichen Gebrauch notwendige Dinge mußten zurückgegeben werden, so der Mantel des Armen Ex 22 25 f, die Handmühle Dt 24 6. Weitere Vorschriften über das Pfand Dt 24 10-13.
7. Keine Aneignung fremden Gutes 7. Bei Ezechiel öfters verpönt vgl 12 16 18 33 15; die Rückerstattung ist Lev 5 23 gefordert.
8. Speisung der Hungernden 7. Is 58 7 10 als Gott besonders wohlgefällig genannt.
9. Kleidung des Nackten 7. Is 58 7 als Werk der Nächstenliebe gepriesen.
10. Nichtforderung von Wucher und Zins 8. Das Zinsverbot gegenüber Volksgenossen steht Ex 22 24 Lev 25 36 f Dt 23 20 f. Der Prophet verbietet 22 12, Wucher und Zins zu nehmen.
11. Kein Unrecht 8. Sehr allgemein ausgedrückt wie 24 3 20 33 13 15 18; vielleicht Unredlichkeit im Handel vgl 28 18.
12. Unparteiisches Gericht 8. Im Gesetz Ex 23 6-8 Dt 16 18-20 ist ein gewissenhaftes, sauberes Rechtsverfahren gefordert. Die Propheten klagen häufig über die Bestechlichkeit der Richter vgl 22 12 Is 1 23 5 23 Mich 3 11 u. ö.

10-13 Zweiter Fall. Der gerechte Vater hat einen bösen Sohn; dann muß der Sohn wegen seiner Sünden sterben; die Gerechtigkeit des Vaters hilft ihm nicht.

14-20 Dritter Fall. Der böse Sohn hat hinwiederum einen braven Sohn; dann

unreinigt nicht das Weib seines Nächsten, 16 bedrückt niemanden, nimmt
kein Pfand, begeht keinen Raub, gibt sein Brot dem Hungernden, bedeckt
den Nackten mit einem Gewand, 17 hält seine Hand vom Unrecht zurück,
nimmt weder Wucher noch Zins, handelt nach meinen Rechten (und) wan-
delt nach meinen Satzungen — dieser soll nicht wegen der Schuld seines
Vaters sterben; er wird sicherlich am Leben bleiben. 18 Sein Vater (aber),
weil er Gewalttat verübt, *Raub* begangen, und was nicht gut war, inmitten
seines Volkes getan hat, fürwahr, dieser muß wegen seiner Schuld sterben.
19 Da sagt ihr: Warum trägt nicht der Sohn mit an der Schuld seines Vaters?
Aber der Sohn hat doch Recht und Gerechtigkeit geübt, all meine Satzungen
beobachtet und sie gehalten; (darum) wird er sicherlich am Leben bleiben.
20 Die Person, die sündigt, die soll sterben; der Sohn soll nicht an der Schuld
seines Vaters mittragen, und der Vater soll nicht an der Schuld seines Soh-
nes mittragen. Die Gerechtigkeit des Gerechten soll auf ihm ruhen, und die
Gottlosigkeit des Gottlosen soll auf ihm ruhen.

Das gegenwärtige Tun, nicht das frühere, wird gerichtet

21 Wenn sich aber der Gottlose von all seinen Sünden, die er begangen hat,
abwendet, all meine Satzungen beobachtet und Recht und Gerechtigkeit
übt, so soll er sicherlich am Leben bleiben (und) nicht sterben. 22 All seiner
Missetaten, die er getan hat, soll nicht gedacht werden; um seiner Gerechtig-
keit willen, die er geübt hat, soll er am Leben bleiben. 23 Habe ich wirklich
Wohlgefallen am Tode des Gottlosen — Spruch des Herrn Jahwe —, nicht
vielmehr daran, daß er sich von seinem Wandel bekehre und lebe? 24 Wenn
sich aber ein Gerechter von seiner Gerechtigkeit abwendet und Frevel ver-
übt gleich all den Greueln, die der Gottlose verübt hat, [er tut's und er soll
leben?] so soll all seiner Gerechtigkeit, die er getan hat, nicht gedacht wer-
den; wegen seines Treubruches, den er verübt hat, und wegen seiner Sünde,
die er begangen hat, derentwegen soll er sterben. 25 Da sagt ihr: „Das Ver-
fahren des Herrn ist nicht in Ordnung". Höret doch, Haus Israel: Wie, mein
Verfahren ist nicht in Ordnung? Ist nicht vielmehr euer Verfahren nicht in
Ordnung? 26 Wenn sich der Gerechte von seiner Gerechtigkeit abwendet und
Frevel verübt und dessentwegen stirbt, so stirbt er wegen seines Frevels, den

18 17 mēʿāwael mit G wie 8; M: „von dem Elenden".
18 gezēlāh wie 7 12 16; M: „Raub am Bruder(?)".

bleibt der brave Sohn am Leben; wegen der Sünden seines Vaters wird er nicht gestraft. Vater, Sohn und Enkel werden nach ihrer persönlichen Schuld gerichtet; es gibt keine Erbschuld. Derselbe Grundsatz der individuellen Vergeltung gilt auch für die menschliche Strafgerechtigkeit Dt 24 16; er ist für den König Amasja von Juda entscheidend, der nur die Mörder seines Vaters tötet, aber die Söhne der Mörder am Leben läßt 4 Kg 14 6.

21-29 Die Gottlosigkeit und die Gerechtigkeit des Einzelnen bedingen aber nicht naturnotwendig Tod und Leben, sondern es ist jedem anheimgegeben, sich zu bekehren. Der freie Wille ist geachtet. Für den Gottlosen besteht die Möglichkeit der Umkehr und für den Gerechten die Möglichkeit des Abfalles. Entscheidend ist der jetzige Zustand des Menschen. Eine frühere Gottlosigkeit wird dem Frommen nicht angerechnet; eine frühere Frömmigkeit kann den Gottlosen nicht vor dem Tode bewahren. Jahwe ist ein Gott der Barmherzigkeit, der nicht den Tod des Sünders will, sondern die Bekehrung 23. Sein Verhalten ist in Ordnung 25 29.

er verübt. 27 Wenn sich ein Gottloser von seiner Gottlosigkeit, die er verübt
hat, abwendet und Recht und Gerechtigkeit übt, so wird er seine Seele am
Leben erhalten. 28 [Und wenn er sieht] und wenn er sich von all seinen Misse-
taten, die er begangen hat, abwendet, so soll er sicherlich am Leben bleiben;
er muß nicht sterben. 29 Da sagt das Haus Israel: „Das Verfahren des Herrn
ist nicht in Ordnung“. Mein Verfahren sollte nicht in Ordnung sein, Haus
Israel? Ist nicht vielmehr euer Verfahren nicht in Ordnung?

Ermahnung zur Bekehrung

30 Darum werde ich einen jeden von euch nach seinem Wandel richten,
Haus Israel — Spruch des Herrn Jahwe. Bekehret euch und wendet euch von
all euren Missetaten ab, daß sie euch nicht zum Anstoß der Schuld werden!
31 Werft von euch all eure Missetaten ab, die ihr *gegen mich* verübt habt!
Schaffet euch ein neues Herz und einen neuen Geist! Warum wollt ihr ster-
ben, Haus Israel? 32 Denn ich habe kein Wohlgefallen am Tode dessen, der
sterben muß — Spruch des Herrn Jahwe. Kehret also um, damit ihr lebet!

19 1-14 Klagelied über den Untergang der Könige und des Volkes

Die Löwin und ihre Jungen

1 Und du, *(Menschensohn,)* hebe ein Klagelied an über die Fürsten Israels
2 und sprich:

Wie war deine Mutter eine Löwin
unter den Löwen!
Sie lagerte zwischen den Leuen,
zog groß ihre Jungen.

18 31 bī mit 2 Hss G; M: „mit welchen“.

19 1 Füge mit G-Hss Syr ein: bæn 'ādām.

30 Aus der Erkenntnis heraus, daß Jahwe ein gütiger Gott ist, der den Menschen retten will, und daß der Mensch für seine Haltung verantwortlich ist, ergeht der Ruf zur Bekehrung.

31 Die Voraussetzung der Umkehr ist eine neue Gesinnung, „ein neues Herz und ein neuer Geist“. Mit Gottes Gnade 11 19 und 36 26 kann sich jeder umwandeln.

32 Derselbe Gedanke wie 23; manche Erklärer wollen im Anschluß an 23 lesen: „ich habe kein Wohlgefallen am Tode des Gottlosen“ (vielleicht richtig). Der Satz ist ein Höhepunkt in der prophetischen Verkündigung. Derselbe Gedanke vom allgemeinen Heilswillen Gottes ist 1 Tim 2 4 (Gott will, daß alle Menschen gerettet werden) und 2 Petr 3 9 (der Herr will nicht, daß jemand verlorengeht) wiederholt.

Der Abschnitt 18 21-32 hat seine Parallele in 33 10-20.

19 1 Vor dem Auge des Propheten steht der Untergang der königlichen Dynastie. Deshalb erhebt er die Totenklage. Der Plural („die Fürsten“ wie 21 17 22 25), ist gewählt, weil die drei Könige Joachaz, Jojakin und Sidqia beklagt werden.

2 Das Gleichnis ist von Gen 49 9 abhängig, wo Juda mit einem Löwen verglichen wird. Die Löwenmutter ist weder Hamutal, die leibliche Mutter des Joachaz und Sidqia 4 Kg 23 31 24 18 Jer 52 1, noch die davidische Dynastie, sondern der Stamm Juda. Die anderen Löwen sind die Nachbarvölker.

3 f Das erste Junge ist Joachaz, der Nachfolger des Josia (als dessen zweiter Sohn), der nach nur dreimonatlicher Regierung von Pharao Necho 608 in Ribla

3 Sie zog eines ihrer Jungen auf,
ein Leu ward es;
er lernte Beute machen,
Menschen fraß er.

4 Gegen ihn entbot man Völker,
in ihrer Grube ward er gefangen;
mit Haken führte man ihn
ins Land Ägypten.

5 Das sah sie, daß sie umsonst sich mühte,
daß zunichte war ihre Hoffnung.
Dann nahm sie ein *anderes* von ihren Jungen,
zum Leu machte sie es.

6 Er streifte umher zwischen den Löwen,
ein Leu ward er;
er lernte Beute machen,
Menschen fraß er.

7 *Er zerstörte ihre Paläste*
und verwüstete ihre Städte;
es entsetzte sich das Land und seine Fülle
vor seinem lauten Brüllen.

8 Da legten ihm die Völker
ringsum *Schlingen*
und breiteten ihr Netz über ihn aus;
in ihrer Grube ward er gefangen.

9 Sie sperrten ihn in einen Käfig mit Haken
[und brachten ihn zum König von Babel]
und brachten ihn *in Gewahrsam,*
damit man nicht mehr seine Stimme höre
auf den Bergen Israels.

Der Weinstock

10 Deine Mutter glich einem Rebstock *im Weinberg,*
an Wasser gepflanzt.

19 5 ʼaḥēr mit G; M: „einziges".
7 wajjāroʻa ʼarmenōtāw mit T vgl G Th; M: „und er erkannte (?) seine Witwen".
8 meṣūdōt; M: „aus den Gauen".
9 bameṣōrōt mit G V; M: „in Schlingen".
10 bakkæræm; M: „in deinem Blute".

am Orontes gefangen, nach Ägypten geschleppt wurde und dort starb 4 Kg 23[33 f] Jer 22[10-12]. Wie Texte und Bilder aus Assur-Babylon zeigen, wurden gefangene Könige an Stricken geführt, die an Ringen in den Lippen (Kienbacken, wie bei gefangenen Tieren vgl 29[4] 38[4]) oder Nasenlöchern befestigt waren vgl Is 37[29].

5-9 Das zweite Junge ist Jojakin (nicht Sidqia), der Sohn des Jojaqim, der ebenfalls nur drei Monate regierte und 597 nach Babel in die Gefangenschaft geführt wurde 17[4] 4 Kg 24[10-16] Jer 22[24-30]. Gefangene Könige wurden in Käfige gesperrt [9] vgl zu [3 f].

10-14 Ezechiel verwendet ein neues Bild für Juda, nämlich den Weinstock vgl 15 und 17[5-10]. Der Weinstock entwickelte sich gut; der Stamm wurde besonders kräftig, so daß er sich zum Zepter eignete; hier ist auf die Königswürde, die Juda zukam, angespielt [11] [14]. Im beson-

Reich an Frucht und Ranken war er
vom vielen Wasser.
11 *Da* wurde *sein* starker *Stamm*
zum Herrscher*stab*.
Auch hoch wurde sein Wuchs
zwischen dem Laubwerk.
Er war sichtbar durch seine Höhe,
ob der Fülle seiner Ranken.
12 Aber er wurde ausgerissen im Grimm,
zur Erde geschleudert.
Der Ostwind ließ (ihn) verdorren,
seine Frucht *wurde* abgerissen.
Sein starker Stamm verdorrt*e*,
Feuer fraß ihn.
13 Nun ward er verpflanzt in die Wüste,
in dürres und dürstendes Land.
14 Da ging Feuer vom Stamm aus,
fraß seine Ranken [seine Frucht].
Nicht blieb ihm ein starker Stamm,
ein Herrscherstab.
Ein Klagelied ist dies, und es ward zum Klagelied.

20 1-44 Israels Sünden in der Vergangenheit, seine Begnadigung in der Zukunft

Geschichtlicher Rückblick

1 Es geschah im siebten Jahre, im fünften (Monat), am zehnten des Monats,
da kamen Männer von den Ältesten Israels, um Jahwe zu befragen, und sie
setzten sich vor mir nieder. 2 Da erging das Wort Jahwes an mich also:
3 Menschensohn, rede zu den Ältesten Israels und sprich zu ihnen: So spricht

19 11 Sing. mit G; M: Plur.
12 Sing. mit G; M: Plur.

deren ist der König Sidqia gemeint. Der Weinstock wird ausgerissen 12: der König wird aus seinem Lande weggeschleppt. Der Ostwind läßt ihn vertrocknen 12: das Gericht kommt von Osten vgl 17 10. Der Weinstock wird in die Wüste verpflanzt 13: der König wird ins Exil geführt. Das Feuer geht vom Stamm aus und verzehrt den ganzen Weinstock 14: Sidqia zieht das ganze königliche Geschlecht und sein Volk ins Verderben. Die Unterschrift 14 (später eingefügt) soll wohl besagen, daß Ezechiel dieses Lied als Totenklage gedichtet hat, und daß es nach dem Eintritt der Ereignisse vom ganzen Volk als Leichenlied gesungen wurde. Man könnte auch so übersetzen und deuten: sie („deine Mutter" 10) ist kläglich geworden, d. h. in einen jämmerlichen Zustand gekommen, und deshalb zum Gegenstand eines Klageliedes geworden.

20 1 Datum: August 590. Wie 8 1 14 1 kommen die Ältesten zu Ezechiel, um ihn über das Schicksal der Heimat und über das Ende des Exils zu befragen.

3 f Jahwe gibt den Ältesten keinen Bescheid durch Ezechiel, sondern läßt den Propheten durch die Vorhaltung des Sündenspiegels das Urteil sprechen. Die Sünden der Väter sind das Hindernis für eine Gottesoffenbarung. Ezechiel steht hier nicht im bewußten Gegensatz zur Lehre der individuellen Vergeltung; er will sagen: Ihr seid genau so schlimm wie eure Väter.

der Herr Jahwe: Mich zu befragen seid ihr gekommen? So wahr ich lebe, ich lasse mich nicht von euch befragen — Spruch des Herrn Jahwe. 4 Willst du ihnen das Urteil sprechen, willst du das Urteil sprechen, Menschensohn, so tue ihnen die Greuel ihrer Väter kund 5 und sprich zu ihnen: So spricht der Herr Jahwe: Am Tage, da ich Israel erwählte, erhob ich meine Hand (zum Schwur) den Nachkommen des Hauses Jakob, tat mich ihnen im Lande Ägypten kund und erhob ihnen meine Hand (zum Schwur), indem ich sprach: Ich bin Jahwe, euer Gott! 6 An jenem Tage erhob ich ihnen meine Hand (zum Schwur), daß ich sie aus dem Lande Ägypten führen werde in das Land, das ich ihnen bestimmt hatte, das von Milch und Honig fließt — ein Kleinod ist es unter allen Ländern. 7 Ich sprach zu ihnen: Werft ein jeder die Scheusale seiner Augen fort und verunreinigt euch nicht mit den Götzen Ägyptens! Ich bin Jahwe, euer Gott! 8 Aber sie waren gegen mich widerspenstig und wollten nicht auf mich hören; [ein jeder] die Scheusale ihrer Augen warfen sie nicht fort und die Götzen Ägyptens verließen sie nicht; da gedachte ich meinen Grimm über sie auszugießen und meinen Zorn an ihnen zu erschöpfen inmitten des Landes Ägypten. 9 Aber ich handelte um meines Namens willen, damit er nicht entweiht würde vor den Augen der Völker, in deren Mitte sie waren, vor deren Augen ich mich kund getan hatte, als ich sie aus dem Lande Ägypten führte. 10 So führte ich sie aus dem Lande Ägypten und brachte sie in die Wüste. 11 Ich gab ihnen meine Satzungen und tat ihnen meine Rechte kund, durch deren Befolgung der Mensch lebt. 12 Auch meine Sabbate gab ich ihnen, daß sie zum Zeichen seien zwischen mir und ihnen, damit man erkenne, daß ich Jahwe bin, der sie heiligt. 13 Aber das Haus Israel war gegen mich in der Wüste widerspenstig. Nach meinen Satzungen wandelten sie nicht, sondern verwarfen meine Rechte, durch deren Befolgung der Mensch lebt; auch meine Sabbate entweihten sie gar sehr. Da gedachte ich meinen Grimm über sie in der Wüste auszugießen, um sie zu vernichten.

5 f Ezechiel verweist auf die Verheißungen an die Väter und auf die Gottesoffenbarung am Horeb Ex 3 6 6 8. Das Land Palästina gilt als reiches Land, „das von Milch und Honig fließt" (eine häufige Wendung, erstmals Ex 3 8 gebraucht), d. h. das reich ist an Weideplätzen und Weinbergen vgl Num 13 27 16 14 Dt 11 14 f Am 9 13 Jo 4 18. Als „Kleinod" (ebenso 15) unter den Ländern, d. h. als prächtigstes Land, wird es auch Jer 3 19 Dan 8 9 11 16 41 in dichterisch-überschwenglicher Weise bezeichnet.

7 f Ezechiel kennt die Überlieferung, nach der die Israeliten bereits in Ägypten dem Götzendienst gehuldigt (vgl 23 3) und Götzenbilder aus Ägypten mitgenommen hätten, ebenso Jos 24 14 23 Am 5 26. Der Stierdienst des goldenen Kalbes (Ex 32 1-24) hatte ägyptisches Gepräge.

9 Jahwe hat Israel geschont, weil die Vernichtung Israels in den Augen der Ägypter zugleich die Schwäche und Ohnmacht Jahwes gezeigt hätte vgl 14 Num 14 16. Daß Jahwes Name geheiligt werde, ist Ezechiels großes Anliegen vgl 14 22 44 36 21 22 23 39 7 25.

11 Das Gesetz (hier ist an die Gesetzesgebung am Sinai gedacht) vermittelt dem Menschen das Heil vgl Kap. 18. Zu „leben" s. zu 3 17-21.

12 Die Feier des Sabbats kennzeichnet Israel als Volk Gottes. Der Vers wiederholt Ex 31 13. Die Verletzung des Sabbats wird von Ezechiel oft getadelt 20 13 16 20 24 22 8 26 23 38 und seine Heilighaltung gefordert 20 20 44 24.

13-17 Ezechiel hat hier verschiedene Szenen aus der Wüstenzeit im Auge, namentlich die Verehrung des goldenen Kalbes Ex 32 1-24. Die Mißachtung des Sabbats wird Ex 16 27-29 (Sammeln des Mannas am Sabbat) Num 15 32-36 (ein Mann liest Holz am Sabbat) erzählt. Nur die Väter, die gesündigt hatten, kamen

14 Aber ich handelte um meines Namens willen, damit er nicht entweiht
würde vor den Augen der Völker, vor deren Augen ich sie herausgeführt
hatte. 15 Aber ich erhob ihnen auch meine Hand (zum Schwur) in der Wüste,
daß ich sie nicht in das Land bringen werde, das ich *(ihnen)* bestimmt hatte,
das von Milch und Honig fließt — ein Kleinod ist es unter allen Ländern —,
16 weil sie meine Rechte verwarfen, nach meinen Satzungen nicht wandelten
und meine Sabbate entheiligten; denn an den Götzen hing ihr Herz. 17 Doch
mein Auge blickte mitleidig auf sie, so daß ich sie nicht vernichtete; so
machte ich nicht ein Ende in der Wüste mit ihnen.

18 Ich sprach zu ihren Söhnen in der Wüste: Wandelt nicht nach den Sat-
zungen eurer Väter, ihre Rechte beachtet nicht und verunreinigt euch nicht
mit ihren Götzen! 19 Ich bin Jahwe, euer Gott! Wandelt nach meinen Satzun-
gen, beobachtet meine Rechte und übet sie! 20 Haltet meine Sabbate heilig,
daß sie ein Zeichen seien zwischen mir und euch, damit man erkenne, daß
ich Jahwe euer Gott bin. 21 Aber (auch) die Söhne waren gegen mich wider-
spenstig; nach meinen Satzungen wandelten sie nicht und meine Rechte
beobachteten sie nicht, sie zu üben, durch deren Befolgung der Mensch lebt,
(und) meine Sabbate entweihten sie. Da gedachte ich meinen Grimm über sie
auszugießen (und) meinen Zorn an ihnen in der Wüste zu erschöpfen. 22 Aber
[ich zog meine Hand wieder zurück und] ich handelte um meines Namens
willen, daß er nicht entweiht würde vor den Augen der Völker, vor deren
Augen ich sie herausgeführt hatte. 23 Auch erhob ich ihnen meine Hand
(zum Schwur) in der Wüste, daß ich sie unter die Völker versprengen und in
die Länder zerstreuen werde, 24 weil sie meine Rechte nicht übten, meine
Satzungen verwarfen, meine Sabbate entheiligten und ihre Augen auf die
Götzen ihrer Väter richteten. 25 So gab auch ich ihnen Satzungen, die nicht
gut waren, und Rechte, durch die sie nicht das Leben finden konnten, 26 son-
dern ich machte sie durch ihre Gaben unrein, indem sie jede Erstgeburt
(durchs Feuer) hindurchgehen ließen, um ihnen Grauen einzuflößen, [damit
sie erkennen sollen, daß ich Jahwe bin.]

27 Darum rede zum Hause Israel, Menschensohn, und sprich zu ihnen: So

20 15 Ergänzt nach 6 mit 4 Hss G V Syr.
21 Die Partikel „und" steht in einigen Hss, ferner in G V Syr vgl 13.

in der Wüste um; die Söhne erreichten das Land der Verheißung vgl Num 14 20-35.

18-24 Die Söhne handelten genau so sündhaft wie die Väter. Deshalb wurde ihnen bereits in der Wüste die Verbannung angedroht vgl Lev 26 33-39 Dt 28 36 64-68.

25 f Ezechiel denkt hier an das Gesetz der Erstgeburtsopfer Ex 13 1 f 12-15 22 28 Num 18 15. Jede Erstgeburt gehört Jahwe; die menschliche sollte ausgelöst werden Ex 34 19 f. Kinderopfer sind ausdrücklich im Gesetz verboten Lev 18 21 20 2 f, und werden von Ezechiel scharf getadelt 16 20 f 20 31 23 37; sie sind ein heidnischer Greuel Dt 12 31. Israel aber hatte diese heidnische Sitte des Molochkultes angenommen und glaubte irrtümlich, Jahwe damit ein gefälliges Opfer zu bringen Mich 6 7. Diese Verirrung wird als Jahwes Absicht dargestellt, der die Menschenopfer geschehen ließ, damit Israel dadurch gestraft werde und im heilsamen Schrecken zur Erkenntnis komme, daß Jahwe solche Opfer nicht verlangt. S. zu 30 f und 3 17-21.

27 f Hier ist der von den Kanaanitern übernommene Höhenkult gemeint. Gegen ihn eifern die Propheten, namentlich Jeremias (2 20 u. ö.). S. zu 18 6.

spricht der Herr Jahwe: Auch dadurch haben mich eure Väter verhöhnt, daß
sie mir die Treue brachen. 28 Ich brachte sie in das Land, das ihnen zu geben
ich meine Hand (zum Schwur) erhoben hatte; wo sie aber hier irgend einen
hohen Hügel oder einen dichtbelaubten Baum sahen, da schlachteten sie ihre
Opfer, spendeten daselbst ihre ärgerlichen Gaben, brachten dort ihren lieb-
lichen Opferduft dar und gossen dort ihre Trankopfer aus. 29 Da sprach ich
zu ihnen: Was ist das für eine Höhe, zu der ihr hingeht? So wurde ihr Name
„Höhe“ genannt bis auf den heutigen Tag. 30 Darum sprich zum Hause Israel:
So spricht der Herr Jahwe: Verunreinigt ihr euch nicht nach der Weise
eurer Väter und buhlt ihr nicht mit ihren Scheusalen? 31 Wenn ihr
eure Gaben darbringt, wenn ihr eure Söhne durchs Feuer hindurchgehen
laßt, so verunreinigt ihr euch durch all eure Götzen bis auf den *(heutigen)*
Tag, und da soll ich mich von euch befragen lassen, Haus Israel? So wahr ich
lebe — Spruch des Herrn Jahwe —, ich lasse mich nicht von euch befragen.

Das Läuterungsgericht Israels

32 Was euch in den Sinn kommt, dies darf keineswegs geschehen, daß ihr
sagt: Wir wollen wie die Völker sein, wie die Stämme der Länder, indem
wir Holz und Stein verehren. 33 So wahr ich lebe — Spruch des Herrn Jah-
we —, mit starker Hand, mit ausgestrecktem Arm und mit ausgegossenem
Grimm will ich mich als König über euch erzeigen. 34 Ich führe euch aus den
Völkern und sammle euch aus den Ländern, wohin ihr versprengt seid, mit
starker Hand, mit ausgestrecktem Arm und ausgegossenem Grimm. 35 Ich
bringe euch in die Wüste der Völker und rechte mit euch daselbst von An-
gesicht zu Angesicht. 36 Gleichwie ich mit euren Vätern in der Wüste des
Landes Ägypten gerechtet habe, so will ich mit euch rechten — Spruch des

20 31 Beifügung nach etlichen Hss G T.

30 f Die Exilierten verüben die nämlichen Sünden wie die Väter; namentlich werden die Kinderopfer genannt. Deshalb gibt Jahwe auch keinen Bescheid durch den Propheten. Daß Kinderopfer in Babel dargebracht worden sind, ist kaum glaublich. Es handelt sich um solche in Jerusalem vgl Jer 7 31 f. Dort war der Molochkult im Schwang 4 Kg 16 3 (Achaz opfert seinen Sohn) 21 6 (Manasse opfert seinen Sohn). S. zu 25 f.

32 Hier scheint das eigentliche Anliegen der Ältesten ausgesprochen zu sein: Sie wollen im Exilslande einen Kult einrichten, der wohl in Anlehnung an die Umgebung auf die Aufstellung eines Gottesbildes „aus Holz und Stein“ hinausging (bereits Dt 28 36 64 vorausgesagt). Dieses Gottesbild sollte sicherlich Jahwe darstellen; in den Augen des Propheten ist es ein heidnisches Götzenbild. An die Erbauung eines Tempels (ähnlich dem Tempel der Judenkolonie in Elephantine) ist nicht zu denken vgl zu 11 16. Ezechiel lehnt diesen Ersatz für den Tempel in der Heimat ab; nur im Tempel zu Jerusalem kann man Jahwe opfern 39 f.

33 Jahwe will sich als König erweisen; der König ist Wahrer des Rechts und Hüter der Ordnung. Er wird das heidnische Vorhaben der Exilierten strengstens unterbinden.

34 f Jahwe führt die Israeliten aus Babel, aber nicht in die Heimat, sondern in die „Wüste der Völker“, d. h. in die syrisch-arabische Wüste, um sie hier zu vernichten.

36 Wie Jahwe damals beim Auszug aus Ägypten in der Wüste das Volk gerichtet hat Ex 32 25-29, so will er es jetzt wieder dort bestrafen.

Herrn Jahwe. 37 Ich lasse euch unter dem Stab hindurchgehen und werde
euch in die Fessel des Bundes bringen. 38 Ich scheide von euch aus, die sich
wider mich empörten und von mir abfielen. Aus dem Lande, wo sie sich auf-
hielten, werde ich sie herausführen, aber ins Land Israel soll*en sie* nicht
kommen. Dann werdet ihr erkennen, daß ich Jahwe bin.

Israels Begnadigung

39 Ihr aber, Haus Israel, so spricht der Herr Jahwe: [Wohlan,] *schaffet* ein
jeder seine Götzen *fort,* und dann fürwahr werdet ihr auf mich hören und
meinen heiligen Namen nicht mehr durch eure Gaben und eure Götzen ent-
weihen. 40 Vielmehr auf meinem heiligen Berg, auf Israels Bergeshöhe —
Spruch des Herrn Jahwe —, daselbst soll mir das ganze Haus Israel ins-
gesamt dienen [im Lande]; dort will ich sie wohlgefällig annehmen und dort
werde ich eure Hebeopfer und eure Erstlingsgaben samt all euren heiligen
(Gaben) fordern. 41 Bei lieblichem Opferduft will ich euch wohlgefällig an-
nehmen, wenn ich euch aus den Völkern herausführe und euch sammle von
den Ländern, wohin ihr versprengt seid; ich werde mich an euch heilig er-
weisen vor den Augen der Völker. 42 Dann werdet ihr erkennen, daß ich
Jahwe bin, wenn ich euch in das Land Israel bringe, in das Land, das euren
Vätern zu geben ich die Hand (zum Schwur) erhoben habe. 43 Dort sollt ihr
eures Wandels und all eurer Taten gedenken, mit denen ihr euch verun-
reinigt habt; dann werdet ihr vor euch selber Ekel empfinden über alle
Schlechtigkeit, die ihr verübt habt. 44 Dann werdet ihr erkennen, daß ich

20 37 Nach G ist „des Bundes“ als Dittographie zu streichen und b^{e}mispār statt „in die Fessel“ zu lesen: „ich werde euch abzählen“ (vielleicht richtig). Syr übersetzt: „ich werde euch in die Zucht (b^{e}mūsār) des Bundes nehmen“.

38 Plur. mit Hss und Übss; M: Sing.

39 ba^{ʿa}rū mit G; M: „dienet“.

37 f Die Schafe gehen unter dem Stab hindurch, um gezählt (Lev 27 32 Jer 33 13) und ausgeschieden (für die Schlachtung) zu werden. Ähnlich wird Jahwe die heimkehrenden Israeliten mustern und die Guten von den Bösen scheiden; diese sollen nicht die Güter der kommenden Heilszeit genießen, so wie die ungetreuen Israeliten einstens vom Einzug ins Gelobte Land ausgeschlossen waren. Der Ausdruck „Fessel des Bundes“ ist vielleicht von dem Fluch des Bundes zu verstehen: Die Nichteinhaltung der Verpflichtungen führt zum Tode.

39 Der Text ist in Unordnung; nach M kann man übersetzen: „Gehet hin und dienet ein jeder seinen Götzen!“ Dies könnte man im ironischen Sinn fassen: Jetzt mögt ihr noch den Götzen eine kurze Zeit dienen, aber bald werdet ihr zur Einsicht kommen. Die Sünde entweiht den Namen Jahwes Lev 19 12 (Falscheid) 18 21 und 20 3 (Kinderopfer); der Gehorsam gegen Gottes Gebote heiligt seinen Namen Lev 22 31 f.

40 f Der heilige Berg ist der Sion, auf dem das heimgeführte Volk Jahwe im neuerbauten Tempel dienen wird. „Hebeopfer“ oder „Hebe“ ist ein Fachwort aus dem Opfergesetz (vgl Ex 29 28 u. ö.) und bezeichnet den Teil, der dem Priester zufällt (ebenso 44 30). Ezechiel verwendet den Ausdruck „Hebe“ auch für den Teil des Landes, der als heiliger Bezirk Jahwe gehört 45 1 48 8 u. ö.

43 Im kommenden Zeitalter der Wiederherstellung wird Israel durch die innere Umwandlung eine neue Einstellung gegenüber Jahwe haben; es wird sich schämen, wenn es an die frühere Zeit denkt. Ähnliche Gedanken 6 9 16 61 63.

44 Jahwe führt sein Volk in seine Heimat zurück und stellt es wieder her, aber nicht um der Verdienste Israels willen, sondern „um seines Namens willen“, d. h. um seine Ehre gegenüber den

Jahwe bin, wenn ich (so) an euch handle um meines Namens willen, nicht nach eurem bösen Wandel und euren verderbten Taten, Haus Israel — Spruch des Herrn Jahwe.

21 1-37 Jahwes Racheschwert wider Jerusalem und Ammon

Der Waldbrand

1 Das Wort Jahwes erging an mich also: 2 Menschensohn, richte dein An-
gesicht nach Süden und predige gegen Mittag! Weissage gegen den Wald des
Gefildes im Süden, 3 und sprich zu dem Wald des Südlandes: Höre das Wort
Jahwes! So spricht der Herr Jahwe: Siehe, ich lege Feuer an dich, damit es
in dir jeden grünen Baum und jeden dürren Baum fresse; nicht soll die
lodernde Flamme verlöschen, sondern alle Gesichter von Süden bis Norden
sollen von ihr versengt werden. 4 Und alles Fleisch soll sehen, daß ich, Jah-
we, sie entzündet habe; nicht soll sie verlöschen! 5 Da sprach ich: Ach, Herr
Jahwe, sie sagen von mir: Trägt er nicht immer Gleichnisse vor?

Das Schwert Jahwes gegen Jerusalem

6 Das Wort Jahwes erging an mich also: 7 Menschensohn, richte dein An-
gesicht wider Jerusalem und predige wider *sein* Heiligtum! Weissage wider
das Land Israel 8 und sprich zum Land Israel: So spricht der Herr Jahwe:
Siehe, ich will an dich; ich ziehe mein Schwert aus seiner Scheide und ver-
nichte aus dir Gerechte und Gottlose. 9 Weil ich aus dir Gerechte und Gottlose
vernichten will, darum fährt mein Schwert aus seiner Scheide wider alles
Fleisch von Süden bis Norden. 10 Dann wird alles Fleisch erkennen, daß ich,
Jahwe, mein Schwert aus seiner Scheide gezogen habe; nicht mehr soll es
zurückkehren.

Der Schmerz des Propheten

11 Du aber, Menschensohn, seufze mit gebrochenen Lenden! Mit Kümmer-
nis sollst du vor ihren Augen seufzen! 12 Wenn sie dann zu dir sagen: Wor-

21 7 miqdāšæhā; M: „Heiligtümer".

Heiden zu wahren und seinem Namen die gebührende Heiligung im Kult zu sichern. S. zu 9.

21 1-5 Der Waldbrand als Bild für die Vernichtung auch Is 9 17 10 17-19 Jer 21 14 Ps 83 15.

2 „Süden", Südland (hebr. Negeb) ist das Gebiet von Südpalästina (bis zur Gegend von Qades reichend); hier ist Juda-Jerusalem gemeint. Wo ist der Standpunkt des Propheten? Wenn in Babel, dann ist schwer zu erklären, wie der Prophet sich nach Süden wenden soll. Der ideale Standpunkt ist Jerusalem. Juda-Jerusalem ist als „Südland" bedroht, weil der Einfall der Babylonier immer von Norden her erfolgte vgl 1 4.

3 Alle Bäume sollen vom Waldbrand verzehrt werden vgl 8 f. Dies ist kein Widerspruch zu 17 24. Es soll nur die Allgemeinheit des Gerichtes damit ausgedrückt werden.

5 Die Worte der Hörer sind spöttisch gemeint: Der Prophet ist eben ein Gleichnisdichter, dessen „Rätsel" wir nicht lösen und verstehen wollen, und den wir nicht ernst nehmen.

6-10 bringen die Deutung auf Jahwes Schwert. Der Wald, der verbrannt wird, ist Jerusalem mit seinem Tempel 7; die grünen und dürren Bäume sind die Gerechten und Gottlosen 8; das Feuer ist das Schwert 8 f, näherhin das Schwert des Königs von Babel 24.

11 f Der Prophet ist voller Trauer wegen der Schreckenskunde, daß Jerusa-

über seufzest du, so sollst du sagen: Darüber, daß eine Nachricht kommt, bei der jegliches Herz zerfließt und alle Hände schlaff werden, bei der jeder Geist verzagt und alle Knie von Wasser triefen. Siehe, es kommt und trifft ein — Spruch des Herrn Jahwe.

Das Schwertlied

13 Das Wort Jahwes erging an mich also: 14 Menschensohn, weissage und
sprich: So spricht der Herr Jahwe, [sprich]:
Ein Schwert, ein Schwert ist geschärft,
und auch gefegt,
15 um ein Schlachten zu schlachten, ist es geschärft;
um Blitze *leuchten zu lassen,* ist es gefegt
für Menschen, die morden und plündern,
die jegliches Holz verachten(?).
16 Und *ich* gab es einem Feger,
daß er es packe mit der Faust.
Geschärft ist das Schwert und gefegt,
um es zu legen in die Hand eines Würgers.
17 Schreie und heule, Menschensohn;
denn es geht gegen mein Volk!
Es geht gegen alle Fürsten Israels;
dem Schwert sind sie verfallen mit meinem Volk.
Darum schlag auf die Hüfte!
18 Die Prüfung steht bevor
und das verworfene Zepter wird nicht mehr sein —
Spruch des Herrn Jahwe.
19 Du aber, Menschensohn, weissage
und schlage Hand auf Hand!

21 15 hāhēl; M: „sei ihm". — 'anšē šaḥaṭ ūbaz mō'ᵃsē kòl ʿēṣ; M (völlig verderbt): „oder sollen wir uns freuen? Das Zepter meines Sohnes verachtet jedes Holz".

16 1. Pers. mit V; M: 3. Pers.

19 ḥᵃlālīm gᵉdōlāh; M: „des Erschlagenen, des großen".

lem vernichtet wird. Er sieht die Zerstörung der heiligen Stadt bereits als vollzogen und gibt seinem Schmerz lebhaften Ausdruck. Ebenso werden alle seufzen und klagen, wenn die Kunde vom Fall Jerusalems eintrifft. Zum Ausdruck „die Knie triefen von Wasser" s. zu 7 17.

13-22 Ähnliche „Schwertlieder" bei Jer 47 6 f 50 35-38.

14-16 Jahwe hat das Schwert gereinigt und geschliffen. Er führt es aber nicht selbst, sondern gibt es dem „Würger" 16, dem König von Babel, in die Hand. 15b ist textlich unsicher. M gibt kaum einen Sinn; V übersetzt: „qui moves sceptrum filii mei, succidisti omne lignum"; dies könnte man so deuten: Der König von Babel (oder Jahwe) beseitigt das Königtum Israels und fällt jeden Baum, d. h. erschlägt alle Israeliten.

17 Das Schlagen auf die Hüfte ist die Gebärde größten Schmerzes und tiefster Trauer vgl Jer 30 6 31 19.

18 Der Text ist unsicher. Die „Prüfung" bezeichnet wohl das kommende Gericht, welches das Königtum („Zepter") beseitigen wird.

19 Die Hände zusammenschlagen ist Gebärde hämischer Freude 22 6 11 22 13 25 6. Das Schwert soll nach rechts und links („sich verdoppeln") und nach vorne („sich verdreifachen") dreinschlagen; damit ist seine große Schlagkraft gekennzeichnet. Der letzte Teil des Verses ist nicht klar. Wörtlich heißt es nach

Verdoppelt werde das Schwert, ja verdreifacht!
Ein Schwert zum Erschlagen ist es,
ein großes Schwert *zum Erschlagen*, das sie umkreist,
20 damit zittern die Herzen,
und zahlreich werden die Gefallenen.
An all ihre Tore bringe ich
das Wirbeln des Schwertes.
Ja, gemacht ist es zum Blitzen,
gefegt zum Schlachten!
21 *Fahre scharf drein* nach rechts,
wende dich nach links,
wohin deine Schneide gerichtet ist!
22 Auch ich will Hand auf Hand schlagen
und meinen Grimm stillen.
Jch, Jahwe, habe gesprochen.

Nebukadnezar am Scheidewege

23 Das Wort Jahwes erging an mich also: 24 Und du, Menschensohn, zeichne
dir zwei Wege, auf denen das Schwert des Königs von Babel kommen soll.
Von einem Lande sollen sie beide ausgehen. Auch je einen Wegweiser
sollst du *an die Spitze* 25 des Weges stellen, auf dem das Schwert nach Rab-
bat-Ammon und nach Juda mit Jerusalem *in seiner Mitte* kommt. 26 Denn
der König von Babel steht am Scheidewege, an der Spitze der beiden Wege,
um das Orakel zu befragen. Er schüttelt die Pfeile, befragt die Teraphim,
beschaut die Leber. 27 In seiner Rechten ist das Orakel „Jerusalem", [daß er
Sturmböcke aufstelle,] den Mund *zum Kriegsgeschrei* öffne, die Stimme zum
Schlachtruf erhebe, Sturmböcke wider die Tore aufstelle, einen Damm auf-
schütte und einen Wall baue. 28 Ihnen aber ist es *wie ein* Trug*orakel* in ihren

21 20 'ak; M: 'āḥ, unverständlich. — m^erūṭāh vgl T; M: „verhüllt".
21 hitḥaddī mit (G) V T; M: hit'aḥ^adī „nimm dich zusammen"(?).
24 Streiche das erste bārē' mit G^B. — Statt ʿīr bārē' lies jād b^erō'š.
25 betōkāh mit G; M: „befestigt".
27 b^eṣæraḥ mit G; M: „mit Mord"(?).
28 k^eqæsæm mit Syr; M: „orakeln".

dem Hebräischen: „Schwert der Erschlagenen ist es, Schwert des großen Erschlagenen" Es soll damit nur ausgesagt sein, daß das Schwert ein gewaltiges Mordschwert ist.

22 Daß Jahwe die Hände zusammenschlägt, ist ein starker Anthropomorphismus: er freut sich am Morden, weil so seiner Gerechtigkeit endlich Genüge geschieht.

24 f Von Babel führt zunächst nur ein Marschweg nach Westen, der sich dann gabelt: die eine Straße führt nach Rabbat-Ammon, zur Hauptstadt der Ammoniter im Ostjordanland 2 Sm 12 26, das römische Philadelphia (heute Ammān), die andere nach Jerusalem.

26 f Es war Sitte, vor dem Kampf die Gottheit zu befragen, so handelte David 1 Sm 23 1-4 30 7 f. Das Pfeilorakel wird auch 1 Sm 20 20-22 4 Kg 13 14-19 erwähnt; für die babylonische Religion ist es nicht bezeugt. Es wurde so gehandhabt: Zwei Pfeile, auf denen Jerusalem bzw. Rabbat-Ammon geschrieben stand, wurden gezogen; der in der rechten Hand entschied. Die Leberschau wurde in Babylon häufig verwendet. Die Hausgötter (Teraphim, vielleicht Gesichtslarven) wurden als Orakel verwendet vgl Zach 10 2; gewöhnlich werden sie zusammen mit dem Ephod genannt vgl Os 3 4 Ri 17 f.

28 f Den Bewohnern Jerusalems erscheint die Lage nicht als ernst; sie füh-

Augen; die heiligsten Eide haben sie geschworen. Doch er bringt ihre Schuld in Erinnerung, damit sie belangt werden.

29 Darum spricht so der Herr Jahwe: Weil ihr eure Schuld in Erinnerung gebracht habt, so daß eure Vergehen offenbar wurden und eure Sünden bei all euren Taten zutage traten, [weil ihr euch in Erinnerung gebracht habt,] so sollt ihr *um ihretwegen* belangt werden.

30 Du aber, dem Tode verfallener Gottloser, Fürst Israels, dessen Tag ge-
kommen ist zur Zeit der Endschuld! 31 So spricht der Herr Jahwe: Weg mit
dem Kopfbund! Fort mit der Krone! Dies ist nicht dies! Das Niedrige wird
erhöht und das Hohe wird erniedrigt. 32 Zunichte, zunichte, zunichte mache
ich sie (die Stadt). *Es soll nicht einmal eine Spur davon bleiben*, bis der kommt,
der Anspruch darauf hat; ihm will ich es gewähren.

Das Schwert Jahwes gegen die Ammoniter

33 Du aber, Menschensohn, weissage und sprich: So spricht der Herr Jahwe wider die Ammoniter und wider ihr Schmähen. Und du sollst sprechen:

Ein Schwert, ein Schwert ist gezückt zum Schlachten,
ist gefegt *zur Vernichtung*, damit es blitze,
34 während man dir Trug schaute,
während man dir Lüge orakelte,

21 29 bāhæm mit G; M: „mit der Hand".
32 gam 'ōt lō' jihjaeh; M: „auch dieses ist nicht gewesen".
33 lekālā mit G (V) T; M: „zum Verzehren".

len sich sicher, da feierliche Verpflichtungen bestehen. Hier ist wohl an den Vasalleneid gedacht, den Sidqia geschworen hatte. Aber Nebukadnezar weiß, daß der König von Jerusalem bereits eidbrüchig geworden ist vgl 17 11-21. Deshalb zieht er die Israeliten vor Gericht und verhängt über sie die verdiente Strafe. „Die Schuld in Erinnerung bringen" (= Klage erheben, ebenso 29 16) und „belangen" (wörtlich „ergreifen, fassen, fangen") sind der Gerichtssprache entnommene Fachausdrücke.

30 Der Prophet wendet sich in scharfen Worten an den König Sidqia. Mit der Zerstörung Jerusalems ist auch seine Herrschaft beendigt. Durch seine Eidbrüchigkeit hat Sidqia die Hauptschuld an der Katastrophe: „Endschuld" wörtlich „Schuld des Endes", die das Maß der Sünde voll macht und das Endgericht (hier: den Tod des Königs) herbeiführt, ebenso 34 35 5.

31 Die königlichen Insignien (Kopfbund und Krone) werden dem Sidqia heruntergerissen. „Dies ist nicht dies" ist wohl sprichwörtliche Redensart, die besagt: Es kommt jetzt ganz anders. Der Umsturz steht bevor. „Das Hohe wird erniedrigt": das Königtum des Sidqia wird beseitigt; „Das Niedrige wird erhöht": die Exulanten von 597 werden zurückkehren, und Jojakin bzw. dessen Nachkommen die Regentschaft erhalten vgl 17 24. Unsere Stelle mit 1 Sm 2 7 Ps 75 8 bildet die Vorlage für die Worte des Magnificat „Niedrige erhöht er" Lk 1 52.

32 Die Stelle zeigt deutlich Berührung mit Gen 49 10 („bis der kommt, der Anspruch darauf hat") und ist wohl messianisch zu verstehen. Vgl 17 22-24. Die dreimalige Wiederholung am Anfang erhöht die Eindringlichkeit des Prophetenwortes vgl Is 6 3 Jer 7 4 22 29.

33 Die Ammoniter standen auf Seiten Babels. Sie freuten sich über das Schicksal Jerusalems, weil sie dadurch Gebietserweiterungen erhofften 25 1-7 Soph 2 8 f Jer 49 1-6. Ihre Schadenfreude wird bestraft werden. Das Schwert ist bereits gezückt. Nach Flavius Josephus unternahm der König von Babel fünf Jahre nach der Eroberung Jerusalems einen Feldzug gegen die Ammoniter.

34-37 In Rabbat-Ammon hoffte man, vor dem König von Babel in Sicherheit zu sein, weil er den Weg nach Jerusalem einschlug 27, um dort das Gericht zu vollziehen an „den dem Tode verfalle-

es zu legen an den Hals der dem Tode verfallenen Gottlosen,
deren Tag gekommen ist zur Zeit der Endschuld.

35 Kehre zurück in die Scheide!
An dem Ort, wo du geschaffen,
im Lande deiner Herkunft, will ich dich richten.

36 Ich gieße meinen Groll über dich aus,
mit dem Feuer meines Ingrimms schnaube ich dich an.
Ich gebe dich in die Hand vertierter Menschen,
die Verderben schmieden.

37 Dem Feuer sollst du zum Fraße dienen,
dein Blut soll inmitten des Landes fließen.
Nicht mehr wird man deiner gedenken;
denn ich, Jahwe, habe gesprochen.

22 1-31 Erneute Anklage gegen Jerusalem

Die völlige Verderbtheit der Stadt

1 Das Wort Jahwes erging an mich also: 2 Und du, Menschensohn, willst
du der Blutstadt das Urteil sprechen, willst du das Urteil sprechen, so tue
ihr all ihre Greuel kund 3 und sprich: So spricht der Herr Jahwe: *(Wehe)* der
Stadt, die in ihrer Mitte Blut vergießt, damit ihre Zeit kommt, und die sich
Götzen macht, durch die sie sich verunreinigt. 4 Durch dein Blut, das du ver-
gossen, hast du dich verschuldet, und durch die Götzen, die du gemacht, hast
du dich verunreinigt. Du zogest deine Tage nahe heran *und führtest die Zeit*
deiner Jahre *herbei*. Darum mache ich dich zum Schimpf für die Völker und
zum Spott für alle Länder. 5 Die (dir) nahe und die dir ferne sind, werden
dich verspotten als befleckten Rufes, als reich an Unordnung. 6 Siehe, die
Fürsten Israels, jeder auf seinen Arm pochend, sind in dir, um Blut zu ver-

22 3 Füge mit G 'ōj ein (wie 24 6 9).
4 wattābī'ī 'ēt mit G Syr; M: „und du kamst zu (deinen Jahren)".

nen Gottlosen" 34 (Anklang an 30). Aber die Ammoniter werden besiegt werden 35-37. Man könnte auch in 34 ausgedrückt sehen, daß die Ammoniter ihr Schwert, durch falsche Weissagungen veranlaßt, gegen Juda gerichtet hätten, daß sie aber in ihr Land zurückkehren mußten (manche wollen den Anfang von 35 übersetzen: „Kehre zurück in deine Städte"), um dort eine Niederlage zu erleiden 35. Diese wurde ihnen von „vertierten Menschen" beigebracht 36; darunter wären dann nicht die Babylonier, sondern nach 25 4 die ringsum wohnenden räuberischen Beduinen zu verstehen.

22 2 Vgl zu 20 4; dort die nämliche Ausdrucksweise. Jerusalem wird auch 24 6 9 (Nah 3 1 Ninive) „Blutstadt" wegen der Hauptsünde des Blutvergießens 3 f 7 genannt.

3 „Ihre Zeit" ist nicht die von ihr ersehnte Zeit wirtschaftlichen Aufstieges, der den ungerechten Handlungen zu verdanken ist, sondern die Zeit des Gerichtes, wie aus 4 hervorgeht.

4 „Deine Tage" und „die Zeit deiner Jahre" bezeichnen den Gerichtstag. Die Zerstörung Jerusalems hatte den Hohn der Nachbarvölker, namentlich der Moabiter, Edomiter und Ammoniter, zur Folge 25 3 Soph 2 8 f.

6-12 Der Abschnitt bringt den Sündenkatalog, der vornehmlich kultische Vergehen enthält; aber auch ethisch-soziale Mißstände werden gerügt.

6 Vgl den Mord an Nabot 3 Kg 21 5-16. Besonders der König Manasse vergoß viel unschuldiges Blut 4 Kg 21 16, ebenso Jojaqim 4 Kg 24 4 Jer 22 3.

gießen. 7 Vater und Mutter achtet man in dir gering; gegen die Fremdlinge
in deiner Mitte verübt man Bedrückung; Waisen und Witwen mißhandelt
man in dir. 8 Was mir heilig ist, verachtest du; meine Sabbate entweihst du.
9 Verleumderische Menschen sind in dir, um Blut zu vergießen. *(Fleisch) mit-*
samt dem Blut ißt man in dir. Unzucht verübt man in deiner Mitte. 10 Des
Vaters Blöße *enthüllt man* in dir; die vom Blutgang Verunreinigte schwächt
man in dir. 11 Ein jeder verübt mit dem Weibe seines Nächsten Greuel; ein
jeder befleckt seine Schwiegertochter durch Unzucht; ein jeder schwächt
seine Schwester, die Tochter seines Vaters, in dir. 12 Bestechung nimmt man
in dir an, um Blut zu vergießen. Du nimmst Zins und Wucher und übervor-
teilst deinen Nächsten mit Bedrückung, mich aber hast du vergessen —
Spruch des Herrn Jahwe.

13 Aber siehe, ich schlage meine Hand zusammen über den Gewinn, den
du gemacht hast, und über die Bluttaten, die in deiner Mitte geschehen sind.
14 Wird dein Herz standhalten, oder werden deine Hände festbleiben an den
Tagen, da ich mit dir abrechne? Ich, Jahwe, habe gesprochen und handle.
15 Ich zerstreue dich unter die Völker und versprenge dich in die Länder; ich
beseitige deine Unreinheit aus dir. 16 *Ich werde mich* durch dich *entweihen*
lassen vor den Augen der Völker. Dann wirst du erkennen, daß ich Jahwe bin.

Der Schmelzofen des göttlichen Gerichtes

17 Das Wort Jahwes erging an mich also: 18 Menschensohn, das Haus Israel
ist für mich zu Schlacken geworden; sie alle sind (wie) *Silber*, Erz, Zinn,
Eisen und Blei im Schmelzofen zu Schlacken geworden. 19 Darum *(sprich):*
So spricht der Herr Jahwe: Weil ihr alle zu Schlacken geworden seid, darum
siehe, bringe ich euch mitten in Jerusalem zusammen. 20 (Wie) man Silber,

22 9 Vgl zu 18 6.

10 gillū mit den Übss; M: 3. Pers. Sing.

16 w^{e}niḥaltī vgl G; M: 2. Pers. Sing.

17 In M steht „Silber“ hinter „Schlacken“.

19 Ergänze mit G ’^{æ}mōr.

7 Das vierte Gebot Ex 20 12 wird nicht beachtet. Über die Bedrückung der Fremdlinge, Witwen und Waisen vgl zu 18 7.

8 Zur Entweihung des Sabbats vgl zu 20 13. Die Abgaben für den Tempel werden nicht entrichtet.

9 Zum Verbot des Blutgenusses vgl zu 18 6.

10 Die nämlichen Sünden werden Lev 18 7 19 verboten.

11 Die genannten Vergehen werden Lev 18 9 15 20 verboten.

13 Zum Händezusammenschlagen vgl 21 22. Jahwe ist über diese Greuel zutiefst empört; damit ist eine gewisse Schadenfreude verbunden, daß es soweit gekommen ist und nun eingegriffen werden muß.

14 Im Gericht wird Jerusalem zusammenbrechen.

15 Das Exil soll Israel läutern.

16 Durch das Exil wird zwar Jahwe „entweiht“, d. h. die Heiden lästern Jahwe, weil er sein Volk nicht zu retten vermochte; aber Gott führt sein Volk zurück und stellt dadurch seine Ehre wieder her. G V übersetzen: „ich will dich zu meinem Eigentum annehmen.“

17-22 Das Bild von der Läuterung im Schmelzofen, bei Is 1 22 45 48 10 Jer 9 6 kurz angedeutet, wird hier (und Jer 6 27-30) ausführlicher verwendet. Durch die Leiden der Belagerung sollen die Israeliten geläutert werden. Sie sind wie ein „Fegfeuer“, das alles Unheilige verbrennt. Das Silber wird von seinen Schlacken gerei-

Erz, Eisen, Blei und Zinn im Schmelzofen zusammentut, um Feuer darunter zu
entfachen, daß es schmelze, so werde ich (euch) in meinem Zorn [und in meinem
Grimm] zusammenbringen, euch hineinlegen und schmelzen. 21 Ich sammle
euch und entfache das Feuer meines Grolles wider euch, daß ihr darin ge-
schmolzen werdet. 22 Wie Silber im Schmelzofen geschmolzen wird, so wer-
det ihr darin geschmolzen werden. Dann werdet ihr erkennen, daß ich,
Jahwe, meinen Grimm über euch ausgegossen habe.

Die Sünden der einzelnen Stände

23 Das Wort Jahwes erging an mich also: 24 Menschensohn, sprich zu ihm:
Du bist ein Land, das nicht *beregnet* und nicht besprengt ward am Tage *des
Unwetters,* 25 *dessen Fürsten* in seiner Mitte brüllenden, raublustigen Löwen
gleichen. Menschen fressen sie, Hab und Gut nehmen sie, seine Witwen meh-
ren sie darin. 26 Seine Priester vergewaltigen mein Gesetz und entweihen,
was mir heilig ist; zwischen Heilig und Gemein machen sie keinen Unterschied
und zwischen Unrein und Rein klären sie nicht auf. Vor meinen Sabbaten
verschließen sie ihre Augen, so daß ich unter ihnen entweiht werde. 27 Seine
Beamten in seiner Mitte gleichen beutegierigen Wölfen, indem sie Blut ver-
gießen, Seelen verderben, um Gewinn zu machen. 28 Seine Propheten strei-
chen ihnen Tünche, indem sie Trug schauen, ihnen Lüge orakeln und sagen:
„So spricht der Herr Jahwe", obwohl Jahwe nicht geredet hat. 29 Das Volk
des Landes verübt Gewalttat und begeht Raub. Es bedrückt den Elenden
und Armen und vergewaltigt widerrechtlich den Fremdling. 30 Da suchte ich
unter ihnen einen Mann, der eine Mauer aufrichten und vor mir für das
Land in die Bresche treten könnte, so daß ich es nicht vernichten müßte;

22 24 muṭṭārāh mit G; M: „gereinigt" (Schreibfehler). — zāræm; M: „des Grolls".
25 'ašær neśī'æhā mit G; M: „Verschwörung seiner Propheten".

nigt, so daß nur edles Metall (ohne Bild: ein heiliger Rest) übrigbleibt.

24-31 Hier werden die einzelnen Schichten der Bevölkerung Jerusalems aufgeführt, und ihre Sünden an den Pranger gestellt. Genannt sind die Fürsten 25, Priester 26, Beamten 27, Propheten 28 und das „Volk des Landes" 29. Ähnliche Gedanken finden sich Soph 3 1-5; Ezechiel ist von Sophonias abhängig. Vgl ferner Mich 3 11.

24 Regenlosigkeit ist eine besondere Strafe Gottes wegen der Bosheit der Bewohner vgl Is 5 6.

25 Auch 19 2-9 sind Israels Fürsten (= Könige) mit Löwen verglichen. Sie beuten das Volk aus, töten die Männer und machen dadurch die Witwen zahlreich vgl 19 6 f.

26 Die Hauptpflicht der Priester besteht darin, das Volk über die Unterscheidung zwischen Rein und Unrein zu belehren 44 23 Lev 10 10 Soph 3 4 Hag 2 11-13. Zur Entweihung des Sabbats vgl 20 13.

27 Das Beispiel des Königs 25 ahmen die Beamten (vor allem die Richter) nach. Ihr Hauptziel ist, sich auf ungerechte Weise zu bereichern vgl 12.

28 Derselbe Vorwurf gegen die Propheten 13 10-16.

29 Auch die Bürgerschaft bedrückt die sozial schlechter Gestellten. Zum Ausdruck „Volk des Landes" vgl zu 7 27.

30 f Wie einst Moses in der Wüste für sein Volk „in die Bresche trat", d. h. Fürbitte einlegte Ps 106 23 Ex 32 10-14, so sucht jetzt Jahwe einen Mann, der durch seine Gerechtigkeit das Land retten könnte, aber er findet keinen. Ezechiel will damit sagen, daß alle verderbt sind, und daß es keine Rettung mehr gibt vgl 13 5. Jahwes Wesen ist Liebe, die vergeben möchte, wenn sich nur einige Gerechte in Jerusalem fänden vgl 18 23-32 Jer 5 1.

aber ich fand keinen. 31 So mußte ich meinen Groll über sie ausgießen; im
Feuer meines Grimmes vernichtete ich sie (und) gab ihren Wandel auf ihr
Haupt — Spruch des Herrn Jahwe.

23 1-49 Samaria und Jerusalem, die beiden unzüchtigen Schwestern

Die zwei bösen Schwestern

1 Das Wort Jahwes erging an mich also: 2 Menschensohn, es waren zwei
Weiber, Töchter der gleichen Mutter. 3 Diese trieben in Ägypten Unzucht;
in ihrer Jugend trieben sie Unzucht. Dort wurden ihre Brüste betastet und
dort drückte man ihren jungfräulichen Busen. 4 Ihre Namen lauteten: Ohola
hieß die ältere, und Oholiba ihre Schwester. Sie wurden mein und gebaren
Söhne und Töchter. Ihre Namen also waren: Ohola-Samaria und Oholiba-
Jerusalem.
5 Ohola wurde mir treulos und war liebestoll mit ihren Liebhabern, den
Assyrern, den Kriegern(?), 6 den in Purpur Gekleideten, den Statthaltern und
Befehlshabern, lauter schmucken Jünglingen, Reitern hoch zu Roß. 7 Ihnen
schenkte sie ihre Buhlereien, ihnen, der Auslese der Assyrer, und allen, mit
denen sie liebestoll war; sie befleckte sich mit all ihren Götzen. 8 Doch ihre
Buhlerei von Ägypten her gab sie nicht auf; denn in ihrer Jugend hatte man
ihr beigewohnt, ihren jungfräulichen Busen gedrückt und unzüchtig mit ihr
verkehrt. 9 Darum gab ich sie in die Hand ihrer Liebhaber, in die Hand der
Assyrer, mit denen sie liebestoll war. 10 Diese enthüllten ihre Blöße, nah-
men ihre Söhne und ihre Töchter hinweg und töteten sie selbst mit dem
Schwerte. Sie wurde dadurch für die Weiber zum Schimpfnamen, und man
vollstreckte an ihr das Gericht.

23 2 Bereits Jer 3 6-11 sind Juda und Israel als zwei unzüchtige Schwestern dargestellt. Vgl auch Ez 16 46 (Jerusalem, Samaria und Sodom als Schwestern).

3 Schon in Ägypten begann der Abfall von Jahwe vgl 20 7 f, der hier als Ehebruch dargestellt wird.

4 Ohola = „ihr Zelt", d. h. die ihr eigenes Zelt (Heiligtum) hat (nach 3 Kg 12 28 f ließ Jerobeam zwei goldene Kälber in Betel und Dan für das Nordreich aufstellen), und Oholiba = „mein Zelt in ihr", d. h. die, in der mein Zelt (Heiligtum) ist. Damit ist Jerusalem gemeint. Diese Deutung hat schon Hieronymus; sie ist aber unsicher.

5-7 Die politischen Bündnisse galten als Abfall und damit (im Bilde der Ehe) als Buhlerei. Zuerst schloß Israel mit den Assyrern Bündnisse. Jehu bezahlte Salmanassar III. Tribut (in der Bibel nicht erwähnt, aber auf dem sogenannten schwarzen Obelisken Salmanassars III. inschriftlich bezeugt und bildlich dargestellt) und Menachem Tiglatpilesar 4 Kg 15 19. Der Prophet Osee kämpft scharf gegen die ausländischen Bündnisse vgl Os 5 13 7 11 8 9 12 2. Mit den politischen Beziehungen kam auch der Götzenkult der fremden Länder nach Israel und dadurch wurde der reine Jahweglaube gefährdet. Die Schilderung der Assyrer als stattliche Krieger ist sehr treffend. Israel ließ sich dadurch blenden.

8 Neben den Bündnissen mit Assur hatte Israel auch mit Ägypten Beziehungen. Nach 4 Kg 17 4 schloß der König Hosea ein Bündnis mit dem Pharao Sua vgl auch Os 7 11 12 2.

9 f Die Bündnispolitik führte nicht zum Ziel. Israel kam völlig in die Gewalt Assurs. 722 wurde Samaria erobert, und die Nordisraeliten in die assyrische Gefangenschaft geführt. Dies war das Ende des Nordreiches Israel. Das Aufdecken der Scham besagt das Entblößen der Schenkel und das Aufheben des Gewandes, wie es von den Frauen beim Gang in die Verbannung notwendig war

Oholibas Sünde

11 Obschon es ihre Schwester Oholiba sah, so trieb sie es mit ihrer Liebes-
tollheit ärger als sie und in ihrer Buhlerei schlimmer als die Buhlerei ihrer
Schwester. 12 Mit den Assyrern war sie liebestoll, den Statthaltern und Be-
fehlshabern, den Kriegern(?), den *in Purpur* Gekleideten, den Reitern hoch zu
Roß, lauter schmucken Jünglingen. 13 Da sah ich, daß (auch) sie sich befleckte;
beide trieben es auf gleiche Weise. 14 Aber sie steigerte noch ihre Buhlerei,
als sie auf die Wand gemalte Männer sah, Bilder der Kaldäer, mit Mennig
gemalt, 15 die Hüften mit einem Gürtel umgeben, mit niederwallendem Tur-
ban auf ihrem Haupt, die allesamt wie Offiziere anzuschauen waren, ein Ab-
bild der Babylonier, deren Heimat Kaldäa war. 16 Da wurde sie ganz liebes-
toll mit ihnen, als sie ihnen in die Augen schaute, und sie sandte Boten zu
ihnen nach Kaldäa. 17 Da kamen zu ihr die Babylonier zum Liebeslager und
befleckten sie mit ihrer Buhlerei; durch sie wurde sie unrein. Dann aber
wurde sie ihrer überdrüssig. 18 Als ihre Buhlerei *aufgedeckt* und ihre Blöße
offenkundig war, da wurde (auch) ich ihrer überdrüssig, gleichwie ich ihrer
Schwester überdrüssig geworden war. 19 Doch sie steigerte ihre Buhlerei,
indem sie der Tage ihrer Jugend gedachte, als sie im Lande Ägypten gebuhlt
hatte. 20 Sie war liebestoll mit ihren Buhlen, die Glieder wie Eselsglieder
und Erguß wie Hengsterguß hatten. 21 Du vermißtest die Unzucht deiner
Jugend, *als die Ägypter* deine Brüste *betasteten* und deinen jungfräulichen
Busen *drückten*.

Die Strafe Jahwes

22 Darum, Oholiba, so spricht der Herr Jahwe: Siehe, ich reize deine Lieb-
haber gegen dich auf, deren du überdrüssig geworden bist, und ich führe
sie von allen Seiten gegen dich heran, 23 die Babylonier und alle Kaldäer,

23 12 tᵉkēlæt wie 6; M: „Vollkommenheit".

18 wattiggal und wattērā'æh mit T; M: „sie deckte auf ... sie deckte auf."

21 miṣrajim; M: „von Ägypten her". — bᵉ'aśśōt vgl 3 8; M: „als sie machten". — lᵉma'ēk vgl 3 und V; M: „wegen deiner".

und beim Triumphzug verlangt wurde vgl Jer 13 22 26 Is 47 2 f Nah 3 5. Die „Weiber" (ebenso 48) sind die Nachbarvölker.

11 Das Südreich lernte nichts aus dem Schicksal des Nordreiches vgl 16 51 Jer 3 10.

12 Juda suchte öfters den Anschluß an Assur, so Achaz 4 Kg 16 7-18 Is 7.

14-17 Der Fall Ninives (612) brachte das neubabylonische Reich als Großmacht im Osten empor, mit dem sich Juda verbündete. Damit fand auch der babylonische Götzendienst in Juda Eingang. Die Sitte der Bildnismalerei babylonischer Männer (Heroenkult?) wurde in Jerusalem geübt. Es sah die Bilder und war den Babyloniern sehr gewogen. Worauf hier genau angespielt wird, ist unsicher. Die Beziehungen zu Babel wurden von Jojaqim und Sidqia gelöst vgl 4 Kg 24 1 20.

18 Jahwe wurde Juda überdrüssig; hier ist an die erste Exilierung unter Jojakin (597) zu denken.

19-21 In der letzten Zeit vor dem Untergang Jerusalems suchte Juda die Hilfe Ägyptens gegen Babel. Die Ägypter sandten ein Heer, das Jerusalem entsetzen sollte, aber keinen endgültigen Erfolg aufweisen konnte 29 6 f 30 21-26 vgl Jer 37 5-10. Bereits 17 7-21 hat Ezechiel die ägyptenfreundliche Politik des Sidqia getadelt. Der Vergleich mit geilen Hengsten 20 auch Jer 5 8 Sir 33 6.

22 f Die Völker, mit denen Juda in freundschaftlicher Beziehung stand, werden das Strafgericht vollziehen, nament-

Peqod, Schoa und Qoa, alle Assyrer mit ihnen, schmucke Jünglinge, Statt-
halter und Befehlshaber insgesamt, Offiziere, *Krieger*, alle hoch zu Roß.
24 Sie kommen über dich in Haufen, mit Wagen und Rädern, mit einem Auf-
gebot von Völkern. Tartsche und Schild und Helm werden sie rings gegen
dich richten. Ich werde ihnen den Rechtsfall übergeben, damit sie dich nach
ihrem Rechte richten. 25 Ich wende meine Eifersucht wider dich, auf daß sie
in Grimm mit dir verfahren. Nasen und Ohren werden sie dir abschneiden;
was von dir noch übrig bleibt, wird durch das Schwert fallen. Sie werden
deine Söhne und deine Töchter fortnehmen; was noch übrig ist von dir, wird
vom Feuer gefressen werden. 26 Dann ziehen sie dir deine Kleider aus und
nehmen deine Schmucksachen weg. 27 So mache ich deiner Unzucht und dei-
ner Buhlerei vom Lande Ägypten her ein Ende; nicht mehr wirst du deine
Augen zu ihnen erheben und Ägyptens nicht fürder gedenken. 28 Denn so
spricht der Herr Jahwe: Siehe, ich gebe dich in die Hand derer, die du
hassest, in die Hand derer, welcher du überdrüssig geworden bist. 29 Sie wer-
den voll Haß mit dir verfahren, all deinen Erwerb fortschleppen und dich
nackt und bloß liegen lassen, so daß deine buhlerische Blöße aufgedeckt wird.
Deine Unzucht und deine Buhlerei 30 *haben* dir dies *angetan*, weil du mit
den Völkern gebuhlt (und) dich mit ihren Götzen befleckt hast.

31 Auf dem Wege deiner Schwester bist du gewandelt, so gebe ich ihren
Becher in deine Hand.

32 So spricht der Herr Jahwe:
Den Becher deiner Schwester sollst du trinken,
den tiefen und weiten!
[Zum Gelächter und Gespött sollst du werden!]
Er faßt gar viel.
33 Von Trunkenheit und Kummer sollst du voll werden.
Ein Becher des Schauers und des Erschauderns
ist der Becher deiner Schwester Samaria.

23 23 qᵉrōbīm wie 5 12; M: „berühmte“.
30 ʿāśū; M: ʿāśōh.

lich die Babylonier („Kaldäer“) mit ihren Hilfsvölkern: Peqod, ein aramäischer Stamm in Ostbabylonien (auch Jer 50 21 genannt, keilinschriftlich Puqūdu), Schoa (keilinschriftlich Sutu) und Qoa (keilinschriftlich Qutu), die östlich vom Tigris wohnen. Auch die Assyrer werden genannt, deren Reich 612 den Medern und Babyloniern zugefallen war; es sind die der babylonischen Herrschaft unterworfenen Assyrer gemeint. Vielleicht ist 23b Glosse aus 12.

24 Die anstürmenden Feinde sind trefflich ausgerüstet. Als Schutzwaffen sind genannt: „Tartsche“, der große, den ganzen Körper deckende Schild, vom Knappen getragen 1 Sm 17 7 41, der gewöhnliche, kleine „Schild“ (beide auch 38 4 39 9 Ps 35 2 zusammen genannt) und der „Helm“ (ebenso 27 10 38 5).

25 Die Einwohner werden verstümmelt, mit dem Schwert niedergemacht und in die Verbannung geführt. Die Stadt wird eingeäschert. Die Babylonier galten als grausame Krieger vgl Jer 6 23. Das Abschneiden von Nase und Ohren war vielleicht Strafe der Dirnen. Bei den Ägyptern wurde den Ehebrecherinnen die Nase abgeschnitten, wie Diodor Siculus erzählt.

26 Die nämlichen Gedanken finden sich 16 39.

31-34 Der Becher ist der göttliche Zornesbecher. Jeremias gebraucht zum ersten Mal dies Bild Jer 25 15-29; vgl Is 51 17-22 Hab 2 16 Ps 60 5 75 9 und die arabische Redensart „den Todesbecher trinken“. Der Becher ist mit einem rauschartigen (giftigen?) Getränk gefüllt. In der Todesnot zerbeißt der Trinkende den Be-

34 Du sollst ihn trinken und schlürfen,
seine Scherben nagen
und deine Brüste zerreißen;
denn ich habe gesprochen — Spruch des Herrn Jahwe.

Neue Aufzählung der Sünden

35 Darum spricht so der Herr Jahwe: Weil du mich vergessen und hinter
deinen Rücken geworfen hast, so trage auch du deine Unzucht und Buhlerei!
36 Jahwe sprach zu mir: Menschensohn, willst du Ohola und Oholiba das
Urteil sprechen, so tue ihnen ihre Greuel kund! 37 Denn sie haben die Ehe
gebrochen, und Blut klebt an ihren Händen. Mit ihren Götzen haben sie die
Ehe gebrochen; ihre Söhne sogar, die sie mir geboren, ließen sie ihnen zur
Speise (durchs Feuer) gehen. 38 Auch dies haben sie mir angetan: Sie haben
mein Heiligtum befleckt [an jenem Tage] und meine Sabbate entweiht.
39 Wenn sie ihre Söhne ihren Götzen schlachteten, da kamen sie noch am
selben Tage in mein Heiligtum, um es zu entweihen. Siehe, so haben sie es
mitten in meinem Hause getrieben. 40 Dazu schickten sie nach Männern, die
von ferne kamen; ein Bote wurde zu ihnen gesandt. Und siehe, als sie kamen,
da badetest du dich für sie, schminktest dir die Augen und legtest Schmuck
an. 41 Du setztest dich auf ein *gepolstertes* Ruhebett, vor dem ein Tisch her-
gerichtet war; meinen Weihrauch und mein Öl stelltest du darauf. 42 Wüster
Lärm *erscholl darin* ob der Menge der Männer, die von der Wüste kamen
[Zecher]. Sie legten Spangen an ihre Arme und (setzten) eine herrliche Krone
auf ihr Haupt. 43 Da sprach ich: *Solcher Gestalt haben sie die Ehe gebrochen.*
Wie eine Dirne es treibt, so buhlen sie. 44 *Man kam* zu ihr, wie man zu einer
Dirne geht; so gingen sie zu Ohola und Oholiba, um Unzucht *zu treiben.*

Die gerechte Bestrafung

45 Aber gerechte Männer werden sie richten nach dem für Ehebrecherin-
nen und Mörderinnen geltenden Recht; denn sie sind Ehebrecherinnen und

23 41 rebūdāh mit G Syr; M: „prächtiges".

42 nišmaʿ bāhæm; M: „war sorglos in ihr, und zu Männern"; der ganze Versteil ist unsicher.

43 kā'ēllæh ni'aphū kemaʿaśē zōnāh tiznænāh; M ist völlig unklar: „der Verwelkten (ist) Ehebruch. Nun hurt man ihre Hurerei, und sie"(?).

44 Plur. mit Hss und Übss; M: Sing. — laʿaśōt vgl G; M: „Weiber (der Unzucht)".

cher und zerreißt sich mit den Scherben die Brüste. Der Sinn dieses Bildes ist: Juda wird wie Samaria vom göttlichen Strafgericht erreicht werden.

35 ist wohl sekundär; er bringt Gedanken wie 49 16 58 und 22 12.

36-49 Den beiden Schwestern wird gemeinsam das Gericht angekündigt. Das Stück lehnt sich stark an Kapitel 16 20 an und ist vielleicht nicht ursprünglich.

36 Vgl 20 4.

37 Vgl 16 20-22.

38 Vgl 20 13.

39 Heidnischer Kult und Jahwedienst vertragen sich nicht miteinander vgl Is 66 3.

40-44 Hier ist das Verhalten der beiden Schwestern als Gebaren von Dirnen gekennzeichnet, die sich und ihr Lager herrlich schmückten, um die Männer zu verführen. Die Vorstellungen von 16 sind wiederholt vgl Spr 7 14-20. Der Text von 42a 43 ist verderbt; die Verbesserungen befriedigen nicht.

45 Die gerechten Männer sind die Völker Assur und Babel, die das Gericht an Israel (Nordreich) und Juda (Südreich) vollziehen. Sie werden „gerecht" ge-

Blut klebt an ihren Händen. 46 Denn so spricht der Herr Jahwe: Man berufe
wider sie eine Volksversammlung und gebe sie der Mißhandlung und Plün-
derung preis! 47 Die Volksversammlung soll sie steinigen und mit ihren
Schwertern in Stücke hauen; ihre Söhne und ihre Töchter soll man töten
und ihre Häuser mit Feuer verbrennen. 48 So mache ich der Unzucht im
Lande ein Ende, damit alle Weiber sich warnen lassen und nicht Unzucht
wie sie begehen. 49 *Ich bringe* eure Unzucht über euch, und die Versündigung
mit euren Götzen sollt ihr tragen. Dann werdet ihr erkennen, daß ich der
Herr Jahwe bin.

24 1-14 Das Gleichnis vom verrosteten Topf

1 Das Wort Jahwes erging an mich im neunten Jahre, im zehnten Monat,
am zehnten des Monats also: 2 Menschensohn, schreibe dir das Datum dieses
Tages genau auf! An eben diesem Tage hat der König von Babel seine Hand
auf Jerusalem gelegt. 3 Trage dem Hause der Widerspenstigkeit ein Gleich-
nis vor und sprich zu ihnen: So spricht der Herr Jahwe: Stelle einen Topf
auf [stelle auf] und gieße auch Wasser hinein! 4 Tue seine Fleischstücke
hinein, lauter gute Stücke, Lende und Schulter; mit erlesenen Knochen fülle
ihn! 5 Nimm (sie) von den erlesensten Schafen, auch schichte *Holzscheite*
darunter! Laß *seine Fleischstücke* sieden und auch seine Knochen darin zer-
kochen!

6 Darum spricht so der Herr Jahwe: Wehe der Blutstadt, dem Topf, an
dem Rost sitzt und von dem sein Rost nicht abgeht! Nimm Stück für Stück

23 49 Erste Person Sing. mit Syr; M: Dritte Person Plur.
24 5 hā‛ēṣīm; M: „die Knochen". — n^{e}tāḥæhā; M: „seine Siedestücke".

nannt, weil sie nach dem für Ehebrecherinnen geltenden Recht die Strafe im Auftrage Jahwes vollziehen.

46 f Die Gemeinde, hier die Völkergemeinde, vollzieht die Strafe (wie 16 40 f). Sie besteht in der Steinigung und in der Zerstückelung der Leichname.

48 Die „Weiber" sind die Nachbarvölker vgl 10 und 16 41.

49 Vgl 35. Die Strafe erfolgt zum Zweck der Bekehrung. Wenn das Volk seine Schuld abgebüßt hat, wird es wieder zum wahren Gott zurückfinden und ihn verehren.

24 1-14 Bereits 11 3-11 ist das Bild des Topfes verwendet. Im Vorliegenden sind eigentlich zwei Vergleiche gegeben, die aber nicht reinlich getrennt sind: Erstens: Das Sieden des Fleisches versinnbildet die Nöte der Belagerung. Zweitens: Der Rost am Topf bedeutet die Blutschuld und Verstocktheit Judas. Zum ersten Vergleich gehört 3-5, zum zweiten 6-13. In 14 ist auf den Vergleich nicht mehr angespielt; 14 bildet den Abschluß, der das sichere Eintreffen des Gerichtes ohne Erbarmen betont.

24 1 f Datum: Januar 587. Hier ist der Tag genannt, an dem Nebukadnezar die Belagerung gegen Jerusalem begonnen hat; dieselbe Zeitangabe 4 Kg 25 1 Jer 39 1 52 4. Ezechiel soll das Datum genau aufschreiben, damit sich die Exulanten die Zeit merken und die Richtigkeit seiner Angabe überprüfen können.

3 Das Gleichnis ist wohl nicht wie andere symbolische Handlungen (Kap. 4) wirklich vollzogen, sondern nur vorgetragen worden.

4 f Der Topf bedeutet Jerusalem, das Fleisch die Bewohner (die einzelnen Angaben brauchen nicht näher ausgedeutet zu werden), das Feuer die Belagerung, das Kochen die Leiden während der Belagerung.

6-8 Das Blut, das von Jerusalem vergossen wurde und nicht gesühnt werden kann, gleicht dem Rost am Topf, der nicht abgeht. Das Blut, das offen auf dem Felsen liegt und nicht einsickern kann, schreit um Rache vgl Gen 4 10 Job 16 18. Um es verstummen zu lassen, muß man es mit Erde bedecken vgl Lev 17 13 Is 26 21. Jahwe hat absichtlich die vielen

heraus, ohne daß das Los darüber geworfen wird! 7 Denn ihr Blut ist in
ihrer Mitte; auf den kahlen Felsen hat sie es getan, nicht hat sie es auf die
Erde gegossen, um es mit Staub zu bedecken. 8 Um Grimm aufsteigen zu
lassen, um Rache zu üben, habe ich ihr Blut auf den kahlen Felsen getan,
daß es nicht bedeckt werde.

9 Darum spricht so der Herr Jahwe: [Wehe der Blutstadt!] Auch ich will
einen großen Holzstoß errichten, 10 viel Holz herbeischaffen, Feuer anzünden,
das Fleisch garmachen, *die Brühe ausgießen*, daß die Knochen verbrennen.
11 Dann *will ich* ihn leer auf seine Kohlen stellen, damit er erhitze, sein Erz
glühend werde, seine Unreinheit darin schmelze (und) sein Rost schwinde.
12 *Vergeblich mühte ich mich ab.* Doch sein starker Rost ging nicht von ihm
weg im Feuer [seines Rostes]. 13 Weil du durch Unzucht unrein warst und ich
dich reinigen wollte, und doch nicht rein geworden bist von deiner Verun-
reinigung, so sollst du auch fürder nicht rein werden, bis ich meinen Grimm
an dir gestillt habe. 14 Ich, Jahwe, habe gesprochen. Es kommt und ich führe
es aus. Ich werde nicht nachlassen und keine Schonung üben; es wird mich
nicht gereuen. Nach deinem Wandel und nach deinen Taten wird man dich
richten — Spruch des Herrn Jahwe.

24 15-27 Der unbeweinte Tod der Frau des Ezechiel ein Sinnbild des unbeweinten Unterganges der Stadt

15 Das Wort Jahwes erging an mich also: 16 Menschensohn, siehe, ich
nehme dir die Lust deiner Augen durch plötzlichen Tod; du aber darfst we-

24 10 wehārēq hammārāq mit G; M: „würze die Würze"(?).

11 1. Pers. Hiph. Perf. statt Hiph. Imperativ Sing.

12 ḥinnām nilēʾtī; M: „die Bemühungen hat er erschöpft", wahrscheinlich als Dittographie der letzten Worte in 11 zu tilgen (fehlt in G).

in der Stadt begangenen Bluttaten nicht sühnen lassen („das Blut auf den kahlen Felsen liegen gelassen"), um jetzt das Endgericht zu vollziehen. 6b steht an falscher Stelle; am besten ist es hinter 10 einzufügen. Man soll die einzelnen Stücke ohne „das Los zu werfen", d. h. ohne lange zu wählen, alle miteinander aus dem Topfe herausnehmen. Dies soll darauf hindeuten, daß alle Einwohner aus der Stadt weggeführt werden.

9-12 Jahwe selbst heizt den Topf so stark, daß sein ganzer Inhalt zerkocht; er steht dann leer auf dem Feuer. Trotzdem geht sein Rost nicht ab. Das Feuer soll dann weiterhin solange geschürt werden, bis der Topf selbst in Stücke geht.

13 f Auch die Nöte der Belagerung können Jerusalem nicht von seiner Unreinheit reinigen und seine Schuld sühnen; deshalb kommt die endgültige Zerstörung. Jerusalem wird einen Monat nach der Übergabe verbrannt 4 Kg 25 8-10 Jer 39 8 52 13 f. Erst das Exil wird die Läuterung des Volkes bringen.

15-24 Die Frau des Propheten stirbt plötzlich. Der Prophet unterläßt die übliche Totenklage und die gewohnten Trauergebräuche. Unter diesen werden hier vorausgesetzt: Keine Kopfbedeckung tragen und barfuß gehen vgl 2 Sm 15 30 Mich 1 8, „den Bart (d. h. den Lippen- oder Schnurrbart) verhüllen", wie es für die Aussätzigen vorgeschrieben Lev 13 45 und Mich 3 7 als Trauerritus bezeugt ist, und das „Trauerbrot essen", das Verwandte in das Totenhaus bringen Jer 16 7. Wenn ihn dann die Leute nach dem Grund der Unterlassung fragen, soll Ezechiel ihnen sagen: So wie mir mein Liebstes gestorben ist, und ich es nicht beklagen darf, so wird auch euer Liebstes (die Stadt und der Tempel) zugrunde gehen, ohne daß ihr darüber klagen dürft. Die Bestürzung wird dann so groß sein, daß man keine Zeit zur Totenklage hat; dies gilt als besonderes Miß-

der klagen noch weinen [und es dürfen dir keine Tränen kommen]. 17 Seufze
(nur) still, halte keine Totenklage, binde dir deinen Kopfbund um, ziehe
deine Schuhe an deine Füße, verhülle nicht deinen Bart und iß kein *Trauer*-
brot! 18 Ich redete zum Volk am Morgen; mein Weib aber war am Abend
gestorben, und ich hatte am Morgen getan, wie ich geheißen war. 19 Da sagte
das Volk zu mir: Willst du uns nicht erklären, was das für uns bedeutet,
daß du so handelst? 20 Da sprach ich zu ihnen: Das Wort Jahwes erging an
mich also: 21 Sprich zum Hause Israel: So spricht der Herr Jahwe: Siehe, ich
entweihe mein Heiligtum, eure stolze Pracht, die Lust eurer Augen und *das*
Verlangen eurer Seele. Eure Söhne und eure Töchter, die ihr zurückgelassen
habt, werden durch das Schwert fallen. 22 Da werdet ihr tun, wie ich getan
habe: Ihr werdet euren Bart nicht verhüllen und kein *Trauer*brot essen.
23 Mit eurem Kopfbund auf eurem Haupt und mit euren Schuhen an euren
Füßen werdet ihr weder wehklagen noch weinen, sondern ihr werdet ob
eurer Schuld dahinschwinden und alle miteinander stöhnen. 24 Aber Ezechiel
wird euch zum Wahrzeichen sein; wie er getan, so werdet (auch) ihr tun,
wenn es eintrifft. Dann werdet ihr erkennen, daß ich der Herr Jahwe bin.

25 Du aber, Menschensohn, fürwahr am Tage, da ich von ihnen ihr Boll-
werk nehme, ihr herrliches Entzücken, die Lust ihrer Augen und das Ver-
langen ihrer Seele, [ihre Söhne und ihre Töchter,] 26 an jenem Tage wird
ein Flüchtling zu dir kommen, um dir Kunde zu bringen. 27 An jenem Tage
wird dein Mund sich vor dem Flüchtling öffnen; du wirst reden und nicht
mehr stumm sein. Zum Wahrzeichen wirst du ihnen sein. Dann werden sie
erkennen, daß ich Jahwe bin.

24 17 'ōnīm mit V T vgl Os 9 4; M: „Menschenbrot", ebenso 22.

21 maśśā' nach 25; M: maḥmal = maḥmad „Begehren".

22 Vgl zu 17.

geschick Jer 16 4 22 18 Job 27 15 Ps 78 64. Vielleicht war es auch in Babel den Verbannten verboten, offizielle Totenfeiern zu halten, namentlich bei dem Fall Jerusalems, der ja ein Sieg für Babel war. Nach 21 sind viele Angehörige der Exulanten im Heimatland verblieben, die bei der Einnahme der Stadt ums Leben kommen, aber nicht betrauert werden dürfen.

26 f Die Zeitbestimmung „an jenem Tage" 26 ist entweder Glosse (aus 27 eingedrungen) oder im weiteren Sinne zu fassen. Nach 33 21 kam der Flüchtling mit der Kunde vom Fall der Stadt erst ein halbes Jahr später nach Babel (lies 33 21 „im *elften* Jahre" statt „im zwölften Jahre"). In dieser Zwischenzeit hielt sich Ezechiel wohl in seinem Hause eingeschlossen, ohne dem Volke zu predigen vgl 3 24b-27 (dieses Stück kann an seiner Stelle belassen werden und braucht nicht hinter 24 18b eingefügt zu werden). Die Kunde vom Fall der Stadt wird aber für Ezechiel einen Wendepunkt in seiner Tätigkeit bedeuten: Sie bestätigt die Wahrheit seiner Predigt, die immer auf das Eintreffen der Endkatastrophe hingewiesen hat. Jetzt werden seine Hörer nicht mehr voller Zweifel seinen Worten gegenüberstehen 12 21-28, sondern ihm willig das Ohr leihen. Aus der Erfüllung der Weissagung werden die Verbannten erkennen, daß Jahwe ein Gott der Wahrheit und Gerechtigkeit ist, der die Worte des Propheten durch den geschichtlichen Eintritt der Ereignisse bestätigt.

Unheilsweissagungen gegen fremde Völker

25 1-7 Gegen Ammon

25 1 Das Wort Jahwes erging an mich also: 2 Menschensohn, richte dein
Angesicht wider die Ammoniter, weissage wider sie 3 und sprich zu
den Ammonitern: Höret das Wort des Herrn Jahwe: So spricht der
Herr Jahwe: Weil du ‚Ha' gerufen hast über mein Heiligtum, daß es entweiht, und über das Land Israel, daß es verwüstet wurde, und über
das Haus Juda, daß es in die Verbannung gehen mußte, 4 darum siehe, gebe
ich dich den Söhnen des Ostens zum Besitz. Sie *werden* ihre Zeltlager in dir
aufschlagen und ihre Wohnstätten in dir aufrichten; sie werden deine Frucht
essen und deine Milch trinken. 5 Ich mache Rabba zu einer Trift für Kamele
und die (Städte der) Ammoniter zu einem Lagerplatz für Schafe. Dann werdet ihr erkennen, daß ich Jahwe bin.
6 Denn so spricht der Herr Jahwe: Weil du in die Hände klatschtest, mit
dem Fuße stampftest und dich voller Leidenschaft über das Land Israel freu-

25 4 w^{e}jāsīmū; M: „und sie werden wohnen lassen".

25 1 Wie bei Isaias (13—23) und Jeremias (nach G ursprünglich hinter 25) bestehen auch bei Ezechiel die Weissagungen wider die Völker (25—32) in der Mitte des Buches. Sie bilden den Übergang von der Unheilsverkündigung zur Heilspredigt· erst wenn die Völker ringsum niedergeworfen sind und die Umgebung ruhig ist, kann Israel selbst wieder hergestellt werden. Die Siebenzahl der Weissagungen ist wohl absichtlich gewählt: Ammon, Moab, Edom, Philistäa, Tyrus, Sidon und Ägypten. Es sind fünf kleine und zwei große Abschnitte (wider Tyrus und Ägypten). Sidon ist im Anschluß an Tyrus nur kurz behandelt, wohl um die Siebenzahl voll zu machen. Die Reihenfolge ist nicht zeitlich, sondern geographisch geordnet: Ezechiel wendet sich nach Osten (Ammon, Moab), dann nach Süden (Edom) und nach Westen (Philistäa). Die großen Weissagungen gegen Tyrus und Ägypten stehen am Schlusse; Sidon als Nachbar von Tyrus ist nach Tyrus gestellt. Es ist auffallend, daß Babel nicht erscheint. Die Unheilspredigt gegen Babel ist von Ezechiel ausgelassen, wohl mit Rücksicht auf das Land, in dem sich der Prophet und die Exilsgemeinde aufhalten, und auch im Hinblick auf seine Mitverbannten, die leicht durch solche Drohreden in Unruhe versetzt und politisch aufgehetzt werden konnten.

2 Ammon liegt im Ostjordanland am Jabbok nordöstlich vom Toten Meer. In der Richterzeit hatte Israel viele Kämpfe mit den Ammonitern auszufechten (besonders zur Zeit des Jephte Ri 10—12); auch David bekämpfte sie, eroberte die Hauptstadt Rabbat-Ammon und machte die Ammoniter tributpflichtig 2 Sm 10 bis 12. Im neunten Jahrhundert kam das Ammoniterreich unter die Oberhoheit Assurs und dann Babels. Erst in der hellenistischen Zeit erlebte Ammon eine neue Blüte.

3 Der König von Babel war zuerst unschlüssig, ob er gegen Jerusalem oder gegen Ammon ziehen sollte vgl 21 23-28. Als er sich dann gegen Jerusalem wandte, es eroberte und zerstörte, und seine Bewohner wegschleppte, da hielten sich die Ammoniter für verschont und freuten sich über den Untergang Judas. Dafür sollen sie nun gezüchtigt werden; dies ist bereits 21 33-37 angekündigt und wird hier wiederholt vgl auch Jer 49 1-6. Schadenfreude über den Untergang Jerusalems und des Tempels wird von Jahwe streng bestraft vgl 26 2 36 2.

4 Die „Söhne des Ostens" sind die in der syrisch-arabischen Wüste lebenden Beduinen vgl Is 11 14. Sie gelten als reiche Nomaden mit großen Viehherden vgl Jer 49 28 f Job 1 3.

5 Rabba („die Große") ist die Hauptstadt der Ammoniter (voller Name Rabbat-Ammon vgl zu 21 25).

6 Zu den Gebärden der Schadenfreude s. zu 6 11.

test, 7 darum siehe, strecke ich meine Hand wider dich aus, gebe dich den
Völkern *zur Beute*, vertilge dich aus den Nationen und vernichte dich aus
den Ländern [rotte dich aus]. Dann wirst du erkennen, daß ich Jahwe bin.

25 8-11 Gegen Moab

8 So spricht der Herr Jahwe: Weil Moab [und Seir] sprach: Siehe, dem
Hause Juda ergeht es wie allen Völkern, 9 darum siehe, öffne ich die Flanke
Moabs *und entblöße seine Städte* in seinem ganzen Umkreis, die Zierde des
Landes, Bet-Hajesimot, Baal-Meon und Qiriataim. 10 Den Söhnen des Ostens
gebe ich es mitsamt den Ammonitern zum Besitz, damit der Ammoniter
nicht mehr unter den Völkern gedacht werde. 11 So werde ich an Moab das
Gericht vollstrecken. Dann werden sie erkennen, daß ich Jahwe bin.

25 12-14 Gegen Edom

12 So spricht der Herr Jahwe: Weil Edom am Hause Juda Rache übte, sich
schwer verschuldete und *bitter* rächte, 13 darum spricht so der Herr Jahwe:
Ich strecke meine Hand wider Edom aus, vernichte daraus Menschen
und Vieh und mache es zur Wüste; von Teman bis Dedan sollen sie
durch das Schwert fallen. 14 Ich lege meine Rache an Edom in die Hand
meines Volkes Israel; sie sollen mit Edom nach meinem Zorn und nach mei-

25 7 lebaz; M: lebag (Schreibfehler).

9 ûmeʿāræh ʿārāw; M: „von den Städten, von seinen Städten".

12 nāqōm vgl G; M: „an ihnen".

7 Hier (und 21 37) fehlt eine Heilsweissagung über die Wiederherstellung Ammons; Jer 49 6 ist sie beigegeben.

8 Die Moabiter wohnen südlich von den Ammonitern östlich des Toten Meeres. Die Beifügung „und Seir" ist Glosse; über Seir (= Edom) wird 12-14 gesprochen. Die Moabiter spotten über Juda, es teile das nämliche Schicksal wie die übrigen Völker, sei also kein besonderes von seinem Gott beschütztes Volk. Damit ist auch die Vorstellung verbunden, daß der Gott Israels den Göttern der anderen Völker gleichzustellen, also ebenso hilflos in nationalen Katastrophen wie die Heidengötter sei.

9 Die „Flanke" (wörtlich die „Schulter") ist bildliche Bezeichnung für das Hochland Moabs. Von den moabitischen Städten werden drei genannt: Bet-Hajesimot Num 33 49 am Toten Meer, südöstlich von Jericho (heute Suwēme); Baal-Meon Jos 13 17, südlich davon (heute Maʿin), und Qiriataim Num 32 37, ebenfalls südlich von Jericho (heute Qurejat). Die beiden letzteren werden auch Jer 48 23 und in der Mesa-Inschrift erwähnt.

10 Die Moabiter trifft das gleiche Schicksal wie die Ammoniter. Beide Völker waren öfters gegen Juda verbündet vgl 2 Chr 20 1; deshalb sollen beide gleich bestraft werden. Nach Flavius Josephus hat Nebukadnezar im fünften Jahr nach der Zerstörung Jerusalems Ammon und Moab unterworfen.

11 Aus dem Gericht wird Moab geläutert hervorgehen. Auch Jer 48 47 ist die Wiederherstellung Moabs geweissagt.

12 Edom liegt südlich von Juda und Moab, zwischen dem Toten Meer und dem Golf von Akaba. Die Edomiter hatten sich viele Feindseligkeiten gegen ihr Brudervolk zuschulden kommen lassen. Deshalb ist der Ton in diesem Orakel scharf. Später in 35 wendet sich Ezechiel noch einmal ausführlich gegen Edom. Auch sonst wird dem Haß Edoms gegen Israel und umgekehrt Ausdruck gegeben Is 34 5-17 Am 1 11 f Jer 49 7-22 Abd 10-14 Jo 4 19 Ps 137 7 Kl 4 21 f. Vgl zu 35 5.

13 Teman (Am 1 12 Abd 9) gilt als nördlicher Grenzgau von Edom; Dedan (Is 21 13) ist der südliche Nachbar; auch Jer 49 7 8 werden Teman und Dedan zusammen genannt.

nem Grimm verfahren, daß sie meine Rache kennen lernen — Spruch des Herrn Jahwe.

25 15-17 Gegen Philistäa

15 So spricht der Herr Jahwe: Weil die Philister rachesüchtig gehandelt
und voller Leidenschaftlichkeit sich bitter gerächt haben zum Verderben in
ewiger Feindschaft, 16 darum spricht so der Herr Jahwe: Siehe, ich strecke
meine Hand wider die Philister aus, vertilge die Kreter und vernichte
den Rest am Meeresgestade; 17 so nehme ich an ihnen schwere Rache
in grimmiger Züchtigung. Dann werden sie erkennen, daß ich Jahwe bin,
wenn ich meine Rache an ihnen vollziehe.

26 1 - 28 19 Gegen Tyrus

Belagerung, Eroberung und Zerstörung von Tyrus

26 1 Es geschah im elften Jahre, (im zwölften? Monat), am ersten des Mo-
nats, da erging das Wort Jahwes an mich also: 2 Menschensohn, dieweil
Tyrus über Jerusalem sprach: Ha, zerschmettert ist das Tor der Völker! Mir
hat es sich zugewandt. *Die Fülle* ward Verödung. 3 Darum spricht so der

26 2 hammᵉlē'āh mit G T; M: „ich will mich anfüllen".

14 Die Makkabäer unterwarfen die Edomiter vgl 1 Makk 5 65 2 Makk 10 14-23.

15 Zwischen Philistern und Israeliten bestand alte Feindschaft; bekanntlich hatten Saul und David viele Kämpfe mit den Philistern zu führen. Bei der Zerstörung Jerusalems scheinen sie dem König von Babel Hilfsdienste geleistet zu haben. Drohreden gegen die Philister auch bei Is 14 28-32 Jer 47 1-7 Am 1 6-8 Soph 2 4-7 Jo 4 4 Zach 9 5-7.

16 Die Kreter werden mit den Philistern zusammengenannt, weil sie zu ihnen gerechnet werden. Nach Soph 2 5 versteht man unter Kreter die Philister; nach Am 9 7 (vgl Dt 2 23) stammen die Philister aus Kaphtor (= Kreta). Am 1 6 erscheinen sie als Sklavenhändler vgl Jo 4 6. Im hebräischen Text steht ein Wortspiel, das man nachahmen könnte „ich zertrete die Kreter" oder „ich rotte aus die Kreterrotten". Die Philister sind um 1200 v. Chr. in Palästina (nach den Philistern benannt) eingewandert und haben die Küste besiedelt.

26 1 Auch Is 23 Am 1 9 f Jo 4 4-8 Zach 9 2-4 richten sich wider Tyrus. Das Orakel gegen Tyrus ist sehr umfangreich. Tyrus beteiligte sich an dem Aufstand Judas-Jerusalem gegen Babel. Der König Nebukadnezar belagerte Tyrus dreizehn Jahre lang (von 585 bis 572). Von dieser Belagerung berichtet auch Flavius Josephus. Nebukadnezar erreichte sein Ziel der völligen Zerstörung nicht vgl 29 17 f, aber Tyrus unterwarf sich der babylonischen Herrschaft. Das Erbe von Tyrus trat Sidon an. Alexander der Große eroberte die Stadt und verwüstete sie vgl zu 12. Die Zeit ist nicht genau zu bestimmen, da die Angabe des Monats ausgefallen ist; wahrscheinlich ist der elfte oder zwölfte Monat des elften Jahres gemeint, also Februar oder März 585, nachdem die Kunde vom Fall Jerusalems, der 2 vorausgesetzt ist, zu den Exulanten gekommen war 33 21.

2 Tyrus freut sich, daß Jerusalem als Handelskonkurrentin ausgeschaltet ist. „Tor der Völker" bezeichnet Jerusalem als Durchgangspunkt des Handels; als solcher hatte es reiche Zolleinkünfte. Tyrus hofft nach der Zerstörung Jerusalems, daß dessen Reichtum ihm zufalle.

3-5 Das Anstürmen der Völker gegen Tyrus wird mit dem Anprallen der Meereswogen verglichen (vgl 19; ähnlich Is 17 12 Jer 47 2), ein für Tyrus, das mitten im Meer liegt, passender Vergleich. Wenn das Meer den Schutt (vgl 12) weggespült hat, d. h. wenn die anstürmenden Heere alles zerstört und geplündert haben, dann erscheint Tyrus als kahler Fels, der nur als Trockenplatz für Netze geeignet ist.

Herr Jahwe: Siehe, ich will an dich, Tyrus; ich führe viele Völker wider dich
heran, wie das Meer seine Wogen heranführt. 4 Sie sollen die Mauern von
Tyrus zerstören und seine Türme niederreißen; ich fege seinen Schutt von
ihm weg und mache es zum kahlen Felsen. 5 Ein Trockenplatz für Netze soll
es inmitten des Meeres werden; denn ich habe gesprochen — Spruch des
Herrn Jahwe. Den Völkern wird es zur Beute werden. 6 Seine Tochterstädte,
die auf dem Festland sind, sollen durch das Schwert vernichtet werden.
Dann werden sie erkennen, daß ich Jahwe bin.

7 Denn so spricht der Herr Jahwe: Siehe, ich bringe über Tyrus von Nor-
den her den Nebukadrezar, den König von Babel, den König der Könige, mit
Rossen, Wagen, Reitern und einem Aufgebot vielen (Fuß-)Volkes. 8 Deine
Tochterstädte auf dem Festland wird er mit dem Schwerte vernichten.
Wider dich wird er einen Wall errichten, einen Damm wider dich auf-
schütten und ein Schilddach wider dich aufstellen. 9 Den Stoß seines Mauer-
brechers wird er gegen deine Mauern richten und deine Türme mit eisernen
Haken niederreißen. 10 Der Staub seiner zahlreichen Rosse wird dich decken;
vom Getöse der Reiter, Räder und Wagen werden deine Mauern erbeben,
wenn er in deine Tore eindringt, wie man in eine eroberte Stadt eindringt.
11 Mit den Hufen seiner Rosse wird er all deine Gassen zerstampfen, dein
Volk mit dem Schwerte töten und deine mächtigen Säulen zu Boden *stürzen*.
12 Sie werden deinen Reichtum plündern und deine Waren erbeuten; sie
werden deine Mauern niederreißen und deine schönen Häuser zerstören,
deine Steine, dein Holz und deinen Schutt ins *Meer* werfen. 13 Dann mache
ich dem Lärm deiner Lieder ein Ende, und der Klang deiner Zithern soll
nicht mehr gehört werden. 14 Ich mache dich zu einem kahlen Felsen; ein
Trockenplatz für Netze *sollst du* werden. Nicht mehr *sollst du* aufgebaut
werden; denn ich, Jahwe, habe gesprochen — Spruch des Herrn Jahwe.

15 So spricht der Herr Jahwe zu Tyrus: Fürwahr, vom Dröhnen deines
Falles, wenn die Erschlagenen stöhnen, wenn das Würgen in deiner Mitte
würgt, werden die Inseln erbeben. 16 Alle Fürsten des Meeres werden von
ihren Thronen steigen; ihre Mäntel werden sie ablegen und ihre buntgewirk-
ten Kleider ausziehen. Sie werden sich in Zittern kleiden, auf den Boden
sich setzen, immerfort zittern und sich über dich entsetzen. 17 Dann werden
sie über dich ein Klagelied anheben und von dir sagen:

26 11 jōrīd mit G Syr T; M: „sie wird steigen".
12 hajjām mit G Syr T; M: „Wasser".
14 Lies an beiden Stellen mit den Übss 2. Pers. Sing. statt 3. Pers. Sing.

6 Die Städte und Dörfer auf dem Tyrus gegenüber liegenden Festland werden ebenfalls vernichtet vgl 8.

7 Der Weg des babylonischen Eroberers kommt von Norden vgl 9 2 Jer 1 14. Im hebräischen Text steht die Namensform Nebukadrezar (ebenso bei Jeremias), die dem babylonischen Nabû-kudurri-uṣur („Nebo, schütze meine Grenze!") näherkommt als Nebukadnezar. Der Titel „König der Könige" findet sich schon bei den assyrischen Königen.

11 Heilige Steinsäulen befanden sich vor und in den phönizischen Tempeln, wie auch Herodot berichtet.

12 Alexander der Große ließ Tyrus gänzlich zerstören vgl zu 1.

13 Das fröhliche Treiben, das sich besonders in lustiger Musik äußerte, ist zu Ende; es herrscht Totenstille vgl Is 24 8 Apk 18 22.

15-18 Die Inseln und Gestade in der Umgebung sind von dem Fall der Stadt Tyrus tief erschüttert vgl 27 28-36. Sie müssen für ihr eigenes Los fürchten. Die Klage der Könige der Erde über

Wie bist du [zugrunde gegangen] vom Meere *verschwunden,*
du gepriesene Stadt,
die da mächtig war auf dem Meere,
sie und ihre Bewohner,
die ihren Schrecken verbreiteten
über *das* ganze *Festland!*
18 Nun zittern *die Schiffe*
am Tage deines Falles;
bestürzt sind die Inseln im Meere
über dein Ende.

19 Denn so spricht der Herr Jahwe: Wenn ich dich zu einer verödeten
Stadt mache gleich den Städten, die nicht (mehr) bewohnt sind, wenn ich
die Flut über dich heraufführe, daß dich die weiten Wasser bedecken, 20 dann
stoße ich dich hinab zu denen, die in die Grube gestiegen, zu dem Volke der
Urzeit; ich lasse dich wohnen in der Unterwelt, gleich uralten Trümmern
bei denen, die in die Grube gestiegen, so daß du nicht mehr bewohnt wirst
noch jemals *deinen Platz* wieder *einnimmst* im Lande der Lebendigen. 21 Ein
schreckliches Ende bereite ich dir, und du bist dahin; man wird dich suchen,
aber nicht mehr finden in Ewigkeit — Spruch des Herrn Jahwe.

Klagelied auf die Stadt Tyrus, die als Prachtschiff dargestellt wird

27 1 Das Wort Jahwes erging an mich also: 2 Und du, Menschensohn, hebe
ein Klagelied über Tyrus an 3 und sprich zu Tyrus, das da wohnt an den
Zugängen des Meeres, die Händlerin der Völker nach vielen Inseln hin: So
spricht der Herr Jahwe (zu) Tyrus:
Du dachtest: Ich bin *(ein Schiff)*
von vollendeter Schönheit.
4 Inmitten des Meeres *haben dich* deine Erbauer *geschaffen;*
sie machten dich vollendet schön.

26 17 nišbatt mit G; M: „die bewohnte". — hajjabbāšāh vgl Syr; M: „ihre Bewohner".
18 haṣṣijjīm vgl V; M: „die Inseln". — bᵉjōm mit Syr V T; M: „Tag".
20 wᵉtitjaṣṣᵉbī mit G; M: „und ich gebe Zier".
27 3 Ergänze 'ᵒnijjāh (vor 'ᵃnī ausgefallen).
4 gᵉbālūk; M: „(ist) dein Gebiet".

Babel Apk 18 9 f ist der Klage der Fürsten des Meeres um Tyrus nachgebildet.

19 Die Sturmflut ist ein Bild des Völkeransturmes vgl zu 3.

20 Tyrus wird zur Unterwelt hinabgestoßen; dies bedeutet, daß seine nationale Existenz aufhören wird. Das Volk der Urzeit sind nicht die bis jetzt Verstorbenen, sondern die bekannten Riesen der Urzeit vgl 32 27 und Gen 6 1-5. Das Land der Lebendigen ist die bewohnte Erde im Gegensatz zur Unterwelt, dem Land der Toten.

27 1 Man kann zwei Teile unterscheiden: Das Gleichnis vom Prachtschiff Tyrus in poetischer Form 1-9 25b-36, und die Aufzählung der ausgedehnten Handelsbeziehungen von Tyrus in Prosa 10-25a. Vielleicht ist das prosaische Stück erst später eingefügt. Der Prophet Isaias hat ein ähnliches Lied über Tyrus in 23 gedichtet. Die Klage der Kaufherren und Seeleute Apk 18 11-19 hat ihr Vorbild in Ez 27.

3 Die Lage von Tyrus „an den Zugängen des Meeres" war sehr günstig. Es hatte zwei Häfen: einen südlichen (den „ägyptischen") und einen nördlichen (den „sidonischen").

4 Die tyrischen Bauleute waren bekannt; David berief sie zu seinen Hof-

5 Aus Zypressen von Senir bauten sie dir
all (deine) Planken.
Eine Zeder vom Libanon nahmen sie,
um einen Mast auf dir zu errichten.
6 Aus den Eichen von Basan
fertigten sie deine Ruder.
Dein Verdeck machten sie aus Elfenbein *mit Fichtenholz*
von den Inseln der Kittäer.
7 Buntgewirkter Byssus aus Ägypten
war dein Segel, um dir als Flagge zu dienen.
Blauer und roter Purpur von Elisas Gestaden
war deine Decke.
8 Die Bewohner von Sidon und Arwad
waren deine Ruderer.
Die Weisen von Semer waren bei dir
als deine Steuerer.
9 Die Ältesten von Gebal und seine Weisen
Alle Schiffe des Meeres und ihre Matrosen
waren bei dir, die dein Leck ausbesserten.
kamen zu dir, um mit dir Handel zu treiben.
10 Paras, Lud und Put waren in deiner Heeresmacht als deine Kriegs-

27 6 bitᵉ'aššūrīm mit T; M: Schreibfehler.
8 ḥakmē ṣæmær; M: „deine Weisen, Tyrus".

bauten 2 Sm 5 11, Salomo beschäftigte sie beim Tempelbau 3 Kg 5 15-32.

5 Senir ist der amorritische Name des Hermon (Antilibanon) vgl Dt 3 9 oder ein Teil des Hermon vgl HL 4 8 1 Chr 5 23, wo Hermon und Senir nebeneinander genannt werden. Die Zedern des Libanon Is 2 13 14 8 37 24 und die Eichen von Basan (östlich des Jordan) Is 2 13 Zach 11 2 waren wegen ihrer Größe berühmt.

6 Die Kittäer bewohnten die Inseln des Mittelländischen Meeres, namentlich Zypern mit der Hauptstadt Kittion (heute Larnaka) vgl Is 23 1 Jer 2 10. Hieronymus übersetzt sinngemäß „Italia" (ebenso Num 24 24).

7 Ägyptischer Byssus (feinstes Leinen, nach Gen 41 42 für Prachtkleider verwendet) war berühmt; er wurde aus dem Flachs am Nil gewebt vgl Is 19 9. Elisa ist nicht eindeutig zu bestimmen; wahrscheinlich Hellas (Elisa wird Gen 10 4 unter den Söhnen Jawans = Joniens genannt); oder Sizilien, Karthago? Der Purpur wurde aus Purpurmuscheln gewonnen; die Purpurfärberei scheint in Tyrus besonders kunstgerecht betrieben worden zu sein 2 Chr 2 6 13.

8 Sidon (heute Saida) ist die nördliche Schwesterstadt von Tyrus. 28 20-23 steht eine eigene Drohweissagung gegen Sidon. Arwad (auch 11 genannt vgl Gen 10 18), in den Amarnabriefen Arwada, heute Ruwad bei Tripolis. Semer (im hebräischen Text Sur = Tyrus, kaum richtig), in den Amarnabriefen Sumur, heute Sumra nördlich von Tripolis.

9 Gebal ist das griechische Byblos, eine phönizische Küstenstadt nördlich von Beirut, heute Dschebeil.

10 Paras (= Persien) hier (und 38 5) zum ersten Mal im AT erwähnt. Vielleicht ist Paras aber (wegen der Nachbarschaft von Lud und Put) ein nordafrikanischer Stamm (die von alten Geographen erwähnten Perorsi oder Pharusii?). Es könnte auch ein textkritischer Fehler vorliegen; vielleicht ist Patros statt Paras zu lesen (Patros = Süd- oder Oberägypten). Lud (Is 66 19 Jer 46 9) ist in Afrika zu suchen vgl Gen 10 13 (hier werden die Ludim als „Söhne Ägyptens" genannt). Gen 10 22 wird ein anderes Lud genannt, das Lydien bezeichnet. Put ist Punt am Roten Meer Gen 10 6 Nah 3 9. Die drei Völker Paras, Lud, Put begegnen in verschiedener Zusammenstellung: 30 5 Kusch, Put, Lud, 38 5 Paras, Kusch, Put, Jer 46 9 Kusch, Put, Lud. Das

mannen. Schild und Helm hingen sie in dir auf; sie verschafften dir An-
sehen. 11 Die Söhne von Arwad und deine Heeresmacht waren [rings] auf
deinen Mauern, und Gamader auf deinen Türmen; ihre Schilde hingen sie
rings an deinen Mauern auf; sie machten dich vollendet schön. 12 Tarsis
machte mit dir Geschäfte wegen der Größe deines Reichtums; Silber, Eisen,
Zinn und Blei gaben sie dir zum Umsatz. 13 Jawan, Tubal und Mesek waren
deine Krämer; Sklaven und eherne Geräte verhandelten sie mit dir. 14 Aus
Bet-Togarma lieferten sie dir Rosse, Reittiere und Maultiere als Handels-
ware. 15 Die Söhne *von Rhodus* trieben Handel mit dir. Viele Inseln waren
deine Kunden; Elfenbein und Ebenholz gaben sie dir als Zahlung. 16 *Edom*
machte mit dir Geschäfte wegen der Menge deiner Erzeugnisse; Edelstein,
roten Purpur, buntgewirkten Stoff, Byssus, Korallen und Rubinstein gaben
sie dir zum Tausch. 17 Juda und das Land Israel trieben mit dir Handel;
Weizen von Minnit, *Wachs,* Honig, Öl und Balsam brachten sie dir zum
Tausch. 18 Damaskus handelte mit dir wegen der Menge deiner Erzeugnisse,

27 15 rōdān mit G; M: „Dedan“ (= 20).

16 ’ædōm mit vielen Hss Aq Syr vgl G; M: „Aram“.

17 w^e^dōnāg; M: ūphannag (= ?). Statt „Weizen von Minnit“ wird vorgeschlagen ḥiṭṭīm zajit „Weizen, Oliven“ oder b^e^ḥiṭṭīm ūn^e^kō’t „Weizen und Gummi“ (Harz vom Ladanumstrauch).

Aufhängen der Schilde dient zum Prunk vgl 1 Makk 4 57 3 Kg 10 16.

11 Zu Arwad vgl 8. Die Gamader sind nicht näher zu identifizieren, vielleicht ein aramäischer Stamm in Babylonien. G hat „Wächter“, V dagegen „Pygmaei“; Hieronymus faßt „Pygmaei“ aber nicht als Zwerge, sondern leitet das Wort vom griechischen πυγμή „Faust“ ab und versteht darunter handfeste, kämpferische Männer. Vielleicht steckt im hebräischen Äquivalent von „und deine Heeresmacht“ ein Volksstamm, so daß zu übersetzen wäre „und die Kilikier“.

12 Tarsis ist wohl Tartessus in Spanien Jer 10 9 u. ö. V „Carthago“.

13 Jawan bezeichnet zunächst Jonien, Griechenland Gen 10 2 4, dann die Bewohner der Westküste Kleinasiens und der Inseln des Ägäischen Meeres. Tubal (assyrisch Tabal) sind die Tibarener, südöstlich vom Schwarzen Meer, auch 38 2 genannt. Mesek (assyrisch Mušku) sind die Moscher, östlich von Tubal. Die beiden Länder Mesek und Tubal werden auch 32 26 38 2 39 1 und Gen 10 2 zusammengenannt. Bei Herodot erscheinen sie als Moscher und Tibarener; sie waren weithin als Metallarbeiter bekannt. Jo 4 6 wird den Phöniziern vorgeworfen, daß sie an Griechenland judäische Sklaven verkauft haben vgl auch Am 1 9.

14 Bet-Togarma, auch 38 6 genannt (assyrisch Tilgarimmu), ist wahrscheinlich mit Armenien zu identifizieren vgl Gen 10 3.

15 G hat hier richtig Rodan (= Rhodus). In M steht Dedan, das aber erst 20 genannt wird. Elfenbein und Ebenholz wurden gewöhnlich von Indien und Äthiopien geliefert.

17 Als israelitische Ausfuhrartikel werden genannt: Weizen, Wachs, Honig, Öl und Balsam. Weizen (neben Gerste) war das wichtigste Getreide Palästinas. Minnit ist nach Ri 11 33 ein ammonitischer Ort. Balsam (Harz vom Mastixbaum) wird als Heilmittel verwendet und findet sich vor allem im Ostjordanland (Gilead) vgl Jer 8 22 46 11 51 8. Nach Gen 37 25 bringen ismaelitische Kaufleute aus Gilead Gummi und Balsam nach Ägypten; Gen 43 11 werden neben anderen Erzeugnissen des Landes Kanaan, welche die Brüder Josephs nach Ägypten mitnehmen, auch Balsam, Honig und Gummi genannt. Bereits Salomo bezahlte das Zedern- und Zypressenholz von Tyrus mit Weizen und Öl 3 Kg 5 24 f.

18 Helbon (= Aleppo?) liegt nordwestlich von Damaskus, auch keilinschriftlich erwähnt, noch heute als Weinort Halbun bekannt. Nach Strabo sollen die persischen Könige diesen Wein bevorzugt haben. V „in vino pingui“.

Sachar ist nicht näher bekannt. Vielleicht ist der Text nicht in Ordnung;

wegen der Menge all (deines) Reichtums; Wein von Helbon und Wolle von
Sachar, 19 Dan und Jawan gaben sie dir zum Tausch. Von Uzal kamen (in
Barren) geformtes Eisen, Zimt und Würzrohr auf deinen Markt. 20 Dedan
handelte mit dir in Satteldecken zum Reiten. 21 Arabien und alle die Für-
sten von Qedar waren deine Kunden mit Lämmern, Widdern und Böcken;
damit waren sie deine Händler. 22 Die Kaufleute von Saba und Raëma han-
delten mit dir den besten Balsam; allerlei Edelstein und Gold gaben sie dir
zum Tausch. 23 Haran, Kanne und Eden *trieben Handel mit dir;* Assur *und*
ganz Medien machten mit dir Geschäfte. 24 Sie handelten mit dir in Pracht-
gewändern, in Mänteln von blauem Purpur und Buntstickerei, in bunt ge-
webten Teppichen, in Geflechten und festgedrehten Tauen; *so trieben sie mit*
dir Handel. 25 Die Schiffe von Tarsis standen in deinem Dienst für deinen
Handel.

So warst du voll und schwer beladen
inmitten des Meeres.

26 Auf hohe See brachten dich,
die dich ruderten.
Der Wind des Ostens zerbrach dich
inmitten des Meeres.

27 Deine Güter, deine Waren, dein Umsatz,
deine Schiffer, deine Steuerer,
deine Leckausbesserer, deine Kaufleute
und all deine Krieger,

27 23 rōk^{e}lājik; M: „Händler Sabas". — w^{e}kòl mādaj; M: kilmad (= ?).
24 bām rōk^{e}lājik; M: „auf deinem Handelsplatz".

sicherlich ist ein Eigenname gemeint. V „in lanis coloris optimi".

19 Der Anfang des Satzes „und Dan (oder ‚Wedan') und Jawan" ist wohl verderbt. „Dan" als einzelner israelitischer Stamm kann nicht gemeint sein; Jawan ist bereits 13 genannt. Uzal ist die Hauptstadt des Jemen in Südarabien vgl Gen 10 27.

20 Dedan liegt im nordwestlichen Arabien, südlich von Edom vgl 25 13 Is 21 13.

21 Qedar ist ein bedeutender Nomadenstamm in der syrisch-arabischen Wüste vgl Is 21 16 f Ps 120 5.

22 Saba liegt in Südarabien (Jemen). Die Königin von Saba hatte mit Salomo Handelsbeziehungen vgl 3 Kg 10 1-13. Auch Raëma scheint in Südarabien zu liegen; Raëma ist Gen 10 7 als Vater Sabas und Dedans genannt.

23 Haran in Mesopotamien ist aus der Patriarchenzeit bekannt vgl Gen 11 31 12 5 27 43 28 10. Kanne (assyr. Kannu) entspricht wohl Kalne in Südbabylonien Gen 10 10 oder Kalne in Nordsyrien Am 6 2 Is 10 9. Eden (assyr. Bit Adini) liegt am mittleren Euphrat vgl Is 37 12 Am 1 5. Saba (M) ist vielleicht nicht identisch mit dem Saba von 22. Sogar die Großmacht Assur stand mit Tyrus in Handelsbeziehung; nach der Zerstörung Ninives (612) ging der Handel trotzdem weiter. Neben Assur ist Medien erwähnt, die neue im Osten aufstrebende Großmacht. Statt „Medien" (so auch T) steht im M „Kilmad" (V „Chelmad"), das in der Nähe von Bagdad oder nördlich von Antiochia gesucht wird.

25 Tarsisschiffe (3 Kg 10 22 Is 2 16 u. ö.) sind große Schiffe, die bis Tarsis (Tartessus in Spanien) fahren können, also Hochseeschiffe. Vollbeladen beginnt das Schiff (Bild für Tyrus) seine Ausfahrt.

26 Auf hoher See kentert das stolze Schiff. Der Ostwind (Bild für das babylonische Heer) bringt es zum Scheitern vgl Is 27 8 Jer 18 17 Ps 48 8.

27 Das Schiff versinkt mit seiner ganzen Mannschaft und kostbaren Fracht; Tyrus mit seinen Bewohnern und seinem Reichtum wird zerstört.

die in dir sind, und der ganze Haufen,
der in deiner Mitte ist,
die sinken in die Tiefe des Meeres
am Tage deines Untergangs.

28 Beim lauten Geschrei deiner Steuerer
erzittern *die Planken.*

29 Dann steigen von ihren Schiffen
alle, die das Ruder führen;
die Matrosen, alle Steuerer des Meeres,
gehen ans Land.

30 Sie rufen recht laut über dich,
schreien jämmerlich;
sie werfen Staub auf ihr Haupt,
wälzen sich in Asche.

31 Sie scheren sich deinethalben kahl
und gürten sich Sackgewand um.
Sie weinen um dich in Seelenleid,
in bitterer Klage.

32 Sie heben über dich ein Klagelied an
und klagen um dich:
Wer war wie Tyrus *in seinem Stolz*
inmitten des Meeres?

33 Als deine Ware den Meeren entstiegen,
sättigtest du [viele] Völker;
durch die Menge deiner Güter und deiner Waren bereichertest du
die Könige der Erde.

34 *Nun bist du gescheitert* im Meere,
in den Tiefen der Wasser;
deine Waren und dein ganzer Haufen
versanken in dir.

35 Alle Bewohner der Inseln
sind entsetzt über dich;
ihre Könige erschauern in Angst,
verfärben das Angesicht.

36 Die Händler unter den Völkern (klatschen),
pfeifen dich aus.

27 28 haqqᵉrāšīm; M: „die Fluren"; V: „Flotten".
32 bᵉrūmāh; M: „wie Schweigen".
34 ʿattāh nišbart mit den Übss; M: „Zeit ... zerschmettert".

28 Die Steuermänner (Fürsten von Tyrus) sind hilflos.

29 Einige suchen Rettung bei der Katastrophe.

30-32 Der Untergang des Schiffes (von Tyrus) wird betrauert, wie man einen Toten beklagt. Als Trauergebräuche sind genannt: Staub auf das Haupt streuen Kl 2 10 u. ö., sich in Asche wälzen Jer 6 16 Mich 1 10, Kahlscheren Jer 16 6 u. ö., Trauergewänder anlegen Is 3 24 u. ö. und Totenklage halten 24 16 u. ö.

35 f Die umliegenden Insel- und Küstenbewohner ergreift Schrecken. Sie sind zugleich schadenfroh und hoffen, daß ein Teil des Großhandels von Tyrus ihnen zufällt.

Ein schreckliches Ende hast du genommen,
bist für immer dahin.

Der Hochmut des Fürsten von Tyrus

28 1 Das Wort Jahwes erging an mich also: 2 Menschensohn, sprich zum
Fürsten von Tyrus: So spricht der Herr Jahwe:
Weil hochfahrend war dein Herz
und du sprachst: Ein Gott bin ich,
einen Göttersitz bewohne ich
inmitten des Meeres,
aber du bist nur ein Mensch, kein Gott;
magst du dich (auch) dünken wie ein Gott.

3 Siehe, für weiser hieltest du dich als Daniel;
nichts Geheimes war dir zu dunkel.

4 Durch deine Weisheit und durch deine Einsicht
erwarbst du dir Vermögen;
du schafftest Gold und Silber
in deine Schatzkammern.

5 Durch die Fülle deiner Weisheit, durch dein Krämertum
mehrtest du dein Vermögen.
Aber hochfahrend war dein Herz ob deines Vermögens.

6 Deshalb spricht so der Herr Jahwe:
Weil du dich dünktest wie ein Gott,

7 darum siehe, ich bringe über dich Fremde,
die grimmigsten der Völker;
sie zücken ihre Schwerter wider deine schöne Weisheit
und entweihen deinen Glanz.

8 Zur Grube stürzen sie dich; du wirst sterben
den Tod des Erschlagenen inmitten des Meeres.

9 Wirst du dann noch sprechen: Ein Gott bin ich,
angesichts *deiner* Würger,
wo du doch nur ein Mensch bist, aber kein Gott.
in der Hand derer, die dich erschlagen?

28 9 Plur. mit Hss und Übss; M: Sing.

28 2 Als König von Tyrus regierte zur Zeit des Ezechiel Ithobaal II. Er ist der Vertreter der Stadt und zugleich der Typus des hochmütigen, gottwidrigen Herrschers. Die Hybris wird bestraft vgl Is 14 13-15. Die alte Ursünde, sich Gott gleichstellen zu wollen Gen 3 5, führt zum Sturz.

3 Die Weisheit des Daniel ist sprichwörtlich; 14 14. 20 gilt Daniel als Muster der Frömmigkeit. Der Vers ist ironisch gemeint: Du hieltest dich für weiser als alle Menschen, obwohl du so töricht bist.

4 Die Weisheit besteht in der Geschäftstüchtigkeit, die den König zu großem Reichtum brachte.

5 Der Reichtum verblendet den König. „Wehe den Reichen" klingt hier an.

7 Die Babylonier gelten als besonders grausam. Sie werden alles Prunkhafte zerstören vgl 7 24.

8 Der König von Tyrus wird das Los der Erschlagenen teilen; ohne Begräbnis, als Beute der wilden Tiere, wird er auf freiem Feld liegen.

9 Ruhmloser Tod und jähes Ende wer-

10 Den Tod Unbeschnittener wirst du sterben
durch die Hand von Fremden,
denn ich habe gesprochen — Spruch des Herrn Jahwe.

Ein Klagelied über den Fürsten von Tyrus

11 Das Wort Jahwes erging an mich also: 12 Menschensohn, hebe ein Klage-
lied an über den König von Tyrus und sprich zu ihm: So spricht der Herr
Jahwe:

Du bist ein Abdruck des Urbildes
[voller Weisheit] und von vollendeter Schönheit.
13 In Eden, dem Gottesgarten, warst du;
allerlei Edelsteine waren deine Decke:
Karneol, Topas und Jaspis, Tarsis, Onyx und Beryll, Saphir, Karfunkel und Smaragd. Von Gold war deine Fassung. Deine Buckel und Vertiefungen an dir wurden am Tage, da du geschaffen wurdest, hergestellt.
14 *Zu* einem gereckten, schirmenden Kerub gesellte ich dich;
auf heiligem Gottesberg warst du,
inmitten feuriger Steine wandeltest du.

28 14 'æt statt 'at „du".

den die ganze Armseligkeit des Königs von Tyrus zeigen.

10 Der Tod Unbeschnittener gilt als besonders schmählich. „Unbeschnittener" wird in Israel oft als Schimpfname den Philistern gegeben Ri 14 3 15 18 1 Sm 14 6 u. ö. Vielleicht glaubte man, daß die Unbeschnittenen ein besonderes Los in der Unterwelt hatten. Nach Herodot waren die Phönizier beschnitten. Vielleicht aber ist hier und an den übrigen Stellen bei Ezechiel (31 18 32 19 29-32) das hebr. Wort für „Unbeschnittene" eine Bezeichnung der Toten der Unterwelt, nämlich „Totenreichbewohner".

11-17 Der König von Tyrus wird mit dem ersten Menschen verglichen, der mit besonderen Vorzügen ausgestattet im Paradies lebte. Es sind mythische Züge verwendet, die uns nicht genau bekannt sind und von der Paradieseserzählung Gen 2—3 abweichen.

12 Die Übersetzung „Abdruck des Urbildes" ist nicht ganz sicher, wird aber dem Inhalt gerecht: Das Urbild ist Gott, der Abdruck ist der König, der wie der erste Mensch nach dem Ebenbild Gottes geschaffen ist. Man kann auch übersetzen „Siegel der Vollendung" oder „vollkommener Siegelring"; dann liegt der Vergleich in der Kostbarkeit: Du warst Gott so wertvoll wie ein Siegelring vgl Jer 22 24 Ag 2 23. Als Eigenschaften werden besonders die Weisheit und Schönheit gerühmt.

13 Der König von Tyrus weilte an einem Orte, der dem Paradiese glich. Er war so reich geschmückt, daß er mit lauter Edelsteinen bekleidet war. Die Namen der einzelnen Edelsteine sind nicht sicher zu bestimmen. Sie sind dieselben (nur in der Reihenfolge anders verteilt) wie die Edelsteine der ersten, zweiten und vierten Reihe auf dem Brustschild des Hohenpriesters Ex 27 17-21 (= 39 10-14), also neun an der Zahl; G hat die dritte Reihe ergänzt und bringt die Namen der zwölf Edelsteine wie in der Ex-Stelle. Auch Apk 21 19 f sind zwölf Edelsteine (acht davon entsprechen G in Ez 28 13) als Grundsteine der Stadtmauer des neuen Jerusalem genannt. Dazu kam noch Gold als edelstes Metall. Bereits mit der Geburt war dem König dieser Glanz in die Wiege gelegt; er brauchte sich den Reichtum nicht mühsam zu erwerben.

14 Der Kerub (vgl Gen 3 24) hatte die Aufgabe, den König zu schützen. Zu den Keruben s. zu 10 20. Der Gottesgarten ist auf dem heiligen Götterberg im hohen Norden liegend gedacht Is 14 13. Die feurigen Steine sind entweder Sterne oder Engel, in deren Gesellschaft der erste Mensch lebte. Man könnte auch an glänzende Edelsteine

15 Fehllos warst du in deinem Wandel
von dem Tage deiner Erschaffung an,
bis man Unrecht in dir erfand.

16 Durch die Menge deiner Krämerei füllte sich dein Inneres
mit Frevel, und du sündigtest.
Da verbannte ich dich vom Gottesberge,
und es tilgte dich der schirmende Kerub
mitten aus den feurigen Steinen.

17 Hochfahrend war dein Herz ob deiner Schönheit.
Du verdarbst deine Weisheit um deines Glanzes willen.
Auf die Erde stürzte ich dich hinab;
vor Königen gab ich dich preis,
sich an dir satt zu sehen.

18 Durch die Menge deiner Verschuldungen,
durch den Frevel deines Krämertums
entweihtest du dein Heiligtum.
Da ließ ich Feuer aus dir hervorgehen,
das dich verzehrte;
ich machte dich zu Asche auf der Erde
für alle, die dich sahen.

19 Alle, die dich kannten unter den Völkern,
entsetzten sich über dich.
Ein schreckliches Ende hast du genommen,
bist für immer dahin.

28 20-26 Gegen Sidon

20 Das Wort Jahwes erging an mich also: 21 Menschensohn, richte dein
Angesicht wider Sidon, weissage wider es 22 und sprich: So spricht der Herr
Jahwe: Siehe, ich will an dich, Sidon; ich verherrliche mich in deiner Mitte.
Dann werden sie erkennen, daß ich Jahwe bin, wenn ich an ihm das Gericht
vollziehe und mich an ihm heilig erweise. 23 Ich sende Pest darein und Blut
in seine Gassen; Erschlagene sollen in seiner Mitte durch das Schwert fallen,
(das) ringsum wider sie (wütet). Dann werden sie erkennen, daß ich Jahwe
bin. 24 Für das Haus Israel aber wird es keinen stechenden Dorn und schmer-
zenden Stachel mehr geben seitens aller, die ringsum wohnen, die sie (die
Israeliten) verachteten. Dann werden sie erkennen, daß ich der Herr
Jahwe bin.

denken, die den Berg umzäunen vgl Zach 2[9].

15-17 Wie der erste Mensch im Paradiese sündigte und deshalb daraus vertrieben wurde, so wird der König aus seiner Stadt verstoßen. Die Sünde bestand in seiner Krämerei und Feilscherei vgl auch [18].

21-23 Sidon stand in ältester Zeit über Tyrus (die Phönizier wurden schlechthin Sidonier genannt). Nach der Unterwerfung von Tyrus durch Nebukadnezar trat Sidon wieder den Vorrang an. Artaxerxes Ochus brachte es 348 unter persische Herrschaft. Das Orakel gegen Sidon ist auffallend kurz, der Inhalt ziemlich allgemein (Jahwe hält Gericht [22], sendet die Pest und das Schwert [23]).

24 Die Belästigungen der feindlichen Nachbarn werden in Zukunft wegfallen vgl 2[6].

25 So spricht der Herr Jahwe: Wenn ich das Haus Israel sammle aus den
Völkern, unter die es zerstreut war, dann will ich mich an ihnen heilig erweisen vor den Augen der Völker; sie sollen wohnen in ihrem Lande, das
ich meinem Knechte Jakob gegeben habe. 26 Sie sollen darin sicher wohnen,
Häuser bauen und Weinberge pflanzen; sie sollen sicher wohnen, wenn ich das Gericht vollstrecke an allen, die sie ringsum verachtet haben. Dann werden sie erkennen, daß ich, Jahwe, ihr Gott bin.

29 1 - 32 32 Gegen Ägypten

Der Untergang Pharaos und Ägyptens

29 1 Im zehnten Jahre, im zehnten (Monat), am zwölften des Monats erging
das Wort Jahwes an mich also: 2 Menschensohn, richte dein Angesicht gegen
den Pharao, den König von Ägypten, weissage wider ihn und wider ganz
Ägypten, 3 [rede] und sprich: So spricht der Herr Jahwe:

Siehe, ich will an dich, Pharao,
[König von Ägypten,]
du großer Drache, der da lagert
inmitten seiner Nile,
der spricht: Mein sind *die* Nil*e*,
ich habe *sie* geschaffen.
4 Ich lege Haken an deine Kinnbacken,
ich lasse die Fische deiner Nile an deinen Schuppen kleben
und ziehe dich aus deinen Nilen
mitsamt allen Fischen deiner Nile,
die an deinen Schuppen kleben.
5 Ich werfe dich in die Wüste,
dich und alle Fische deiner Nile.
Auf freiem Felde fällst du,
wirst nicht aufgelesen noch *begraben;*

29 3 Plur. mit G wie 9; M: „mein Nil". — „sie" mit G; M: „mich".
5 tiqqābēr mit einigen Hss und T; M: „eingesammelt werden".

25 f Israel kehrt in die Heimat zurück, baut die zerstörten Häuser auf, treibt Weinbau und kann friedlich wohnen, weil die feindlichen Nachbarvölker vernichtet sind.

29 1 Datum: Januar 586 (Zeit der Belagerung Jerusalems). Die Exulanten setzen wie die Einwohner Jerusalems ihre Hoffnung auf Ägypten.

2 Hier ist der Pharao Hophra (588 bis 569) gemeint vgl 17 7 f Jer 44 30.

3 Der Vergleich mit dem Drachen findet sich auch 32 2-8. Der Drache ist ein sagenhaftes Ungetier, das seine Vorlage am Krokodil (nicht am Flußpferd) hat vgl Job 40 25-41 26. Der Vergleich mit dem Krokodil war in Ägypten geläufig. Es galt als Sinnbild königlicher Macht und Größe und genoß göttliche Verehrung.

Die Überhebung des Pharao besteht darin, daß er sich die Schöpfertätigkeit zulegt und sich damit Gott gleichstellt. Der Pharao wird vor allem an das ausgedehnte Kanalsystem denken, das er hat anlegen lassen.

4 Die Fische an den Schuppen sind die Untertanen des Pharao. Auch Herodot erzählt, daß das Krokodil mit Haken gefangen wurde.

5 Das Fleisch des gefangenen Krokodils kann man nicht verwenden vgl Job 40 30; es wird auf das Festland geworfen, wo es den wilden Tieren und Vögeln zum Fraße dient. So geht es dem Pharao; er wird getötet, aber nicht be-

dem Wild des Feldes und den Vögeln des Himmels
gebe ich dich zum Fraße.
6 Dann werden alle Bewohner Ägyptens erkennen,
daß ich Jahwe bin.

Weil *du* eine Stütze von Schilfrohr für das Haus Israel *warst* — 7 wenn sie
dich mit *der* Hand fassen wollten, da knicktest du und rissest ihnen die
ganze *Hand* auf, und wenn sie sich auf dich stützen wollten, zerbrachst du
und ließest ihnen alle ihre Hüften *wanken.* — 8 Darum spricht (so) der Herr
Jahwe: Siehe, ich bringe über dich das Schwert und vertilge aus dir Men-
schen und Vieh. 9 Das Land Ägypten wird zur Wüste und Einöde. Dann wer-
den sie erkennen, daß ich Jahwe bin. *Weil du* gesagt *hast:* Mein *sind die*
Nile, ich habe *(sie)* gemacht, 10 darum siehe, ich will an dich und deine Nile;
ich mache das Land Ägypten zur Wüste und Einöde von Migdol bis Syene
und bis zur Grenze Äthiopiens. 11 Keines Menschen Fuß wird es durchwan-
dern, auch keines Tieres Fuß wird es durchschreiten; nicht soll es vierzig
Jahre lang bewohnt werden. 12 Ich mache das Land Ägypten zur Wüste in-
mitten verödeter Länder, und seine Städte sollen inmitten verwüsteter
Städte [als Wüste] vierzig Jahre lang liegen; ich zerstreue die Ägypter unter
die Völker und versprenge sie in die Länder.

13 Denn so spricht der Herr Jahwe: Nach Ablauf von vierzig Jahren werde
ich die Ägypter aus den Völkern sammeln, wohin sie zerstreut waren.
14 Dann wende ich das Geschick der Ägypter und bringe sie in das Land
Patros zurück, in das Land ihrer Herkunft; daselbst aber sollen sie (nur) ein
geringes Reich bilden. 15 Im Vergleich zu den anderen Reichen soll es un-
bedeutend sein und sich nicht mehr über die Völker erheben; ich mache sie
klein, daß sie nicht (mehr) über die Völker herrschen können. 16 *Sie werden*
nicht mehr das Vertrauen des Hauses Israel *gewinnen,* sondern die Schuld

29 6 2. Pers. Sing. mit G V Syr; M: 3. Pers. Plur.
7 bakkaph mit Qere und vielen Hss; M (Ketib): „mit deiner Hand". — kāph mit G Syr; M: „Schulter". — wehimʿadtā mit Syr; M: „du machtest stehen".
9 2. Pers. Sing. mit G V Syr; M: 3. Pers. Sing. — Plur. mit G; M: Sing.
16 Plur. mit den Übss; M: Sing.

graben; sein Leichnam wird den Raubvögeln hingeworfen (ebenso 32 4 f).

6 Das Rohr, das zahlreich am Ufer des Nils wächst, ist Bild der Unsicherheit und Unzuverlässigkeit Is 36 6 (=4 Kg 18 21) Lk 7 24.

7 Wie das Nordreich 4 Kg 17 4, so bat auch Juda kurz vor seinem Ende Ägypten um Hilfe 23 19-21 30 21-26. Beide Male war die Zuflucht nach Ägypten umsonst. Pharao Hophra suchte zwar Jerusalem zu entsetzen, konnte aber keine wirksame Hilfe bringen Jer 37 5-10.

8 f Ägypten wird völlig zerstört. Der Nil, die Lebensader des Landes, wird versiegen.

10 Migdol (vgl Ex 14 2 Jer 44 1 46 14) ist der nördliche Grenzpunkt Ägyptens (wahrscheinlich das heutige Tell es-Samūt, östlich von Kantara). Syene ist Assuan im Süden an der äthiopischen Grenze; dieselbe Grenzbestimmung 30 6. Kusch ist Äthiopien.

11 f Zerstörung und Entvölkerung Ägyptens werden vierzig Jahre dauern; dieselbe runde Zahl gibt Ezechiel für Juda 4 6 an.

13-15 Nach der Wiederherstellung wird Ägypten auf Patros (= Oberägypten) als unbedeutendes Reich beschränkt werden. Patros gilt nach Herodot als Ursprungsland der Ägypter. Auch Jer 46 26 wird die Wiederherstellung Ägyptens verheißen.

16 Durch die Erniedrigung des Nillandes ist die verwerfliche Bündnispolitik Judas vereitelt. Das Weiterbestehen Ägyptens als kleines Reich wird Juda immer vorwurfsvoll daran erinnern, daß es sich ihm vertrauensselig an-

in Erinnerung bringen, daß jene sich ihnen angeschlossen haben. Dann werden sie erkennen, daß ich der Herr Jahwe bin.

Ein Nachtrag: Das Land Ägypten als Sold für Nebukadnezar

17 Es geschah im siebenundzwanzigsten Jahre, im ersten (Monat), am
ersten des Monats, da erging das Wort Jahwes an mich also: 18 Menschen-
sohn, Nebukadrezar, der König von Babel, hat sein Heer gegen Tyrus schwe-
ren Dienst tun lassen; jedes Haupt ist kahl und jede Schulter abgeschunden,
aber Sold hat weder er noch sein Heer von Tyrus für den Dienst erhalten,
den er gegen es verrichtet hat. 19 Darum spricht so der Herr Jahwe: Siehe,
ich gebe Nebukadrezar, dem König von Babel, das Land Ägypten, damit er
dessen Reichtum wegschleppe, dessen Beute erbeute und dessen Raub raube;
dies soll seinem Heere als Sold dienen. 20 Als seinen Lohn, um den es Dienst
getan, gebe ich ihm das Land Ägypten, weil sie für mich gearbeitet haben —
Spruch des Herrn Jahwe.

21 An jenem Tage will ich dem Hause Israel ein Horn sprossen lassen und
deinen Mund in ihrer Mitte öffnen. Dann werden sie erkennen, daß ich
Jahwe bin.

Der Tag Jahwes über Ägypten

30 1 Das Wort Jahwes erging an mich also: 2 Menschensohn, weissage und
sprich: So spricht der Herr Jahwe: Heulet! Ach, ein Tag! 3 Denn nahe ist
[ein Tag, ja nahe ist] der Tag Jahwes. Ein Tag des Gewölkes, die Zeit der
Völker wird er sein. 4 Das Schwert kommt nach Ägypten; Zittern wird sein
in Kusch, wenn Erschlagene in Ägypten fallen, wenn man seinen Reichtum

schloß, während doch Jahwe allein helfen konnte.

17 Datum: April 570. Das späte Datum zeigt, daß hier ein Nachtrag steht, der die Reihenfolge der Ereignisse unterbricht.

18-20 Die Belagerung von Tyrus (26-28) hatte für Nebukadnezar nicht den vollen Erfolg, obwohl er alles anwandte, um es zu zerstören. Jahwe will den König von Babel mit Ägypten entschädigen nach dem Grundsatz: „Jeder Arbeiter ist seines Lohnes wert". Nebukadnezar hatte wohl versucht, vom Festland aus einen Damm zu bauen, und damit seine Leute sehr geplagt. Die Beute bei der Eroberung Ägyptens soll sie dafür entschädigen. Jer 43[8-13] 44[30] 46[13-26] ist die Eroberung Ägyptens durch Nebukadnezar geweissagt. Er kämpfte 568/67 gegen Ägypten; über Verlauf und Erfolg dieses Krieges fehlen bestimmte Nachrichten.

21 Der biblische Ausdruck „ein Horn sprossen lassen" besagt Macht und Sieg verleihen vgl 1 Sm 2[1] Jer 48[25] Ps 75[11] u. ö. Nach der Besiegung Ägyptens wird Israel wieder erstarken und Ansehen gewinnen. Vielleicht ist „Horn" auf den Messias zu deuten vgl Ps 132[17] („Jahwe läßt für David ein Horn sprossen"). Der Prophet nimmt seine Predigttätigkeit wieder auf. War er verstummt, weil ihm seine Hörer wegen der Nichterfüllung der Weissagung gegen Tyrus Schwierigkeiten machten und seinen Worten keinen Glauben mehr schenkten?

30 2f Der Tag Jahwes ist das Gericht Jahwes, das zunächst über die Ägypter ergeht, aber als Typus des Weltgerichtes alle Völker 32[7f] einbezieht.

4 Das Schwert führt Nebukadnezar vgl [10f]. Der Schrecken wird auch auf das Nachbarland im Süden, auf Kusch (Äthiopien), übergreifen vgl [9]. Die „Grundfesten" (Bild des Hauses) sind die Hilfsvölker vgl [5].

fortschleppt und seine Grundfesten eingerissen werden. 5 Kusch, Put und
Lud, ganz *Arabien und Lybien* und die Söhne [des Landes] des Bundes [mit
ihnen] werden durch das Schwert fallen. 6 So spricht Jahwe: Die Stützen
Ägyptens fallen, seine stolze Pracht wird stürzen; von Migdol bis Syene
werden sie darin durch das Schwert fallen — Spruch des Herrn Jahwe.
7 *Es wird* verwüstet *sein* inmitten verwüsteter Länder, und seine Städte wer-
den inmitten verödeter Städte liegen. 8 Dann werden sie erkennen, daß ich
Jahwe bin, wenn ich Feuer an Ägypten lege und alle seine Helfer zusam-
menbrechen. 9 An jenem Tage werden Boten [von mir] ausgehen *in Eile,* um
Kusch in seiner Ruhe aufzuschrecken. Zittern wird sein unter ihnen wie am
Tage Ägyptens; denn siehe, es kommt.

10 So spricht der Herr Jahwe: Ich mache ein Ende dem Gepränge Ägyp-
tens durch die Hand Nebukadrezars, des Königs von Babel. 11 Er und sein
Volk [mit ihm], die grimmigsten unter den Völkern, werden herbeigeholt,
um das Land zu vernichten. Sie zücken ihre Schwerter wider Ägypten und
bedecken das Land mit Erschlagenen. 12 Ich lege die Nile trocken und ver-
kaufe das Land an Bösewichter; ich verwüste das Land und seine Fülle
durch die Hand von Fremden. Ich, Jahwe, habe gesprochen.

13 So spricht der Herr Jahwe: Ich vernichte die Götzen und mache ein
Ende *den Großen* von Noph und *den* Fürst*en* aus dem Lande Ägypten, daß
sie nicht mehr *seien;* ich setze das Land Ägypten in Furcht. 14 Ich verwüste
Patros, lege Feuer an Soan und halte Gericht über No. 15 Ich gieße meinen
Grimm aus über Sin, das Bollwerk Ägyptens, und vernichte das Gepränge
von *Noph.* 16 Ich lege Feuer an Ägypten, furchtbar zittern wird *Syene;* in

30[5] Punktiere ʿarāb mit Syr Aq Sym; M: „Völkergemisch" vgl Jer 25[20] [24]. — w[e]lūb; M: „und Kub" (unbekannt).
[7] Sing. mit G; M: Plur.
[9] ʾāṣīm mit G Syr; M: „auf Schiffen".
[13] ʾēlīm G; M: „die Götzen". — Plur. mit G; M: Sing.
[15] Noph nach G; M: „No".
[16] Syene nach G; M: „Sin". — w[e]niphr[e]ṣū ḥōmōtæhā; M: „und Noph, Bedränger am Tage".

[5] Zu den drei Ländern Kusch, Put und Lud vgl 27[10]. „Söhne des Landes (fehlt in G) des Bundes" sind wohl die übrigen Bundesgenossen (arabische Männer in Ägypten). Manche wollen „Bundesland" auf Israel beziehen, also Israeliten, genauer jüdische Söldnertruppen im ägyptischen Heer, darunter verstehen.

[6] Die „Stützen Ägyptens" sind die einzelnen Hilfsvölker und Verbündeten. Zur Grenzangabe „von Migdol bis Syene" vgl 29[10].

[7] Dieselben Aussagen wie 29[10] [12].

[9] Eilboten bringen die Schreckenskunde von der Zerstörung Ägyptens nach Kusch (Äthiopien) vgl [4]. Der Tag Ägyptens ist das Gericht vgl [2 f].

[10-12] bringen die nähere Ausführung von [4 f]. Das Austrocknen des Nils bedeutet für Ägypten Hungersnot vgl 29[10] Is 19[5 f].

[13] Der Götzenkult und die Pharaonendynastie werden aufhören. Noph ist Memphis, die alte Hauptstadt Unterägyptens, vierzig Kilometer südlich von Kairo.

[14] Zu Patros (Oberägypten) vgl 29[14]. Soan (G „Tanis", V „Taphnis") liegt im östlichen Nildelta. No (G „Diospolis", V „Alexandria") ist das „hunderttorige" Theben, die alte Hauptstadt Oberägyptens (Ruinen bei dem heutigen Luxor und Karnak). Theben war der Hauptsitz des Amon-Kultes vgl Jer 46[25]; sie heißt deshalb Nah 3[8] No-Amon.

[15] Sin (G „Syene") ist Pelusium (so richtig V) an der Nordostgrenze; es war als Grenzfestung stark ausgebaut. Noph ist Memphis vgl [13].

[16] Syene ist Assuan vgl 29[10]. No ist Theben vgl [14].

No wird Bresche gelegt, *und seine Mauern sollen niedergerissen werden.*
17 Die Jünglinge von *On* und Pibeset sollen durch das Schwert fallen, und sie
selbst (die Bewohner der Städte) wandern in die Gefangenschaft. 18 In Tach-
panches wird sich der Tag verfinstern, wenn ich daselbst *die Zepter* Ägyptens
zerbreche; zu Ende geht es in ihm mit seiner stolzen Pracht. Gewölk wird es
bedecken, und seine Töchter wandern in die Gefangenschaft. 19 So halte ich
Gericht über Ägypten. Dann werden sie erkennen, daß ich Jahwe bin.

Der zerschmetterte Arm des Pharao

20 Es geschah im elften Jahre, im ersten (Monat), am siebten des Monats,
da erging das Wort Jahwes an mich also: 21 Menschensohn, den Arm des
Pharao, des Königs von Ägypten, zerbreche ich, und siehe, nicht wird er ver-
bunden, um ihm Heilung zu schaffen durch Anlegen eines Verbandes [ihn zu
verbinden], daß er wieder Kraft bekäme, das Schwert zu ergreifen. 22 Darum
spricht so der Herr Jahwe: Siehe, ich will an den Pharao, den König von
Ägypten; ich zerbreche *seinen* starken *Arm* [und zerbrochenen] und lasse das
Schwert seiner Hand entsinken. 23 Ich zerstreue die Ägypter unter die Völker
und versprenge sie in die Länder. 24 Aber die Arme des Königs von Babel
will ich stark machen und ihm mein Schwert in die Hand geben; dagegen zer-
breche ich die Arme des Pharao, daß er vor ihm stöhnt wie Erschlagene stöh-
nen. 25 Ja, ich mache die Arme des Königs von Babel stark, aber die Arme
des Pharao sollen sinken. Dann wird man erkennen, daß ich Jahwe bin, wenn
ich mein Schwert in die Hand des Königs von Babel lege, daß er es über das
Land Ägypten schwinge. 26 Ich zerstreue die Ägypter unter die Völker und
versprenge sie in die Länder. Dann werden sie erkennen, daß ich Jahwe bin.

Das Gleichnis vom Pharao als Prachtbaum

31 1 Es geschah im elften Jahre, im dritten (Monat), am ersten des Monats,
da erging das Wort Jahwes an mich also: 2 Menschensohn, sprich zum Pharao,
dem König von Ägypten, und zu seinem Gepränge:

Wem bist du gleich in deiner Größe?

30 17 Punktiere mit G V 'ōn; M: „Nichtigkeit".
18 Punktiere mit G V maṭṭōt; M: „Jochbalken".
22 Sing.; M: Plur.

17 On ist Heliopolis in Unterägypten, nordöstlich von Kairo. Es war durch seinen Sonnenkult berühmt vgl Jer 43 13. Pibeset ist Bubastis im östlichen Delta. Es besaß nach Herodot den schönsten aller Tempel, der ein Hauptziel vieler Wallfahrer war; alljährlich sollen sich dort siebenhunderttausend Männer versammelt haben.

18 Tachpanches ist das griechische Daphne, heute Tell Defenne, im östlichen Nildelta in der Nähe von Pelusium vgl Jer 2 16. Hier war ein Palast des Pharao vgl Jer 43 8 f, der zerstört werden soll; darauf weist der Ausdruck „die Zepter Ägyptens zerbrechen" hin.

20 Datum: April 586 (drei Monate vor dem Fall Jerusalems).

21-26 Ezechiel hat die geschichtlichen Ereignisse im Auge, als ein ägyptisches Heer gegen die babylonischen Belagerer von Jerusalem heranzog Jer 37 5-10. Die Babylonier mußten zeitweilig die Belagerung aufgeben, um das ägyptische Heer zu zerschlagen. Jahwe hat die Absicht, den König von Babel zum Ziel (Eroberung Jerusalems) zu führen. „Die Arme zerbrechen" 21 22 24 bedeutet eine Niederlage bereiten; „die Arme stark machen" 24 25 besagt zum Siege verhelfen vgl 1 Sm 2 31 Jer 48 25.

31 1 Datum: Juni 586 (einen Monat vor dem Fall Jerusalems).

3 Siehe, eine *Teassurzeder* auf dem Libanon bist du,
schön von Geäst, *den Wald überschattend*,
und ragenden Wuchses;
zwischen den Wolken
war ihr Wipfel.
4 Wasser machte sie groß;
Urflut trieb sie in die Höhe.
Ihre Ströme *ließ sie fließen*
rings um ihre Pflanzstätte;
ihre Rinnsale leitete sie
an alle Bäume des Feldes.
5 Darum überragte ihr Wuchs
alle Bäume des Feldes;
ihre Zweige mehrten sich,
und ihre Äste erstreckten sich
ob des reichlichen Wassers
[bei ihrem Aussenden].
6 In ihren Zweigen nisteten
alle Vögel des Himmels,
und unter ihren Ästen gebar
alles Wild des Feldes;
in ihrem Schatten wohnten
[alle] viele Völker.
7 Sie ward schön in ihrer Größe,
durch die Länge ihrer Zweige;
denn ihre Wurzel stand
an reichlichem Wasser.
8 Zedern kamen ihr nicht gleich
im Garten Gottes;
Zypressen nahmen es nicht auf
mit ihren Zweigen,
und Platanen hatten nicht
Äste wie sie.

31 3 teʾaššūr vgl 27 6; M: „Assur, Zeder". — Stelle um: ūmēṣēl ḥōræš; M: „ein schattiger Wald".
4 hōlīkāh mit G; M: „gehend".

3 Nach einer sicher richtigen Textverbesserung (wie 27 6) ist der Teassurbaum gemeint, der auch Is 41 19 60 13 genannt wird. Es ist eine Zedernart (Serbingzeder oder Fichte). Bei der Schilderung dieses Prachtbaumes werden Züge von dem sagenhaften Welten- oder Lebensbaum verwendet: die große Höhe, die weite Krone, das Getier in seinen Zweigen und die Menschen in seinem Schatten. Der Vergleich eines Königs mit einer Zeder ist beliebt und passend, weil er die Größe und Macht gut darstellt vgl 17 3 Dan 4 7-9.

4 f Die Zeder wurde besonders reichlich durch die „Ströme" bewässert, während die übrigen Bäume nur wenig Wasser durch die „Rinnsale" erhielten. Wegen der guten Bewässerung gedieh das Reich und überragte die anderen an Größe.

6 Zum Bild des „Weltenbaums" s. zu 17 23. Viele Völker gehörten zu Ägypten.

8 f Die Zeder war schöner als alle Bäume des Paradieses, das hier als stattlicher Wald, nicht als Obstgarten Gen 2 9 16 f dargestellt wird. Ägyptens Macht war sagenhaft groß.

Kein Baum im Garten Gottes
kam ihr gleich an Schönheit.
9 Schön hatte ich sie gemacht
in der Fülle ihrer Triebe;
alle Bäume Edens beneideten sie,
die im Garten Gottes standen.

10 Darum spricht so der Herr Jahwe: Weil *sie* hoch *war* an Wuchs, ihren
Wipfel bis in die Wolken streckte und ihr Herz hochfahrend war ob ihrer
Größe, 11 so gab ich sie in die Hand eines Mächtigen unter den Völkern,
damit er streng mit ihr nach ihrer Bosheit verfahre; ich schaffte sie fort.
12 Da hieben sie Fremde, die grimmigsten der Völker, nieder und warfen sie
auf die Berge; in alle Täler fielen ihre Triebe, und es zersplitterten ihre Äste
in allen Schluchten der Erde. Da entstiegen ihrem Schatten alle Völker der
Erde und warfen sie hin. 13 Auf ihrem gefällten Stamm ließen sich alle Vögel
des Himmels nieder, und auf ihren Ästen weilte alles Wild des Feldes, 14 da-
mit kein mit Wasser versorgter Baum mehr in seinem Wuchs hoch würde
noch seinen Wipfel bis in die Wolken streckte, und damit nicht mehr alle
Wassertrinker mit ihrer Größe sie (die Wolken) überragten. Denn sie alle
sind dem Tode preisgegeben, kommen in die Unterwelt, mitten unter die
Menschenkinder, zu denen, die in die Grube gestiegen.

15 So spricht der Herr Jahwe: Am Tage, da sie zur Unterwelt hinabfuhr,
ließ ich über sie trauern [verhüllte ich] die Urflut und hielt ihre Ströme
zurück, so daß die reichlichen Wasser aufhörten; ich kleidete ihretwegen den
Libanon in Schwarz, und alle Bäume des Feldes *verschmachteten* ihretwegen.
16 Ob des Gedröhns ihres Falles ließ ich Völker erbeben, als ich sie in die
Unterwelt hinabstieß zu denen, die in die Grube gestiegen. Da trösteten sich
in der Unterwelt alle Bäume Edens, die Erlesensten [und Besten] des Liba-
non, alle Wassertrinker. 17 Auch sie stiegen mit ihr in die Unterwelt hinab,
hin zu den Schwerterschlagenen; *die* unter ihrem Schatten *wohnten, wurden*
mitten unter die Völker *zerstreut.* 18 Wem warst du gleich *[an Kraft,]* an

31 10 3. Pers. mit V Syr; M: 2. Pers.
15 Plur. mit den Übss; M: Sing.
17 w^{e}zōr^{e}ʿū jōšbē vgl G; M: „und sein Arm, sie wohnten".
18 b^{e}ko^{a}ḥ mit Th; M: kākāh „so".

10 Die Hybris des Pharao führt zum Sturz. „Gott läßt die Bäume nicht in den Himmel wachsen."

11 f Die Babylonier werfen Ägypten nieder. Die Nachbarvölker, die sich im Schutz Ägyptens geborgen fühlten, ziehen sich von der gestürzten Großmacht zurück.

13 Wie auf einem Aas versammeln sich die Völker in Ägypten, um Beute zu machen.

14 Aus dem Schicksal Ägyptens sollen die übrigen Völker lernen. „Hochmut kommt vor dem Fall." Die „Wassertrinker" (ebenso 16) sind die Bäume, deren Wurzeln vom Grundwasser gespeist werden. Der Pharao muß in die Unterwelt hinab. „Der Tod macht alle gleich."

15-17 Der Sturz des Pharao macht einen tiefen Eindruck auf die ganze Welt. Alles trauert um ihn. Die Quellen des Niles versiegen; der Libanon hüllt sich in Wolken. Die Völker erbeben, weil ihnen ein gleiches Schicksal droht. Die Toten in der Unterwelt freuen sich, daß auch der Pharao das nämliche Los wie sie erleidet (ebenso Is 14 8). Durch den Sturz des Pharao sind auch die mit ihm verbündeten Völker dem Untergang preisgegeben.

18 Zum Tode der Erschlagenen und Unbeschnittenen vgl 28 10. Die Ägypter wa-

Pracht und Größe unter den Bäumen Edens? Und doch wurdest du hinabgestürzt mit den Bäumen Edens in die Unterwelt; inmitten Unbeschnittener liegst du bei den Schwerterschlagenen. So geht es dem Pharao und all seinem Gepränge — Spruch des Herrn Jahwe.

Ein Klagelied über den Pharao, den Drachen

32 1 Es geschah *im elften* Jahre, im zwölften Monat, am ersten des Monats,
da erging das Wort Jahwes an mich also: 2 Menschensohn, hebe ein Klage-
lied an über den Pharao, den König von Ägypten, und sprich zu ihm:

Wie ein Fischlein des Meeres bist du vernichtet,
und warst doch wie der Drache in den Meeren,
sprudeltest *mit deinen Nüstern,*
trübtest das Wasser mit deinen Füßen
und wühltest auf seine Fluten.
3 So spricht der Herr Jahwe:
Ich breite mein Netz über dich aus
[durch die Versammlung vieler Völker]
und *ziehe* dich heraus in meinem Garn.
4 Ich werfe dich hin aufs Land,
aufs freie Feld schleudere ich dich.
Ich lasse alle Vögel des Himmels sich auf dir setzen
und sättige mit dir alles Wild der Erde.
5 Dann lege ich dein Fleisch auf die Berge
und fülle die Täler mit deinem Aas.
6 Ich tränke die Erde mit deinem Ausfluß
[mit deinem Blut] auf den Bergen;
die Schluchten sollen sich füllen *mit deinem Blut.*
7 Ich verhülle den Himmel bei deinem Erlöschen
und mache finster seine Sterne.
Die Sonne hülle ich in Gewölk,
und der Mond läßt sein Licht nicht leuchten.
8 Alle Lichter des Himmels
verdunkle ich um deinetwegen;
ich bringe Finsternis über dein Land —
Spruch des Herrn Jahwe.

32 1 „im elften" mit 13 hebr. Hss, einigen G-Hss und Syr; M: „im zwölften".
2 kephî dag jām; M: „Jungleu unter den Völkern". — bineḥîrækā; M: „in deinen Flüssen".
3 Erste Person Sing. mit G V; M: dritte Person Plur.
6 middāmækā; M: „mit dir".

ren beschnitten vgl 32 19 32. Der Pharao wird einen schmählichen Tod erleiden und einen schlechten Platz in der Unterwelt finden.

32 1 Datum: März 585.

2 Der Vergleich mit dem Drachen auch 29 3-5. Das „Meer" ist der Nil vgl Is 19 5 Nah 3 8.

3 Das Netz versinnbildet die Gefangennahme vgl 12 13 17 20 19 8. Auch im babylonischen Weltschöpfungsepos „Enuma elisch" fängt Marduk die Tiamat mit einem Netz.

4 f Das Aas wird den wilden Tieren und Vögeln zum Fraße hingeworfen. Der Pharao erhält kein Begräbnis. Dieselbe Aussage 29 5.

7 f Die Verfinsterung von Sonne, Mond und Sternen gehört zum Gerichtstag Jahwes vgl 30 3 („Tag des Gewölkes")

Weitere Drohungen

9 Ich mache das Herz vieler Völker bekümmert, wenn ich *deine Gefangenen*
unter die Völker bringe, in Länder, die du nicht kennst. 10 Ich lasse viele
Völker sich über dich entsetzen, und ihre Könige werden um deinetwegen
erschaudern, wenn ich mein Schwert vor ihren Augen schwinge; sie werden
immerfort zittern, ein jeder um sein Leben, am Tage deines Sturzes.
11 Denn so spricht der Herr Jahwe: Das Schwert des Königs von Babel
wird über dich kommen. 12 Durch Schwerter von Helden will ich dein Ge-
pränge fällen, die grimmigsten der Völker sind sie alle; sie verheeren die
Pracht Ägyptens und all sein Gepränge wird vernichtet. 13 Ich vertilge all
sein Getier aus den vielen Wassern; nicht mehr wird eines Menschen Fuß sie
trüben noch *der Huf* des Viehes sie aufwühlen. 14 Dann lasse ich ihr Wasser
sich klären und ihre Ströme wie Öl dahingleiten — Spruch des Herrn Jahwe.
15 Wenn ich [das Land] Ägypten zur Wüste mache und das Land seiner Fülle
entblößt wird, wenn ich alle seine Bewohner schlage, dann werden sie er-
kennen, daß ich Jahwe bin.
16 Ein Klagelied ist dies, und man wird es singen; die Töchter der Völker
werden es singen, über Ägypten und über all sein Gepränge werden sie es
singen — Spruch des Herrn Jahwe.

Die Höllenfahrt des Pharao

17 Es geschah im zwölften Jahre, *(im ersten Monat,)* am fünfzehnten des
Monats, da erging das Wort Jahwes an mich also: 18 Menschensohn, weh-
klage über (Pharao und) das Gepränge Ägyptens und lasse es hinabsteigen,
du und die Töchter herrlicher Völker, zur Unterwelt, zu denen, die in die
Grube gestiegen! 19 Wen übertriffst du an Vorzügen? Steig hinab und leg dich
zu den Unbeschnittenen hin! 20 Inmitten Schwerterschlagener fallen sie
(durchs) Schwert, *und man bereitet ein Lager bei ihnen all ihrem Gepränge.*
21 Die Mächtigsten der Helden sprechen zu ihm mitten aus der Unterwelt:
Mitsamt seinen Helfern steigen sie hinab (und) liegen (inmitten) Unbeschnit-
tener (und) Schwerterschlagener.

32 9 šibjekā mit G; M: „deine Zerschmetterung".
13 Sing. mit G V; M: Plur.
17 Ergänze mit G bārīšōn.
18 'attāh statt 'ōtāh „sie".
20 wenātenū miškab 'ittām lekòl hamōnām; M: „(Das Schwert) ist gegeben (bestimmt), sie ziehen es und all sein Gepränge"(?).

Is 13 10 Am 5 18 8 9 Jo 2 10 3 4 4 15. Das Gericht an Ägypten ist ein Vorbild des Weltgerichts 30 2 f.

9 f Sogar weit entfernte Völker werden das Gericht über Ägypten erfahren und darob erzittern vgl 26 16 27 35. Sie fürchten ihren eigenen Untergang.

11-15 Ähnliche Gedanken wie 29 10-12 30 10-12. Wenn alle Menschen und sämtliches Vieh vernichtet sind, dann wird der Nil und seine Kanäle durch das Tränken und Befahren nicht mehr getrübt werden 14.

16 Die benachbarten Völker werden als Klageweiber (vgl Jer 9 16 f Mk 5 38 f) die Totenklage über Ägypten halten.

17 Datum: April 585.

18 Durch seine Totenklage zwingt der Prophet gleichsam Pharao und seinen Anhang in die Unterwelt hinab.

19 f Die Schönheit bietet keine Gewähr dafür, daß der Pharao nicht dem Tode verfallen ist. Zum „Liegen bei den Unbeschnittenen" und zum Tod der „Erschlagenen" vgl zu 28 10. Das Schwert ist den Babyloniern in die Hand gegeben, um das Gericht an Ägypten zu vollziehen.

22 Da ist Assur und all sein Aufgebot, rings um ihn sind seine Gräber,
lauter Erschlagene, gefallen durch das Schwert. 23 Dessen Gräber legte man
an den äußersten Rand der Grube, und dessen Aufgebot liegt rings um sein
Grab, lauter Erschlagene, gefallen durch das Schwert, die (einst) Schrecken
im Lande der Lebendigen verbreiteten.

24 Da ist Elam und all sein Gepränge, rings um sein Grab, lauter Erschla-
gene, gefallen durch das Schwert, die unbeschnitten hinabstiegen in die
Unterwelt, die (einst) ihren Schrecken im Lande der Lebendigen verbreiteten
und (nun) ihre Schmach tragen mit denen, die in die Grube gestiegen. 25 In-
mitten Erschlagener bereitete man ihm mit all seinem Gepränge ein Lager;
rings um ihn her sind seine Gräber, lauter Unbeschnittene (und) Schwert-
erschlagene; denn ihr Schrecken verbreitete sich (einst) im Lande der Le-
bendigen, und (nun) tragen sie ihre Schmach mit denen, die in die Grube
gestiegen. Inmitten Erschlagener *wurden sie* gelegt.

26 Da ist Mesek (und) Tubal und all sein Gepränge, rings um sie sind ihre
Gräber, lauter Unbeschnittene (und) Schwerterschlagene; denn sie haben
(einst) ihren Schrecken im Lande der Lebendigen verbreitet. 27 Sie liegen
nicht bei den Helden, die *in der Urzeit* gefallen sind, die mit ihrer Kriegs-
rüstung in die Unterwelt gefahren sind, denen man ihre Schwerter unter ihr
Haupt gelegt hat und *deren Schilder* auf ihren Gebeinen lagen; denn ein
Schrecken waren die Helden im Lande der Lebendigen. 28 Auch du sollst
inmitten Unbeschnittener zerschmettert werden und bei Schwerterschlage-
nen liegen.

29 Da ist Edom [seine Könige] und all seine Fürsten, die trotz ihrer Helden-
taten zu den Schwerterschlagenen gelegt wurden; sie liegen bei den Un-
beschnittenen, bei denen, die in die Grube gestiegen.

30 Da sind die Fürsten des Nordens insgesamt und alle Sidonier, die mit
den Erschlagenen hinabgestiegen sind, die trotz des Schreckens ob ihrer
Heldentaten beschämt worden sind; sie liegen unbeschnitten bei den Schwert-

32 25 Plur. mit G V T; M: Sing.
27 mēʿōlām mit G; M: „von den Unbeschnittenen". — ṣinnōtām; M: „ihre Verschuldungen".

22-30 Die Unterwelt hat für die einzelnen Könige mit ihren Völkern verschiedene Plätze. Genannt werden: Assur 22 f, Elam 24 f, Mesek und Tubal 26-28, Edom 29, die Nordvölker 30. Um das Grab des jeweiligen Königs liegen die Untertanen.

22 f Assur, das um 612 durch die Eroberung von Ninive zugrunde ging, liegt im tiefsten Abgrund.

24 f Elam, das alte Reich östlich von Babylonien und nördlich vom Persischen Golf, wurde durch Assurbanipal um 650 besiegt. Es ging später im Perserreich auf. Jer 49 34-39 steht ein Drohwort gegen Elam.

26 Zu Mesek und Tubal vgl 27 13. Vielleicht denkt Ezechiel an die Einfälle der Skythen um 630.

27 Die Helden der Urzeit stehen in einem besonderen Ruf vgl Gen 6 4. Wenn man die Negation, die in G und Syr fehlt, als ursprünglich beibehält, dann ist das Los der Toten verschieden gedacht. Die Helden der Urzeit haben einen besseren Platz als die übrigen Insassen. Sie liegen in ihrer vollen Kriegsrüstung da; ihr Haupt ruht auf dem Schwert und ihr Schild deckt ihren Körper. Hier ist wohl die Begräbnissitte vorausgesetzt, ausgezeichnete Krieger in voller Rüstung zu bestatten.

29 Die Erwähnung von Edom ist auffallend; vielleicht ist 29 Einschub.

30 Die Fürsten des Nordens sind die Herrscher kleiner aramäischer Reiche. Warum die Sidonier eigens genannt

erschlagenen, und tragen (nun) ihre Schmach mit denen, die in die Grube gestiegen.

31 Diese wird der Pharao sehen und sich über all sein Gepränge trösten. Schwerterschlagene sind der Pharao und sein ganzes Heer — Spruch des Herrn Jahwe. 32 Denn *er hat* seinen Schrecken im Lande der Lebendigen verbreitet, und so wird er inmitten Unbeschnittener bei den Schwerterschlagenen hingelegt: der Pharao und all sein Gepränge — Spruch des Herrn Jahwe.

33 1-33 Mahnungen und Warnungen an den Propheten und die Exulanten

Der Wächterberuf des Propheten

1 Das Wort Jahwes erging an mich also: 2 Menschensohn, rede zu deinen Volksgenossen und sage zu ihnen: Wenn ich über ein Land das Schwert bringe, und es nimmt sich das Volk des Landes aus seiner Gesamtheit einen Mann und bestellt ihn zu seinem Wächter, 3 und er sieht das Schwert über das Land kommen, stößt in die Trompete und verwarnt das Volk, 4 und es hört einer den Schall der Trompete, läßt sich aber nicht verwarnen, und es kommt das Schwert und rafft ihn hinweg, so kommt sein Blut auf sein Haupt. 5 Den Schall der Trompete hat er gehört, hat sich aber nicht verwarnen lassen, sein Blut wird auf ihm sein; doch jener *hat gewarnt*, sein Leben hat er gerettet. 6 Wenn aber der Wächter das Schwert kommen sieht, nicht in die Trompete stößt und das Volk nicht verwarnt, und das Schwert kommt und rafft einen von ihnen hinweg, so wird dieser ob seiner Schuld hinweggerafft; sein Blut aber fordere ich aus der Hand des Wächters.

7 Dich aber, Menschensohn, habe ich zum Wächter für das Haus Israel bestellt; wenn du aus meinem Munde ein Wort hörst, so sollst du sie von mir aus verwarnen. 8 Wenn ich zum Gottlosen sage: „Gottloser, du wirst sicherlich sterben“, und du redest nicht, den Gottlosen vor seinem Wandel zu warnen, so wird er [der Gottlose] ob seiner Schuld sterben; sein Blut aber werde ich von deiner Hand fordern. 9 Wenn du aber den Gottlosen verwarnst, daß er sich von seinem Wandel abkehre, und er bekehrt sich nicht von seinem Wandel, so wird er ob seiner Schuld sterben; du aber hast deine Seele gerettet.

Jeder wird für seine Schuld bestraft

10 Und du, Menschensohn, sprich zum Hause Israel: So habt ihr gesprochen [also]: Fürwahr, unsere Vergehen und unsere Sünden lasten auf uns, und wir schwinden in ihnen dahin. Wie könnten wir noch am Leben bleiben? 11 Sprich zu ihnen: So wahr ich lebe — Spruch des Herrn Jahwe, ich habe

32 32 3. Pers. Sing. mit G-Hss T; M: 1. Pers. Sing.
33 5 hizhīr; M: „er ließ sich verwarnen“.

werden, ist nicht zu erklären. Vielleicht liegt ein Textfehler vor.

31 Bei dem Anblick der Könige mit ihrem Gefolge wird sich der Pharao trösten, daß er das nämliche Schicksal wie die übrigen Mächte (namentlich wie Assur) leiden muß vgl 31 16.

33 1-9 Parallelstück zu 3 16-21.

10-20 Parallelstück zu 18 21-32.

kein Wohlgefallen am Tode des Gottlosen, sondern daran, daß der Gottlose
sich von seinem Wandel bekehre und lebe. Kehret um, kehret um von euren
bösen Wegen! Warum wollt ihr denn sterben, Haus Israel?

12 Und du, Menschensohn, sprich zu deinen Volksgenossen: Die Ge-
rechtigkeit des Gerechten wird ihn nicht erretten am Tage, wo er sich
vergeht, und die Gottlosigkeit des Gottlosen wird ihn nicht zu Fall bringen
am Tage, da er sich von seiner Gottlosigkeit bekehrt. Ebenso vermag der
Gerechte nicht am Leben zu bleiben am Tage, wo er sündigt. 13 Wenn ich
zum Gerechten sage: *Du wirst* sicherlich am Leben bleiben, er aber vertraut
auf seine Gerechtigkeit und verübt Frevel, so wird all seiner Gerechtigkeit
nicht mehr gedacht werden; wegen seines Frevels, den er verübt, wird er
sterben. 14 Wenn ich aber zum Gottlosen sage: Du wirst sicherlich sterben,
und er bekehrt sich von seiner Sünde, übt Recht und Gerechtigkeit, 15 gibt
das Pfand zurück [der Gottlose], erstattet das Geraubte wieder, wandelt in
den Satzungen des Lebens, ohne Frevel zu verüben, so soll er sicherlich am
Leben bleiben; er muß nicht sterben. 16 All seiner Sünden, die er getan hat,
soll nicht mehr gedacht werden [ihm]; Recht und Gerechtigkeit hat er geübt;
er soll sicherlich am Leben bleiben.

17 Und da sagen deine Volksgenossen: „Das Verfahren des Herrn ist nicht
in Ordnung", während doch ihr eigenes Verfahren nicht in Ordnung ist.
18 Wenn der Gerechte sich von seiner Gerechtigkeit abwendet und Frevel
verübt, so muß er darob sterben. 19 Wenn sich der Gottlose von seiner Gott-
losigkeit abwendet und Recht und Gerechtigkeit übt, so soll er darum am
Leben bleiben. 20 Und da sagt ihr: „Das Verfahren des Herrn ist nicht in
Ordnung!" Einen jeden von euch werde ich nach seinem Wandel richten,
Haus Israel.

Die Kunde vom Falle Jerusalems

21 Es geschah *im elften* Jahre, im zehnten (Monat), am fünften des Monats
unserer Wegführung, da kam zu mir ein Flüchtling aus Jerusalem mit der
Kunde: Die Stadt ist genommen. 22 Die Hand Jahwes war über mich am
Abend vor dem Eintreffen des Flüchtlings gekommen. Er (Jahwe) öffnete
meinen Mund, als er (der Flüchtling) am Morgen zu mir kam; mein Mund
war geöffnet und ich war nicht mehr stumm.

33 13 2. Pers. Sing. mit G-Hss vgl 14; M: 3. Pers. Sing.

21 „im elften" mit 8 hebr. Hss, vielen G-Hss und Syr; M: „im zwölften".

21 f Hier ist die Erfüllung der Vorhersage von 24 26 f bestätigt. Das Datum bereitet Schwierigkeiten. Nach 4 Kg 25 2 Jer 39 2 52 6 ist Jerusalem am neunten Tag des vierten Monats im elften Jahr (= Juli 586) gefallen. Wenn man mit M das zwölfte Jahr beibehält, dann wäre die Kunde erst einundeinhalb Jahr später nach Babel gekommen. Wenn man das elfte Jahr mit etlichen Hss des hebräischen und griechischen Textes liest, dann ein halbes Jahr später. Dies wäre allerdings auch eine ziemlich lange Zeit. Der Flüchtling wäre dann im Januar 585 in Babel eingetroffen. Vielleicht ist zu lesen: „im elften Jahre, im fünften Monat, am zehnten des Monats"; dann hätte die Nachricht einen Monat später Ezechiel erreicht. Mit dem Fall von Jerusalem tritt ein Umschwung ein; der Prophet kann wieder reden. Seine Gemeinde ist jetzt für die Aufnahme des Prophetenwortes bereit.

Strafpredigt für die besitzgierigen Zurückgebliebenen in Jerusalem

23 Das Wort Jahwes erging an mich also: 24 Menschensohn, die Bewohner
dieser Ruinen im Lande Israel sprechen [also]: Einer war Abraham und
nahm das Land in Besitz; wir aber sind viele, uns ist das Land zum Besitz
gegeben. 25 Darum sprich zu ihnen: So spricht der Herr Jahwe: (Fleisch) mit-
samt dem Blut eßt ihr, hebt eure Augen zu euren Götzen und vergießt Blut,
und da wollt ihr das Land in Besitz nehmen? 26 Ihr steift euch auf euer
Schwert, ihr verübt Greuel, ein jeder befleckt das Weib seines Nächsten, und
da wollt ihr das Land in Besitz nehmen? 27 So sollst du zu ihnen sprechen:
So spricht der Herr Jahwe: So wahr ich lebe, die in den Trümmern sind,
sollen durch das Schwert fallen; die auf freiem Felde sind, gebe ich dem
Wild zum Fraße; und die in Bergfesten und Höhlen sind, sollen an der Pest
sterben. 28 Ich mache das Land zur Öde und Einöde; seine stolze Pracht soll
ein Ende nehmen und die Berge Israels sollen verödet sein, so daß niemand
hindurchwandert. 29 Dann werden sie erkennen, daß ich Jahwe bin, wenn
ich das Land zur Öde und Einöde mache wegen all ihrer Greuel, die sie ver-
übt haben.

Die leichtsinnigen Hörer des Prophetenwortes

30 Und du, Menschensohn, deine Volksgenossen unterhalten sich über dich
an den Mauern und Eingängen der Häuser und sagen [einer zum andern]
zueinander also: Kommet doch und höret, was das für ein Wort ist, das von
Jahwe ausgeht! 31 So kommen sie zu dir wie bei einem Volksauflauf, lassen
sich vor dir nieder [als mein Volk] und hören deine Worte, aber sie handeln
nicht danach; denn *Lügen* sind in ihrem Munde [die tun sie], (und) ihr Herz
hängt ungerechtem Gewinne nach. 32 Und siehe, du bist ihnen wie ein Minne-
sänger mit schöner Stimme und gutem Saitenspiel; sie hören wohl deine
Worte, aber sie handeln nicht danach. 33 Wenn es eintrifft — siehe, es trifft
ein —, dann werden sie erkennen, daß ein Prophet in ihrer Mitte war.

33^{31} k^ezābīm mit G Syr; M: „Liebe"; stammt aus ^{32}.

^{32} k^ešār oder k^ešajjar; M: k^ešîr „wie ein (Minne-)Lied".

$^{23-29}$ Die in der Heimat Zurückgebliebenen versuchten sich in den Besitz der herrenlosen Grundstücke zu setzen, ebenso 11^{15}. Sie ernteten die Erträgnisse des Feldes ab vgl 4 Kg 25^{12} Jer 40^{10} 52^{16}. Sie glaubten, daß sie ein Anrecht darauf hätten, und beriefen sich auf Abraham, der das Land als alleinstehender Mann bekommen hätte, während sie doch viele Leute seien. Sie dachten aber nicht daran, daß Abraham wegen seiner Gerechtigkeit das Land erhielt, während sie voller Sünden sind und so jeden Anspruch verwirkt haben. Dem gegenüber betont Ezechiel, daß nicht die in Juda Zurückgebliebenen, sondern die in Babel Weilenden die Erben des verheißenen Landes seien, ebenso 11^{17}. Zu den ^{25f} genannten Sünden vgl zu 18^{5f}. Zu den ^{27} genannten drei Plagen (Schwert, wilde Tiere, Pest) vgl zu 5^{12} ^{16f}.

$^{30-33}$ Die Exilierten verkennen den Ernst der Lage; sie hören gern die Rede vom kommenden Heil, befolgen aber nicht die Voraussetzungen, die das Heil garantieren: Besserung der Sitten. Erst die Zukunft wird sie belehren, daß Ezechiel die Wahrheit gesprochen hat vgl 2^5.

Heilsweissagungen über Israel

34 1-31 Das Gleichnis vom Hirten und von der Herde

Die Fürsten als schlechte Hirten

1 Das Wort Jahwes erging an mich also: 2 Menschensohn, weissage wider
die Hirten Israels, weissage und sprich [zu ihnen] zu den Hirten: So spricht
der Herr Jahwe: Wehe den Hirten Israels, die sich selbst weiden! Sollen
nicht vielmehr die Hirten die Schafe weiden? 3 *Die Milch* habt ihr verzehrt,
mit der Wolle euch bekleidet (und) die fetten (Tiere) habt ihr geschlachtet,
(aber) die Schafe habt ihr nicht geweidet. 4 *Das* Schwache habt ihr nicht
gestärkt, das Kranke nicht geheilt, das Verletzte nicht verbunden, das Ver-
sprengte nicht zurückgeführt, das Verirrte nicht gesucht und *das Starke* habt
ihr mit (zu großer) Härte behandelt. 5 Da zerstreuten sich *(meine Schafe)*,
weil sie keinen Hirten hatten; sie dienten allem Wild des Feldes zum Fraße.
Da zerstreuten sich 6 [irrten umher] meine Schafe auf allen Bergen und auf
jedem hohen Hügel; über das ganze Land hin zerstreuten sich meine Schafe,
ohne daß sich jemand um sie kümmerte oder sie suchte.

7 Darum, ihr Hirten, höret das Wort Jahwes! 8 So wahr ich lebe — Spruch
des Herrn Jahwe —, weil meine Schafe zur Beute wurden und (weil) meine
Schafe allem Wild des Feldes zum Fraße dienten, da kein Hirt da war und

34 3 hæḥālāb mit G V; M: haḥēlæb „das Fett".
4 Sing mit G V Syr; M: Plur. — ūbaḥazāqāh mit G vgl 16; M: „und mit Stärke".
5 Ergänze mit G V Syr ṣō'nī.

34 1 Das Bild von Hirt und Herde ist im alten Orient und in der Bibel beliebt vgl Jer 23 1-4 Zach 11 4-17 Joh 10 u. ö.

2 f Die Hirten Israels sind die judäischen Könige (Fürsten) Israels und ihre Beamten. Ihre Pflichtvergessenheit muß Ezechiel öfters scharf rügen vgl 22 25-28. Sie sind nur auf ihren eigenen Vorteil bedacht; für sie gilt: „Eigennutz geht vor Gemeinnutz."

4 In 4 ist das Bild des schlechten Hirten mit Aufzählung der vernachlässigten Pflichten gezeichnet (ähnlich Zach 11 16), in 16 dagegen das Bild des guten Hirten. Beide Verse gehören zusammen; sie bilden einen „Hirtenspiegel". Die schwachen Tiere müssen zusätzlich Futter bekommen, damit sie kräftig werden. Die kranken Schafe müssen mit besonderer Sorgfalt gepflegt werden, damit sie nicht verenden, sondern wieder gesund werden. Wenn sich ein Schaf verletzt hat, vielleicht einen Beinbruch zugezogen hat Ex 22 9 13, dann muß es verbunden werden. Wenn sich die Herde infolge eines Schreckens (Gewittersturm oder Einbrechen wilder Tiere Is 13 14 Jer 50 17 Joh 10 12) zerstreut hat, dann muß sich der Hirt alle Mühe geben, die verscheuchten Tiere wieder zu sammeln und zur Herde zurückzuführen Dt 22 1. Wenn sich manche Tiere verlaufen (1 Sm 9 3 20) und nicht mehr zur Herde zurückfinden, weil sie in einem Felsspalt eingeklemmt sind oder in einem Dorngestrüpp hängen Gen 22 13, dann muß der Hirt solche verirrten Schäflein suchen und zur Herde zurückbringen Ps 119 176. Ein besonderes Augenmerk muß er auf die starken Tiere haben, die sich bei der Weide und Tränke vordrängen und die schwachen Schafe zurückstoßen 18 f; die starken Schafe müssen mit gebührendem Nachdruck 16 zurückgehalten werden, dürfen aber nicht zu hart und grausam behandelt werden 4.

5 f Weil kein guter Hirt da ist Mt 9 36 Mk 6 34, zerstreut sich die Herde und geht zugrunde. Ohne Bild: Weil Israel keine rechte Leitung hatte, verfiel das Staatswesen, und das Volk wurde in die Verbannung geführt.

7-10 Zur Strafe werden die schlechten Hirten abgesetzt. Ohne Bild: Die Könige und Beamten werden ihres Amtes enthoben.

da sich meine Hirten nicht um meine Schafe kümmerten, weil die Hirten sich selbst weideten, aber meine Schafe nicht weideten, 9 darum, ihr Hirten, höret das Wort Jahwes! 10 So spricht der Herr Jahwe: Siehe, ich will an die Hirten; ich fordere meine Schafe von ihrer Hand und mache dem ein Ende, daß sie *(meine)* Schafe weiden. Die Hirten sollen sich nicht mehr selbst weiden! Ich reiße meine Schafe aus ihrem Rachen; sie sollen ihnen nicht mehr zum Fraße dienen.

Jahwe, der gute Hirt

11 Denn so spricht der Herr Jahwe: Siehe, ich selbst will mich um meine Schafe kümmern und mich ihrer annehmen. 12 Wie sich ein Hirt seiner Herde annimmt, am Tage, da sich etliche von seinen Schafen verlaufen haben, so will ich mich meiner Schafe annehmen und sie aus all den Orten erretten, wohin sie am Tage des Gewölkes und Wetterdunkels zerstreut sind. 13 Ich hole sie heim aus den Völkern und sammle sie aus den Ländern; ich bringe sie in ihre Heimat und weide sie auf den Bergen Israels, in den Talgründen und auf allen Weideplätzen des Landes. 14 Auf guter Weide will ich sie weiden und auf den hohen Bergen Israels soll ihre Trift sein. Dort werden sie sich lagern auf guter Trift; auf fetter Weide werden sie weiden, auf den Bergen Israels. 15 Ich selbst werde meine Schafe weiden und ich selbst will sie lagern lassen — Spruch des Herrn Jahwe. 16 Das Verirrte werde ich suchen, das Versprengte zurückführen, das Verletzte verbinden, das Kranke stärken [und das Fette] und das Starke *hüten* (und) es weiden, wie es recht ist.

Die Scheidung zwischen den Schafen

17 Ihr aber, meine Schafe, so spricht der Herr Jahwe, siehe, ich richte zwischen Schaf und Schaf, den Widdern und Böcken. 18 Ist es euch zu wenig, die beste Weide abzuweiden, daß ihr den Rest eurer Weide mit euren Füßen zerstampft, und das klare Wasser zu trinken, daß ihr das Übrige mit euren Füßen trübt? 19 So mußten meine Schafe das von euren Füßen Zerstampfte abweiden und das von euren Füßen Getrübte trinken. 20 Darum spricht so der Herr Jahwe [zu ihnen]: Siehe, ich selbst richte zwischen den fetten Schafen und den mageren Schafen. 21 Weil ihr alle schwachen (Tiere) mit Seite und Schulter weggedrängt und mit euren Hörnern fortgestoßen habt, bis ihr sie hinausgetrieben habt, 22 will ich meinen Schafen helfen, daß sie nicht mehr zur Beute dienen. Ich richte zwischen Schaf und Schaf.

34 10 ṣō'nī mit G Syr; M: „Schafe".

11-16 Jahwe selbst sorgt für sein Volk als guter Hirt; er führt Israel aus der Verbannung zurück und läßt es in seinem Heimatland sicher wohnen, damit es wieder zu Ansehen unter den Völkern kommt. Lk 19 10 ist für das Herrenwort „der Menschensohn ist gekommen, zu suchen und zu retten das Verlorene" die Formulierung aus 16 genommen.

17-22 bringen ein neues Bild, das durch den Schluß von 4 und 16 bereits angedeutet ist. Es handelt sich nicht mehr um die pflichtvergessenen Hirten, sondern um die Herde selbst, die in zwei verschiedene Hälften zerfällt, in die schwachen und starken Tiere. Deshalb werden 17 die Schafe selbst angeredet. Die starken Tiere übervorteilen die schwachen Schafe. Ohne Bild: Die reichen und mächtigen Leute bedrängen und bedrücken die armen und hilflosen Volksgenossen vgl 22 29. Deshalb nimmt Jahwe eine Scheidung vor; er richtet zwischen den einzelnen Schafen 17 22, die näherhin 20 als

David als einziger Hirt

23 Ich bestelle über sie einen Hirten, daß er sie weide, meinen Knecht
David; er soll sie weiden und soll ihr Hirt sein. 24 Ich, Jahwe, werde ihr
Gott sein und mein Knecht David wird Fürst in ihrer Mitte sein. Ich, Jahwe,
habe gesprochen.

Das kommende Segensreich

25 Ich schließe mit ihnen einen Friedensbund und schaffe die wilden Tiere
aus dem Lande, so daß sie in der Steppe sicher wohnen und in den Wäldern
schlafen können. 26 Ich spende ihnen [und] rings um meinen Hügel Segen
und lasse den Regen niederströmen zur rechten Zeit; segenspendender Regen
wird es sein. 27 Dann werden die Bäume des Feldes ihre Frucht bringen, und
die Erde wird ihren Ertrag geben; sie werden in Sicherheit auf ihrer Scholle
wohnen und erkennen, daß ich Jahwe bin, wenn ich die Stangen ihres Joches
zerbreche und sie aus der Hand derer rette, die sie knechteten. 28 Sie sollen
nicht mehr eine Beute den Völkern sein, noch soll sie das Wild des Landes
fressen, sondern sie sollen in Sicherheit wohnen, ohne daß jemand (sie) auf-
schreckt. 29 Ich lasse ihnen eine Pflanzung *des Heiles* erstehen, daß sie nicht
mehr im Lande vom Hunger hinweggerafft werden und nicht mehr die
Schmähung der Völker ertragen müssen. 30 Dann werden sie erkennen, daß
ich, Jahwe, ihr Gott [mit ihnen] bin, und daß sie, das Haus Israel, mein Volk
sind — Spruch des Herrn Jahwe. 31 Ihr seid meine Schafe, die Schafe meiner
Weide [Menschen], *(und)* ich bin euer Gott — Spruch des Herrn Jahwe.

35 1-15 Gerichtsspruch wider Edom

1 Das Wort Jahwes erging an mich also: 2 Menschensohn, richte dein An-
gesicht gegen das Gebirge Seir, weissage wider es 3 und sprich zu ihm: So

34 29 šālōm mit G Syr; M: „zum Ruhme".
31 Ergänze „und" mit Hss G Syr.

fette und magere Schafe bezeichnet werden. Der Schluß von 17 ist nicht ganz klar; denn Jahwe richtet nicht zwischen Widdern und Böcken, sondern zwischen Schafen (schwache Tiere) und Widdern oder Böcken (starke Tiere), wie Mt 25 32f näher ausgeführt wird. Wahrscheinlich ist „(zwischen) den Widdern und Böcken" Glosse, die die starken Tiere als „Widder und Böcke" bezeichnen will.

23f „David" (so wird der kommende Herrscher kurz als Sprosse des Hauses David genannt) ist der einzige Hirt, den Gott einsetzt. Bei diesem messianischen Ausblick (ebenso 37 24f) nimmt Ezechiel bekannte Gedanken auf vgl Is 9 6 11 1 Os 3 5 Am 9 11 und besonders Jer 23 5f 30 9. „Mein Knecht" ist messianischer Ehrentitel. Als Knecht Jahwes handelt er im Auftrag Gottes und wirkt nach dessen Willen. Im NT ist an diese Vorhersage angeknüpft vgl Lk 1 32f. Christus bezeichnet sich als den guten Hirten Joh 10 11 14 vgl auch Apk 7 17.

25 Die Beseitigung der wilden Tiere, die in dem entvölkerten Land überhand genommen haben, verbürgt Ruhe und Sicherheit des in seine Heimat zurückgekehrten Volkes Israel. Ähnliche Gedanken Os 2 20 Is 11 6-9.

26-31 Zum glücklichen Bestand der neuen Gemeinde sendet Gott Regen und damit Fruchtbarkeit der Felder. Worte und Gedanken sind mit Lev 26 4-13 verwandt.

35 1f Bereits 25 12-14 ist das Unheil für Edom angekündigt. Hier wird ihm noch einmal eine Gerichtspredigt gehalten. Von allen Nachbarländern hat das Brudervolk Edom am meisten Juda befehdet. Erst die Vernichtung Edoms bietet die Gewähr, daß Israel wieder in Ruhe und Frieden an seinen Aufbau gehen kann.

spricht der Herr Jahwe: Siehe, ich will an dich, Gebirge Seir; ich strecke
meine Hand wider dich aus und mache dich zur Öde und Einöde. 4 Deine
Städte lege ich in Trümmer; du selbst sollst zur Wüste werden. Dann wirst
du erkennen, daß ich Jahwe bin.

5 Weil du ewige Feindschaft gehegt und die Söhne Israels [zur Zeit ihres
Unglückes] zur Zeit der Endschuld dem Schwert überliefert hast, 6 darum,
so wahr ich lebe — Spruch des Herrn Jahwe —, will ich dich zu Blut machen,
und Blut wird dich verfolgen; fürwahr, durch Blut hast du dich verschuldet,
und Blut wird dich verfolgen. 7 Ich mache das Gebirge Seir zur Öde
und Einöde; ich vertilge daraus, was da kommt und geht. 8 Ich fülle [seine
Berge] mit seinen Erschlagenen deine Hügel, deine Täler und alle deine
Schluchten; Schwerterschlagene sollen darin fallen. 9 Zur ewigen Wüste will
ich dich machen, und deine Städte werden nicht (mehr) bewohnt sein. Dann
werdet ihr erkennen, daß ich Jahwe bin.

10 Weil du gesagt hast: Die beiden Völker und die beiden Länder sollen
mir gehören; wir werden sie in Besitz nehmen, obwohl doch Jahwe daselbst
ist, 11 darum, so wahr ich lebe — Spruch des Herrn Jahwe —, handle ich (an
dir) nach deinem Zorn und nach deiner Eifersucht, wie du voll Haß an ihnen
gehandelt hast; ich lasse mich unter ihnen erkennen, wenn ich dich richte.
12 Dann wirst (auch) du erkennen, daß ich, Jahwe, alle deine Lästerungen
gehört habe, die du über die Berge Israels ausgestoßen hast, indem du sag-
test: Sie liegen wüste; uns sind sie zum Fraße gegeben. 13 Ihr risset euer
Maul weit gegen mich auf und führtet freche Reden wider mich; ich selbst
habe es gehört.

14 So spricht der Herr Jahwe: *Gleichwie du dich über mein Land freutest,
daß es wüste lag,* so will ich an dir handeln. 15 Gleichwie du dich über das

35 6 bedām 'āšamtā mit G vgl 22 4; M: „Blut hast du gehaßt".
14 kešimḥātekā le'arṣī kī šamēmāh kēn vgl 16; M: „gleichwie sich freute das ganze Land, Wüsten".

5 Bei der Eroberung der Stadt haben die Edomiter offenbar den Babyloniern Dienste geleistet vgl Abd 10-15 Kl 4 21 f Ps 137 7. Die Feindschaft zwischen Juda und Edom ist uralt; bereits die beiden Stammväter gerieten feindselig wegen des Erstgeburtsrechts aneinander Gen 27 41-45. Bei dem Zug nach Kanaan verweigerte Edom den Durchgang Israels durch sein Gebiet Num 20 14-21. Seit der Königszeit gab es immer wieder Gebietsstreitigkeiten zwischen Edom und Israel vgl Am 1 11 f 2 Sm 8 13 f 3 Kg 11 14-22 u. ö. Die Feindseligkeiten steigerten sich aufs höchste, als Jerusalem erobert wurde. Zum Ausdruck „Endschuld" vgl 21 30.

6 An Edom soll streng nach dem ius talionis, dem Gesetz der Vergeltung Gen 9 6, verfahren werden; weil es Blut vergossen hat (durch die Tötung und Auslieferung von Flüchtlingen Abd 14 f), wird auch sein Blut vergossen werden.

7 wiederholt den Gedanken von 3 vgl Is 34 10.

10 Edom will sich die Gebiete von Juda und Israel aneignen und ebenso wie die in Juda Zurückgebliebenen Anspruch auf das Land erheben vgl 33 24-26. Es gehört aber weder den Edomitern noch den dort Zurückgebliebenen, sondern Jahwe. Er hat sein Land nicht verlassen, wie es freventlich heißt vgl 8 12 9 9, sondern es für die Exilierten bestimmt, die bald zurückkehren werden 36 8.

11 Der Haß gegen Juda fällt auf Edom zurück. Juda selbst wird Edom bestrafen vgl 25 14.

12-15 Die Lästerung und Schadenfreude über das Geschick Judas werden bestraft, indem Edom das nämliche Schicksal der Verwüstung wie Juda erleidet, die aber ewig dauern soll, während das verwüstete und öde Juda wieder hergestellt wird vgl 36.

Erbe des Hauses Israel freutest, daß es wüste lag, so will ich an dir handeln.
Zur Wüste sollst du werden, Gebirge Seir und ganz Edom insgesamt! Dann
werden sie erkennen, daß ich Jahwe bin.

36 1-38 Die Wiederherstellung des Landes Israel

Heilsweissagung über die Berge Israels

1 Und du, Menschensohn, weissage über die Berge Israels und sprich: Ihr
Berge Israels, höret das Wort Jahwes! 2 So spricht der Herr Jahwe: Weil der
Feind über euch gesprochen hat: Ha, die uralten *Wüsteneien* sind unser Be-
sitz geworden, 3 darum weissage und sprich: So spricht der Herr Jahwe:
Dieweil *man* ringsum nach euch *schnaubte* und schnappte, daß ihr den übrigen
Völkern zum Besitz wurdet und ins Geklatsch und Gerede der Leute kamt,
4 darum, ihr Berge Israels, höret das Wort des Herrn Jahwe! So spricht der
Herr Jahwe zu den Bergen und Hügeln, zu den Schluchten und Tälern, zu
den verwüsteten Ruinen und zu den verlassenen Städten, die *zum Hohn* und
Gespött der übrigen Völker ringsum geworden sind. 5 Darum, so spricht der
Herr Jahwe: Fürwahr, in meinem Feuereifer habe ich wider die übrigen
Völker und wider das gesamte Edom geredet, die mein Land in Besitz
genommen haben, mit lauter Schadenfreude im Herzen und mit Verachtung
in der Seele, um daraus zu vertreiben (die Menschen), um Beute zu machen.
6 Darum weissage über das Land Israel und sprich zu den Bergen und
Hügeln, zu den Schluchten und Tälern: So spricht der Herr Jahwe: Siehe,
in meinem Eifer und in meinem Grimme habe ich geredet, weil ihr die
Schmähung der Völker ertragen müßt.

7 Darum spricht so der Herr Jahwe: Ich erhebe meine Hand: fürwahr, die
Völker, die rings um euch sind, die werden (die Strafe für) ihre Schmähung
tragen. 8 Ihr aber, Berge Israels, sollt eure Zweige hervorbringen und eure
Frucht tragen für mein Volk Israel; denn bald werden sie heimkehren.
9 Denn siehe, ich bin *euer Gott* und wende mich zu euch; ihr sollt bebaut
und besät werden. 10 Ich mehre auf euch die Menschen, das ganze Haus
Israel insgesamt; die Städte werden bewohnt und die Ruinen wieder auf-
gebaut werden. 11 Ich mehre auf euch Menschen und Vieh, daß sie sich
mehren und fruchtbar seien; ich mache euch bewohnt wie in früheren Tagen

36 2 šimemōt mit G vgl 35 9; M: „Höhen".
3 nāšōm vgl Is 42 14; M: „man verwüstete".
4 lebūz mit T; M: lebaz („zur Beute").
9 'ælōhēkæm; M: „zu euch".

36 1 „Berge Israels" für Land Israel wie 6 2 im Anschluß an „Gebirge Seir" für Edom.

2 Nochmals (wie 35 10 12 36 5) wird die Gier Edoms nach dem Land Israel als Hauptgrund der künftigen Verwüstung angegeben.

3-7 Dafür, daß Israel verödet war, ein Ziel der Habgier der Nachbarvölker bildete und zum Gespött wurde, wird jetzt das gleiche Schicksal den feindlichen Ländern zuteil: Sie (namentlich Edom) werden veröden, und ihre Bewohner dem Spott anheimfallen.

8 f Reiche Fruchtbarkeit wird im Lande Israel sein. Diese Verheißung gehört zur Heilsweissagung vgl 29-32 35 47 1-12 Is 30 23-25 Os 2 23 f u. ö. Das Volk wird bald aus dem Exil zurückkehren, das nach 4 6 vierzig Jahre dauern wird. Die Tage der Buße sind vorüber, die Zeit der Gnade beginnt wieder.

10-12 Die nämliche Verheißung einer starken Bevölkerungszunahme auch 37 f. Vgl ferner Zach 2 8 Is 54 1-3.

und lasse es euch besser ergehen als vorher. Dann werdet ihr erkennen, daß
ich Jahwe bin. 12 *Ich lasse* auf euch Menschen *geboren werden,* mein Volk
Israel, und sie werden von dir Besitz ergreifen; du wirst ihnen gehören und
sie künftighin nicht mehr kinderlos machen.

13 So spricht der Herr Jahwe: Weil man zu euch gesagt hat: Eine Men-
schenfresserin bist du, die ihr Volk kinderlos macht, 14 darum sollst du künf-
tighin nicht mehr Menschen fressen und dein Volk nicht mehr *kinderlos*
machen — Spruch des Herrn Jahwe. 15 Ich lasse dich nicht mehr die Schmä-
hung der Völker hören, und den Schimpf der Nationen wirst du nicht mehr
tragen; dein Volk *sollst du* nicht mehr *kinderlos machen* — Spruch des Herrn
Jahwe.

Das neue Heil im Lande

16 Das Wort Jahwes erging an mich also: 17 Menschensohn, als das Haus
Israel in seinem Lande wohnte, da verunreinigten sie es durch ihren Wandel
und durch ihre Taten; wie die Unreinheit des monatlichen Blutflusses war
ihr Wandel vor mir. 18 Da schüttete ich meinen Grimm über sie aus wegen
des Blutes, das sie im Lande vergossen hatten, und weil sie es mit ihren
Götzen verunreinigt hatten. 19 Ich zerstreute sie unter die Völker und sie
wurden in die Länder versprengt; nach ihrem Wandel und nach ihren Taten
habe ich sie gerichtet. 20 So *kamen sie* zu den Völkern. Wohin sie aber
kamen, da entweihten sie meinen heiligen Namen, indem man von ihnen
sagte: Das ist Jahwes Volk, und (trotzdem) mußten sie aus seinem Lande
ausziehen. 21 Da tat es mir leid um meines heiligen Namens willen, den das
Haus Israel unter den Völkern, zu denen es gekommen war, entweiht hatte.
22 Darum sprich zum Hause Israel: So spricht der Herr Jahwe: Nicht um
euretwillen handle ich, Haus Israel, sondern um meines heiligen Namens
willen, den ihr unter den Völkern, zu denen ihr gekommen seid, entweiht
habt. 23 Nun will ich meinen großen Namen heiligen, der unter den Völkern
entweiht ist, den ihr in ihrer Mitte entweiht habt. Dann werden die Völker
erkennen, daß ich Jahwe bin — Spruch des Herrn Jahwe —, wenn ich mich
an euch vor ihren Augen heilig erweise. 24 Ich hole euch aus den Völkern
und sammle euch aus allen Ländern; ich bringe euch in eure Heimat zurück.

36 12 w^{e}hōladtī mit G; M: „und ich lasse gehen".
14 t^{e}šakk^{e}lī mit Qere, vielen Hss und Übss, ebenso 15; M: t^{e}kašš^{e}lī (Schreibfehler).
20 Plur. mit einigen Hss und den Übss; M: Sing.

13-15 Das Land wird mit einem wilden Tier verglichen, das Menschen frißt. Derselbe Vorwurf wird dem Lande Kanaan bereits von den Kundschaftern gemacht Num 13 32. Es ist hier entweder an natürliche Unfruchtbarkeit oder an bürgerliche und politische Wirren gedacht, die viele Menschenleben fordern, nicht an Kinderopfer. Vielleicht sind auch die vielen Krankheiten gemeint (Seuche und Pest), die zahlreiche Menschenleben fordern.

16-19 Über die Unreinheit der Frau (der nämliche Vergleich Is 64 5) mit ihren Folgen vgl Lev 15 19-30. Dort ist auch gesagt, daß die Kanaaniter wegen ihrer Unreinheit das Land verloren haben Lev 18 24 f. Israel hat durch seine Sünden, namentlich durch Blutvergießen und Götzendienst, das Land entweiht und mußte deshalb in die Verbannung gehen.

20-23 Das Schicksal des Volkes, seine Wegführung in die Gefangenschaft, wurde von den benachbarten Völkern als Schwäche und Ohnmacht Jahwes ausgelegt vgl Dt 9 28. Um eine solche Auffassung, die eine Entweihung des göttlichen

25 Dann sprenge ich über euch reines Wasser, daß ihr rein werdet; von all
euren Unreinheiten und von all euren Götzen will ich euch reinigen. 26 Ich
gebe euch ein neues Herz und lege einen neuen Geist in euer Inneres; ich
entferne das Herz von Stein und gebe euch ein Herz von Fleisch. 27 Ich will
meinen Geist in euer Inneres legen und bewirken, daß ihr nach meinen
Satzungen wandelt und meine Rechte beobachtet und sie befolgt.

28 Dann dürft ihr im Lande wohnen bleiben, das ich euren Vätern gegeben
habe; ihr sollt mein Volk sein, und ich will euer Gott sein. 29 Ich befreie euch
von all euren Unreinheiten; ich rufe dem Getreide und mehre es; ich bringe
nie wieder Hunger über euch. 30 Ich mehre die Früchte der Bäume und den
Ertrag des Feldes, damit ihr nicht mehr die Schmach einer Hungersnot unter
den Völkern auf euch nehmen müßt. 31 Dann werdet ihr eures schlechten
Wandels und eurer Taten, die nicht gut waren, gedenken; ihr werdet vor
euch selber ob eurer Verschuldungen und eurer Greuel Ekel empfinden.
32 Nicht um euretwillen handle ich — Spruch des Herrn Jahwe; dies sei euch
kund getan! Schämet euch und werdet zuschanden ob eures Wandels, Haus
Israel!

33 So spricht der Herr Jahwe: Am Tage, da ich euch von all euren Ver-
schuldungen reinige, werde ich die Städte wieder bevölkern, und die Ruinen
werden wieder aufgebaut. 34 Das verödete Land wird wieder bestellt, statt
daß es öde daliegt vor den Augen eines jeden, der vorübergeht. 35 Dann wird
man sagen: Dieses (vormals) verwüstete Land ist wie der Garten Eden ge-
worden; die wüsten, öden und zerstörten Städte sind (neu) befestigt und
bewohnt. 36 Dann werden die Völker, die rings um euch übrig geblieben sind,
erkennen, daß ich, Jahwe, das Zerstörte aufgebaut und das Verwüstete
wieder bepflanzt habe. Ich, Jahwe, habe gesprochen und handle.

37 So spricht der Herr Jahwe: Auch darin werde ich mich vom Hause Israel
erbitten lassen und es gewähren: Ich will sie mehren [an Menschen] wie

Namens ist, zu widerlegen, führt Jahwe sein Volk wieder zurück und bringt es zu neuem Wohlstand; dadurch heiligt er seinen Namen 39 25 und stellt seine Ehre vor den Augen der Völker her, „erweist sich heilig" 20 41 28 25 39 27.

25 Bevor Israel zurückkehrt, muß es gereinigt werden. Wie beim Reinigungsritus Num 19 1-22 wird Israel mit Wasser besprengt und so von aller Sünde (namentlich vom Götzendienst) gereinigt vgl Ps 51 9. Nach der christlichen Lehre tilgt das Wasser der Taufe alle Sünden.

26 f Das innere Wesen des Volkes wird umgewandelt werden; damit ist die Gewähr für die gewissenhafte Befolgung des Gesetzes gegeben. Die neue Gesinnung wird vom göttlichen Geist getragen sein (ebenso 37 14), der den Menschen nicht mehr zu Fall kommen läßt 11 18-20 Ps 51 12 1 Thess 4 8.

28 Der Bund zwischen Gott und Volk wird erneuert. Zur Formel „Ihr mein Volk — ich euer Gott" s. zu 11 19 f.

29-32 Die überreiche Fruchtbarkeit (vgl 8 f) offenbart die mächtige Hilfe und Fürsorge Gottes für sein Volk und bringt seine Ehre bei den Völkern wieder zur Geltung.

33-36 Paradiesische Fruchtbarkeit 35 zeichnet das Land aus; der Aufbau der Städte wird schnell vor sich gehen. Alle Nachbarvölker werden an dem raschen Wiederaufbau und an dem Ertrag des Landes sehen, daß Jahwe mächtig für sein Volk eintritt.

37 f Als besonderes Geschenk Gottes wird die Zunahme der Bevölkerung genannt 10 Jer 31 27 f. Der Vergleich mit den zahlreichen Schafen an den großen Opferfesten ist für den Priester Ezechiel kennzeichnend. Die Geschichte überliefert große Zahlen von Opfertieren. Salomo ließ bei der Tempelweihe zweiundzwanzigtausend Rinder und hundertzwanzigtausend Schafe opfern 3 Kg 8 63; Josia stellte aus seinem königlichen Besitz für das Paschaopfer nach der Bundeserneu-

Schafe. 38 Wie heilige Schafe, wie die Schafe Jerusalems an seinen Festtagen,
so werden die verödeten Städte voll sein von [Schafen] Menschen. Dann
werden sie erkennen, daß ich Jahwe bin.

37 1-28 Wiederherstellung des Volkes Israel

Das Gesicht von der Auferstehung der Totengebeine

1 Die Hand Jahwes kam über mich; da führte er mich im Geiste [Jahwes]
hinaus und versetzte mich mitten in die Talebene, die voller Gebeine war.
2 Er ließ mich an ihnen ringsum vorübergehen, und siehe, es waren ihrer
auf dem Boden der Talebene sehr viele; *und sie* waren ganz verdorrt. 3 Da
sprach er zu mir: Menschensohn, werden wohl diese Gebeine wieder leben-
dig werden? Ich sprach: Herr, Jahwe, du weißt es. 4 Dann sprach er zu mir:
(Menschensohn), weissage über diese Gebeine und sprich zu ihnen: Ihr ver-
dorrten Gebeine, höret das Wort Jahwes! 5 So spricht der Herr Jahwe zu
diesen Gebeinen: Siehe, ich lasse in euch Geist kommen, damit ihr lebendig
werdet. 6 Ich lege auf euch Sehnen und lasse Fleisch über euch wachsen; ich
spanne über euch Haut und lege in euch Geist, damit ihr lebendig werdet
und erkennet, daß ich Jahwe bin. 7 Ich weissagte, wie ich geheißen war. Da
geschah es [ein Geräusch], als ich weissagte, siehe, da entstand ein Rauschen;
die Gebeine näherten sich, Gebein zu Gebein. 8 Ich schaute, und siehe:
Sehnen waren über ihnen, Fleisch überzog sie und Haut spannte sich oben
darüber; aber Geist war noch nicht in ihnen. 9 Da sprach er zu mir: Weis-
sage über den Geist, weissage, Menschensohn, und sprich zum Geiste: So
spricht der Herr Jahwe: Komm, o Geist, von den vier Winden, und hauche
diese Getöteten an, daß sie lebendig werden! 10 Ich weissagte, wie ich
geheißen war. Da kam der Geist in sie; sie wurden lebendig und stellten sich
auf ihre Füße, ein gar großes Heer.

37 2 wehēnnāh; M: „und siehe".
4 Füge mit verschiedenen Hss von M und G ein: bæn 'adām.

erung dreißigtausend Stück Kleinvieh (Lämmer und Schafe) und dreitausend Stück Großvieh (Rinder) zur Verfügung 2 Chr 35 7. (Die Zahlen sind zu hoch; doch waren viele Tiere für die Opfermahlzeiten und Verpflegung der Festgäste notwendig). Für die Zeit der Erfüllung soll dieser Vergleich die vielen Mitglieder der Heilsgemeinde veranschaulichen.

37 1 Die Vision von der Wiederbelebung der Totengebeine ist von den Vätern als Hauptbeleg für den Auferstehungsglauben verwertet worden, so von Justin dem Märtyrer, Irenäus von Lyon, Tertullian u. a. Dies ist in dem Sinne berechtigt, als die visionäre Belebung Vorbild der Auferstehung der Toten ist, aber nicht eine Vorhersage der endzeitlichen, allgemeinen Auferstehung des Fleisches. Die Deutung ist ja 11-14 (Wiederherstellung des Volkes) eindeutig gegeben. Die Vision setzt aber den Glauben voraus, daß Jahwe ein Gott ist, der tötet und lebendig macht, und bildet so die Grundlage jeder Auferstehungshoffnung. Die Hand Jahwes versetzt den Propheten in den Zustand der Ekstase vgl zu 1 3. „Im Geiste", also nicht körperlich, wird er in die Talebene gebracht, die bereits 3 22 f 8 4 genannt ist.

2 Der Prophet wird überall herumgeführt, damit er alles genau betrachten kann (wie 46 21). Die Gebeine sind sehr zahlreich, liegen schon lange unbestattet da und rühren vielleicht von einem Kampf her (vgl 9 „Getötete" und 10 „Heer"); das Totenfeld ist ein Schlachtfeld.

5-10 Nur göttlicher Geist (d. i. Odem, von Gott gegeben) als lebenspendende Kraft (vgl Gen 2 7 Ps 104 29 f) kann die

11 Er sprach zu mir: Menschensohn, diese Gebeine bedeuten das ganze
Haus Israel. Siehe, sie sprechen: Verdorrt sind unsere Gebeine, dahin ist
unsere Hoffnung, es ist aus mit uns. 12 Darum weissage und sprich zu ihnen:
So spricht der Herr Jahwe: Siehe, ich öffne eure Gräber und hole euch aus
euren Gräbern heraus [als mein Volk]; ich bringe euch in das Land Israel.
13 Dann werdet ihr erkennen, daß ich Jahwe bin, wenn ich eure Gräber
öffne, und wenn ich euch aus euren Gräbern heraushole [als mein Volk].
14 Ich lege meinen Geist in euch, daß ihr lebendig werdet, und ich versetze
euch in eure Heimat. Dann werdet ihr erkennen, daß ich, Jahwe, gesprochen
habe und handle — Spruch Jahwes.

Das symbolische Zusammenfügen der beiden Stäbe: Die Einigung des geteilten Volkes

15 Das Wort Jahwes erging an mich also: 16 Und du, Menschensohn, nimm
dir ein Holz und schreibe darauf: „Juda und die Söhne Israels, seine Ver-
bündeten"; dann nimm ein anderes Holz und schreibe darauf: „Joseph, Holz
Ephraims, und das ganze Haus Israel, seine Verbündeten". 17 Dann vereinige
sie miteinander zu einem Holze, so daß sie in deiner Hand ein Ganzes
bilden.

18 Wenn dann deine Volksgenossen zu dir sagen [also]: Willst du uns nicht
erklären, was dies dir zu bedeuten hat, 19 dann sage zu ihnen: So spricht der
Herr Jahwe: Siehe, ich nehme das Holz Josephs, das in der Hand Ephraims
und der Stämme Israels, seiner Verbündeten, ist, füge es zu dem Holz Judas
und mache sie zu einem Holze, so daß sie in meiner Hand ein Ganzes
bilden. 20 Die (beiden) Hölzer, auf die du geschrieben, sollen in deiner Hand
vor ihren Augen sein. 21 Dann sage zu ihnen: So spricht der Herr Jahwe:
Siehe, ich hole die Söhne Israels aus den Völkern, zu denen sie gekommen
sind, und sammle sie von überall her; ich bringe sie in ihre Heimat zurück.
22 Ich mache sie zu einem Volke in *(meinem)* Lande *und* auf den Bergen

37 22 Ergänzungen nach G.

verdorrten Gebeine wieder beleben. Anschaulich ist der Vorgang geschildert, wie sich Gebein zu Gebein fügt und wie sich jedes Gebein mit Fleisch, Sehnen und Haut überzieht. Im Anschluß an 10 und 5 wird Apk 11 11 die Auferweckung der zwei getöteten Zeugen geschildert: „es kam Lebensgeist in sie ... und sie stellten sich auf ihre Füße".

11-14 Die Deutung ist klar. Die Totengebeine sind die Israeliten im Exil, die in verzweifelter Lage ihre Hoffnung auf eine Wiederherstellung aufgeben. Ein neuer Zug ist 12 f eingeführt: Das Exil ist wie ein Grab, in dem das Volk liegt (in 1-10 schaut der Prophet nur offen daliegende Gebeine, aber keine geschlossenen Gräber, welche die Leichen bergen; beide Vorstellungen stehen 11-14 unvermittelt nebeneinander wie Jer 7 32 f). Aber Gott wird Israel aus Babel wieder nach Palästina zurückführen, wo es ein neues Gemeinwesen aufrichten kann.

15-17 In der symbolischen Handlung fügt Ezechiel zwei Stäbe zusammen. Der erste Stab versinnbildet das Südreich, den Hauptstamm Juda und die dazu gehörigen Stämme (Benjamin und Teile von Levi); der zweite bezeichnet das Nordreich, den Hauptstamm Joseph (seine beiden Nachkommen waren Ephraim und Manasse) und die übrigen Nordstämme. Das Zusammenfügen bedeutet die Einheit des kommenden Reiches.

18-22 Der alte Riß zwischen Südreich und Nordreich, der sehr schmerzte vgl Is 7 17, wird geheilt. Damit ist die Sehnsucht nach der Einheit des Reiches gestillt vgl 34 23 f Is 11 13 Jer 3 18. Es ist der atl Ruf nach der Una sancta, die Christus Joh 17 21 („ut omnes unum") erfleht vgl Joh 10 16.

Israels, und **ein** König soll über sie alle herrschen [als König]; nicht mehr
werden sie zwei Völker sein und nicht mehr in zwei Königreiche gespalten
sein.

23 Dann sollen sie sich nicht mehr mit ihren Götzen [und mit ihren Scheu-
salen und all ihren Vergehungen] verunreinigen. Ich errette sie aus all *ihren
Abtrünnigkeiten*, durch die sie sich versündigt haben, und reinige sie; sie
werden mein Volk sein, und ich werde ihr Gott sein. 24 Mein Knecht David
soll König über sie sein; nur **einen** Hirten sollen sie alle haben. Sie wer-
den nach meinen Rechten wandeln, meine Satzungen beobachten und sie
erfüllen. 25 Sie werden dann in dem Lande, das ich meinem Knecht Jakob
gegeben habe, wohnen, in dem *ihre* Väter gewohnt haben; sie werden darin
wohnen, sie, ihre Kinder und Kindeskinder auf ewig. David, mein Knecht,
wird ihr Fürst auf ewig sein. 26 Ich schließe mit ihnen einen Friedensbund;
ein ewiger Bund soll es mit ihnen sein. *Ich begnadige* und mehre sie und
stelle mein Heiligtum in ihrer Mitte auf ewig. 27 Meine Wohnung wird über
ihnen sein; ich werde ihr Gott sein, und sie werden mein Volk sein. 28 Dann
werden die Völker erkennen, daß ich Jahwe es bin, der Israel heiligt, wenn
mein Heiligtum auf ewig in ihrer Mitte ist.

38 1-39 29 Jahwes Kampf und Sieg über Gog

Gog mit seinem gewaltigen Heer in Bereitschaft

1 Das Wort Jahwes erging an mich also: 2 Menschensohn, richte dein An-
gesicht wider Gog im Lande Magog, den Großfürsten von Mesek und Tubal,

37 23 m^{e}šūbōtēhæm mit Sym; M: „ihren Wohnsitzen".
25 „ihre" mit G Syr; M: „eure".
26 w^{e}ḥannōtīm; M: „und ich gebe sie hin".

23-28 Der Abschnitt schildert das künftige Heil: Reinigung von allen Sünden 23, **ein** König 24, Befolgung der Gebote 24, sicheres Wohnen im heiligen Lande für alle Zukunft 25, Friedensbund 26, Heiligtum inmitten des Landes und Volkes 26-28. Mit dem letzten Gedanken, daß Jahwes Heiligtum inmitten des Volkes sein soll, wird auf 40—48 übergeleitet.

38 1 Am Ende der Zeiten 8 16 wird noch einmal ein großer Ansturm gegen das Gottesreich losbrechen. Aber er wird nichts ausrichten. Jahwe bleibt der Endsieger über alle gottfeindlichen, heidnischen Mächte.

2 Wer ist Gog? Zum Namen verweist man auf den keilinschriftlich bezeugten Namen Gagi, der ein Fürst in der Gegend nördlich von Assyrien war. Bereits in den Amarnabriefen wird ein Land Gaga genannt, das wohl in Nordsyrien zu suchen ist. Für jene Gegend wird auch ein Gott Gaga bezeugt. Am meisten spricht für Gog der Name Gugu, das ist der Lyderkönig Gyges (um 607). Es ist also wohl an eine historische Persönlichkeit angeknüpft, nämlich an einen Fürsten Gagi oder Gugu nördlich von Palästina. An Kambyses, Alexander den Großen oder Antiochus Epiphanes (so Theodoret von Cyrus) ist nicht zu denken. Gog ist weder eine mythische Gestalt noch ein Deckname für Babel oder symbolischer Name für „Finsternis", sondern der apokalyptische Name des Fürsten der Endzeit, der das Volk Gottes bedrängt. Magog (Gen 10 2 1 Chr 1 5 als Sohn Japhets genannt) ist Landesname „Land Gogs". Dem Propheten und seinen Zeitgenossen waren Gog und Magog bekannte Begriffe. Ezechiel knüpft ausdrücklich an frühere Weissagungen an, wie aus 17 39 8 deutlich hervorgeht. Vielleicht denkt Ezechiel an Reden früherer Propheten, in denen Gog namentlich genannt war, die uns aber verloren gegangen sind. Man hat diese Weissagungen in den sogenannten „Skythenliedern" bei Jeremias (Kap. 4—6) und Sophonias (1 14-18 3 8) finden wollen;

weissage wider ihn 3 und sprich: So spricht der Herr Jahwe: Siehe, ich will an dich, Gog, Großfürst von Mesek und Tubal! 4 Ich locke dich herbei und lege Haken an deine Kinnbacken; ich lasse dich und dein ganzes Heer ausziehen, Rosse und Reiter, alle in voller Rüstung, ein großes Aufgebot, mit Tartsche und Schild; Schwertträger sind sie alle. 5 Paras, Kusch und Put ist mit ihnen; sie alle tragen Schild und Helm. 6 Gomer und all seine Scharen, Bet-Togarma (vom) äußersten Norden und all seine Scharen, viele Völker sind mit dir. 7 Halte dich bereit und rüste dich, du und all dein Aufgebot, das sich bei dir eingefunden hat; du sollst *mir* zu Diensten sein. 8 Nach vielen Tagen wirst du Befehl erhalten, am Ende der Jahre wirst du in ein Land kommen, das *aus der Verwüstung* wieder hergestellt ist (und) aus vielen Völkern gesammelt ist auf den Bergen Israels, die langehin verödet waren; es (Israel) ist aber aus den Völkern herausgeführt, und sie alle wohnen in Sicherheit. 9 Dann wirst du heraufziehen, wie ein Unwetter wirst du kom-

38 7 lī mit G; M: „ihnen“.
8 mēḥōræb; M: „aus dem Schwerte“.

doch diese Stücke sind zu allgemein gehalten und beziehen sich schwerlich auf die Skythen. Andere denken an Mich 4 11-13, oder an die Gestalt des „Nördlichen“ Jo 2 20 oder an Stücke in Kap. 38 f des Buches Ezechiel selbst, die hier eingearbeitet worden seien. Dem Propheten schwebten wohl ältere Weissagungen vor, in denen es hieß, daß der Feind „vom Norden“ komme Is 14 31 Jer 1 13f 4 6 6 1 13 20, daß er aus einem „fernen Lande“ anrücke Is 5 26 Jer 4 16 5 15, und daß er schließlich im Lande Israel selbst eine große Niederlage erleide Is 14 25 29 5-8. Alle diese einzelnen Züge hat dann Ezechiel zu einem großen Bilde vereint. In der späteren Eschatologie und in der Apokalyptik hat die Figur des Gog Eingang gefunden. Zach 14 liegen Vorstellungen von Gog zugrunde; G setzt Num 24 7 für Agag den Namen Gog ein; Am 7 1 ist nach G Gog der König des unter dem Bild der Heuschrecken einfallenden Feindes. Im NT (Apk 16 14 17 12-14 19 17-19 20 7-10) sind die Stellen über Gog als Endfeind des Gottesreiches aus Ezechiel zugrunde gelegt. Ebenso erscheint Gog in der späteren jüdischen Apokalyptik öfters, wo Magog als Volksname gebraucht wird (so bereits in der Apk 20 8). Statt „Großfürst“ könnte man auch übersetzen „Fürst von Rosch“ (so G Sym Th). Rosch wäre dann in der Nachbarschaft von Mesek und Tubal zu suchen. Es ist jedoch bis jetzt nicht gelungen, ein Land mit diesem Namen zu finden. Zu Mesek und Tubal s. zu 27 13.

4 Bild des Krokodils wie 29 3. Jahwe selbst führt Gog heran und stürzt ihn ins Verderben, ebenso 39 2. Nach Apk 20 8 10 ist es der Satan (Teufel), der Gog und Magog „verführt“. Die nordischen Völker werden gewöhnlich als Reitervölker dargestellt.

5 Zur Zusammenstellung von Paras, Kusch, Put vgl 27 10. Die genannten Völker sind Bundesgenossen des Gog.

6 Gomer (Gen 10 2f 1 Chr 1 5f neben Magog als Sohn Japhets genannt) sind die Kimmerier (keilinschriftlich Gimirraia) am Schwarzen Meer in Kappadokien. Zu Bet-Togarma s. zu 27 14. Die genannten Stämme wohnen im Norden und stoßen von dort her gegen das heilige Land vor.

7 Gog mit seinen Bundesvölkern handelt im Auftrag Jahwes. Er soll kriegsbereit sein; der Aufmarsch ist von Jahwe befohlen.

8 Aber erst in ferner Zukunft, die mit der eschatologischen Zeit zusammenfällt (vgl 16 „am Ende der Tage“), wird der Marschbefehl gegen das heilige Land gegeben. Das Volk Israel ist inzwischen aus der babylonischen Gefangenschaft befreit, hat den Wiederaufbau von Stadt und Land vollendet und wohnt sicher und unbehelligt in seinem Gebiet, ebenso 11 14.

9 Das Herannahen ist wegen des Ungestüms und der Schnelligkeit mit einem Gewitter verglichen (ebenso 16) vgl Jer 4 13 Dan 11 40. Als Reiter 4 15 werden die Scharen des Gog das Land überrennen.

men, wie Gewölk, das Land zu bedecken, wirst du sein, du, alle deine Scharen und viele Völker mit dir.

Gogs Raubgier

10 So spricht der Herr Jahwe: An jenem Tage wird es geschehen, daß Gedanken in deinem Herzen aufsteigen, und du einen schlimmen Plan ausdenkst. 11 Da wirst du sprechen: Ich will wider ein offenes Land hinaufziehen, will friedliche Menschen überfallen, die alle in Sicherheit wohnen, die alle an Orten ohne Mauer wohnen, die weder Riegel noch Türen haben, 12 um Beute zu machen und Raub zu holen, um *meine* Hand anzulegen an Ruinen, die wieder bewohnt sind, und an ein Volk, das aus den Völkern gesammelt ist, das Hab und Gut zu erwerben strebt, das auf dem Nabel der Erde wohnt. 13 Saba, Dedan und *ihre* Händler, Tarsis und all *seine Krämer*, werden zu dir sagen: Bist du gekommen, um Beute zu machen und Raub zu holen? Hast du deine Versammlung aufgeboten, um Silber und Gold fortzutragen, Hab und Gut mitzunehmen, große Beute zu machen?

Gogs Einfall ins Land Israel

14 Darum weissage, Menschensohn, und sprich zu Gog: So spricht der Herr Jahwe: Fürwahr, zu jener Zeit, da mein Volk Israel in Sicherheit wohnt, *wirst du aufbrechen* 15 und von deinem Wohnsitz aus dem äußersten Norden herkommen, du und viele Völker mit dir, alle hoch zu Roß, ein großes Aufgebot und ein zahlreiches Heer. 16 Dann wirst du gegen mein Volk Israel heraufziehen, wie Gewölk, das Land zu bedecken, wirst du am Ende der Tage sein, dann lasse ich dich gegen mein Land heranziehen, damit mich die Völker erkennen, wenn ich mich vor ihren Augen an dir [Gog] heilig erweise.

17 So spricht der Herr Jahwe *(zu Gog): Du* bist es, von dem ich in früheren Tagen durch meine Diener, die Propheten Israels, geredet habe, die in jenen Tagen [Jahren] geweissagt haben, daß ich dich gegen sie heranführen werde.

38 12 jādī mit G; M: „deine (Hand)".

13 sōḥaræhā; M: „die Händler von Tarsis". — rōkelæhā; M: „seine Junglöwen".

14 tēʿōr mit G; M: „du wirst wissen".

17 Ergänze „zu Gog" mit G. — Streiche die Fragepartikel mit G V.

10 Gog selbst faßt den Plan, gegen Israel zu ziehen. Es besteht kein Widerspruch zu 4 7f 39 2, da die Gedanken Jahwe in Gogs Herz aufsteigen läßt vgl 16.

11 36 35 ist von befestigten Städten gesprochen; die andere Vorstellung, daß die Städte ohne Mauern sind, steht unausgeglichen daneben vgl Jer 49 31 Zach 2 8.

12 Der Krieg Gogs ist nichts anderes als ein gewaltsamer Raubzug. Aber Gog wird enttäuscht werden; denn das Land Israel ist noch arm, weil es erst jüngst wieder besiedelt und noch nicht wirtschaftlich hochgekommen ist. Jerusalem bildet den Mittelpunkt der Welt vgl 5 5. Gog kommt vom Ende der Welt, dem äußersten Norden 15, nach dem zentral gelegenen Jerusalem.

13 Zu Saba und Dedan vgl 27 20 22, zu Tarsis 27 12. Die Händler folgen dem Heere, um die Beute abzukaufen und weiter zu verhandeln vgl 1 Makk 3 41.

14 Vgl zu 8 11.

15 Vgl zu 4.

16 Vgl zu 8 9.

17 Vgl zu 2.

Gogs Vernichtung

18 An jenem Tage wird es geschehen, da Gog über das Land Israel kommt
— Spruch des Herrn Jahwe —, daß mein Grimm in meiner Nase aufsteigen
wird. 19 In meinem Eifer, im Feuer meines Grimmes, spreche ich: Fürwahr,
an jenem Tage wird ein großes Beben über das Land Israel kommen. 20 Da
werden vor mir erbeben die Fische des Meeres, die Vögel des Himmels, das
Wild des Feldes, alles Gewürm, das auf dem Boden kriecht, und alle Men-
schen, die auf dem Erdboden sind. Die Berge werden zerbersten und die
Felswände einstürzen; jede Mauer wird zu Boden fallen. 21 Ich rufe wider
ihn jeglichen *Schrecken* — Spruch des Herrn Jahwe; eines jeden Schwert soll
gegen den eigenen Bruder (gerichtet) sein. 22 Dann halte ich mit ihm durch
Pest und durch Blut Gericht; strömenden Regen und Hagelsteine, Feuer und
Schwefel lasse ich regnen über ihn und seine Scharen und die zahlreichen
Völker, die mit ihm sind. 23 So erweise ich mich groß und heilig und tue
mich kund vor den Augen vieler Völker. Dann werden sie erkennen, daß ich
Jahwe bin.

Gogs Niederlage und Tod

39 1 Und du, Menschensohn, weissage wider Gog und sprich: So spricht der
Herr Jahwe: Siehe, ich will an dich, Gog, Großfürst von Mesek und Tubal!
2 Ich locke dich herbei und berücke dich; ich führe dich aus dem äußersten
Norden und bringe dich auf die Berge Israels. 3 Dann schlage ich dir den
Bogen aus deiner linken Hand und lasse die Pfeile dir aus deiner rechten
Hand entsinken. 4 Auf den Bergen Israels wirst du fallen, du und alle deine
Scharen, und die Völker, die mit dir sind; den Raubvögeln, allen beschwing-
ten (Vögeln), und dem Wild des Feldes gebe ich dich zum Fraße. 5 Auf freiem
Felde wirst du fallen; denn ich habe gesprochen — Spruch des Herrn Jahwe.

38[21] ḥ^{a}rādāh mit G; M: „meine Berge, das Schwert".

[19 f] Erdbeben ist Vorbote des kommenden Gerichts Am 8[8] Mich 1[4] Jo 4[16] Nah 1[5] Hab 3[6 f] Mt 24[29] Lk 21[25].

[21] Die Anhänger des Gog vernichten sich gegenseitig wie die Midianiter Ri 7[22] oder die Philister 1 Sm 14[15]; es entsteht allgemeine Verwirrung.

[22] Jahwe schickt Krankheiten und läßt die Natur gegen die Feinde Israels kämpfen. Viele Beispiele aus der Geschichte zeigen das Eingreifen Gottes mittels der Naturkräfte. Zu „Pest und Blut" s. zu 5[16 f]. Jahwe sendet Hagel und Regen als siebte Plage gegen die Ägypter Ex 9[13-35] und vernichtet durch Hagelsteine die Amorriter Jos 10[11]. Durch Feuer und Schwefel wurden Sodom und Gomorrha vernichtet Gen 19[24]; seitdem gelten „Feuer und Schwefel" als typische Strafen des Gerichtes Is 34[9] Ps 11[6] Job 18[15], die besonders häufig in der Apk (14[10] 19[20] 20[10] 21[8]) genannt werden.

[23] Die Vernichtung der Feinde Israels zeigt allen Völkern, daß Jahwe der große, allmächtige Gott ist vgl 28[22].

39[1] Kap. 39 ist eng mit 38 verwandt. Ausführlich ist der Tod Gogs und seiner Scharen geschildert, ebenso die Bestattung der Gebeine [11-16]. Vorher werden die wilden Vögel und Tiere alles Fleisch verzehren [17-20]; zeitlich gehört dieser Abschnitt vor [9-16].

[1 f] Wiederaufnahme der Gedanken von 38[2-3a].

[3] Die wichtigste Ausrüstung der Reitervölker sind Bogen und Pfeil. Durch Zerschlagen dieser Waffen werden die Feinde kampfunfähig.

[4] Es ist eine besondere Schmach und Schande, wenn die Leichen nicht beerdigt werden und so dem Wild zum Fraße dienen vgl 1 Sm 17[44] 2 Sm 21[10] 3 Kg 21[23] Jer 7[33]. Zugleich ist die Vorstellung im Volk verbreitet, daß der Tote solange

6 Ich sende Feuer wider Magog und die in Sicherheit lebenden Inselbewoh-
ner. Dann werden sie erkennen, daß ich Jahwe bin. 7 Meinen heiligen Namen
werde ich erkennen lassen inmitten meines Volkes Israel; ich werde nicht
mehr meinen heiligen Namen entweihen lassen, damit die Völker erkennen,
daß ich Jahwe bin, der Heilige in Israel. 8 Siehe, es kommt und trifft ein —
Spruch des Herrn Jahwe; das ist der Tag, von dem ich geredet habe.

Die Verbrennung der Waffen

9 Dann werden die Bewohner der Städte Israels hinausgehen und die
Rüstungen, Schilde, Tartschen, Bogen, Pfeile, Keulen und Lanzen an-
zünden und verbrennen; sieben Jahre werden sie damit feuern. 10 Sie brau-
chen nicht mehr Holz vom Feld zu holen und nicht in den Wäldern zu fällen;
denn mit den Rüstungen machen sie Feuer, plündern ihre Plünderer und
berauben ihre Räuber — Spruch des Herrn Jahwe.

Die Beerdigung Gogs

11 An jenem Tage wird es geschehen, da bestimme ich für Gog einen
namhaften Ort als Grabstätte in Israel, das Tal Abarim östlich vom Meer;
man wird es absperren für die Durchziehenden und dort den Gog und all
sein Gepränge begraben. Man nennt es „Tal des Gepränges Gogs“. 12 Da
wird sie das Haus Israel begraben, um das Land zu reinigen sieben Monate
lang. 13 Das gesamte Volk des Landes wird sie begraben, und es wird ihnen
der Tag zum Ruhme sein, an dem ich mich verherrliche — Spruch des Herrn
Jahwe. 14 Eine ständige Mannschaft wird man aussondern, die das Land
durchzieht, *um Ausschau zu halten* [nach den Wanderern], nach den auf dem
Boden des Landes noch Übriggebliebenen, um es zu reinigen; nach Ablauf

39 11 šēm mit G V; M: „dort“.
14 mᵉbaqqᵉrīm; M: „um zu begraben“.

keine Ruhe findet, als er nicht bestattet ist. Der Gedanke von 4 ist 17-20 weiter ausgeführt.

6 Feuer als Strafmittel wird bereits 38 22 genannt. Magog ist das Heimatland von Gog; die Küsten (am Schwarzen Meer) sind die Wohnstätten seiner Hilfsvölker vgl 38 5 f.

7 An der Vernichtung Gogs und seines Landes erkennen die anderen Völker, daß Jahwe der allmächtige Gott Israels ist, der die Geschicke der Völker leitet vgl 38 16.

8 Vgl zu 38 17. Der „Tag“ ist die Zeit des Gerichtes über Gog und die Stunde seiner Vernichtung vgl 38 18 f.

9 f Nach dem Sieg werden die Waffen verbrannt; somit ist durch Vernichtung aller Kriegsmittel der Friede gesichert Os 2 20 Is 9 4 Ps 46 10 76 4. Die Beute ist so groß, daß alle Bewohner damit ihr Heizmaterial sieben Jahre lang (das ist viele Jahre) decken können. Hier zeigt sich wieder der praktische Sinn des Propheten Ezechiel vgl zu 47 11.

11 Das Tal Abarim (M: „Tal der Wanderer“) ist nicht im Westjordanland (man will es im wadi fejjās, drei Kilometer südlich vom See Genesaret finden), sondern im Ostjordanland zu suchen; Num 27 12 33 47 f Dt 32 49 bezeichnet Abarim die Gebirgskette am Ostufer des Toten Meeres und des unteren Jordan. Im Land selbst darf Gog nicht begraben werden, weil dadurch das „heilige“ Land verunreinigt würde. Das Land der Heiden gilt als unrein Os 9 3.

12 f Die große Menge der Getöteten zu begraben, erfordert eine lange Zeit („sieben Monate“) und das Mitwirken des ganzen Volkes; unter „Volk des Landes“ sind hier alle Laien gemeint, ebenso 45 22 46 3 9 vgl zu 7 27.

14 f Damit ja kein Totengebein liegenbleibt, wird eine ständige Mannschaft aufgestellt, welche die Stellen, wo noch

von sieben Monaten sollen sie es durchsuchen. 15 Wenn die Durchziehenden
das Land durchwandern, und es sieht einer ein Menschengebein, so soll er
daneben ein Mal errichten, bis es die Totengräber im Tal des Gepränges
Gogs bestattet haben. 16 Auch der Name einer Stadt ist Hamona; so werden
sie das Land reinigen.

Das große Opfermahl

17 Und du, Menschensohn, so spricht der Herr Jahwe: Sprich zu allen
beschwingten Vögeln und zu allem Wild des Feldes: Scharet euch zusammen
und kommet! Versammelt euch von überall zu meinem Opfermahl, das ich
euch als ein großes Opfermahl auf den Bergen Israels schlachte! Fresset
Fleisch und saufet Blut! 18 Das Fleisch von Helden sollt ihr fressen und das
Blut von Fürsten der Erde sollt ihr saufen, Widder, Lämmer, Böcke, Farren,
Masttiere von Basan insgesamt. 19 Ihr sollt Fett fressen bis zur Sättigung
und Blut saufen bis zur Berauschung, von meinem Opfermahl, das ich für
euch geschlachtet habe. 20 Ihr sollt euch sättigen an meinem Tisch von Roß
und *Reitern,* von Helden und allerlei Kriegern — Spruch des Herrn Jahwe.

Die Ehre Jahwes

21 So bringe ich meine Ehre unter die Völker; alle Völker werden mein
Gericht sehen, das ich vollziehe, und meine Hand, die ich an sie lege. 22 Dann
wird das Haus Israel erkennen, daß ich, Jahwe, ihr Gott bin von jenem Tage
an und künftighin. 23 Auch die Völker sollen erkennen, daß das Haus Israel
wegen seiner Verschuldung in die Verbannung gehen mußte, weil sie von
mir abtrünnig geworden sind, so daß ich mein Angesicht vor ihnen verbarg
und sie in die Hand ihrer Bedränger gab, daß sie alle durch das Schwert
fielen. 24 Nach ihren Verunreinigungen und nach ihren Vergehen habe ich
an ihnen gehandelt und mein Angesicht vor ihnen verborgen.

Die Sammlung Israels

25 Darum spricht so der Herr Jahwe: Nun will ich das Geschick Jakobs
wenden, mich des ganzen Hauses Israel erbarmen und für meinen heiligen

39 16a ist wohl Glosse. Der Text scheint verderbt zu sein; es wird vorgeschlagen: w^{e}nām šām ʿim h^{a}mōnōh „und er (Gog) ruht dort mit seinem Getümmel".

20 w^{e}rōkēb mit G; M: „Gespann".

Tote liegen, kenntlich machen soll, damit sie dann die Totengräber bestatten. Hier verrät sich die ängstliche Sorge des Priesters Ezechiel, der das Land nicht verunreinigt wissen will.

16 ist wohl Glosse. Hamona heißt Volksmasse, Heerhaufen, Getümmel.

17-20 Der Abschnitt führt 4 näher unter einem grausigen Bild aus: Das große Schlachtfest wird als Opfermahl für alle Vögel und Tiere gehalten. Bereits Is 34 5-7 ist die Vernichtung der Edomiter als Opferfest in blutigen Bildern geschildert (vgl ferner Jer 46 10 48 15 50 27). Der ntl Apokalyptiker (19 17f 21) hat dieses Bild von Ezechiel übernommen. An dem Fleisch werden sich die wilden Tiere sattfressen; es ist fettes Fleisch, wie es das Mastvieh von Basan im nördlichen Ostjordanland 18 liefert, das durch seine guten Weiden bekannt ist vgl Dt 32 14 Am 4 1 Ps 22 13. An dem Blute wird sich alles Wild vollsaufen.

21-24 Durch das Gericht werden alle Völker erkennen, daß Jahwe nicht aus Schwäche sein Volk den Feinden preisgab, sondern wegen seiner Sünden. Als gerechter Gott mußte Jahwe so handeln.

25-29 bringen bekannte Gedanken Ezechiels, die in keinem inneren Verhältnis

Namen eifern. 26 Sie sollen ihre Schmach und all ihre Abtrünnigkeit *vergessen*, die sie wider mich begangen haben, wenn sie in Sicherheit auf ihrer Scholle wohnen, ohne daß jemand (sie) aufschreckt. 27 Wenn ich sie aus den Völkern heimhole und aus den Ländern ihrer Feinde sammle, dann will ich mich an ihnen vor den Augen vieler Völker heilig erweisen. 28 Dann werden sie erkennen, daß ich, Jahwe, ihr Gott bin, daß ich sie (zwar) in die Verbannung zu den Völkern führte, sie aber nun in ihrer Heimat wieder sammle und keinen von ihnen dort zurücklasse. 29 Mein Angesicht will ich nicht mehr vor ihnen verbergen, weil ich meinen Geist über das Haus Israel ausgegossen habe — Spruch des Herrn Jahwe.

Das Gesicht vom neuen Gottesreich

40 1-4 Einleitung

1 Im fünfundzwanzigsten Jahre unserer Verbannung, *im ersten* (Monat), am zehnten des Monats, im vierzehnten Jahre, nachdem die Stadt erobert war, an eben diesem Tage kam die Hand Jahwes über mich, und er brachte mich [dorthin] 2 in göttlichen Gesichten [brachte er mich] in das Land Israel und setzte mich auf einem sehr hohen Berg nieder. Auf diesem (Berge) war *mir gegenüber* etwas wie der Bau einer Stadt. 3 Er brachte mich dorthin, und siehe, da war ein Mann, der ein Aussehen wie von Erz hatte; er trug eine linnene Schnur und eine Meßrute in seiner Hand und stand am Tore. 4 Der Mann redete zu mir: Menschensohn, schaue mit deinen Augen und höre mit deinen Ohren! Richte deinen Sinn auf alles, was ich dir zeigen werde; denn damit man es dir zeige, bist du hierher gebracht worden. Verkünde alles, was du siehst, dem Hause Israel!

40 5 - 43 12 Der neue Tempel

Die Umfassungsmauer

5 Und siehe, eine Mauer umgab den Tempel von außen ringsum. In der Hand des Mannes war eine Meßrute von sechs Ellen, (die Elle) zu einer Elle

39 26 wᵉnāšū mit Ketib; M: „und sie sollen tragen", so das Qere, etliche Hss und die Übss.
40 1 bārīʾšōn mit G; M: „am Anfang des Jahres".
2 minnægdī mit G; M: „südwärts".

zur Weissagung über Gog stehen. Erst in der Heimat wird Israel zu voller Erkenntnis Gottes kommen: Jahwe mußte sein Volk wegen der Sünden in die Gefangenschaft führen, um seiner Heiligkeit und Gerechtigkeit Genüge zu tun. Um der Ehre seines Namens willen wird Israel wieder zurückgeführt, und so erkennen alle Völker Jahwe als den mächtigen Gott an vgl 20 41 28 25 36 22 f.

40 1 Datum: April 572. Das „Kommen der Hand Jahwes" bezeichnet die Ekstase (Entrückung) s. zu 1 3.

2 In der Vision wird Ezechiel nach Palästina auf einen sehr hohen Berg (damit ist wohl der Sion gemeint) gebracht vgl Apk 21 10; er kommt vom Norden und sieht im Süden etwas, das einer Stadt gleicht: damit ist die Tempelanlage gemeint. Der Tempelberg wird im Anschluß an Is 2 2 (= Mich 4 1) als sehr hoher Berg bezeichnet; das gilt wie bei Isaias nur in der Schau des Propheten.

3 Der „Mann" ist nicht Jahwe selbst, auch nicht etwa Moses, sondern ein himmlisches Wesen, ein Engel, der die Messungen vornimmt vgl 9 2 Zach 2 5

und zu einer Handbreite (gerechnet). Er maß die Breite des Baues: eine
Rute, und die Höhe: eine Rute.

Das äußere Osttor

6 Dann trat er in das Tor, dessen Vorderseite nach Osten lag, stieg auf
(sieben) Stufen hinauf und maß die Schwelle des Tores: eine Rute in der
Breite [und die Schwelle: eine Rute in der Breite], 7 ferner die Nische: eine
Rute lang und eine Rute breit, *(den Pfeiler)* zwischen den Nischen: fünf Ellen,
(und die zweite Nische: eine Rute lang und eine Rute breit, und den Pfeiler:
fünf Ellen, und die dritte Nische: eine Rute lang und eine Rute breit) und die
Schwelle des Tores an der Seite der Vorhalle des Tores auf der Innenseite:
eine Rute. 8 Dann maß er die Vorhalle des Tores auf der Innenseite:
eine Rute. 9 Er maß die Vorhalle des Tores: acht Ellen, und ihre Pfeiler: zwei
Ellen; die Vorhalle des Tores aber lag nach innen. 10 Die Nischen des Tores
lagen *einander gegenüber:* drei auf der einen und drei auf der anderen Seite;
alle drei hatten das gleiche Maß. Auch die Pfeiler auf beiden Seiten
hatten das gleiche Maß. 11 Dann maß er die Breite des Toreinganges:
zehn Ellen, (und) die Länge des Tores: dreizehn Ellen. 12 Vor den Nischen

40 6 „auf sieben Stufen" mit G; M: „auf seinen Stufen".
7 nach G ergänzt.
10 tā' nægæd tā' mit G; M: „in der Richtung nach Osten".

Dan 10 16 Apk 21 15. Er trägt die damals gebräuchlichen Vermessungsgeräte, linnene Schnur und Meßstab.

5 Der Umfang der äußeren Umfassungsmauer ist 42 15-20 angegeben. Es handelt sich in 5 um die Umfassungsmauer des äußeren Vorhofes, die fünfhundert Ellen Länge hat, also ein Quadrat einschließt. Sie ist sechs Ellen hoch und sechs Ellen dick, also sehr stark. Die Maße sind folgende: Eine Rute = sechs Ellen. Die Elle wird nach babylonischem und ägyptischem System als kleine „gemeine" Elle und große „königliche" Elle gerechnet. Die kleine babylonische Elle beträgt neunundvierzigeinhalb Zentimeter = dreißig Finger, die große fünfundfünfzigeinhalb Zentimeter = dreiunddreißig Finger. Die kleine ägyptische Elle fünfundvierzigeinhalb Zentimeter = sechs Handbreiten = vierundzwanzig Finger, die große zweiundfünfzigeinhalb Zentimeter = sieben Handbreiten = achtundzwanzig Finger. Diese letztere (große Elle zu sieben Handbreiten) meint Ezechiel.

6 Zunächst wird das äußere Osttor beschrieben. Weil das Gelände außerhalb des Tempelbezirks niedriger ist, muß man auf sieben Stufen zum Osttor emporsteigen; jede Stufe ist wohl so hoch wie die Tempelstufen, also siebzehn Zentimeter hoch. Die Schwelle ist sechs Ellen breit (wie die Umfassungsmauer); unter Schwelle ist der Raum von der obersten Treppe bis zum Toreingang zu verstehen, der die Umfassungsmauer durchbricht.

7 Im Torgebäude befinden sich auf beiden Seiten je drei Nischen (Kammern), vgl 10, die durch Pfeiler voneinander getrennt sind. Die Nischen haben Quadratform von sechs mal sechs Ellen vgl 12. Die Pfeiler zwischen den Nischen sind fünf Ellen breit. Die Nischen dienen als Aufenthaltsraum für die Wachen vgl 44 11. Am Ende (Ausgang zum äußeren Vorhof) befindet sich die Vorhalle; die Schwelle hat die gleiche Größe wie die Schwelle beim Eingang von außen.

8 f Die Vorhalle, durch die man zum äußeren Vorhof kommt, hat eine Länge von acht Ellen und eine Breite (von Norden nach Süden) von zwanzig Ellen.

10 Vgl zu 7.

11 Die gewöhnliche Breite des Durchgangs beträgt zehn Ellen. Gleich hinter der Schwelle ist eine Tür eingesetzt vgl 44 2, die eine größere Breite erfordert, so daß das erste Nischenpaar etwas zurücktritt; deshalb hat das Tor eine Weite von dreizehn Ellen.

12 Unsicher ist die Übersetzung „Einfriedigung" (wörtlich „Grenze"). Man will es sich so vorstellen, daß die Nischen eine Elle in den Torweg vorsprin-

war eine Einfriedigung, je eine Elle (breit) auf der einen und auf der anderen
Seite; die Nische aber maß sechs Ellen auf der einen und sechs Ellen auf der
anderen Seite. 13 Dann maß er das Tor *von der Rückwand* der Nische *bis zur*
gegenüberliegenden Rückwand: die Breite betrug fünfundzwanzig Ellen von
Tür zu Tür. 14 *Dann maß er die Vorhalle: zwanzig* Ellen: *an die Torhalle*
stieß der Vorhof ringsum. 15 *Von* der Vorderseite des Toreinganges *bis* zur
Vorderseite der Vorhalle des Tores *nach innen hin* waren es fünfzig Ellen.
16 Das Tor hatte ringsum Fenster, die zu den Nischen und zu *ihren* Pfeilern
nach innen zu schräg einfielen; ebenso hatte *die Vorhalle* ringsum *Fenster*
nach innen zu, und *an den Pfeilern* waren Palmen *(auf der einen und auf der*
anderen Seite).

Der äußere Vorhof

17 Dann brachte er mich in den äußeren Vorhof, und siehe, da waren Zellen
und ein Steinpflaster rings um den Vorhof [hergestellt]; dreißig Zellen waren

40 13 miggaw vgl G; M: „vom Dach". — l^{e}gawwō; M: „bis zu seinem Dach".
14 wajjāmòd 'æt hā'ūlām; M: „und er machte die Pfeiler". — „zwanzig" mit G^{B}; M: „sechzig" — 'ūlām haššaʿar hæḥāṣēr; M: „Pfeiler des Vorhofes des Tores".
15 ūmēʿal; M: „und über". — ʿad mit 2 Hss und V; M: „über". – liph^{e}nīmāh mit G; M: „des inneren".
16 'ēlēhæm; M: Schreibfehler(?). — lā'ūlām ḥallōnōt; M: „den Vorhallen und die Fenster". — w^{e}ʿal hā'ēlīm vgl G V; M: „und zum Pfeiler". — Einfügung nach G.

gen und durch ein Gitter abgegrenzt sind. Es kann darunter auch ein „Sperrgebiet" verstanden werden, das ein erhöhtes Pflaster bezeichnet. So haben die Wachehabenden (die Leviten 44 [11]) einen übersichtlichen Standort und sind von den Durchgehenden abgegrenzt.

13 Die Messung erfolgt von der Rückwand (Außenseite) der Nische bis zur Rückwand der gegenüberliegenden Nische. Die Gesamtbreite ergibt fünfundzwanzig Ellen.

14 In seiner vorliegenden Form ist der Vers völlig unverständlich. M: „und er machte die Pfeiler sechzig Ellen und zu dem Pfeiler des Vorhofes des Tores ringsum". Wahrscheinlich ist hier, wie noch G durchblicken läßt, von der Vorhalle die Rede, die zwanzig Ellen mißt, und durch die man dann in den äußeren Vorhof gelangt.

15 Hier ist die Gesamtlänge des Torgebäudes angegeben; sie beträgt fünfzig Ellen, nämlich sechs Ellen (Schwelle) plus achtzehn Ellen (drei Nischen zu sechs Ellen) plus zehn Ellen (zwei Pfeiler zu fünf Ellen) plus acht Ellen (Vorhalle) plus zwei Ellen (Pfeiler der Vorhalle) plus sechs Ellen (Schwelle der Vorhalle). Das Torgebäude ist also ein Rechteck zu fünfundzwanzig Ellen Breite (vgl [13]) und fünfzig Ellen Länge.

16 Überall, das will besagen in den Rückwänden der sechs Nischen und über dem Ausgang nach Westen zu (in den äußeren Vorhof), sind Fenster angebracht, um den Tordurchgang zu erhellen. Die Form dieser Fenster (ebenso 41 [16] [26] und 3 Kg 6 [4]) ist nicht eindeutig zu bestimmen. Man übersetzt gewöhnlich „schräg einfallende" Fenster, so daß sie sich nach innen hin verengt hätten. G übersetzt 41 [16] „vergitterte", dagegen 40 [16] 41 [26] „versteckte" oder „verdeckte" Fenster. Die Palmen an den Pfeilern sind Malereien oder Plastiken. Auch im salomonischen Tempel befand sich plastischer Palmenschmuck vgl 3 Kg 6 [29-35].

17 f Anschließend an die Umfassungsmauer ist ein Steinpflaster angelegt, das rings um den äußeren Vorhof läuft und eine Breite von vierundzwanzig Ellen hat (es geht nicht über die Tore hinaus, mißt also fünfzig Ellen = Länge der Tore weniger sechs Ellen: Breite der Umfassungsmauer); es wird „das untere" genannt zum Unterschied des höhergelegenen Pflasters im inneren Vorhof, welches das Tempelgebäude umgibt vgl 41 [8]. Die Zellen liegen auf dem Steinpflaster und lehnen sich an die Umfassungsmauer an. Ihre Verteilung ist wohl so zu denken, daß sich an der Ost-, Nord- und Südseite je 8, und an der Westseite

auf dem Steinpflaster. 18 Das Steinpflaster aber befand sich seitlich der Tore,
entsprechend der Länge der Tore; das war das untere Steinpflaster. 19 Dann
maß er die Breite (des Vorhofs) von der Vorderseite des unteren Tores bis
zur Vorderseite des inneren *Tores* nach außen: hundert Ellen. *Dann führte
er mich nach Norden.*

Die beiden übrigen äußeren Tore (Nord- und Südtor)

20 *Und siehe, da war ein Tor,* dessen Vorderseite in der Richtung nach
Norden zum äußeren Vorhof lag; er maß seine Länge und seine Breite.
21 Seine Nischen, drei auf der einen und drei auf der anderen Seite, seine
Pfeiler und seine Vorhalle hatten dasselbe Maß wie das erste Tor; fünfzig
Ellen betrug seine Länge und fünfundzwanzig Ellen die Breite. 22 Seine Fen-
ster, seine Vorhalle und seine Palmen hatten dasselbe Maß wie das Tor,
dessen Vorderseite nach Osten lag; auf sieben Stufen stieg man zu ihm
empor; seine Vorhalle aber lag *nach innen zu.* 23 Auch das Tor zum innern
Vorhof gegenüber dem Nordtor war *wie das Osttor;* er maß von Tor zu Tor:
hundert Ellen. 24 Dann führte er mich in die Richtung nach Süden, und siehe,
da war ein Tor in der Richtung nach Süden; er maß (seine Nischen,) seine
Pfeiler und seine Vorhalle: es waren die gleichen Maße. 25 Es hatte Fenster
ringsum wie seine Vorhalle gleich den genannten Fenstern; fünfzig Ellen
betrug die Länge und fünfundzwanzig Ellen die Breite. 26 (Auf) sieben Stu-
fen stieg man zu ihm empor, und seine Vorhalle lag *nach innen zu;* ebenso
hatte es Palmen, eine auf der einen und eine auf der anderen Seite an den
Pfeilern. 27 Auch war ein Tor da zu dem innern Vorhof in der Richtung nach
Süden; er maß von einem Tor zum anderen in der Richtung nach Süden:
hundert Ellen.

Die Tore des inneren Vorhofes

28 Dann brachte er mich zu dem inneren Vorhof durch das Südtor; er maß
das Südtor: es hatte die gleichen Maße. 29 Seine Nischen, seine Pfeiler und
seine Vorhalle hatten die gleichen Maße; es hatte auch Fenster ringsum wie
die Vorhalle: fünfzig Ellen betrug die Länge und fünfundzwanzig Ellen die

40 19 haššaʿar mit G; M: „des Vorhofes". — wajeqaddēm ṣāphōnāh vgl G; M: „der Osten und der Norden".
20 wehinnēh šaʿar mit G; M: „und das Tor".
22 liphenīmāh mit G; M: „nach ihrer Vorderseite".
23 kaššaʿar laqqādīm mit G; M: „und nach Osten".
26 liphenīmāh mit G wie 22; M: „nach ihrer Vorderseite".

sechs Zellen befinden. Vielleicht hat die Westseite keine Zellen, so daß an den übrigen Seiten je zehn liegen. Über ihre Bestimmung ist nichts gesagt; sie sollen wahrscheinlich dem Volk für die Opfermahlzeiten dienen oder sind als Wohnungen für manche bevorzugte Familien bestimmt vgl Jer 35 2-4.

19 Von der Innenfront des äußeren Osttores bis zur Außenfront des inneren Osttores sind es hundert Ellen; dies ist die Breite des äußeren Vorhofes, der sich im Osten, Süden und Norden um den inneren Vorhof legt. Das äußere Osttor wird das „untere" genannt, weil das innere Osttor um acht Stufen höher liegt vgl 31.

20-23 Das äußere Nordtor ist ebenso wie das äußere Osttor (vgl 6-16) gebaut.

24-27 Das äußere Südtor hat die nämliche Anlage wie das äußere Osttor.

28-37 Die Tore des inneren Vorhofes, nämlich das Südtor 28-31, das Osttor 32-34 und das Nordtor 35-37, haben die nämliche Anlage mit den gleichen Maßen. Ihre Treppen haben je acht Stufen

Breite. 30 Vorhallen lagen ringsum, fünfundzwanzig Ellen lang und fünf
Ellen breit. 31 Seine Vorhalle aber lag nach dem äußeren Vorhof zu. Palmen
waren an seinen Pfeilern; acht Stufen bildeten seinen Aufgang.

32 Dann brachte er mich zu *dem Tor, das* in der Richtung nach dem Osten
lag, und maß das Tor: es hatte die gleichen Maße. 33 Auch seine Nischen,
seine Pfeiler und seine Vorhalle hatten die gleichen Maße. Es hatte Fenster
wie die Vorhalle ringsum; die Länge betrug fünfzig Ellen und die Breite
fünfundzwanzig Ellen. 34 Seine Vorhalle aber lag nach dem äußeren Vorhof
zu. Palmen waren an seinen Pfeilern, auf der einen und auf der anderen
Seite; acht Stufen bildeten seinen Aufgang.

35 Dann brachte er mich zu dem Nordtor und maß es; es hatte die gleichen
Maße. 36 Es hatte Nischen, seine Pfeiler und seine Vorhalle; Fenster hatte
es *(wie auch seine Vorhalle)* ringsum. Die Länge betrug fünfzig Ellen und
die Breite fünfundzwanzig Ellen. 37 *Seine Vorhalle* lag nach dem äußeren
Vorhof zu. Palmen waren an seinen Pfeilern, auf der einen und auf der
anderen Seite; acht Stufen bildeten seinen Aufgang.

Vorrichtung für das Opfermahl

38 Auch eine Zelle war da, deren Eingang an den Pfeilern der Tore war;
dort spülte man das Brandopfer ab. 39 In der Vorhalle des Tores waren zwei
Tische auf der einen und zwei Tische auf der anderen Seite, um darauf [das
Brandopfer und] das Sündopfer und das Schuldopfer zu schlachten. 40 An der
äußeren Seitenwand, nördlich für den, der zum Toreingang hinaufstieg,
waren zwei Tische; an der anderen Außenwand der Vorhalle des Tores
waren (ebenfalls) zwei Tische: 41 vier Tische auf der einen und vier Tische
auf der anderen Seite neben dem Tore, (im ganzen) acht Tische, auf denen
man (das Schlachtopfer) schlachtete. 42 Die vier Tische [für das Brandopfer]

40 32 haššaʿar happōnæh mit G; M: „zum innern Vorhof".
36 Einfügung nach G.
37 weʾēlammō nach G V vgl 31 34; M: „und seine Pfeiler".

(31 34 37), und ihre Vorhallen liegen nach dem äußeren Vorhof zu, so daß die Vorhallen der äußeren und inneren Tore einander zugekehrt sind.

38 Der Text scheint verderbt zu sein. Es wird hier von einem Ort gesprochen, wo man die Opfertiere vom Schmutz reinigt. Vielleicht ist ein Stück ausgefallen, in dem berichtet war, daß Ezechiel vom inneren Nordtor zur Vorhalle des inneren Osttores gebracht wurde.

39 In der Vorhalle befinden sich vier Tische (zwei auf jeder Seite) für die Sünd- und Schuldopfer.

40 Außerhalb des Tores, an der Nord- und Südwand, stehen wieder vier Tische, auf denen man die Brandopfer schlachtet, wie aus 42 hervorgeht.

41 klingt wie eine Glosse. Die 39 f genannten Tische werden zusammengezählt, im ganzen acht Tische. Es sind niedrige, hölzerne Tische, auf die man bequem die Opfertiere legen kann, um sie für das Opfer herzurichten. Bei den Schuld-, Sünd- und Friedopfern wurde das Fleisch, das gegessen werden durfte, abgetrennt; die Brandopfer wurden völlig verbrannt (Ganzopfer = holocaustum).

42 f Die weiteren niedrigen Tische aus Stein dienen für die Opfermesser und Schalen, um das Blut aufzusaugen. Sie haben rings um die Platte eine schmale aufrechtstehende Randleiste, die das Herabfallen der Geräte verhindern sollte. Andere wollen statt „Rand" 43 nach dem Targum „Fleischhaken" (zum Aufhängen der Opfertiere) übersetzen. Die griechische Übersetzung, nach welcher der erweiterte Text oben wiedergegeben ist, hat wohl das Ursprüngliche bewahrt.

waren aus Quadersteinen, anderthalb Ellen lang, anderthalb Ellen breit und
eine Elle hoch; darauf legte man die Geräte zum Schlachten der Brand- und
Schlachtopfer. 43 Auch war ein Rand von einer Handbreite ringsum nach
innen angebracht. Über den Tischen *(war oben eine Überdachung, um vor
Regen und Hitze)* das Opferfleisch *(zu schützen).*

Die Zellen für die Priester

44 *Dann brachte er mich in den inneren Vorhof, und siehe, da waren zwei
Zellen* im inneren Vorhof, *eine* an der Seitenwand des Nordtores, *deren* Vor-
derseite nach Süden ging, und die andere an der Seitenwand *des Südtores,*
deren Vorderseite nach Norden gerichtet war. 45 Er sprach zu mir: Diese
Zelle, deren Vorderseite nach Süden gerichtet ist, ist für die Priester, die den
Tempeldienst verrichten; 46 die (andere) Zelle, deren Vorderseite nach Nor-
den gerichtet ist, ist für die Priester, die den Altardienst verrichten. Das sind
die Söhne Sadoqs, die von den Söhnen Levis Jahwe nahen dürfen, um ihm
zu dienen.
47 Er maß den Vorhof: die Länge betrug hundert Ellen, und die Breite
hundert Ellen, ein Geviert. Der Altar aber stand vor dem Tempel.

Die Vorhalle des Tempels

48 Dann brachte er mich zur Vorhalle des Tempels und maß *die Pfeiler,*
fünf Ellen auf der einen und fünf Ellen auf der anderen Seite; die Breite des
Tores betrug *(vierzehn Ellen und die Seitenwand des Tores)* drei Ellen, drei
Ellen auf der einen und drei Ellen auf der anderen Seite. 49 Die Länge der
Vorhalle betrug zwanzig Ellen und die Breite *zwölf* Ellen; auf *zehn* Stufen
stieg man zu ihr empor. Auch Säulen waren an den Pfeilern, eine auf dieser
und eine auf der anderen Seite.

40 43 Ergänzung nach G.
44 waj^{e}bī'ēnī 'æl hæḥāṣēr happ^{e}nīmīt w^{e}hinnēh l^{e}šākōt š^{e}tajim nach G; M: „und außerhalb des inneren Tores waren Fürstenzellen". — 'aḥat mit G; M: „welche". — Sing.; M: Plur. — šaʿar haddārōm mit G; M: „des Osttores".
48 hā'ēlīm; M: „Pfeiler einer Vorhalle". — Einfügung nach G vgl 41 2.
49 „zwölf" mit G; M: „elf". — „zehn" mit G; M: „welche".

44 Am inneren Südtor und am inneren Nordtor (nach Osten zu) sind zwei sich gegenüberliegende Räume (Zellen) angebracht. Ihre Zugänge öffnen sich nach dem Brandopferaltar zu.

45 Die Zelle am Nordtor ist für die niederen Priester (Leviten) bestimmt, die den Tempeldienst verrichten; dieser Dienst ist 44 11 näher ausgeführt: Torwachen und Bereitung der Schlacht- und Brandopfer für das Volk. Weitere Dienstleistungen sind die Besorgung des Rauchwerks, des Öles und der Lampen.

46 Die Zelle am Südtor ist für die höheren Priester (Sadoqiten) bestimmt, die den eigentlichen Altardienst verrichten. Ezechiel kennt also den Unterschied zwischen Leviten (im allgemeinen Sinn) und Sadoqiten (im besonderen Sinn) vgl 43 19 44 4–45 5. Sadoq war Priester zur Zeit Davids 2 Sm 15 24 3 Kg 1 8, wurde von Salomo als Hohepriester an die Stelle Abjatars eingesetzt 3 Kg 2 35; er stammte aus der Familie des Eleazar, des Sohnes Aarons 1 Chr 6 35-38 24 1-6.

47 Der innere Vorhof bildet ein Quadrat von hundert Ellen. Der Brandopferaltar ist 43 13-17 näher beschrieben.

48 f Vor den Pfeilern (oder auch vielleicht neben den Pfeilern, so daß sie den Eingang flankieren) stehen zwei Säulen; sie sind nach dem Vorbild der 3 Kg 7 15-22 beschriebenen Bronzesäulen im salomonischen Tempel zu denken. Ob die Säulen frei stehen oder einen Bogen tragen und die Decke (Oberschwelle) stützen,

Die Maße des Tempels

41 1 Dann brachte er mich zur Tempelhalle und maß die Pfeiler: sechs
Ellen in der Breite auf der einen Seite und sechs Ellen in der Breite auf der
anderen Seite [die Breite des Zeltes]. 2 Die Breite des Eingangs betrug zehn
Ellen, und die Seitenwände des Eingangs fünf Ellen auf der einen und fünf
Ellen auf der anderen Seite. Er maß ihre Länge: vierzig Ellen, und die Breite:
zwanzig Ellen. 3 Dann trat er ins Innere ein und maß den Pfeiler des Eingangs:
zwei Ellen, und *die Breite des Eingangs:* sechs Ellen, und die *Seitenwände:*
sieben Ellen *(auf der einen und sieben Ellen auf der anderen Seite).* 4 Er maß
seine Länge: zwanzig Ellen, und die Breite: zwanzig Ellen, an der Vorder-
seite der Tempelhalle. Da sprach er zu mir: Dies ist das Allerheiligste.

Die Seitengebäude

5 Dann maß er die Mauer des Tempels: sechs Ellen, und die Breite des
Seitenbaues: vier Ellen rings um den Tempel herum. 6 Die Seitengemächer
aber, Seitengemach an Seitengemach, waren *dreißig in drei* Stockwerken,
und *Absätze* waren in der Mauer, die nach innen den Seitengemächern rings-
um zugekehrt waren, um als Träger zu dienen (in der äußeren Mauer); aber

41 3 werōḥab happaetaḥ; M: „und den Eingang". — wekitphōt mit G; M: „und die Breite". — Ergänzung nach G.

6 šelōšīm šālōš mit Syr (vgl G T); M: „dreiunddreißig". — ūmigrāʿōt mit G; M: „und sie gingen hinein"(?).

ist nicht auszumachen. Man könnte vielleicht auch übersetzen „als Pfeiler dienten Säulen"; dann würden diese Säulen dem Bau als tragende Glieder eingefügt sein. Auch der salomonische Tempel hatte eine Vorhalle vgl 3 Kg 6[3] 2 Chr 3[4].

41 1 Von der Vorhalle wird der Prophet in die eigentliche Tempelhalle, „das Heilige", geführt. Zwei Pfeiler von sechs Ellen Breite flankieren den Eingang von der Vorhalle zum Tempel.

2 Der Eingang zwischen den Pfeilern hat eine Breite von zehn Ellen. Die Tempelhalle selbst, „das Heilige", ist ein Rechteck von vierzig mal zwanzig Ellen. Dieselben Maße hatte „das Heilige" des salomonischen Tempels 3 Kg 6[2 17].

3 Das Innere, „das Allerheiligste", betritt nur der Engel mit der Meßrute; der Prophet selbst darf es nicht betreten. Das Allerheiligste ist von dem Heiligen durch vorspringende Türpfeiler getrennt, die einen Umfang von zwei Ellen mal sieben Ellen haben und einen Durchlaß (Eingang) von sechs Ellen Breite gestatten.

4 Das Allerheiligste selbst ist ein Quadrat von zwanzig mal zwanzig Ellen. Es sind dieselben Maße wie beim Allerheiligsten des salomonischen Tempels vgl 3 Kg 6[20].

5-11 werden die Seiten-(Außen-)bauten des Tempels beschrieben. Der Text ist sehr schwierig und oftmals völlig undurchsichtig.

5 Die Tempelmauer hat dieselbe Dicke wie die Pfeiler am Eingang zum Heiligen, nämlich sechs Ellen. Um den Tempel, d. h. um das Heilige und Allerheiligste herum, führt ein Anbau von vier Ellen Breite, der von einer Außenmauer von fünf Ellen umgeben ist vgl [9].

6 Weder die Zahl der Zellen des Anbaues noch ihre Anordnung ist klar. Nach M sind es dreißig Zellen. Gewöhnlich denkt man sich den Anbau in drei Stockwerken. Wenn man dreißig Zellen annimmt, dann müssen diese als sehr klein gedacht werden; vielleicht ist „dreißig" zu streichen. Die Außenwand der Tempelmauer ist in drei Absätze gegliedert, so daß sie sich nach oben verjüngt. Auf diesen Absätzen ruhen die Tragbalken für die einzelnen Stockwerke. Ezechiel lehnt sich in seiner Beschreibung an den salomonischen Tempel an, der ebenfalls einen Anbau in drei Stockwerken hatte vgl 3 Kg 6[5 f].

nicht sollten sie als Träger dienen in der Mauer des Tempels. 7 Die Seitengemächer wurden nach oben hin *immer* breiter, *gemäß der Zugabe aus der Mauer* nach oben hin rings um den Tempel. Darum nahm die Breite *des Anbaues* nach oben hin zu. *Von* dem unteren Stockwerk stieg man hinauf *zu dem mittleren, und von dem mittleren zum obersten.* 8 Ich sah rings um den Tempel ein *Hochpflaster*. Die Fundamente der Seitengemächer betrugen eine volle Rute, sechs Ellen im Seitenmaß. 9 Die Dicke der Mauer des Seitenbaues nach außen hin betrug fünf Ellen; ein freier Platz war *zwischen* den Seitengemächern des Tempels 10 und zwischen den Zellen in einer Breite von zwanzig Ellen rings um den Tempel herum. 11 Die Türe*n* des Seitenbaues ging*en* auf den freien Platz, eine Tür nach Norden und eine Tür nach Süden. Die Breite des freien Platzes betrug fünf Ellen ringsum.

Das Hintergebäude

12 Das (Hinter-)Gebäude aber, das vor dem eingefriedeten Platz an der Westseite lag, hatte eine Breite von siebzig Ellen. Die Mauer des (Hinter-)Gebäudes hatte eine Dicke von fünf Ellen ringsum und eine Länge von neunzig Ellen.

Zusammenstellung der Gesamtmaße

13 Dann maß er das Tempelhaus; es hatte eine Länge von hundert Ellen. Der eingefriedete Platz und das (Hinter-)Gebäude samt seinen Mauern hatten

41 7 w^{e}nōs^{e}phāh; M: „und sie umgab". — k^{e}mūsāph mēhaqqīr mit G; M: „denn umgeben war das Haus". — laṣṣēlā; M: „dem Hause". — ūmin mit G Syr; M: „und so". — ʿal hattīkōnāh ūmīn hattīkōnāh ʿal hāʿæljōnāh vgl G Syr; M: „auf dem oberen zum mittleren".

8 gabbāh; M: „Höhe".

9 bēn mit G; M: „Haus".

11 Plur. mit G; M: Sing.

7 Dadurch, daß die Mauer sich nach oben verjüngt, gewinnen die einzelnen Zellen nach oben an Raum. Man steigt wohl nicht auf Treppen, sondern mit Leitern empor, die wieder weggenommen werden können, um die in den oberen Zellen aufbewahrten Schätze und Geräte zu sichern. Nach V führt ein Gang in Form einer Wendeltreppe (wörtlich „Schnecke") nach oben, ebenso 3 Kg 6 8.

8 Rings um den Tempel liegt ein Pflaster vgl Joh 19 13; dies ist das obere Pflaster im Gegensatz zum unteren Pflaster vgl 40 18. Der Unterbau des Seitengebäudes mißt sechs Ellen in der Höhe.

9-11 Die Mauer um das Seitengebäude, die parallel der Tempelmauer verläuft, hat eine Dicke von fünf Ellen vgl zu 5. Um den ganzen Komplex (Tempelhalle plus Seitengebäude, abgesehen von der Ostseite, wo die Treppe zur Tempelvorhalle und der innere Vorhof liegt) zieht sich ein freier Platz von zwanzig Ellen Breite. Das Steinpflaster ist nicht dazu gerechnet; es hat eine Breite von fünf Ellen 11. Von dem Seitenbau kann man durch je eine Türe auf der Süd- und Nordseite über das Steinpflaster auf den freien Platz gelangen.

12 Auf der Westseite liegt das Hintergebäude, kurz „Bau" genannt, ein Rechteck von neunzig mal siebzig Ellen. Vielleicht ist es nicht bedacht, sondern nur ein offener Hof. Über seinen Zweck ist nichts gesagt; es ist wohl für die Opfertiere und für das Holz zum Opfer bestimmt. Manche denken, daß es an der Stelle liegt, wo der Stall der heiligen Rosse war, die Josia bei der Kultreform 621 entfernen ließ vgl 4 Kg 23 11.

13-15a Die Messung ist zweimal angegeben: Erstens in der Ost-West-Richtung: Länge des Tempels hundert Ellen, dazu Länge des freien Raumes und des Hintergebäudes hundert Ellen, und zweitens in der Nord-Süd-Richtung:

eine Länge von hundert Ellen. 14 Die Breite der Vorderseite des Tempel-
hauses und des eingefriedeten Platzes im Osten betrug hundert Ellen. 15 Dann
maß er die Länge des (Hinter-)Gebäudes vor dem eingefriedeten Platz, der
auf seiner Rückseite *mit seinen Mauern* lag, auf dieser und auf jener Seite:
hundert Ellen.

Die Innenausstattung des Tempels

15b Die Tempelhalle, das Innere und seine *äußere* Vorhalle 16 waren *getäfelt.*
Die schräg einfallenden Fenster *und die Türrahmen* in ihrer Dreiheit rings-
um gegenüber der Schwelle waren mit Holz verschalt. Die Täfelung aus
feinem Holz ging ringsum *vom Boden* bis zu den Fenstern. Die Fenster waren
verdeckt. 17 Über dem Eingang, bis zum Innersten und außen und an allen
Wänden ringsum innen und außen [der Maße] 18 waren Kerube und Pal-
men angebracht, je eine Palme zwischen den Keruben. Zwei Gesichter hatte
jeder Kerub: 19 ein Menschengesicht nach der Palme zu auf der einen Seite,
und ein Löwengesicht nach der Palme zu auf der anderen Seite. So war es
ringsum am ganzen Tempel gemacht. 20 Vom Boden bis über den Eingang
waren die Kerube und Palmen angebracht [und die Wand der Tempelhalle].
21 Die (Türeinfassung der) Tempelhalle war vierfach. Vor dem Heiligtum
war etwas, das aussah wie 22 ein Altar aus Holz von drei Ellen Höhe, zwei
Ellen Länge *(und zwei Ellen Breite).* Seine Ecken, *sein Sockel* und seine Wände
waren aus Holz. Da sprach er zu mir: Dies ist der Tisch, der vor Jahwe steht.

41 15 w^{e}qīrōtæhā; M: „und seine Galerien“(?). — haḥīṣōn mit G; M: „des Vorhofes“.

16 s^{e}phūnīm mit G; M: „die Schwellen“. — w^{e}hašš^{e}qūphīm mit G; M: „die Galerien(?)“. — ūmēhā'āræṣ; M: „und der Boden“.

22 Ergänze nach G w^{e}ròḥbo š^{e}tajim 'ammōt. — w^{e}'adnō mit G; M: „und seine Länge“.

Breite der Tempelfront mit freiem Raum hundert Ellen und Breite (Länge) des Hintergebäudes hundert Ellen. Das Ganze (Tempel plus freier Raum plus Hintergebäude) bildet also ein Rechteck von zweihundert mal hundert Ellen.

15b-16 handeln wohl von der Vertäfelung des Tempels. Der Text ist sehr unklar. Was soll „in ihrer Dreiheit“ 16 besagen? Wenn es sich auf die Türen bezieht, dann wären die zwei Türpfosten und der Türsturz gemeint. Manche wollen mit verbessertem Text übersetzen, indem sie die Dreiheit auf die drei Räume (Vorhalle, Heiliges und Allerheiligstes) beziehen: „Die schräg einfallenden Fenster brachten Licht in die drei Räume“. Bis an die Fenster geht eine Vertäfelung aus feinstem Holz. Die Ausdrucksweise „die Fenster waren verdeckt“ ist unklar. Vielleicht ist hier der Text nicht in Ordnung; ist etwa zu lesen: Bis an die Fenster waren Verkleidungen, d. h. Fresken? Im Gegensatz zum Allerheiligsten des salomonischen Tempels, das dunkel war, hat das Allerheiligste des ezechielischen Tempels Fenster.

18-20 Die Verzierung der Wände besteht aus Keruben und Palmen wie im salomonischen Tempel 3 Kg 6 29. Daß sie aus Gold sind wie dort, ist nicht gesagt. Die Kerube sind Mischwesen mit Menschen- und Löwengesicht; die Zweigestaltigkeit (im Gegensatz zu den viergesichtigen Wesen 1 6 10) ist durch die Darstellung bedingt. Über die Kerube s. zu 10 20.

21 Die Türe vom Heiligen zum Allerheiligsten ist „vierfach“; das soll wohl besagen, daß sie vierfache Rahmenstaffelung hat; beim salomonischen Tempel war sie „fünffach“ 3 Kg 6 31. Auch bei assyrischen Tempeln kann man diese Rahmenstaffelung beobachten.

22 Unter dem altarähnlichen hölzernen Tisch ist nicht der Rauchopferaltar, sondern der Schaubrottisch Ex 25 23-30 zu

23 Die Tempelhalle hatte zwei Türflügel. Auch das Heiligtum 24 hatte zwei
Türflügel. Jeder Türflügel hatte zwei drehbare Türblätter; zwei hatte der
eine Türflügel und zwei der andere Türflügel. 25 Auf ihnen [auf den Tür-
flügeln der Tempelhalle] *waren* Kerube und Palmen angebracht, wie sie auf
den Wänden angebracht waren. Ein hölzernes Schutzdach befand sich außen
vor der Vorhalle. 26 Schräg einfallende Fenster und Palmen waren auf der
einen und auf der anderen Seite an den Seitenwänden der Vorhalle, an den
Seitengemächern des Tempels und an den Dächern(?).

Die heiligen Zellen im inneren Vorhof

42 1 Dann führte er mich in den *inneren* Vorhof hinaus in der Richtung
nach Norden und brachte mich zum Zellenbau, der vor dem eingefriedeten
Platz und vor dem (Hinter-)Gebäude nach Norden zu lag. 2 [An der Vorder-
seite] betrug *die* Länge hundert Ellen an der Nord*seite*, und die Breite fünf-
zig Ellen. 3 Gegenüber den zwanzig (Ellen) im innern Vorhof und gegenüber
dem Steinpflaster im äußeren Vorhof lagen sie, Galerie an Galerie, in drei

41 25 Plur.; M: Sing.
42 1 happ^{e}nīmīt mit G; M: „den äußeren".
2 hā'ōræk; M ohne Artikel. — p^{e}'at mit G; M: „der Eingang".

verstehen; er steht im Tempel vor dem Allerheiligsten vgl 3 Kg 6 20. Den Rauchopferaltar, der sonst als Kultgerät immer bezeugt ist 3 Kg 7 48 1 Makk 1 21 f, erwähnt Ezechiel nicht.

23-25a Hier folgt die nähere Beschreibung der Türen. Zum Heiligen und zum Allerheiligsten führen Flügeltüren (besser zweiflügelige Türen). Diese Türen sind wiederum in Türblätter geteilt, aber wahrscheinlich nur beim Heiligen, nicht beim Allerheiligsten, weil hier die Türflügel ziemlich klein sind (etwa eineinhalb Meter) und so eine Teilung überflüssig machen. Auch hier lehnt sich Ezechiel an die Türen des salomonischen Tempels an 3 Kg 6 31-35. Wie an den Wänden ist auch auf den Türen architektonischer Schmuck von Keruben und Palmen angebracht.

25b Außen vor der Vorhalle ist ein hölzernes Schutzdach angebracht. Die Wiedergabe ist jedoch nicht sicher.

26 Der Text ist unklar. Nach der obigen Übersetzung befinden sich Fenster und Palmenverzierungen an den Wänden der Vorhalle; dies ist leicht einzusehen. Daß aber solche Verzierungen auch an den Seitengemächern und Dächern des Tempels waren, ist nicht wahrscheinlich. Über die Ausstattung des Allerheiligsten ist nichts gesagt. Die Bundeslade, die im Wüstenheiligtum (Zelt) und im Allerheiligsten des salomonischen Tempels stand Ex 26 34 3 Kg 6 19, ist nicht erwähnt. Hier wirkt Jer 3 16 f nach, wo es heißt, daß man die heilige Lade in der messianischen Zeit nicht vermissen wird. Auch der goldene Leuchter (Ex 26 35) gegenüber dem Schaubrottisch wird weder hier noch im salomonischen Tempel erwähnt; ebenso fehlt der Rauchopferaltar vgl zu 22. Das Allerheiligste ist also leer.

42 1-14 Der Abschnitt handelt über die Zellen der Priester und ihre Bestimmung. Der Text ist vielfach in Unordnung und kaum befriedigend herzustellen.

1 Der Prophet wird von der Vorhalle des Tempels auf den inneren Vorhof zum Zellenbau geleitet. Wie aus 13 hervorgeht, sind es zwei große Hallen (in Zellen eingeteilt) an der Nord- und Südseite in West-Ost-Richtung.

2 Die beiden Zellengebäude bilden ein Rechteck von hundert mal fünfzig Ellen. Die Längswand von hundert Ellen zieht sich von Ost nach West, die Breitwand von fünfzig Ellen von Nord nach Süd. Die nämlichen Maße sind auch 7 f angegeben.

3 Die Zahlangabe „zwanzig" ist unklar. Wahrscheinlich ist der zwanzig Ellen breite eingefriedete Streifen gemeint, der zwischen dem Tempel und den Zellen 41 10 genannt wird. Die Übersetzung „Galerie an Galerie" ist nicht sicher. Man könnte auch „Böschung an

Stockwerken. 4 Vor den Zellen führte ein Gang zehn Ellen breit [in das Innere] und *hundert Ellen lang*. Ihre Türen lagen nach Norden zu. 5 Die oberen Zellen waren verkürzt; denn die Galerien nahmen von ihnen Raum weg im Vergleich mit den unteren und mittleren (Stockwerken) [das Gebäude]; 6 denn sie waren dreistöckig und hatten keine Säulen wie die Säulen *auf dem äußeren* (Vorhof). Darum war Raum weggenommen im Vergleich mit den unteren und mittleren (Stockwerken) [von der Erde her]. 7 Eine Mauer, die an der Außenseite parallel den Zellen in der Richtung nach dem äußeren Vorhof gegenüber den Zellen lief, hatte eine Länge von fünfzig Ellen. 8 Denn die Länge der Zellen, die am äußeren Vorhof lagen, betrug fünfzig Ellen, und *jener* vor dem Tempel hundert Ellen. 9 Unterhalb dieser Zellen war ein Zugang von Osten her, wenn man vom äußeren Vorhof zu ihnen eintrat. 10 In der Breite der Mauer des Vorhofs in *südlicher* Richtung vor dem eingefriedeten Platz und vor dem (Hinter-)Gebäude waren (eben-

42 4 w^{e}'ōræk mē'āh 'ammāh mit G Syr; M: „Weg von einer Elle".
6 haḥīṣōnāh mit G; M: „die Vorhöfe".
8 w^{e}hēnnāh mit G; M: „und siehe".
10 haddārōm mit G; M: „östlich".

Böschung" übersetzen und dann weiter „in drei Absätzen" für „in drei Stockwerken", indem man an die Absätze des Geländes denkt, das terrassenförmig ansteigt. Vgl zu 5 f.

4 Der Gang führt wohl nicht mitten durch das Zellengebäude, so daß der ganze Raum in zwei Hälften gespalten ist, sondern außerhalb des Zellengebäudes, und zwar im Norden in Ost-West-Richtung 9. Die Länge des Ganges entspricht der Länge des Gebäudes vgl 2. Die Breite ist etwas zu groß; es würde die Hälfte (fünf Ellen) vollauf genügen. Der Gang liegt auf der Nordseite, weil auf dieser Seite die Eingänge sind.

5 f Die Galerien nehmen Platz weg, so daß jedes Stockwerk um so viel zurücktritt, als die Galerie Raum beansprucht. Dadurch fallen die Zellen der mittleren Etage kleiner aus als die in der unteren, und die Zellen der obersten Etage kleiner als die der mittleren Etage. Wenn man „Böschung" statt „Galerie" übersetzt, und „in drei Absätzen" statt „dreistöckig" (vgl zu 3), dann ist die Anlage so vorzustellen, daß auf dem dreifach gestuften Abhang drei Zellenräume liegen, die den Eindruck eines unechten Etagenbaues erwecken, da die mittlere Halle die untere und die oberste Halle die mittlere infolge des ansteigenden Geländes überragt.

6 Weil die Galerien keine Säulen haben, können sie auch nicht übereinanderliegen, sondern müssen immer von Stockwerk zu Stockwerk zurücktreten, so daß die zwei oberen Stockwerke kleiner sind. Von den Säulen des äußeren Vorhofes ist somit nicht die Rede. G denkt wohl mit Recht an die Zellen des äußeren Vorhofes 40 17.

7 f Die Lage der Mauer und ihr Zweck ist nicht eindeutig zu bestimmen. Da die Mauer fünfzig Ellen lang ist, so muß sie wohl parallel zur Ostfront des Zellengebäudes von Süden nach Norden laufen; die Breite des Zellengebäudes beträgt hier ja fünfzig Ellen vgl 2. Diese Mauer hat wohl den Zweck, den Blick zum Zellengebäude zu verhindern. Besser allerdings könnte man sich eine Mauer von hundert Ellen parallel zur Längsseite des Zellengebäudes auf der Nordseite laufend denken, welche die Eingänge (vgl 4) zu den Zellen verdecken soll.

9 Es ist der Gang gemeint, der bereits in 4 genannt ist. Er führt vom äußeren Vorhof zu den Zellen. Auf diesem Gang sollen die Priester zum Zellengebäude gehen, um dort ihre profanen Kleider abzulegen und die amtlichen Gewänder anzuziehen vgl 14.

10-12 Auf der Südseite des Tempels befindet sich ebenfalls ein Zellengebäude, das dieselbe Anlage wie das auf der Nordseite liegende Zellengebäude hat.

falls) Zellen. 11 *Ein Gang* befand sich vor ihnen. Sie sahen aus wie die Zellen, die nach Norden lagen, sowohl ihrer Länge *wie ihrer Breite nach,* allen ihren Ausgängen, ihrer Einrichtung und ihren Türen nach. 12 *Unterhalb* der Zellen, die nach Süden lagen, war ein Eingang am Anfang *der Mauer des Vorhofes* vor *dem eingefriedeten Platz* und dem *(Hinter-)Gebäude* für die, die von Osten her kamen.

13 Er sprach zu mir: Die nördlichen Zellen und die südlichen Zellen, die vor dem eingefriedeten Platz liegen, sind die beiden heiligen Zellen, wo die Priester, die Jahwe nahen dürfen, das Hochheilige essen sollen. Dort sollen sie das Hochheilige, nämlich das Speiseopfer, das Sündopfer und das Schuldopfer niederlegen; denn der Ort ist heilig. 14 Wenn die Priester eingetreten sind, so dürfen sie nicht aus dem Heiligtum in den äußeren Vorhof gehen. Sie sollen dort ihre Kleider ablegen, in denen sie Dienst verrichtet haben; denn sie sind heilig. Sie sollen sich andere Kleider anziehen und sich erst dann an den für das Volk bestimmten Platz begeben.

Die Gesamtmaße des heiligen Bezirks

15 Als er die Vermessung des inneren Tempels beendet hatte, führte er mich hinaus in der Richtung nach dem Tor, dessen Vorderseite in der Richtung nach Osten lag, und maß ihn (den heiligen Bezirk) ringsum. 16 Er maß die Ostseite [mit der Meßrute]: *fünfhundert Ellen* mit der Meßrute. *Dann wandte er sich* 17 *und maß* die Nordseite: fünfhundert *Ellen* mit der Meßrute. 18 *Dann wandte er sich nach* der Südseite (und) maß: fünfhundert *Ellen* mit der Meßrute. 19 Dann wandte er sich nach der Westseite (und) maß: fünfhundert *Ellen* mit der Meßrute. 20 An den vier Seiten *maß er.* Ringsum war *eine Mauer* fünfhundert (Ellen) lang und fünfhundert (Ellen) breit, um das Heiligtum vom gemeinen (Land) abzugrenzen.

42 11 ūmah^{a}lāk nach G; M: „Weg". — ūk^{e}ròḥbān mit G; M: „so ihre Breite".
12 ūmittaḥat vgl 9; M: „und wie der Eingang". — gædær hæḥāṣær; M: „Weg, Weg". — haggizrāh vgl 10; M: „(vor) der Mauer". — w^{e}habbinjāh vgl 10; M: unsicheres Wort.
16 ḥāmēš mē'ōt; M: Schreibfehler. — 'ammōt statt „Ruten", ebenso 17 18 19; in G fehlt überall die Maßbezeichnung. — w^{e}sābab ūmādad mit G; M: „ringsum, er maß".
18 w^{e}sābab mit G; M: „ringsum" 17. — 'æl statt 'ēt vgl 19.
20 mādad w^{e}ḥōmāh; M: „maß er ihn; eine Mauer".

13 f Die Zellen auf der Nord- und Südseite dienen als Speiseraum für das Opfermahl. Weiterhin sind sie als Aufbewahrungsort („Sakristei") für die heiligen Gewänder bestimmt, die hier immer nach der Beendigung des Dienstes abgelegt werden sollen vgl 44 19.

15-20 Hier werden die Gesamtmaße des heiligen Bezirks angegeben. Der hebr. Text wird kaum in Ordnung sein, wenn die Maße in Ruten bezeichnet werden; dann wäre ein Quadrat von fünfhundert Ruten gemeint, das rings um den Tempel sich legte. Eine Mauer schließt diesen heiligen Bezirk vom profanen Land ab. Heilig und Profan sind hier nur relativ zu verstehen, wie sich aus 45 1 f 48 8-22 ergibt. Aber dieser weite Außenraum, der sich parallel mit der Mauer des äußeren Vorhofes gelegt hätte, paßt hier nicht. Wenn man mit vielen Erklärern „Ellen" statt „Ruten" liest, dann ist hier das Quadrat von fünfhundert mal fünfhundert Ellen gemeint, das die Mauer des äußeren Vorhofes 40 5 umschließt. Diese Deutung ist vorzuziehen.

Einzug der Herrlichkeit Jahwes in den Tempel

43 1 Dann führte er mich zu dem Tore [dem Tore], das nach Osten gerichtet
war. 2 Und siehe, die Herrlichkeit des Gottes Israels kam von Osten her. Sein
Rauschen war wie das Rauschen vieler Wasser. Die Erde erstrahlte von
seiner Herrlichkeit. 3 [Und wie die Erscheinung] Die Erscheinung, die ich
schaute, glich der Erscheinung, die ich geschaut hatte, als *er* kam, die Stadt
zu vernichten. *Auch die Erscheinung des Gefährts,* das ich schaute, glich der
Erscheinung, die ich am Flusse Kebar geschaut hatte. Da fiel ich auf mein
Angesicht nieder. 4 Die Herrlichkeit Jahwes zog in den Tempel ein durch
das Tor, dessen Vorderseite nach Osten lag. 5 Da hob mich Geist empor und
brachte mich in den inneren Vorhof, und siehe, der Tempel war voll der
Herrlichkeit Jahwes. 6 Nun hörte ich einen vom Tempel her zu mir reden,
während der Mann noch an meiner Seite stand. 7 Er sprach zu mir: Men-
schensohn, *(hast du gesehen)* die Stätte meines Thrones und die Stätte meiner
Fußsohlen, woselbst ich für immer inmitten der Söhne Israels wohnen
werde? Nicht mehr soll das Haus Israel, weder sie noch ihre Könige, meinen
heiligen Namen durch ihre Unzucht und die Leichen ihrer Könige [bei ihrem
Tode] verunreinigen, 8 indem sie ihre Schwelle neben meine Schwelle und
ihren Pfosten neben meinen Pfosten setzten, so daß nur eine Wand zwischen
mir und ihnen war. So verunreinigten sie meinen heiligen Namen durch
ihre Greuel, die sie verübten; ich aber vernichtete sie in meinem Zorne.
9 Nun aber werden sie ihre Unzucht und die Leichen ihrer Könige von mir
fernhalten, so daß ich für immer in ihrer Mitte wohnen kann.

43 3 „er" mit 6 Hss Th V; M: „ich". — ūmar'ēh hammærkābāh mit G; M: „und Erscheinungen wie die Erscheinung".

7 Ergänze mit G h^{a}rā'ītā.

43 1 Ezechiel wird wieder zum äußeren Osttor gebracht, von dem die Führung 40 6 ausging.

2 Vom Osten (vgl 4) her erscheint die Herrlichkeit Jahwes, weil sie nach dieser Richtung hin ausgezogen war 10 19 11 22 f. Der Einzug Gottes erfolgt unter Gewittererscheinungen; das Rauschen ist der Donner; die Erde wird von den Blitzen erleuchtet vgl 1 24.

3 Die Erscheinung Gottes ist die gleiche, wie sie Ezechiel in der Vision vom Untergang Jerusalems 8-11 und bei der Berufung 1-3 geschaut hatte. Der Prophet fällt auf sein Angesicht nieder, ebenso 1 28.

5 Der Geist richtet den Propheten wieder empor vgl 2 2. Er wird in den inneren Vorhof geleitet; den Tempel kann er nicht betreten, weil er voller Lichtglanz ist, den die Anwesenheit Gottes ausstrahlt. Die Gegenwart Gottes bedeutet für den Menschen die Vernichtung vgl Ex 19 21 33 20 Is 6 5.

6 Ezechiel sieht Jahwe nicht, weil er im Vorhof steht, hört aber aus dem Tempel die Stimme Gottes. Der Mann ist der führende Engel 40 3 f.

7-9 Der Tempel ist in Zukunft die Wohnstätte Gottes inmitten des heiligen Volkes, ein Lieblingsgedanke Ezechiels. Die Bedingung aber ist, daß der Tempel vor jeder Verunreinigung bewahrt bleibt. Auch die Königsgräber, die unmittelbar in der Nähe des Tempels lagen, sollen beseitigt werden. Der königliche Palast Salomos schloß sich an den Tempel an und war nur durch eine Mauer davon getrennt. Im Palastgarten begrub man die Könige vgl 4 Kg 21 18 26. In früherer Zeit war man nicht so ängstlich, daß man in den Gräbern eine Verunreinigung für den heiligen Bezirk gesehen hätte; aber Ezechiel in seiner betont kultischen Einstellung sieht hier einen Verstoß gegen das Reinheitsgesetz vgl Num 19 14-16.

Die Tempelsatzung

10 Du, Menschensohn, beschreibe dem Hause Israel den Tempel [und sie
sollen sich ob ihrer Verschuldung schämen], *sein Aussehen und seine An-
ordnung!* 11 Wenn sie sich dann schämen ob all dem, was sie getan, *dann
zeichne* den Tempel; [und seine Einrichtung] seine Ausgänge, seine Eingänge,
seine ganze Anlage, all seine Satzungen [und seine ganze Anlage] und all
seine Gesetze tue ihnen kund und schreibe sie vor ihren Augen auf, damit
sie seine ganze Anlage und all seine Satzungen beobachten und sie aus-
führen. 12 Dies ist die Tempelsatzung: Auf dem Gipfel des Berges soll sein
ganzer Bezirk ringsum [hoch]heilig sein. [Siehe, dies ist das Tempelgesetz.]

43 13-46 24 Das neue Kultgesetz

Der Brandopferaltar

13 Dies sind die Maße des Altares in Ellen, die Elle zu einer (gewöhnlichen)
Elle und einer Handbreite (gerechnet). *Seine Grundeinfassung war eine Elle*
(hoch) und eine Elle breit. Seine Randleiste ringsum war eine Spanne hoch.
Dies aber ist *die Höhe* des Altares: 14 Von der Grundeinfassung am Boden
bis zum unteren Absatz waren es zwei Ellen (Höhe) und eine Elle Breite.
Von dem kleinen Absatz bis zum großen Absatz waren es vier Ellen (Höhe)
und eine Elle Breite. 15 Der Opferherd hatte vier Ellen (Höhe); vom

43 10 ūmar'ēhū w^{e}tòknītō mit G; M: „und sie messen die Anordnung".

11 w^{e}ṣartā mit G; M: „die Zeichnung (des Tempels)".

13 ḥēqōh 'ammāh mit V Syr; M: „und die Grundeinfassung die Elle". — gōbah mit G; M: gab = „Sockel".

10 f Die beiden Verse stehen wohl nicht am richtigen Platz. Man erwartet sie nach 42 20 als Abschluß der Beschreibung des Tempels.

12 bildet gleichsam die Überschrift zu den folgenden Ausführungen.

13-17 Hier ist der Brandopferaltar beschrieben. 13-15 sind die Höhenmaße angegeben (von unten nach oben), und 16-17 die Flächenmaße (von oben nach unten). Die Höhenmaße: 1. Erster Block (Sockel): zwei Ellen hoch, eine Elle breit. 2. Mittlerer Block: vier Ellen hoch, eine Elle breit. 3. Opferherd (Ariel): vier Ellen hoch.

Die Höhe des Altars beträgt also zehn Ellen. Ebenso hoch war der eherne Altar, den Salomo errichten ließ 2 Chr 4 1, aber breiter (zwanzig mal zwanzig Ellen).

Die Flächenmaße: 1. Opferherd: zwölf Ellen mal zwölf Ellen (Quadrat). 2. Mittlerer Block: vierzehn Ellen mal vierzehn Ellen (Quadrat), 3. Erster Block: sechzehn Ellen mal sechzehn Ellen (Quadrat).

13 40 47 ist nur kurz gesagt, daß im inneren Vorhof der Brandopferaltar steht. Wie 40 5 ist die große Elle gemeint. Die beiden technischen Ausdrücke „Grundeinfassung" und „Randleiste" (ebenso 17) sind nicht eindeutig. Das erste Wort bedeutet sonst „Busen", ist aber besser mit dem assyrischen Wort ḫiqu „Halseisen" zusammenzubringen, und als „äußere Umklammerung" aufzufassen. Sie besteht in einer um den Sockel des Altares ringsum laufenden Einfassung, die zwischen sich und dem Sockel eine Vertiefung frei läßt, die als Rinne das ablaufende Blut auffängt.

14 Der unterste Teil (erster Absatz, Sockel) ist ein Block von 2 Ellen Höhe und sechzehn mal sechzehn Ellen Breite, der eine Elle vorspringt. Dann folgt der mittlere Teil (der zweite Absatz), ein Block von 4 Ellen Höhe und vierzehn mal vierzehn Ellen Breite, der eine Elle zurücktritt.

15 Auf dem zweiten Teil steht der Opferherd, der ebenfalls 4 Ellen Höhe hat und ein Quadrat von zwölf mal zwölf Ellen bildet. Die Hörner gehören zum

Opferherd ragten vier Hörner empor. 16 Der Opferherd war zwölf Ellen
lang bei einer Breite von zwölf Ellen, so daß seine vier Seiten ein Geviert
bildeten. 17 Der (große) Absatz war vierzehn Ellen lang bei einer Breite von
vierzehn Ellen an den vier Seiten. Die Randleiste ringsum war eine halbe
Elle (breit). Die Grundeinfassung an ihr maß eine Elle ringsum. Seine Stufen
führten von Osten herauf.

Die Weihe des Brandopferaltars

18 Da sprach er zu mir: Menschensohn, so spricht der Herr Jahwe: Dies
sind die Bestimmungen betreffs des Altars: An dem Tage, da er angefertigt
ist, um auf ihm Brandopfer darzubringen und Blut darauf zu sprengen, 19 da
sollst du den levitischen Priestern, die aus dem Geschlecht Sadoqs stammen,
die mir nahen dürfen — Spruch des Herrn Jahwe —, um mir zu dienen,
ein junges Rind zum Sündopfer geben. 20 Du sollst von seinem Blute nehmen
und es an die vier Hörner (des Altares), an die vier Ecken des (mittleren und
kleineren) Absatzes und an die Randleiste ringsum streichen; so sollst du ihn
entsündigen und entsühnen. 21 Dann sollst du das Rind des Sündopfers
nehmen, daß man es auf dem dazu bestimmten Platz beim Tempel außerhalb
des Heiligtums verbrenne. 22 Am zweiten Tage sollst du einen fehlerlosen
Ziegenbock als Sündopfer darbringen, damit sie den Altar entsündigen, wie
sie ihn mit dem Rinde entsündigt haben. 23 Wenn sie dann die Entsündigung
vollendet haben, sollst du ein fehlerloses, junges Rind und einen fehlerlosen
Widder vom Kleinvieh darbringen. 24 Diese (Tiere) sollst du vor Jahwe dar-
bringen; die Priester sollen Salz darauf streuen und sie als Brandopfer
Jahwe darbringen. 25 Sieben Tage lang sollst du täglich einen Bock als Sünd-

Altar und werden beim Brandopferaltar im Buch Exodus öfter erwähnt vgl Ex 27 2. „Hörneraltäre"sind auch durch Ausgrabungen bekannt geworden (so der kanaanäische, aus der Königszeit stammende Hörneraltar von Megiddo). Die ursprüngliche Bedeutung der Hörner (aufgesetzte Masseben?) ist nicht bekannt; sie sollen wohl die Macht Gottes versinnbilden.

17 Hier ist ein Stück ausgefallen, welches den unteren Absatz von sechzehn mal sechzehn Ellen Fläche beschrieb. Die Stufen führen von Osten her zum Altar und reichen ungefähr bis zur Mitte des Opferherdes, sodaß man bequem die Tiere darauf legen kann. Im ältesten Altargesetz Ex 20 26 waren Stufen verboten.

18 Eine doppelte Bestimmung des Brandopferaltares wird angegeben: Brandopfer darbringen und Blut darauf sprengen.

19 Zu den Sadoqiten vgl 40 46.

20 Hier wird der Entsündigungsritus geschildert; das Blut wird an die vier Hörner des Opferherdes (ebenso Ex 29 12 Lev 4 7 u. ö.), an die vier Ecken des mittleren und unteren Blockes, und ringsum an die Randleiste gestrichen.

21 Am ersten Tag der Altarweihe, die 7 Tage dauert 26, soll ein junger Stier dargebracht werden. Der Stier wird ganz verbrannt. Es ist auffallend, daß nicht Teile des Sündopfers (Fett, Nieren, Leber) als Opfer dargebracht werden, wie es sonst (Lev 4) üblich ist. Als Sündopfer soll es wohl keinem anderen Zweck mehr dienen; die Verbrennung soll außerhalb des heiligen Bezirks geschehen vgl Lev 16 27.

22 Am zweiten Tag soll ein Ziegenbock als Sündopfer dargebracht werden; dieses Opfer soll an den folgenden Tagen wiederholt werden 25.

23 f Als Brandopfer soll ein junger Stier und ein Widder dargebracht werden; auch dieses Opfer soll an den folgenden Tagen wiederholt werden 25. Die Verwendung von Salz ist beim Speiseopfer vorgeschrieben (Lev 2 13) und in einem Nachtrag ebenda auf alle Opfer ausgedehnt.

25 Da der junge Stier am ersten Tag

opfer herrichten; ebenso soll man ein junges Rind und einen Widder vom
Kleinvieh, beide fehlerlos, herrichten. 26 Sieben Tage lang sollen sie den
Altar entsühnen, ihn reinigen und ihn einweihen. 27 Wenn sie die Tage be-
endigt haben, dann sollen die Priester am achten Tage und weiterhin auf
dem Altar eure Brand- und Friedopfer herrichten; ich will euch in Gnaden
annehmen — Spruch des Herrn Jahwe.

Der Platz des Fürsten

44 1 Dann führte er mich in der Richtung nach dem äußeren Tor des Heilig-
tums, das nach Osten gerichtet war; aber es war verschlossen. 2 Er [Jahwe]
sprach zu mir: Dieses Tor soll verschlossen bleiben; es darf nicht geöffnet
werden, und niemand darf durch dasselbe eintreten; denn Jahwe, der Gott
Israels, ist durch dasselbe eingezogen; darum soll es verschlossen bleiben.
3 *Nur* der Fürst [der Fürst] darf darin verweilen, um vor Jahwe die Speise
zu essen; von der Vorhalle des Tores soll er eintreten und auf demselben
Wege (wieder) hinausgehen.

Priester und Leviten

4 Dann brachte er mich in der Richtung nach dem Nordtor zur Vorderseite
des Tempels; ich schaute, und siehe: die Herrlichkeit Jahwes erfüllte den
Tempel Jahwes. Da fiel ich auf mein Angesicht. 5 Jahwe sprach zu mir: Men-

44 3 'ak statt 'æt.
5 lemūbā'ē ... ūlekōl mūṣā'ē; M: „ auf das Kommen ... und alle Ausgänge".

geopfert 19 f und der Ziegenbock am zweiten Tag 22 erstmalig dargebracht wird, möchte man „6 Tage" statt „7 Tage" lesen. Vielleicht stand „6 Tage" im ursprünglichen Text; die Zahl „7" könnte aus 26 stammen, oder man müßte den ersten Tag, wo der junge Stier verbrannt wird, als Einleitungstag betrachten.

26 Auch die Weihe des Altars durch Aaron dauerte 7 Tage vgl Ex 29 36 f. Für „einweihen" heißt es wörtlich „die Hände füllen" Ex 28 41 29 9 Ri 17 5 12 u. ö.; dem Priester wurde etwas, das nicht mehr bekannt ist (Geld, Opfer, Öl?), in die Hände gelegt.

27 Am achten Tag (nach Ablauf der 7 Tage) kann der regelmäßige Opferdienst beginnen.

44 1 Vom inneren Vorhof (43 5) wird der Prophet von seinem Begleiter, dem „Mann" (Engel) 40 3 f 43 6, zum äußeren Osttor geführt.

2 Nicht Jahwe spricht, sondern der Begleiter. Die Schwelle, die Jahwe betreten hat, soll eines Menschen Fuß nicht überschreiten. Eine ähnliche Vorstellung findet sich im babylonischen Kulturkreis; in Babel wurde die „heilige Pforte", die im Osten des Tempelturmes lag, nur zweimal für den Einzug der Götter (-Statuen) bei der feierlichen Mardukprozession geöffnet. Die Väter deuten die geschlossene Pforte auf Maria, die vor, in und nach der Geburt Jungfrau blieb, vgl die Verwendung dieses Verses in der Liturgie der Adventszeit und des Festes der Unbefleckten Empfängnis, sowie die Bezeichnung Mariens als „Tor des höchsten Herrn" im Kirchenlied.

3 Nur der Fürst darf vom äußeren Vorhof her in die Vorhalle gehen, um dort das Opfermahl zu halten. Das Tor selbst darf er nicht durchschreiten, sondern muß wieder durch die Vorhalle zum äußeren Vorhof zurückgehen.

4 Nicht durch das innere Osttor, das wochentags geschlossen ist, sondern durch das innere Nordtor wird Ezechiel vom Engel zum Tempel (40 3) geführt. Der Tempel ist vom Lichtglanz Gottes vgl 43 2 erfüllt. Der Prophet fällt geblendet zu Boden. Nach Is 6 4 ist der Tempel mit Rauch angefüllt, den der ntl Seher Apk 15 8 von der „Herrlichkeit Gottes" ausgehen läßt.

5 Die ausführliche Einleitung zeigt, daß dem Propheten etwas Wichtiges gesagt werden soll, nämlich die Betreuung

schensohn, richte deinen Sinn darauf, schau mit deinen Augen und höre mit
deinen Ohren alles, was ich mit dir über alle Satzungen des Jahwetempels
und über alle seineBestimmungen reden will! Richte deinen Sinn auf (alle), *die*
in den Tempel *hineingehen dürfen*, und auf alle, *die* aus dem Heiligtum
hinausgeschafft werden müssen! 6 Sprich zum *(Haus)* der Widerspenstigkeit,
zum Haus Israel: So spricht der Herr Jahwe: Laßt es euch genug sein mit all
euren Greueln, Haus Israel! 7 Ihr habt Fremdlingen unbeschnittenen Her-
zens und unbeschnittenen Fleisches in mein Heiligtum Einlaß gestattet, um
meinen Tempel zu entweihen, wenn ihr meine Speise, Fett und Blut, dar-
brachtet und so meinen Bund *durch all* eure Greuel *brachet*. 8 Den Dienst an
meinem Heiligtum habt ihr nicht besorgt, sondern (sie) bestellt, den Dienst
in meinem Heiligtum zu besorgen. 9 *Darum* spricht so der Herr Jahwe: Kein
Fremdling unbeschnittenen Herzens und unbeschnittenen Fleisches darf
mein Heiligtum betreten von allen Fremdlingen, die unter den Söhnen
Israels leben, 10 sondern nur die Leviten, die sich von mir entfernten, als
Israel in die Irre ging, als sie fern von mir ihren Götzen nachirrten. Sie sollen
ihre Verschuldung tragen! 11 Sie sollen in meinem Heiligtum Dienst tun als
Wächter an den Tempeltoren und als Bedienstete des Tempels. Die Brand-
und Schlachtopfer sollen sie für das Volk schlachten und ihm als Diener zur
Verfügung stehen. 12 Weil sie ihnen vor ihren Götzen dienten und dem Haus
Israel zum Anstoß der Verschuldung wurden, darum habe ich meine Hand
wider sie erhoben — Spruch des Herrn Jahwe. Sie sollen ihre Verschuldung
tragen! 13 Sie dürfen sich mir nicht nahen, um mir als Priester zu dienen
und um allem Heiligen und dem Hochheiligen zu nahen, sondern sie sollen
ihre Schmach tragen ob ihrer Greuel, die sie verübt haben. 14 Ich bestimme
sie zur Besorgung des Tempeldienstes, für alle seine Dienstleistungen und
für alles, was darin zu tun ist.

Pflichten und Rechte der Priester

15 Die levitischen Priester aber, die Söhne Sadoqs, die den Dienst in
meinem Heiligtum besorgt haben, als die Söhne Israels von mir abirrten,

44 6 Ergänze mit G T bēt.
7 b^e^kōl mit G V Syr; M: „alle". — wattāphērū mit G V Syr; M: „und sie brachen".
9 lākēn mit G; M: lākæm („euch") am Ende von 8.

des Heiligtums durch die Priester und Leviten.

6 f Die Hauptsorge des Propheten ist die Reinhaltung des Tempels. Bisher haben Fremde (Nichtisraeliten) das Heiligtum betreten, indem sie niedere Tempeldienste taten. Als Nichtisraeliten waren sie „Unbeschnittene", also Heiden, und haben so das Heiligtum entweiht. Ezechiel denkt wohl an die Tempelsklaven, die untergeordnete Arbeit am Tempel leisteten vgl Jos 9 27 Esr 2 55-58.

8 f Israel als heiliges Volk darf allein den Tempeldienst verrichten. Die Levitendienste Fremdstämmiger sind für die Zukunft verboten.

10-14 Die Leviten dürfen nur niedere Tempeldienste tun: Wachen an den Toren, Reinigen und Schlachten der Opfer 46 24 (nicht aber Blutsprengen, Legen des Opfers auf den Altar, Sprechen des Segens) und sonstige Dienstleistungen für das Volk. Die Leviten werden degradiert, weil sie sich gegen Jahwe verfehlt haben. Ihre Schuld bestand vor allem darin, daß sie auf den ungesetzmäßigen Höhen außerhalb Jerusalems als Landpriester geopfert haben vgl 4 Kg 23 9.

15 f Die sadoqitischen Priester übernehmen den eigentlichen Altardienst, der in der Darbringung der Opfer besteht. Sie dürfen das Heiligtum betreten. Zu Sadoq vgl 40 46.

sollen mir nahen, um mir zu dienen. Sie sollen vor mir stehen, um mir Fett
und Blut darzubringen — Spruch des Herrn Jahwe. 16 Sie sollen mein Heilig-
tum betreten und meinem Tische nahen, um mir zu dienen; sie sollen meinen
Dienst besorgen.

17 Wenn sie in die Tore des inneren Vorhofes eintreten, sollen sie linnene
Gewänder anziehen. Nichts Wollenes dürfen sie anhaben, wenn sie in den
Toren des inneren Vorhofes und im Tempel Dienst tun. 18 Linnene Kopf-
bunde sollen sie auf dem Haupte tragen und linnene Beinkleider um die
Lenden; sie sollen sich nicht mit schweißtreibenden Kleidern gürten. 19 Wenn
sie in den äußeren Vorhof [in den äußeren Vorhof] zum Volke hinausgehen,
sollen sie ihre Gewänder, in denen sie Dienst getan haben, ablegen, sie in
den Zellen des Heiligtums niederlegen und andere Kleider anziehen, um
nicht das Volk durch ihre Kleider zu heiligen.

20 Ihr Haupt sollen sie nicht kahl scheren, aber auch das Haar nicht lang
herabhängen lassen, sondern ihr Haupthaar ordentlich stutzen.

21 Kein Priester darf Wein trinken, wenn er den inneren Vorhof betreten
muß.

22 Eine Witwe oder eine Verstoßene dürfen sie nicht heiraten, sondern nur
Jungfrauen aus den Nachkommen [des Hauses] Israels; eine Witwe jedoch,
welche die Witwe eines Priesters ist, dürfen sie zur Frau nehmen.

23 Mein Volk sollen sie über den Unterschied von Heilig und Gemein be-
lehren und über den Unterschied von Unrein und Rein unterweisen. 24 Bei
Streitfällen sollen sie den richterlichen Vorsitz führen; nach meinen Rechten
sollen sie richten. Meine Weisungen und meine Satzungen sollen sie an all
meinen Festen beobachten und meine Sabbate heilig halten.

25 Zu einem Leichnam *dürfen sie* nicht herantreten, damit sie sich nicht
verunreinigen; nur bei (dem Leichnam von) Vater und Mutter, von Söhnen

44 25 Plur mit G V; M: Sing.

17-19 Der Abschnitt enthält Bestimmungen über die Priesterkleidung. Leinen ist vorgeschrieben, Wolle aber verboten, weil sie zu sehr den Schweiß und die Verunreinigung fördert (ähnlich bei den ägyptischen Priestern). Den im Heiligtum getragenen Kleidern haftet Heiligkeit an; deshalb müssen sie die Priester in den dazu bestimmten Zellen (42 14) ablegen, damit das Volk nicht durch etwaige Berührung „geheiligt" werde und sich so besonderen Reinigkeitsvorschriften unterziehen muß, ebenso 46 20. Diese Bestimmungen knüpfen an ähnliche Gesetze Ex 28 39-43 Lev 6 3 f 16 4 an.

20 Die Bestimmungen über die Haartracht wiederholen Lev 21 5 (Verbot des Kahlscherens) und 21 10 (Verbot des freien Wachsenlassens des Haupthaares).

21 Zum Verbot des Weingenusses für den amtierenden Priester s. Lev 10 9. Der Priester muß „nüchtern" sein.

22 Die Ehevorschriften nehmen Lev 21 7 13 f auf. Neu ist bei Ezechiel, daß die Priester eine Priesterwitwe heiraten dürfen.

23 Die Haupttätigkeit der Priester besteht in der Unterweisung über die Reinigkeitsvorschriften vgl 22 26.

24 Die richterlichen Befugnisse stehen den Priestern zu; sie sollen bei schwierigen Fällen die höchste Instanz als Obergericht in Jerusalem bilden, wie es bereits Dt 17 6-13 vorgesehen ist. Nach 2 Chr 19 5-11 hat der König Josaphat von Juda neben den Richtern auf dem Lande in Jerusalem ein Obergericht eingesetzt. Die besondere Sorge der Priester soll der Feier der Sabbate und der Feste gelten vgl 22 26. Sie haben die Aufgabe, den Festkalender aufzustellen und den Beginn und das Ende des Sabbats anzuzeigen.

25-27 Bei Todesfällen bestehen besondere Vorschriften, die in Lev 21 1-11 ihre

und Töchtern, von Bruder und Schwester, die noch nicht einem Mann an-
gehört haben, dürfen sie sich verunreinigen. 26 Nach seiner Reinigung soll
man ihm noch sieben Tage zuzählen. 27 Am Tage, an dem er [das Heiligtum]
den inneren Vorhof betritt, um im Heiligtum Dienst zu tun, soll er sein
Sündopfer darbringen — Spruch des Herrn Jahwe.

Eigentum und Einkünfte der Priester

28 Erbbesitz sollen sie *(nicht)* haben; (denn) ich bin ihr Erbbesitz. Auch
Eigentum sollt ihr ihnen nicht geben in Israel; (denn) ich bin ihr Eigentum.
29 Das Speise-, Sünd- und Schuldopfer sollen sie essen; alles, was in Israel
dem Bann verfallen ist, soll ihnen gehören. 30 Das Beste aller Erstlinge jeder
Art und alle Hebeopfer jeder Art von allen euren Hebeopfern sollen den
Priestern gehören. Das Beste von eurem Schrotmehl sollt ihr dem Priester
geben, um Segen auf dein Haus zu legen.

31 Nichts Gefallenes oder (von Tieren) Zerrissenes, sei es von Vögeln oder
Vieh, dürfen die Priester essen.

Landbesitz der Priester und Leviten, der Stadt und des Fürsten

45 1 Wenn ihr das Land zum Erbbesitz verlost, so sollt ihr als Hebe für Jah-
we eine heilige Hebe vom Lande vorbehalten, fünfundzwanzigtausend (Ellen)
lang und *zwanzigtausend* (Ellen) breit; dies soll in seinem ganzen Umfang
heilig sein. 3 Von diesem abgemessenen Bezirk sollst du (ferner ein Gebiet

44 28 Die Negation mit V eingefügt.
45 1 Zwanzigtausend mit G; M: zehntausend.
2 steht passender hinter 4.

Parallele haben. Die Tage der Unreinheit sind in der gleichen Weise wie Lev 15 13 28 zu zählen. Nach Num 19 11 ist derjenige 7 Tage unrein, der einen menschlichen Leichnam berührt.

28 Jahwe ist der Erbteil der Priester; deshalb erhalten sie bei der Verteilung des Landes keinen Besitz; es werden ihnen aber Ländereien zugewiesen 45 1-5, die sie nicht als Eigentum, sondern nur zur Nutznießung besitzen dürfen. Für das schöne Wort „Ich (Jahwe) bin ihr Eigentum" bilden Num 18 20 Dt 10 9 18 1-2 die Vorlage.

29 Ezechiel knüpft an Vorschriften wie Lev 2 3 5 13 7 6 an; hier sind die den Priestern zustehenden Anteile an den einzelnen Opfern genau geregelt. Auch das dem Banne Verfallene gehört ihnen vgl Num 18 14.

30 Als Reichnisse gehören dem Priester vor allem die Erstlinge (vgl Num 18 12 f) und das Schrotmehl vgl Num 15 19-21. Der hebr. Ausdruck für „Schrotmehl" könnte auch „Teig" bedeuten. Über „Hebeopfer" s. zu 20 40.

31 Das Speiseverbot wiederholt Lev 22 8. Zu den Fachausdrücken vgl 4 14. Diese Vorschrift gilt aber auch für die übrigen Israeliten (Laien) vgl Ex 22 30 Dt 14 21. Der Vers scheint sekundär zu sein.

45 1 Der Landbesitz gehört Jahwe; den Priestern und Leviten ist er nur zur Nutznießung gegeben vgl 44 28. Er ist fünfundzwanzigtausend mal zwanzigtausend Ellen groß; dieselbe Maßangabe 48 8 f. Über „Hebe" s. zu 20 40.

3-5 Das ganze in 1 genannte Gebiet soll in zwei gleiche Hälften zu je fünfundzwanzigtausend mal zehntausend Ellen geteilt werden; der südliche Teil gehört den Priestern, der nördliche den Leviten. Nähere Ausführungen mit denselben Maßangaben 48 10-14.

2 In der Mitte der südlichen Hälfte soll das Heiligtum liegen; dieser Bezirk ist ein Quadrat von fünfhundert Ellen, wie bereits 42 15-20 ausgeführt ist. Neu ist hier die nähere Angabe, daß rings um dieses Quadrat ein freier Platz (Weidetrift) von 50 Ellen laufen soll.

von) fünfundzwanzigtausend (Ellen) Länge und zehntausend (Ellen) Breite
abmessen; darauf soll [das Heiligtum] das Allerheiligste stehen. 4 Dies soll
der heilige Teil vom Lande sein; er soll den Priestern gehören, die am
Heiligtum Dienst tun, die sich nahen, um Jahwe zu dienen. Es soll ihnen als
Platz für ihre Häuser *und als freier Platz für das Vieh* dienen. 2 Von diesem
Stück soll für das Heiligtum ein Geviert von fünfhundert zu fünfhundert
(Ellen) ringsum entfallen; rings um dieses Gebiet soll (wieder) ein freier
Platz von fünfzig Ellen sein. 5 (Ein Gebiet von) fünfundzwanzigtausend
(Ellen) Länge und zehntausend (Ellen) Breite soll den Leviten gehören, die
am Tempel Dienst tun; es soll ihr Eigentum sein *mit Städten zum Wohnen.*

6 Als Eigentum der Stadt sollt ihr (ein Gebiet von) fünftausend (Ellen)
Breite und fünfundzwanzigtausend (Ellen) Länge bestimmen, entsprechend
der heiligen Hebe; es soll dem ganzen Haus Israel gehören.

7 Für den Fürsten aber (sollt ihr ein Gebiet bestimmen) zu beiden Seiten
der heiligen Hebe und des Eigentums der Stadt, vor der heiligen Hebe und
vor dem Eigentum der Stadt, auf der Westseite westlich und auf der Ost-
seite östlich, und in der Länge entsprechend den einzelnen Teilen von der
Westgrenze bis zur Ostgrenze *des Landes.* 8 Dies soll ihm als Eigentum in
Israel gehören, damit meine Fürsten mein Volk fortan nicht mehr bedrücken,
sondern das (übrige) Land dem Hause Israel nach seinen Stämmen belassen.

Pflichten und Rechte des Fürsten

9 So spricht der Herr Jahwe: Laßt es euch genug sein, ihr Fürsten Israels!
Schaffet Gewalttat und Bedrückung hinweg und übet Recht und Gerechtig-
keit! Lasset bei meinem Volke mit euren Besitzräubereien ab — Spruch
des Herrn Jahwe! 10 Richtige Waage, richtiges Epha und richtiges Bat sollt
ihr haben. 11 Das Epha und das Bat sollen einheitliche Größe haben, so daß

45 4 ūlemigrāš lemiqnæh vgl G T; M: „und ein Heiligtum zum Heiligtum".
5 ʿārīm lāšābæt mit G; M: „zwanzig Zellen".
7 „des Landes" (in M am Anfang von 8) zieht G richtig zu 7.

6 Als Eigentum der Stadt soll zu dem in 1-5 genannten Rechteck von fünfundzwanzigtausend mal zwanzigtausend Ellen ein Streifen (ebenfalls ein Rechteck) von fünfundzwanzigtausend mal fünftausend Ellen hinzutreten, so daß das Ganze in 1-6 genannte Gebiet ein Quadrat von fünfundzwanzigtausend mal fünfundzwanzigtausend Ellen bildet, wie auch 48 20 ausgeführt ist. Das Stadtgebiet ist 48 15-19 näher beschrieben.

7 f Als Eigentum ist dem Fürsten das rechts und links vom 1-6 beschriebenen Quadrat, also das östlich und westlich gelegene übrige Land, vorbehalten. Damit hat der Fürst reichlich Land und braucht das Volk nicht auszubeuten vgl 46 18. Nähere Ausführungen 48 21 f.

9 f Recht und Gerechtigkeit zu üben, ist die ständige Forderung der früheren Propheten vgl Is 5 7 Am 5 7 u. ö. Isaias und Michaeas machen den Reichen den Vorwurf, daß sie den armen Leuten ihre Häuser und Äcker wegnehmen Is 5 8 Mich 2 2, und die Schuldner aus ihrem Besitztum verjagen Mich 2 9. Der ideale Herrscher der Zukunft ist der gerechte König vgl Is 9 6 11 3-5 Jer 21 11 f 22 1-5 23 5 f. Besitzräubereien sollen in Zukunft nicht mehr vorkommen; in der Vergangenheit hat in diesem Punkte besonders Achab gegen Nabot gesündigt 3 Kg 21; der Prophet Jeremias mußte dem König Jojaqim den Vorwurf der Aneignung fremden Besitzes machen Jer 22 13-17.

10-12 Forderung des richtigen Maßes. Im Handel herrschte viel Betrug vgl die Vorwürfe Os 12 8 Am 8 5 Mich 6 10 f. Das

das Bat den zehnten Teil eines Homer faßt und das Epha ebenfalls den
zehnten Teil eines Homer. Nach dem Homer soll die Regelung erfolgen.
12 Der Sekel soll zwanzig Gera betragen; *fünf* Sekel sollen fünf, *zehn* Sekel
sollen zehn sein; *fünfzig* Sekel soll bei euch die Mine betragen.

13 Dies ist die Hebe, die ihr erheben sollt: ein Sechstel Epha vom Homer
Weizen und ein Sechstel Epha vom Homer Gerste. 14 Der Satz für das Öl
(beträgt): [das Bat Öl] Ein Zehntel Bat vom Kor; zehn Bat betragen *ein Kor.*
[Denn zehn Bat betragen *ein Kor.*] 15 Ferner (soll abgegeben werden) ein
Schaf von der Herde, ein Stück von zweihundert, *als Hebe von den Geschlechtern* Israels für die Speise-, Brand- und Friedopfer, um *euch* zu entsühnen — Spruch des Herrn Jahwe. 16 Das ganze Volk des Landes soll diese
Hebe dem Fürsten Israels entrichten. 17 Dem Fürsten aber sollen *das* Brand-,
Speise- und Trankopfer an den Festtagen, an den Neumonden, an den Sabbaten und bei allen Festversammlungen des Hauses Israel obliegen. Er soll
das Sünd- und Speiseopfer, das Brand- und Friedopfer veranstalten, um das
Haus Israel zu entsühnen.

Der Festkalender

18 So spricht der Herr Jahwe: Im ersten (Monat), am ersten des Monats,
sollst du ein fehlerloses, junges Rind nehmen und das Heiligtum entsündigen.
19 Der Priester nehme vom Blut des Sündopfers und streiche es an
die Pfosten des Tempels, an die vier Ecken des Altarabsatzes und an die

45 12 „fünf" mit G-Hss; M: „zwanzig". — „zehn" mit G-Hss; M: „zwanzig". — „fünfzig" mit G-Hss; M: „fünf".

14 hakkōr, ebenso am Ende des Verses; M: „Homer".

15 tᵉrūmāh mimmišpᵉḥōt mit G; M: „vom Getränkten"(?). — „euch" mit G; M: „sie".

17 Sing. mit 11 Hss; M: Plur.

19 Plur. mit zwei Hss und G V Syr; M: Sing.

Epha war das Trockenmaß für Getreide, das Bat das Flüssigkeitsmaß für Wein und Öl.
1 Homer = 1 Kor = 10 Epha = 364,4 Liter.
1 Bat = 6 Hin = 36,4 Liter.
1 Kor = 10 Bat.
1 Silbersekel = 14,55 Gramm = ca. 2.50 DM.
1 Silbermine = 50 Silbersekel = 725,5 Gramm = ca. 125 DM.

Ezechiel führt hier nicht eine neue „Währung" ein, sondern bestimmt, daß der alte Fuß beibehalten werden soll. Die Mine, die einen Wert von 50 Sekeln hat (bereits 4 Kg 15 20 bekannt), soll die Norm darstellen; die kleinste Einheit ist das Gera „Korn" (= 1/20 Sekel Ex 30 13 Lev 27 25 Num 3 47 18 16).

13-16 Hier ist die Abgabe des Volkes an den Fürsten festgelegt, die in Naturalien besteht: 1/60 vom Getreide (Weizen und Gerste), 1/100 vom Öl und 1/200 vom Kleinvieh (Schafe, Ziegen).

17 Die Opfer sollen aus den 13-16 genannten Abgaben bestritten werden, wie bereits 15b kurz angedeutet ist. Alle Opfer (nicht nur die Sünd- und Schuldopfer) bewirken Sühne. Der Fürst hat dafür zu sorgen, daß die Opfer beigeschafft und dargebracht werden. Er selbst bringt sie nicht dar. Nach 2 Chr 31 3 wurden die Kosten der Opfer aus der königlichen Kasse bestritten.

18-20 Zweimal soll ein Sühnetag (Versöhnungsfest) gefeiert werden: am 1. I. (1. Nisan, März/April; Neujahr) und am 1. VII. (1. Tischri, September/Oktober; Beginn des zweiten Halbjahres). Nach Lev 16 und 23 26-32 wird das Versöhnungsfest am 10. VII. gefeiert. Es ist auffallend, daß der Fürst nicht genannt wird; ist er in dem „du" 18 20 (M) angeredet? Der erste Sühnetag soll alle gewöhnlichen Sünden tilgen, der zweite die heimlichen Vergehen.

Pfosten des Tores zum inneren Vorhof. 20 Ebenso *soll es geschehen im siebten (Monat), am ersten des Monats,* für jene, die aus Irrtum oder Unwissenheit gefehlt haben; so sollt ihr den Tempel entsühnen.

21 Im ersten (Monat), am vierzehnten Tage des Monats, sollt ihr das Paschafest feiern; *sieben* Tage lang soll man ungesäuerte Brote essen. 22 Der Fürst soll an diesem Tage für sich selbst und für das ganze Volk des Landes ein Rind als Sündopfer herrichten lassen. 23 An den sieben Festtagen soll er als Brandopfer für Jahwe täglich, sieben Tage lang, sieben Rinder und sieben Widder, fehlerlose Tiere, herrichten lassen und als Sündopfer täglich einen Ziegenbock. 24 Als Speiseopfer soll er je ein Epha für das Rind und je ein Epha für den Widder herrichten lassen, ferner je ein Hin Öl auf das Epha.

25 Im siebten (Monat), am fünfzehnten Tage des Monats, am Feste, soll er das Gleiche sieben Tage lang herrichten lassen an Sünd-, Brand- und Speiseopfern samt dem Öl.

Sabbat- und Neumondfeier

46 1 So spricht der Herr Jahwe: Das Tor des inneren Vorhofes, das nach Osten gerichtet ist, soll an den sechs Werktagen geschlossen sein. Am Tage des Sabbats aber soll es geöffnet werden; ebenso soll es am Tage des Neumondes geöffnet werden. 2 Der Fürst soll durch die Vorhalle des Tores von außen eintreten und an dem Pfosten des Tores stehen bleiben. Dann sollen die Priester sein Brand- und Friedopfer darbringen. Er selbst soll auf der Unterschwelle des Tores anbeten und (dann) hinausgehen. Das Tor aber soll bis zum Abend nicht geschlossen werden. 3 Auch das Volk des Landes soll am Eingang dieses Tores an den Sabbaten und Neumonden vor Jahwe anbeten.

4 Das Brandopfer, das der Fürst Jahwe darbringen läßt, soll am Sabbattage aus sechs fehlerlosen Lämmern und einem fehlerlosen Widder bestehen.

45 20 jēʿāśæh; M: „sollst du tun". – baššᵉbīʿī bᵉʾæḥād laḥōdæš mit G; M: „am siebten, im Monat".

21 šibʿat mit 2 Hss und den Übss; M: „Wochen".

21-24 Am 14. I. (14. Nisan) wird das Paschafest (Osterfest) gefeiert. Vom Osterlamm spricht Ezechiel nicht, sondern nur vom Essen der ungesäuerten Brote (Mazzen) eine Woche lang. Die Opfer sind reicher und häufiger als im mosaischen Gesetz vgl Num 28 16-25.

25 Am 15. VII. (15. Tischri) soll das Herbstfest (Laubhüttenfest) begangen werden, das hier den Namen „das Fest" schlechthin hat, ebenso 3 Kg 8 2 65 12 32 2 Chr 5 3 7 8 f Neh 8 14. Der Ritus ist der gleiche wie am Paschafest. Die Vorschriften im Gesetz Lev 23 33-43 Num 29 12-38 weichen ab.

46 1 f Wie das äußere Osttor geschlossen ist, und der Fürst dort seinen Platz für das Opfermal einnimmt 44 1-3, so soll auch das innere Osttor an den Werktagen geschlossen bleiben und nur an den Sabbat- und Neumondtagen geöffnet werden. Während die Priester die Opfer darbringen, soll der Fürst an der Torschwelle seine Anbetung halten.

3 Auch das Volk des Landes (die Laien) hat am Toreingang seinen Platz.

4 f Hier ist das Brandopfer nebst Speiseopfer des Fürsten am Sabbat näher beschrieben: 6 Lämmer, 1 Widder nebst den Speiseopfern. Nach Num 28 9 sind zwei Lämmer nebst den Speiseopfern darzubringen. Die Zahl der Opfertiere entspricht der Zahl der Wochentage: 6 Lämmer und 1 Widder. Der Ausdruck „soviel er zur Hand hat" 5 (ebenso 11) heißt wörtlich „Gabe seiner Hand" und ent-

5 Das Speiseopfer bestehe aus einem Epha auf jeden Widder, und das Speise-
opfer auf die Lämmer, soviel er zur Hand hat; dazu Öl, ein Hin auf das
Epha. 6 Am Neumondtage sollen es ein fehlerloses, junges Rind und sechs
Lämmer sein, sowie ein fehlerloser Widder. 7 Und ein Epha auf das Rind
und ein Epha auf den Widder soll er als Speiseopfer herrichten, und auf die
Lämmer, soviel seine Hand faßt; dazu Öl, ein Hin auf das Epha.

Das Betreten und Verlassen des Tempels

8 Wenn der Fürst eintreten will, dann soll er durch die Vorhalle des
(inneren) Tores eintreten und auf demselben Wege wieder hinausgehen.
9 Wenn das Volk des Landes an den Festzeiten vor Jahwe erscheint, dann
soll, wer durch das (äußere) Nordtor eingetreten ist, um anzubeten, durch
das (äußere) Südtor hinausgehen; wer aber durch das Südtor eingetreten ist,
soll durch das Nordtor wieder hinausgehen. Niemand soll durch das Tor,
durch das er eingetreten ist, zurückgehen, sondern durch das gegenüber-
liegende (Tor) *soll er* hinausgehen. 10 Der Fürst soll mitten unter ihnen sein;
wenn sie kommen, soll (auch) er kommen, und wenn sie hinausgehen, *soll*
(auch) *er* hinausgehen.

Das Speiseopfer an Festtagen

11 An den Fest- und Feiertagen soll das Speiseopfer ein Epha auf das Rind
und ein Epha auf den Widder betragen; auf die Lämmer aber, soviel er zur
Hand hat, dazu Öl, ein Hin auf das Epha.

Das freiwillige Opfer des Fürsten

12 Wenn der Fürst ein freiwilliges Opfer veranstaltet, ein Brand- oder
Friedopfer [als freiwilliges Opfer] für Jahwe, so öffne man ihm das Tor, das
nach Osten gerichtet ist. Er veranstalte sein Brand- und seine Friedopfer,
wie er es am Sabbattage zu tun pflegt. Dann gehe er hinaus, und man schließe
das Tor, nachdem er hinausgegangen ist.

Das ständige Opfer (Tamid)

13 Täglich sollst du Jahwe ein einjähriges, fehlerloses Lamm als Brand-
opfer herrichten, und zwar sollst du es jeden Morgen tun. 14 Als Speise-

46 9 10 Sing. mit vielen Hss und den Übss; M: Plur.

spricht der Wendung in 7 „soviel seine Hand faßt"; er bezeichnet eine beliebige Menge.

6 f Hier ist das Brandopfer (1 Rind, 6 Lämmer und 1 Widder) nebst Speiseopfer des Fürsten am Neumond näher aufgeführt. Nach Num 28 11 sind 2 Rinder, 7 Lämmer und 1 Widder gefordert.

8-10 Das Betreten und Verlassen des Tempels ist genau geregelt, damit nicht bei dem großen Andrang des Volkes Unordnung entsteht.

11 Die Speiseopfer an den Fest- und Feiertagen sind die gleichen wie an den Sabbaten und Neumondtagen vgl 5 7.

12 Beim privaten, freiwilligen Opfer des Fürsten soll das innere Osttor geöffnet, aber nach der Darbringung sofort wieder geschlossen werden im Gegensatz zur Bestimmung von 46 2, wo das Tor bis zum Abend offen bleibt.

13-15 Beim täglichen, ständigen Opfer ist nur das Morgenopfer erwähnt, nicht das Abendopfer, das im Gesetz Ex 29 38-42 Num 28 3-8 verlangt ist. Das gesetzliche Trankopfer findet hier wie auch sonst bei Ezechiel keinen Platz. In vielen Hss und verschiedenen Übss (G V Syr) ist der

opfer sollst du dazu jeden Morgen ein Sechstel Epha und ein Drittel Hin Öl
herrichten, um das Kernmehl zu besprengen, als Speiseopfer für Jahwe:
eine Satzung des ständigen *Brandopfers* ist dieses. 15 So soll man das Lamm,
das Speiseopfer und das Öl jeden Morgen als ständiges Brandopfer dar-
bringen.

Ein Nachtrag: Der Grundbesitz des Fürsten

16 So spricht der Herr Jahwe: Wenn der Fürst einem seiner Söhne *etwas*
von seinem Erbbesitz zum Geschenk machen will, dann soll dies seinen
Söhnen gehören; es soll ihr erbliches Eigentum sein. 17 Wenn er aber etwas
von seinem Erbbesitz einem seiner Diener als Geschenk machen will, so soll
es ihm bis zum Erlaßjahr gehören; dann aber soll es an den Fürsten wieder
zurückfallen. Nur *der* Erbbesitz seiner Söhne soll diesen verbleiben. 18 Der
Fürst aber darf nichts von dem Erbbesitz des Volkes wegnehmen, indem er
sie (die Leute) [von ihrem Besitztum] enteignet; von seinem Eigentum mag
er seinen Söhnen Erbbesitz geben, damit keiner von meinem Volke aus
seinem Erbbesitz verdrängt werde.

Ein zweiter Nachtrag: Die Tempelküchen

19 Dann brachte er mich durch den Eingang, der an der Seite des Tores
war, zu den heiligen *für die* Priester *bestimmten* Zellen, die nach Norden
lagen; und siehe, da war ein Raum im hintersten Winkel, nach Westen zu.
20 Da sprach er zu mir: Dies ist der Raum, wo die Priester das Schuld- und
Sündopfer kochen und das Speiseopfer backen sollen, damit sie es nicht in
den äußeren Vorhof hinauszutragen brauchen, und so das Volk heiligen.

21 Dann führte er mich in den äußeren Vorhof hinaus und ließ mich zu den
vier Ecken des Vorhofes gehen; und siehe, in jeder Ecke des Vorhofes war
(wieder) ein Vorhof. 22 In den vier Ecken des Vorhofes waren *kleine* Vor-
höfe, vierzig (Ellen) lang und dreißig (Ellen) breit; alle vier hatten das
gleiche Maß. 23 Rings um die vier (Vorhöfe) lief eine Mauer herum. Unten

46 14 Sing. mit einigen Hss. und den Übss; M: Plur. — ʿōlat wie 15; M: „ewig".
16 minnaḥ^{a}lātō mit G vgl 17.
17 naḥ^{a}lat mit G Syr; M: „sein (Erbbesitz)".
19 ʼ^{a}šær lakkōh^{a}nīm mit G Syr T; M: „zu den Priestern".
22 q^{e}ṭannōt mit G vgl V; M: „abgedeckte"(?) oder „abgeschlossene"(?).

Fürst Subjekt. Das 14 genannte „Kernmehl" ist der Grieß, der beim Sieben nicht durchfällt und den besten Teil des Weizenkernes darstellt vgl zu 16 13.

16-18 Zu dem 45 7 f festgelegten Landbesitz des Fürsten folgt hier ein Nachtrag. Nur die Söhne des Fürsten können etwas von dem Grundbesitz des Vaters erhalten. Wenn der Fürst aber seinen Beamten einen Teil überlassen will, dann gehört dieser ihnen nur sechs Jahre lang; im 7. Jahr („Erlaßjahr") fällt er wieder an den Fürsten zurück. Hier ist Ezechiel von der Bestimmung über das Sabbatjahr Lev 25 2-7 bzw. über das Freilassungsjahr der Sklaven Ex 21 2 Dt 15 12 abhängig. Der Übergriff des Fürsten auf das Gebiet des Volkes ist unterbunden vgl 45 8.

19 f Im äußersten Westen an den Schmalseiten des Zellengebäudes (vgl 42 1-14) befinden sich die Opferküchen (wohl auf beiden Seiten). Das Betreten des äußeren Vorhofes bringt die Gefahr mit sich, daß die Priester in Berührung mit dem Volke kommen und es dadurch „heiligen" vgl zu 44 19.

21-24 Die genannten vier Vorhöfe (vierzig mal dreißig Ellen) liegen an den vier Ecken des äußeren Vorhofes. Hier bereiten die Leviten die Schlachtopfer des Volkes vgl 44 10-14.

an der Mauer waren Kochherde angebracht. 24 Da sprach er zu mir: Dies
sind die Koch*stätten*, wo die Tempeldiener die Schlachtopfer des Volkes
kochen sollen.

47 1-12 Die wunderbare Tempelquelle

47 1 Dann brachte er mich an den Eingang des Tempels zurück, und siehe,
da strömte Wasser unter der Tempelschwelle hervor nach Osten zu; denn die
Vorderseite des Tempels lag nach Osten. Das Wasser floß unterhalb der
rechten Seitenwand des Tempels hinab, südlich vom Altar. 2 Er führte mich
durch das Nordtor hinaus und brachte mich außen herum zum äußeren Tor,
das nach Osten gerichtet war. Und siehe, da rieselte Wasser von der süd-
lichen Seitenwand. 3 Dann ging der Mann mit einer Meßschnur in seiner
Hand nach Osten zu; er maß tausend Ellen ab und ließ mich das Wasser
durchwaten; es reichte (mir) bis an die Knöchel. 4 Dann maß er wieder
tausend (Ellen) ab und ließ mich das Wasser durchwaten; es reichte (mir) bis
an die Knie. Er maß abermals tausend Ellen ab und ließ mich *(das Wasser)*
durchwaten; es reichte (mir) bis an die Hüften. 5 Dann maß er nochmals
tausend (Ellen) ab, da war es ein Fluß, den ich nicht durchwaten konnte;
denn das Wasser war zu hoch; es war ein Wasser zum Schwimmen, ein Fluß,
den man nicht durchwaten konnte. 6 Da sprach er zu mir: Hast du (es)
gesehen, Menschensohn? Dann ließ er mich am Ufer des Flusses zurück-
wandern.

7 *Als ich zurückwanderte*, siehe, da waren am Ufer des Flusses zu beiden
Seiten sehr viele Bäume. 8 Da sprach er zu mir: Dieses Wasser nimmt seinen
Weg in den östlichen Bezirk und fließt in die Steppe hinab. Wenn es sich in
das Meer, *ins salzige Gewässer*, ergießt, dann werden dessen Wasser gesund.
9 Jedes Lebewesen, was sich nur regt, wird am Leben bleiben, wohin immer

46 24 Plur. mit G; M: Sing.
47 4 Ergänze bammajim mit zwölf Hss und V Syr T.
7 bešūbī; M: „in meinem Zurückgeführtwerden".
8 hammajim haḥamūṣīm; M: „ins Meer... die herausgeführten".
9 hannaḥal mit den Übss; M: Dual (Doppelstrom?)

47 1 Auch andere Propheten sprechen (allerdings nur kurz) von der Tempelquelle Jo 4 18 Zach 14 8 Apk 22 1 f. Im Hintergrund steht die Vorstellung vom Paradiesesstrom vgl Ps 46 5. Ob wirklich auf dem Tempelberg eine Quelle entsprang, wie spätere Schriftsteller (Aristeasbrief, Tacitus) berichten, ist nicht mehr festzustellen. Ezechiels Vision der Tempelquelle ist im „Vidi aquam" der Osterzeit in die Liturgie eingegangen. Nach christlicher Auffassung macht das Taufwasser alles „heil", was vorher „tot" gewesen ist. Der Prophet, der sich nach 46 21-24 im äußeren Vorhof befindet, wird zur Ostfront des Tempels geführt, wo unter der Schwelle die Quelle entspringt.

2 Der Prophet wird durch das äußere Nordtor hinausgeführt, weil das äußere Osttor verschlossen ist 44 2 f.

3-5 Die Quelle schwillt immer mehr in gewissen Abständen zum großen Fluß an, den man zuletzt nicht mehr durchwaten kann.

7 Das Tal von Jerusalem nach dem Toten Meer ist sonst baumlos; auf dem Rückweg sieht der Prophet voller Verwunderung viele Bäume vgl 12.

8 Die Steppe (Araba) ist die Niederung, die sich zu beiden Seiten des Jordan und südlich vom Toten Meer bis zum älanitischen Meerbusen erstreckt.

9 f Das Wasser der wunderbaren Quelle hat einen solchen Süßigkeitsgehalt, daß es das Salzwasser des Toten Meeres, das die Lebewesen tötet, umwandelt, so daß ein großer Fischreichtum wie im

der Fluß kommt; es wird gar viele Fische geben. Denn wenn dieses Wasser
dorthin kommt, so wird es (das Meer) gesund werden und alles, wohin der
Fluß kommt, wird am Leben bleiben. 10 Fischer werden an ihm stehen von
Engedi (Engaddi) bis Eneglaim (Engallim). Einen Platz, wo man Netze
trocknet, *wird es zu seiner Rechten geben.* Sein Fischreichtum wird wie der
des großen Meeres überaus groß sein. 11 Seine Lachen aber und seine Tüm-
pel sollen nicht gesund werden; denn sie sind zur Salzgewinnung bestimmt.
12 An beiden Ufern des Flusses werden allerlei Fruchtbäume wachsen, deren
Laub nie welkt und deren Frucht nie ausgeht. Jeden Monat werden sie
frische Früchte tragen; denn ihr Wasser kommt vom Heiligtum her. Ihre
Früchte werden zur Speise und ihre Blätter als Heilmittel dienen.

47 13-48 35 Die Grenzen und Verteilung des Landes

Die Grenzen des Landes

13 So spricht der Herr Jahwe; *Dies ist die* Grenze, innerhalb derer ihr euch
das Land nach den zwölf Stämmen Israels als Erbbesitz verteilen sollt [für
Joseph zwei Lose]. 14 Ein jeder soll den gleichen Erbbesitz erhalten; denn
ich habe meine Hand (zum Schwure) erhoben, es euren Vätern zu geben. So
soll euch dieses Land als Erbbesitz zufallen.

15 Dies ist die Nordgrenze des Landes: Vom großen Meer in der Richtung
nach Hetlon bis da, wo es nach *Hamat* geht, bis Sedad, 16 Berota, Sibraim,
das zwischen dem Gebiet von Damaskus und dem Gebiet von Hamat liegt,
bis Hasar-Enon, das an der Grenze von Hauran liegt. 17 Es soll also die

47 10 Sing. mit G V Syr; M: Plur. — limīnāh; M: „nach seiner Art"(?).
13 zæh hagg^{e}būl mit verschiedenen Hss und G V T.
15 Füge hier mit G „Hamat" ein und tilge es in 16.
16 ḥāṣērāh ʿēnōn vgl 17 und G; M: „ḥāṣēr hattīkōn".
17 zō't wie 20.

Mittelländischen Meer („großes Meer" genannt) entsteht. Engedi („Bocksquelle") liegt in der Mitte des Westufers des Toten Meeres (= Ain dschidi). Eneglaim ist unbekannt; Hieronymus verlegt es an die Jordanmündung.

11 Die Tümpel und Seen am Toten Meer bleiben erhalten; damit ist die Salzgewinnung gesichert. Hier zeigt sich der praktische Sinn des Ezechiel vgl zu 39 10.

12 Die Bäume am Ufer sind keine gewöhnlichen Bäume, wie sie auch sonst an Wasserläufen gut gedeihen vgl Jer 17 8 Ps 1 3, sondern Wunderbäume: immer grün, immer tragend. Sogar die Blätter kann man zu Heilzwecken verwenden. Diese Gedanken hat der ntl Apokalyptiker aufgenommen, der sie mit der Vorstellung des „Lebensbaumes" Gen 2 9 3 22 verbindet Apk 22 2.

13 Nur das eigentliche Kanaan kommt in Frage, nämlich das Westjordanland. Das Gebiet östlich vom Jordan scheidet aus vgl 18. Eine ähnliche Grenzbeschreibung findet sich Num 34 1-12. Joseph, genauer seine beiden Söhne Ephraim und Manasse vgl 48 4 f, erhält zwei Teile. Dafür scheidet Levi aus, so daß die Zwölfzahl gewahrt bleibt. Die beiden letzten Worte von 13 sind jedoch als Glosse zu tilgen.

14 Jeder Stamm erhält den gleichen Anteil. Wie mit dem Metermaß wird das Land abgemessen und zugeteilt.

15-17 Die Nordgrenze verläuft vom Mittelländischen Meer nach Osten bis zum Hauran. Der auch sonst öfters vorkommende Ausdruck „wo es nach Hamat geht" 15 (vgl Num 34 8 Jos 13 5 u. ö.) bezeichnet die Senke zwischen Libanon und Hermon (Quellgebiet des Orontes) und bildet die ideale Nordgrenze Israels. Das aramäische Gebiet von Damaskus und Hamat gehört nicht mehr dazu. Die

(Nord-)Grenze laufen vom Meer bis Hasar-Enon, indem das Gebiet von Damaskus [und Saphon] nördlich liegt [und das Gebiet von Hamat]. *Dies* ist die Nordgrenze.

18 Die Ostgrenze verläuft (von Hasar-Enon, das) zwischen dem Hauran und Damaskus liegt; zwischen Gilead und dem Lande Israel *bildet* der Jordan *die Grenze* bis zum östlichen Meer, *bis nach Tamar hin. Dies* ist die Ostgrenze.

19 Die Südgrenze gegen Mittag geht von Tamar bis Me-Meribat (Haderwasser) bei Kades, dann bis an den Bach (Ägyptens) und bis zum großen Meer. *Dies* ist die Südgrenze gegen Mittag zu.

20 Die Westgrenze *bildet* das große Meer bis zur Stelle, wo es nach Hamat geht. Dies ist die Westgrenze.

Der Besitz der Fremdlinge

21 Ihr sollt dieses Land unter euch nach den Stämmen Israels verteilen.
22 Ihr sollt es als Erbbesitz unter euch und unter den Fremdlingen verlosen, die in eurer Mitte weilen, die Söhne und Töchter unter euch bekommen haben. Sie sollen euch wie Eingeborene unter den Söhnen Israels gelten. Mit euch sollen sie Erbbesitz unter den Stämmen Israels *erlosen.*
23 Bei dem Stamme, bei dem der Fremdling weilt, sollt ihr ihm Erbbesitz zuteilen — Spruch des Herrn Jahwe.

Die Stämme nördlich vom heiligen Bezirk

48 1 Dies sind die Namen der Stämme: Im äußersten Norden *vom Meere an,* in der Richtung nach Hetlon bis da, wo es nach Hamat geht, bis nach Hasar-

47 18 magbīl mit G V Syr; M: „von der Grenze". — tāmārāh mit G Syr vgl 19; M: „ihr sollt messen". — zō't wie 20.
19 zō't wie 20.
20 magbīl mit G Syr vgl 18.
22 Hiphil mit V Syr T statt Qal.
48 1 min hajjām nach 47 15; M: „zur Seite".

einzelnen Städte sind nicht sicher festzulegen. Sibraim 16 (assyrisch Schubari) ist wohl Coelesyrien.

18 Die Ostgrenze bildet der Jordan. Das östliche Meer (vgl Jo 2 20 Zach 14 8) ist das Tote Meer im Gegensatz zum westlichen (Mittelländischen) Meer. Tamar ist nicht eindeutig zu bestimmen; es wird im Südwesten des Toten Meeres gesucht. Das Ostjordanland ist also ausgeschieden vgl 13.

19 Die Südgrenze (vgl 48 28) geht von Tamar über Kades in der Wüste Sin (heute Ain Kadis), das durch die wunderbare Wasserspende bekannt ist vgl Num 20 1-13, nach dem „Bach Ägyptens" (jetzt Wadi-el-Arisch, die heutige Grenze zwischen Ägypten und Palästina), der ins Mittelländische Meer mündet.

20 Die Westgrenze ist das Mittelländische Meer. Sie reicht im Norden bis dahin „wo es nach Hamat geht" vgl zu 15. Das Philisterland und die Gebiete von Tyrus und Sidon sind also mit eingeschlossen.

21-23 Auch die Fremdlinge, die ansässig geworden sind, sollen Anteil am neuen Gottesland haben. Dies ist die Weiterführung von Dt 23 4-9, wo es heißt, daß zwar nicht die Ammoniter und Moabiter, wohl aber die Edomiter und Ägypter (allerdings erst im dritten Glied) aufgenommen werden dürfen. Zugleich ist es die Vorstufe zu Röm 10 12 „Es gibt keinen Unterschied zwischen Juden und Heiden". Auch Is 56 3-7 ist den Fremdlingen Anteil am neuen Gottesreich zugesagt.

48 1-7 Nördlich vom heiligen Bezirk bekommen sieben Stämme ihren Anteil, der gleich groß ist und von Osten nach

Enon — das Gebiet von Damaskus bleibt nordwärts liegen — seitwärts von
Hamat, von der Ostseite bis zur Westseite: Dan, ein (Stammgebiet). 2 Neben
dem Gebiet von Dan, von der Ostseite bis zur Westseite: Aser, ein (Stamm-
gebiet). 3 Neben dem Gebiet von Aser, von der Ostseite bis zur Westseite:
Naphtali, ein (Stammgebiet). 4 Neben dem Gebiet von Naphtali, von der
Ostseite bis zur Westseite: Manasse, ein (Stammgebiet). 5 Neben dem Gebiet
von Manasse, von der Ostseite bis zur Westseite: Ephraim, ein (Stamm-
gebiet). 6 Neben dem Gebiet von Ephraim, von der Ostseite bis zur West-
seite: Ruben, ein (Stammgebiet). 7 Neben dem Gebiet von Ruben, von der
Ostseite bis zur Westseite: Juda, ein (Stammgebiet).

Der heilige Bezirk

8 Neben dem Gebiet von Juda, von der Ostseite bis zur Westseite, soll die
Hebe liegen, die ihr zu entrichten habt, fünfundzwanzigtausend (Ellen)
breit und lang, gleich den einzelnen Anteilen von der Ostseite bis zur West-
seite. Das Heiligtum soll mitten darin liegen. 9 Die Hebe, die ihr Jahwe zu
entrichten habt, soll fünfundzwanzigtausend (Ellen) lang und *zwanzig-
tausend* (Ellen) breit sein.

10 Die heilige Hebe soll folgenden gehören: Den Priestern, nach Norden
(ein Stück), die Nordseite fünfundzwanzigtausend (Ellen), die Westseite in
der Breite zehntausend (Ellen), die Ostseite in der Breite zehntausend (Ellen)
und die Südseite in der Länge fünfundzwanzigtausend (Ellen). 11 Den
geweihten Priestern, *den Söhnen* Sadoqs, die meinen Dienst besorgt haben,
die nicht in die Irre gingen, als die Söhne Israels in die Irre gingen, gleich-
wie die Leviten in die Irre gingen, 12 ihnen soll es als Hebe von der Land-
hebe, als Hochheiliges gehören neben dem Gebiet der Leviten.

13 *Den Leviten aber* soll (ein Stück) entsprechend dem Gebiet der Priester
zufallen, fünfundzwanzigtausend (Ellen) lang und zehntausend (Ellen) breit,
im ganzen also fünfundzwanzigtausend (Ellen) lang und *zwanzigtausend*
(Ellen) breit. 14 Sie dürfen davon nichts verkaufen noch *vertauschen*, noch

48 9 Zwanzigtausend; M: zehntausend vgl zu 45 1.

11 hamm^{e}quddāšīm mit G Syr T; M: „der geweihte". — b^{e}nē mit Hss und G; M: „von den Söhnen".

13 w^{e}lal^{e}wijjīm mit G V; M: „und die Leviten". — 20.000 mit G vgl 9; M: 10.000.

14 3. Pers. Plur. mit V Syr; M: 3. Pers. Sing.

Westen verläuft. Es folgen von Norden nach Süden: Dan, Aser, Naphtali, Manasse, Ephraim, Ruben und Juda. Die Abkömmlinge der Mägde Rachels (Dan und Naphtali) und Leas (Aser) wohnen im Norden, also am weitesten vom Heiligtum entfernt. Das entspricht auch ihrer historisch-geographischen Lage; Dan galt immer als Nordgrenze Israels vgl 2 Sm 3 10.

8-22 Hier wird ausführlich der heilige Bezirk beschrieben, von dem schon 45 1-8 kurz die Rede war; er liegt südlich von Juda (und nördlich von Benjamin vgl 23-28). In der Mitte bildet er ein Quadrat von fünfundzwanzigtausend mal fünfundzwanzigtausend Ellen; rechts und links schließt sich das Fürstenland an. Das Quadrat ist weiterhin so verteilt: Der nördliche Teil (zehntausend mal fünfundzwanzigtausend Ellen) entfällt auf die Leviten 13, der mittlere (zehntausend mal fünfundzwanzigtausend Ellen) auf die Priester und das Heiligtum 10-12, und der südliche (fünftausend mal fünfundzwanzigtausend Ellen) auf

dürfen sie die Erstlingsgabe des Landes auf andere *übergehen* lassen; denn
sie ist Jahwe heilig. 15 Die fünftausend (Ellen), die längs der fünfundzwan-
zigtausend (Ellen) von der Breite noch übrig sind, sind gemeiner Bezirk;
sie sollen der Stadt als Wohngebiet und Weideplatz dienen. Die Stadt selbst
soll mitten darin liegen. 16 Dies sind ihre Maße: die Nordseite viertausend-
fünfhundert, die Südseite viertausendfünfhundert, die Ostseite viertausend-
fünfhundert und die Westseite viertausendfünfhundert (Ellen). 17 Der
Weideplatz der Stadt soll nach Norden zweihundertfünfzig, nach Süden
zweihundertfünfzig, nach Osten zweihundertfünfzig und nach Westen zwei-
hundertfünfzig (Ellen) betragen. 18 Was aber von der Länge übrig ist, längs
der heiligen Hebe, zehntausend (Ellen) ostwärts und zehntausend (Ellen)
westwärts, [das soll entlang der heiligen Hebe sein] dessen Ertrag soll den
Bewohnern der Stadt als Nahrung dienen. 19 Was die Bewohner der Stadt
betrifft, so sollen sie Leute aus allen Stämmen Israels bewohnen. 20 Ins-
gesamt sollt ihr als Hebe fünfundzwanzigtausend (Ellen) zu fünfundzwan-
zigtausend (Ellen) im Geviert entrichten, die heilige Hebe nämlich und das
Gebiet der Stadt. 21 Was übrig ist, soll dem Fürsten gehören zu beiden Seiten
der heiligen Hebe und des Besitzes der Stadt, entlang den fünfundzwanzig-
tausend (Ellen) bis zur Ostgrenze und westwärts entlang den fünfund-
zwanzigtausend (Ellen) bis zur Westgrenze, entsprechend den Stammes-
anteilen. Dies soll dem Fürsten gehören; die heilige Hebe und das Heiligtum
sollen mitten darin liegen. 22 Der Besitz der Leviten und der Besitz der
Stadt sollen mitten zwischen dem liegen, was dem Fürsten gehört; zwischen
dem Gebiet von Juda und dem Gebiet von Benjamin soll liegen, was dem
Fürsten gehört.

Die Stämme südlich vom heiligen Bezirk

23 (Dies) sind die übrigen Stämme: Von der Ostseite bis zur Westseite:
Benjamin, ein (Stammgebiet). 24 Neben dem Gebiet von Benjamin, von der
Ostseite bis zur Westseite: Simeon, ein (Stammgebiet). 25 Neben dem Gebiet
von Simeon, von der Ostseite bis zur Westseite: Issachar, ein (Stammgebiet).
26 Neben dem Gebiet von Issachar, von der Ostseite bis zur Westseite: Zebulon,
ein (Stammgebiet). 27 Neben dem Gebiet von Zebulon, von der Ostseite bis
zur Westseite: Gad, ein (Stammgebiet). 28 Neben dem Gebiet von Gad, auf
der Südseite nach Mittag zu soll die Grenze laufen von Tamar bis Me-Meri-
bat (Haderwasser) bei Kades zum Bache (Ägyptens) hin *bis zum* großen
Meer. 29 Dies ist das Land, das ihr als Erbbesitz unter den Stämmen Israels
verlosen sollt; dies sollen ihre Anteile sein — Spruch des Herrn Jahwe.

48 28 ʿad mit 2 Hss und G; M: „über".

die Stadt 15-19. Das letztgenannte Stück ist wiederum so verteilt, daß in der Mitte die Stadt liegt, die ringsum einen Streifen von zweihundertfünfzig Ellen als Weidetrift (freier Platz) hat, an den sich rechts und links (im Osten und Westen) die Gemeindetrift anschließt (je zehntausend mal fünftausend Ellen).

23-29 Die fünf Stämme südlich des heiligen Bezirks sind (von Norden nach Süden): Benjamin, Simeon, Issachar, Zebulon und Gad. Der letztere wohnt als Abkömmling der Magd Leas im äußersten Süden, also am weitesten vom Heiligtum entfernt vgl zu 1-7.

Die heilige Stadt; ihr Umfang, ihre Tore und ihr Name

30a Dies sind die Ausgänge der Stadt 31a — die Tore der Stadt sind nach
den Stämmen Israels benannt — 30b auf der Nordseite, viertausendfünfhun-
dert (Ellen) an Maß, 31b drei Tore nach Norden: ein Tor Ruben, ein Tor
Juda, ein Tor Levi. 32 Auf der Ostseite, viertausendfünfhundert (Ellen) an
Maß, drei Tore: ein Tor Joseph, ein Tor Benjamin, ein Tor Dan. 33 Auf der
Südseite, viertausendfünfhundert (Ellen) an Maß, drei Tore: ein Tor Simeon,
ein Tor Issachar, ein Tor Zebulon. 34 Auf der Westseite, viertausendfünfhun-
dert (Ellen) an Maß, drei Tore: ein Tor Gad, ein Tor Aser, ein Tor Naphtali.
35 Der Gesamtumfang beträgt achtzehntausend (Ellen). Der Name der Stadt
lautet fortan: „Jahwe daselbst".

30-35 Die heilige Stadt hat zwölf Tore, die nach den zwölf Stämmen benannt sind; an jeder der vier Seiten liegen drei Tore. In der ntl Apokalypse (21 12 f) ist diese Vorstellung aufgenommen. Die Maße der heiligen Stadt sind vier mal viertausendfünfhundert Ellen = achtzehntausend Ellen. Die Stämme sind etwas anders gezählt als 48 1-7 23-29: Joseph tritt an Stelle von Ephraim und Manasse; dafür wird Levi mitgezählt. Der Name der Stadt ist sinnbildlich „Jahwe daselbst". Das Wohnen Gottes besagt den Schutz und die Gnade Gottes. Jerusalem ist die heilige Stadt Gottes in ausnehmender Weise vgl Is 60 14, wo es „Stadt Jahwes" genannt wird.

Ezechiels Tempelplan zeigt genaue Kenntnis der Anlage des salomonischen Tempels; ebenso berührt sich oft sein Gesetzesentwurf mit den Bestimmungen des Pentateuch, namentlich des „Heiligkeitsgesetzes". Alle Angaben sind mit größter Sorgfalt gemacht, verraten einen nüchtern, praktischen Sinn (abgesehen von der Vision der Tempelquelle, die aus dem Rahmen herausfällt) und zielen auf ihre Ausführung, die auch 43 11 gefordert ist. Aber die Pläne Ezechiels wurden von den Heimkehrern aus dem Exil nicht verwirklicht, weil die anfängliche religiöse Begeisterung allmählich schwand, die Mittel fehlten und sonstige Hindernisse auftraten. Es ist wohl nicht angängig, den ganzen Bericht im symbolischen Sinne zu erklären, als ob der Prophet unter den Bildern des Tempels und Kultes die Herrlichkeit des messianischen Reiches beschreiben wollte. Jedenfalls ist er ein Zeugnis des unerschütterlichen Glaubens Ezechiels, der fern von der Heimat, wo Stadt und Tempel in Schutt und Asche lagen, eine völlige Wendung der Dinge von seinem Gott erhoffte und bereits im Geiste den Tempel mit seinem Kult wieder hergestellt, das Staatswesen neu geordnet, das Land besiedelt und bestellt und die Stadt erbaut sah. Erst in der Endzeit wird sich die Hoffnung des Propheten erfüllen, daß ein heiliges Volk mit einem „neuen" Herzen seinem Gott in ungetrübter Gemeinschaft dienen wird; Ort und Formen des Kultes, auf die Ezechiel so großen Wert legt, sind dann von untergeordneter Bedeutung.

DIE HEILIGE SCHRIFT IN DEUTSCHER ÜBERSETZUNG

DANIEL

DIE HEILIGE SCHRIFT

IN DEUTSCHER ÜBERSETZUNG

ECHTER-BIBEL

DAS ALTE TESTAMENT

Herausgegeben von

DDr. FRIEDRICH NÖTSCHER

o. Professor an der Universität Bonn

unter Mitarbeit von

Professor Dr. Johann Fischer, Niederstaufen / Professor Dr. Vinzenz Hamp, Freising / Professor Dr. Hubert Junker, Trier / Professor Dr. Martin Rehm, Eichstätt Professor Dr. Heinrich Schneider, Mainz / Lektor DDr. Dionys Schötz OFM, München Professor DDr. Friedrich Stummer, München / Professor Dr. Joseph Ziegler, Würzburg

DAS NEUE TESTAMENT

Herausgegeben von

DDr. KARL STAAB

o. Professor an der Universität Würzburg

unter Mitarbeit von

Professor Dr. Joseph Kürzinger, Eichstätt, Professor DDr. Joseph Reuß, Regensburg und Professor Dr. Eduard Schick, Fulda

19 53

ECHTER-VERLAG WÜRZBURG

DAS ALTE TESTAMENT

Herausgegeben von

PROFESSOR DDr. FRIEDRICH NÖTSCHER

DANIEL

von

DDr. FRIEDRICH NÖTSCHER
o. Professor an der Universität Bonn

19 53

ECHTER-VERLAG WÜRZBURG

Imprimatur
Wirceburgi-Cellae Superiory, 25. August 1948
Dr. Miltenberger
vic. gen.

Ezechiel und Daniel erscheinen als 6. Lieferung der Echter-Bibel

Jeder Mitarbeiter trägt die Verantwortung für seinen Beitrag ausschließlich selbst

---

2 Auflage
Unveränderter Nachdruck der 1. Auflage 1948
Gesamtherstellung: Fränkische Gesellschaftsdruckerei Würzburg

Daniel

Von Friedrich Nötscher

Das Buch Daniel trägt seinen Namen nach der Hauptperson der Darstellung. Es erhebt nirgends den Anspruch von Daniel selbst verfaßt zu sein. Das schließt nicht aus, daß Vieles auf ihn zurückgeht. Im ersten Teil berichtet es Begebnisse aus seinem Leben 1—6, der zweite Teil ist eine im Ich-Stil gehaltene Sammlung seiner prophetischen Visionen 7-12, der Anhang 13 f erzählt wieder (drei) Vorgänge, bei denen Daniel entscheidend eingreift. Pseudonym ist Daniel nicht.

Außerhalb des Buches findet sich keine Nachricht, die sich mit Sicherheit auf den Propheten beziehen ließe. Der Name „(Mein) Richter ist Gott" war häufiger und wurde auch von anderen Personen getragen Esr 8 2 Neh 10 7 1 Chr 3 1. Die Gleichsetzung mit dem Daniel des Ezechielbuches, — das Wort ist in M hier anders punktiert —, der durch seine sprichwörtliche Weisheit berühmt ist Ez 28 3 und als beispielhaft gerechter Mann mit Noah und Job zusammengenannt wird Ez 14 14 20, ist nicht geradezu unmöglich, aber trotz der gleichen Tugenden aus chronologischen Gründen doch unwahrscheinlich. Eher käme vielleicht eine Beziehung der Ezechielstellen zu dem Danel (so!) der Ras-Schamra-Texte in Frage, der ja auch als Richter und Beschützer der Witwen und Waisen gilt. Über Leben und Persönlichkeit Daniels liegen also nur die Angaben des Buches selbst vor. Danach kam er unter Nebukadnezar schon vor 600 als Exulant nach Babylon und wurde dort für den fremden Hof- und Staatsdienst erzogen Kap. 1, in welchem er dann unter mehreren babylonischen und persischen Herrschern bis auf Cyrus vermöge seiner Weisheit und Rechtschaffenheit eine angesehene, hohe Stellung einnahm. Seine Klugheit sicherte ihm auch großen Einfluß unter seinen dortigen Volksgenossen 13. Sein Begräbnis in Susa ist späte Legende.

Das Buch galt von alters her als kanonisch, aber sein Platz innerhalb des Kanons war umstritten. Noch mehr gingen später die Meinungen über das Alter und die Art der Entstehung auseinander, und viele textliche, literarkritische und geschichtliche Fragen sind bis heute ungelöst. In G und V zählt Daniel zu den großen Propheten und folgt auf Ezechiel, wie es dem Inhalt des Buches teilweise wenigstens entspricht; in M wird es zu den „Schriften" gerechnet, die nach Art und Inhalt unter sich ja sehr verschieden sind, vielleicht weil Gesetz und Propheten schon abgeschlossen waren, als man Daniel in den jüdischen Kanon aufnahm. Prophetisch ist das Buch tatsächlich nur in seinem zweiten Teil, der sich in Träumen, Visionen und Offenbarungen ausschließlich mit der Zukunft befaßt 7-12. Aber auch dieser zweite Teil unterscheidet sich ganz wesentlich von den Redesammlungen der großen und kleinen Propheten vor und nach dem Exil. Bei jenen gilt die prophetische Sorge doch in erster Linie der Gegenwart, bei Daniel aber ganz der Zukunft. Das eigentlich Seelsorgerliche, das Bemühen, durch Mahnung und Drohung, durch Buß- und Trostreden eine sittlich-religiöse Erneuerung unter den Zeit- und Volksgenossen zu bewirken, das Gewissen zu schärfen und das Gottvertrauen zu stärken, fehlt bei ihm ganz. Statt dessen beherrschen die Visionen, die der Klärung der Zukunft dienen, alles, und sie übertreffen an Ausführlichkeit und Einläßlichkeit der Bilder und ihrer Erklärung alles Frühere. Bei den älteren Propheten waren Visionen selten und dienten der persönlichen Legitimierung (Berufungsvisionen Jes 1 Jer 1 Ez 1 f 10) oder der unmittelbaren prophetischen Verkündigung Am 7-9 Sach 1-7. Nunmehr ist die Prophetie aber zur Apokalyptik geworden, die nicht der Gegenwart, sondern der Zukunft sich zuwendet. Die vielen, teilweise überraschenden, nicht immer naturwirklichen Bilder, die selbst wieder der Erklärung, bedeutsamerweise durch einen Engel, bedürfen, die genauen Zahlen, der weite weltgeschichtliche Horizont, die umständliche Ausmalung der Einzelheiten machen das Buch bereits zur Musterapokalypse, wie man es genannt hat. Auch die im ersten Teil berichteten Episoden stehen zur prophetischen Gegenwartsaufgabe im früheren Sinne in keiner oder nur ganz loser Beziehung; sie haben ihren eigenen Zweck. Trotzdem ist ihr Inhalt teilweise apokalyptisch, indem es sich um Träume 2 4 und Wunderzeichen 5 sowie deren Auslegung handelt.

Daniel ist also kein rein biographisches oder geschichtliches, sondern ein apokalyptisches Buch, bei dem die Zukunft, nicht die Vergangenheit im Vordergrunde steht. Nicht Belehrung über die Vergangenheit für die Gegenwart, sondern der Blick in die Zukunft durch den apokalyptischen Spiegel ist sein vornehmstes Ziel. Ist der erste Teil samt dem Anhang „Midrasch mit historischem Hintergrund", so ist der zweite Teil eine „einigermaßen geschlossene Apokalypse" für sich. Diese literarische Art ist beim Urteil über die ungelösten geschichtlichen Schwierigkeiten in Betracht zu ziehen; als solche fallen besonders ins Auge: König Belsazar, Sohn des Nebukadnezar $5^{1f\,31}$, und Darius der Meder, Sohn des Xerxes, Vorgänger des Cyrus, Eroberer von Babylon $6^{1\,29}$ 9^{1} 10^{1} vgl unten zu den Stellen. Die Lösung kann nicht mit Gewalt, durch Annahme von Irrtümern oder willkürliche Textänderung, herbeigeführt, sondern muß sine ira ac studio versucht oder als vorläufig unmöglich in der Schwebe gelassen werden.

Die Theologie des Danielbuches ist verhältnismäßig einfach. Die beliebte messianische Ausdeutung des Buches, der man in der Vergangenheit oft übertrieben großes Gewicht beigelegt hat, begegnet freilich bei dem apokalyptischen Charakter der Darstellung und dem bekannten Mangel der prophetischen Perspektive erheblichen Schwierigkeiten und kann keineswegs das Maß von Sicherheit beanspruchen, das man von ihr wünscht oder ihr gar zuerkennt. Den ersten Teil und auch den Anhang durchziehen unaufdringlich zwei Gedanken: Grundsatzfeste opferbereite Frömmigkeit, treues Festhalten an überkommener Pflicht und Religion auch unter Gefahr des Martyriums bleibt nicht ohne Segen und hat Anwartschaft selbst auf wunderbare göttliche Hilfe 1 3 6 13 f. Jahwe ist die einzige Macht, mit der man wirklich zu rechnen hat. Er ist allen Heidengöttern überlegen 2 f 6 und duldet auch bei heidnischen Königen und Völkern nicht Hybris und freventliche Vermessenheit 4 f. So müssen die großen Weltreiche der Reihe nach stürzen, und über sie triumphiert ein mächtiges, ewiges Gottesreich 2 7-12, in dem die vorher leidenden und unterdrückten Frommen zu ihrem Recht und sogar zur Herrschaft gelangen vgl 7 12. Diese Aussicht verbindet den zweiten Teil leidlich mit dem ersten.

Die theologisch immerhin wichtigen Gedanken geben dem Buche überhaupt eine gewisse Einheitlichkeit und machen es verständlich, daß es als Einheit überliefert ist. Die Einheit hat aber kaum von Anfang an bestanden, vielmehr werden die einzelnen Teile älter sein als ihre Verbindung in der heutigen Form. Diese hat ihren Abschluß möglicherweise erst in der Makkabäerzeit gefunden; Stoff, Inhalt und auch Niederschrift gehören aber in der Hauptsache einer früheren Epoche an. Vermutlich existierten der erzählende 1-6 und der prophetische Abschnitt 7-12 und erst recht der jetzige Anhang 13 f eine Zeit lang getrennt jeder für sich. Aber auch diese Abschnitte selbst erscheinen wieder nur als Zusammenfassungen einzelner älterer Tatsachen- und Visionsberichte, die zunächst in mündlicher oder schriftlicher Form gesondert vorhanden waren. In Wirklichkeit tragen ja diese Berichte noch die Spuren ihres Sonderdaseins an sich; sie sind nur gelegentlich aufeinander abgestimmt und weisen allerlei textliche, stilistische und inhaltliche Unausgeglichenheiten auf, die sich anders schwer erklären lassen vgl 1 mit 2 5. Der Hergang wäre sonach dieser: Einzelberichte, dann Zusammenfassung in je einer erzählenden und einer prophetischen Sammlung, die später vereinigt und bald darauf durch den Anhang ergänzt wurden. Bemerkenswert ist dabei, daß die Datierungen des zweiten Teils nicht in gerader Folge an die des ersten Teiles anschließen, sondern sich überschneiden vgl 6: Darius, 7 f: wieder Belsazar. Um die Unebenheit zu beseitigen, ist darum im G-Text der Chester-Beatty-Papyri (vgl Seite 7) 5 f hinter 8^{27} gestellt. Nichts hindert aber anzunehmen, daß nicht nur Stoff und Inhalt, sondern auch die Fassung der Einzelberichte an die exilische Zeit heranreicht. Der Ich-Stil des zweiten

Teiles kann literargeschichtlich kaum etwas beweisen; wenn er nicht überhaupt bloß Form ist, bezieht er sich jedenfalls nur auf den Inhalt der Visionen, nicht auf ihre Niederschrift und noch weniger auf ihre Zusammenfassung im jetzigen Buch. Diese kann wohl in der Alexanderzeit, etwa um 300 — so Göttsberger — erfolgt sein, wobei allerdings für 7 bis 11 mit erläuternden Erweiterungen noch in der Makkabäerzeit gerechnet werden muß. So würde auch verständlich, daß die verbindenden geschichtlichen Angaben nicht immer so genau und klar sind, wie man sie von einem Zeitgenossen der Ereignisse erwarten würde. Wer Weissagungen nicht gelten läßt, kann wenigstens für den zweiten prophetischen Teil vormakkabäische Entstehung nicht annehmen und muß ihn als „makkabäische Pseudoprophetie" abtun. Immerhin ist wenigstens im ersten erzählenden Teil, wenn man etwa von dem aus anderem Zusammenhang übernommenen Gebet des Azarias vgl 3^{32} absieht, keine Spur von der gereizten Stimmung gegen die Fremdherrschaft zu bemerken, wie sie in der Makkabäerzeit gegen die Seleukiden bestand vgl etwa 4^{16}. Der Hinweis 1 Makk $2^{59\,f}$ auf die Jünglinge im Feuer und auf Daniel in der Löwengrube beweist für das Alter des Danielbuches zumal als Ganzes nichts. Umgekehrt ist auch das Fehlen des Namens im Preis der Väter Sir 44-50 als argumentem e silentio nicht entscheidend. Auch Esra fehlt ja dort aus unbekanntem Grunde; es kann sich wohl um Zufall handeln.

Die *Sprachform* ist ebenfalls für die Bestimmung des Alters nicht ausschlaggebend. Persische Worte, besonders für Beamtentitel, konnten schon in der Exilszeit übernommen werden; das Eindringen verhältnismäßig spät bezeugter griechischer Namen für Musikinstrumente 3^{5} möchte man aber lieber erst nach Alexander ansetzen. Das Hebräische zeigt Merkmale der Spätzeit wie etwa die Chronikbücher. Man weiß jedoch nicht, ob es die Originalsprache des Buches ist. Jedenfalls ist der Text 2^{4}-7^{28} nur *aramäisch* erhalten. Ob das auf Zufall beruht, oder ob das ganze Buch ursprünglich in der gleichen — aramäischen oder hebräischen — Sprache abgefaßt war und ein Teil der Originalfassung in Verlust geraten ist, steht nicht fest. Ein sachlicher Grund für den Wechsel ist nicht zu erkennen. Rückschlüsse aus dem Sprachcharakter des Aramäischen auf Zeit und Ort der Entstehung sind solange unsicher oder unzulässig, als die Entwicklung dieser Sprache trotz aller auf ihre Erforschung verwandter Mühe sich nicht besser übersehen läßt. Auch die dialektische Verschiedenheit zwischen Ost- und Westaramäisch ist für die in Betracht kommende Zeit noch zu wenig greifbar, als daß man die Heimat des Verfassers danach bestimmen könnte. Stoff und Inhalt des ersten Teiles weisen nach Babylonien, aber der prophetische Teil befaßt sich vorwiegend mit der Zukunft Palästinas.

Der Anhang 13 f sowie der Abschnitt $3^{24\text{-}90}$ sind nur *griechisch* überliefert und finden sich nicht in dem kürzeren Kanon der Juden; auch in modernen nichtkatholischen Ausgaben sind sie unter die Apokryphen verwiesen. Willkürliche Zusätze sind es jedoch nicht. Sie gehen trotz der griechischen Wortspiele $13^{54\,f\ 58\,f}$ auf ein semitisches Original zurück. Einen Verbindungstext geschichtlichen Inhalts wie das Stück $3^{46\text{-}50}$ muß auch die aramäische oder hebräische Fassung enthalten haben, und die beiden lyrischen Abschnitte, das Gebet des Azarias $3^{26\text{-}45}$ und der Lobgesang der Jünglinge $3^{52\text{-}90}$, sind aus semitischem Zusammenhang hier eingefügt, wohl schon bevor die alexandrinische Übersetzung (G) entstand.

Der *Septuaginta*-Text G zu Daniel einschließlich der nur mehr griechisch vorliegenden Teile ist lediglich in der Handschrift 88, dem sogenanten Codex Chisianus, erhalten, die aus dem elften Jahrhundert stammt und erst im siebzehnten Jahrhundert wieder auftauchte. Vor kurzem ließ sich nun etwa ein Drittel des alten griechischen Textes, 3^{72}-6^{18} 7^{1}-8^{27}, auch in den Chester-Beatty-Papyri (erste Hälfte des dritten Jahrhunderts) feststellen. Wohl wegen seiner starken Abweichungen vom hebräisch-aramäischen Original war der alte alexandrinische Text schon geraume Zeit vor Hieronymus durch die um 180 n. Chr. entstandene Bearbeitung des Theodotion aus dem kirchlichen Gebrauch verdrängt worden. Nach Theodotion hat auch Hieronymus, wie er selbst angibt, die griechischen Teile ins Lateinische V übersetzt.

Erzählungen und Berichte über die babylonische und persische Zeit

Die Wegführung

1 1 Im dritten Jahre der Regierung des Königs Jojaqim von Juda rückte
der König Nebukadnezar von Babylon vor Jerusalem und schloß es ein. 2 Da
gab ihm der Herr den König Jojaqim von Juda und einen Teil der Geräte
des Gotteshauses in die Hand. Er brachte sie in das Land Sin'ar [in das Haus
seines Gottes], und (zwar) brachte er die Geräte in das Schatzhaus seines
Gottes.

1 3-21 Daniel kommt an den Hof

Die Erziehung

3 Nun befahl der König dem Oberstkämmerer Aschpenaz, israelitische
Knaben von königlicher oder vornehmer Abstammung zu holen, 4 die ganz
ohne Fehler, von gutem Aussehen, begabt für jegliches Wissen, kenntnis-
reich und verständig seien und die Fähigkeit besäßen, in den königlichen

1 1 Über Jojaqim vgl 4 Kg 23 36-24 7 dazu Jer 22 13-19. Der Vorgang erscheint in das Jahr 605 versetzt. Bei dieser Zählung bliebe allerdings nach babylonischer Sitte das Jahr des Regierungsantritts Jojaqims außer Betracht im Gegensatz zu Jer 25 1; dort wird erst das vierte Jahr Jojaqims dem ersten Jahr Nebukadnezars gleichgesetzt. Der damals weggeführte Jojaqim vgl 2 Chr 36 6 f müßte bald wieder auf seinen Thron zurückgekehrt sein, wenn er nach dreijähriger erzwungener, aber doch nach außen loyaler Unterordnung unter die babylonische Herrschaft, etwa im Jahre 602, schon wieder den Versuch wagen konnte, dieses Joch abzuschütteln 2 Kg 24 1, wofür er sich eine babylonische Strafexpedition auf den Hals zog. Die überlieferten Angaben gestatten freilich keine volle Klärung des Sachverhalts vgl 2 1.

2 Sin'ar Gen 10 10, nach Sach 5 11 das Land der Sünde, hier altertümlich für Zweistromland oder Babylonien, jedenfalls sprachlich nicht gleich Sumer. Die heiligen Geräte, die in der Folge noch eine verhängnisvolle Rolle spielen sollten 5 2 f, werden zunächst, wie sonst wertvolle Beutestücke 1 Sm 21 10 2 Sm 8 10-12, als Weihgeschenke oder zur sicheren Aufbewahrung einem babylonischen Tempel übergeben.

3-5 Die Ausbildung vornehmer wohlgestalteter, begabter, anstelliger und bereits kenntnisreicher Knaben oder Jünglinge für den Hof- und Pagendienst geschah nicht aus Altruismus, sondern aus höchst eigennützigen politischen Gründen vgl Jes 39 7. Die bisher in ihrem Volke einflußreichen Familien der dazu Ausgewählten sollten so gewonnen und diese selbst später als willfährige Kreaturen in der Hand des Eroberers gegen ihre eigenen Volksgenossen gebraucht werden. Für den Dienst am fremden Hofe kommt darum nur die physische und geistige Auslese der Weggeführten in Betracht. „Vor dem König stehen" ist der gewöhnliche Ausdruck für den Hofdienst 5 19 1 Sm 16 22 u. ö. Die jungen Leute mußten zu den mitgebrachten Kenntnissen noch solche über babylonische Schrift, Sprache und „Literatur" erwerben und wohl überhaupt den für babylonische Hofbeamten üblichen Bildungsgang durchlaufen, der die Zeit vom Kindesalter bis zur Mannbarkeit beanspruchte. Da sie keine Kinder mehr waren, konnte ein dreijähriger Lehrgang genügen vgl zu 17. — Die Kaldäer, ungefähr seit dem zehnten Jahrhundert in Südbabylonien anzutreffen, waren die herrschende Schicht im neubabylonischen Reich Nabopolassars und Nebukadnezars, das etwa von 625 bis 538 bestand und nach ihnen auch Kaldäerreich benannt wurde. „Kaldäer" ist also im AT, auch Dan 3 8 48 5 30 9 1 Volksname. Die Bedeutung „Weise", Sternkundige" 2 2 4 u. ö. kam dafür vermutlich erst nach dem Untergang des babylonischen Rei-

Hofdienst zu treten; diese sollte er in Schrift und Sprache der Kaldäer
unterrichten lassen. 5 Der König wies ihnen ihre Tagesration von der könig-
lichen Kost und von dem Wein an, den er selber trank. Drei Jahre sollten
sie erzogen werden und dann in den königlichen Dienst treten. 6 Unter
ihnen war von den Judäern Daniel, Hananja, Mischael und Azarja. 7 Der
Oberstkämmerer gab ihnen (andere) Namen: [] den Daniel nannte er Belt-
sazar, den Hananja Sadrak, den Mischael Meschak, den Azarja Abed-nego.

Religiöse Grundsatztreue

8 Nun faßte Daniel den Entschluß, sich an der Kost des Königs und an
dem Wein, den er trank, nicht zu verunreinigen; so bat er den Oberst-
kämmerer, daß er sich nicht verunreinigen müsse. 9 Gott setzte Daniel in
Gunst und Gnade beim Oberstkämmerer. 10 Der Oberstkämmerer also sprach
zu Daniel: „Ich fürchte, daß der König, mein Herr, der Speise und Trank
für euch festgesetzt hat, euer Aussehen schlechter findet als das euerer
Altersgenossen, und daß ihr meinen Kopf beim König in Gefahr bringt".
11 Da sagte Daniel zum Hofmeister(?), den der Oberstkämmerer (als Erzieher)
für Daniel, Hananja, Mischael und Azarja bestellt hatte: 12 „Versuche es doch
zehn Tage lang mit deinen Knechten! Man gebe uns Gemüse zu essen und

1 7 [wajjāśæm] Doppelschreibung? vgl Übss.

11 ebenso 16, unsicher, ob Personen- oder Berufsname; Th umschreibt: Amel-sad(!), G bietet einen ganz anderen (Personen-)Namen.

ches auf, in dem diese „Kunst" in hoher Blüte stand vgl „Schweizer" als Volks- und Berufsname.

5 Verpflegung von der königlichen Tafel vgl Jer 52 33 f.

6 Zwischen Judäern und Israeliten 3 wird kein Unterschied gemacht.

7 Die wohl zwangsweise Namensänderung soll der neuen Stellung der Knaben Rechnung tragen vgl Gen 41 15 4 Kg 24 17. Bei der Wiedergabe sind die neuen Namen vermutlich absichlich entstellt, um die darin enthaltenen babylonischen Gottesnamen zu verwischen. Für wissenschaftliche Erklärungversuche fehlt darum der geeignete Anhaltspunkt. Von dem Namen für Daniel sind zudem handschriftlich verschiedene Formen überliefert, sie gehen aber alle wohl auf Bēl-šar- uṣur „Bel, schütze den König!" zurück vgl 4 5, nicht etwa auf balāṭ-su (šar)-uṣur „(o Gott,) schütze sein (des Königs) Leben!" Im Grunde ist der Name dann gleichlautend und gleichbedeutend mit dem Königsnamen Belsazar 5 1. Besser und genauer ist freilich die Umschrift in semitischen Buchstaben auf einer wohl für einen assyrischen Krieger des 7. Jahrhunderts bestimmten Statuette in Kairo: bl-sr-'sr. In der latinisierten Form Balthasar ist der Name unter Einwirkung der kirchlichen Überlieferung, die ihn einem der heiligen Drei Könige beilegt, noch heute im Gebrauch. Hinter Abed-Nego verbirgt sich wohl Ebed-Nebo „Diener des (Gottes) Nebo".

8 vgl 5. Unrein ist die Fremde überhaupt Hos 9 4 Am 7 19, daher auch alles, was aus ihr kommt. In den letzten Jahrhunderten vor Christus und darüber hinaus war die Einhaltung der Speisegesetze auch unter Fremden das unterscheidende Merkmal zwischen frommen und abtrünnigen Juden vgl Tob 1 10 f Jdt 10 5 2 Makk 5 27-7 40 Röm 14 2 f. Vielleicht waren die für die Hoftafel bestimmten Gerichte ähnlich dem Götzenopferfleisch einer heidnischen religiösen Zeremonie unterworfen 1 Kor 8 10 28. Hinter dem Wein, der an sich nicht verboten war, wird Daniel Libationswein vermutet haben, vgl jedoch zu 10 3.

10-16 Der Oberstkämmerer oder Hofmarschall ist ein wohlwollender, aber ängstlicher Mann, der die Verantwortung scheut und gleich für sein Amt oder Leben fürchtet. Er hat die Ausbildung der Knaben einem besonderen Hofmeister, der Melsar war oder hieß, anvertraut, und dieser wagt den zehntägigen Versuch mit der geringeren

Wasser zu trinken! 13 Dann mag unser Aussehen und das Aussehen der
Knaben, die von der Kost des Königs speisen, von dir geprüft werden, und
nach dem, was du dabei siehst, verfahre mit deinen Knechten!“ 14 Er will-
fahrte hierin ihrem Wunsche und versuchte es zehn Tage mit ihnen. 15 Nach
Verlauf der zehn Tage erschien ihr Aussehen günstiger, und sie waren besser
genährt als alle Knaben, die von der Kost des Königs speisten. 16 So ließ
nun der Hofmeister die ihnen zugedachte Kost und den Wein, den sie trin-
ken sollten, weg und setzte ihnen (nur) Gemüse vor.

Lohn der Frömmigkeit

17 Diesen vier Knaben nun gab Gott Einsicht und Verständnis für jeg-
liches Schrifttum und Wissen. Daniel verstand sich auch durchaus auf Ge-
sichte und Träume. 18 Nach Ablauf der Frist, die der König für ihre Vor-
stellung bestimmt hatte, stellte sie der Oberstkämmerer dem Nebukadnezar
vor. 19 Der König besprach sich mit ihnen, und unter allen fand sich nie-
mand wie Daniel, Hananja, Mischael und Azarja. Nun traten sie in den
königlichen Dienst. 20 Und in allen Dingen, (die) Einsicht und Weisheit (er-
forderten,) worüber er sie befragte, fand sie der König allen Zeichendeutern
und Wahrsagern in seinem ganzen Reiche zehnfach überlegen.
21 Daniel blieb bis zum ersten Jahre des Königs Cyrus *(im Hofdienst)*.

2 1-49 Daniel als prophetischer Traumdeuter

Die Unfähigkeit der Weisen

1 Im *zwölften* Jahre der Regierung Nebukadnezars hatte Nebukadnezar
Traumgesichte. Sein Geist geriet dadurch in Unruhe, und der Schlaf wurde

1 21 „am Hofe“ oder „im Hofdienst“ sinngemäß zu ergänzen vgl 2 49.

2 1 Ergänze ʿæśreh vgl Jos 24 12; M: „im zweiten“ kaum möglich mit Rücksicht auf 1 3 18 vgl zu 1 1.

Kost. Daß die Probe gelingt, bezweifelt Daniel von vornherein nicht.

17 Begabung und Wissen ist göttliche Gnade. Die in Babylonien, dem klassischen Land der Magie und Mantik, besonders geschätzte Kunst der Traumdeutung besaß Daniel gegenüber seinen Gefährten zusätzlich. Daß er sich darin auch den einheimischen Gelehrten überlegen zeigte, war in der Folge von entscheidender Wichtigkeit.

18-20 Der König nimmt am Schluß der Ausbildungszeit selbst die Prüfung ab. Das glänzende Ergebnis ist nicht ausschließliches Verdienst der Vier, es erscheint zugleich als göttliche Belohnung für die grundsatzfeste Frömmigkeit. Diese ist erfolgreicher als heidnische Rutine und Mantik. Das ist die Nutzanwendung aus der Erzählung.

21 Das erste Jahr der Herrschaft des Cyrus über Babylon 538, nicht seiner Regierung (seit 558) überhaupt. Auch so ist die Zeitbestimmung nicht exklusiv; nach 10 1 tritt Daniel auch noch später in die Öffentlichkeit vgl 6 29. Im übrigen mag die Unausgeglichenheit der Zeitangaben auch darin ihren Grund haben, daß das jetzige Danielbuch mehrere ursprünglich selbständige Darstellungen von Einzelepisoden in sich vereinigt vgl zu 2 25.

2 1 Träume spielen in der orientalischen Märchenliteratur eine große Rolle, deswegen ist aber nicht auch jeder biblische Traumbericht märchenhaft vgl Gen 37 41. Die dafür beigebrachten Parallelen sind teilweise viel jünger als das Danielbuch. Die Erzählung vom Traum Nebukadnezars mag einmal selbständig existiert haben. Im jetzigen Zusammenhang zeigt sie, daß der israelitische Gott durch seine Weisheit und Macht allen anderen überlegen ist. Alles menschliche Wissen versagt 1-11, er allein kennt fremde Gedanken und zukünftige Dinge und kann sie dem Menschen offenbaren.

ihm zuwider. 2 So ließ der König die Zeichendeuter, Wahrsager, Zauberer
und Kaldäer berufen; sie sollten dem König über seine Träume Aufschluß
geben. Sie kamen und traten vor den König. 3 Der König sprach zu ihnen:
„Ich hatte einen Traum, und mein Geist ist voll Unruhe, den Traum zu
verstehen." 4 Die Kaldäer erwiderten dem König: — aramäisch — „Ewig lebe,
o König! Erzähle den Traum deinen Knechten, daß wir die Deutung mit-
teilen!" 5 Doch der König antwortete den Kaldäern mit der Drohung: „Mein
Entschluß steht fest. Wenn ihr mir den Traum und seine Deutung nicht mit-
teilen könnt, werdet ihr in Stücke gehauen, und euere Häuser werden in
einen Schutthaufen verwandelt. 6 Wenn ihr aber den Traum und seine
Deutung angebt, sollt ihr Gaben, Geschenke und viele Ehre von mir
empfangen. Gebt mir also den Traum und seine Deutung an!" 7 Sie hoben
zum zweiten Mal an und baten: „Der König erzähle seinen Knechten den
Traum, daß wir die Deutung geben können!" 8 Doch der König versetzte:
„Ich weiß nun sicher, daß ihr nur Zeit gewinnen wollt, weil ihr sehet, daß
mein Entschluß feststeht. 9 Wenn ihr mir den Traum nicht mitteilt, gibt es
nur ein Urteil über euch: Ihr habt euch verabredet, mir eine verlogene,
schlechte Antwort zu geben, in der Erwartung, daß die Zeit sich ändert.
Erzählt mir also den Traum, damit ich gewiß bin, daß ihr mir auch seine

Der Ablauf der Geschichte erweist die göttliche Macht. Die Weltreiche entstehen und vergehen, Gott selbst errichtet dann ein weltumspannendes ewiges Reich, das keinem anderen zum Opfer fällt. Was dem Darsteller das wichtigere ist, die Überlegenheit des israeliti- Gottes oder die Aufklärung über die Zukunft, erscheint nebensächlich und ist schwer zu entscheiden. Die Aufspaltung des Ganzen in eine Rahmenerzählung von der überlegenen Weisheit Gottes [1-28] [46-49] und die eigentliche Apokalypse von dem Ablauf der Weltzeitalter [29-45] erscheint aber unbegründet. Für die Zeitgenossen des Verfassers oder auch für seine Leser war die Erzählung um so trostreicher, wenn sie bereits unter dem vierten Reiche lebten und den baldigen Anbruch des Gottesreiches erhoffen konnten. Daß der Darsteller in Nebukadnezar aber etwa Antiochus IV. sieht und erst im 2. Jahrhundert schreibt, ist deswegen kaum wahrscheinlich, weil der Nebukadnezar des Danielbuches von der religiösen Unduldsamkeit des Seleukiden keine Spur zeigt.

[2] „Kaldäer" hier nicht Volks-, sondern Berufsname vgl 1[4]. Ob es sich um vier verschiedene Gruppen von „Gelehrten" handelt, die [27] 4[4] 5[11] in ähnlicher Weise aufgezählt werden, oder um vier Bezeichnungen derselben Klasse, wobei mit „Kaldäer" etwa alle zusammenfaßt werden vgl [4], ist nicht ganz klar.

[4] „Aramäisch" ist wohl Zusatz; er bedeutet nicht, daß die Gelehrten dem König aramäisch geantwortet hätten, denn auch der folgende erzählende Teil des Textes bis 7[28] ist ja aramäisch s. die Vorbemerkung. Im Zweistromlande war das Aramäische wohl im diplomatischen und Handelsverkehr, aber kaum als Umgangssprache schon vor dem Exil im Gebrauch Jes 36[11]. Grußformel bei der Audienz auch 3[9] u. ö. vgl 3 Kg 1[31] Neh 2[3].

[5] Der despotische König verlangt Menschenunmögliches von den „Gelehrten", vermutlich weil sie sich auf ihr göttliches Wissen zu berufen pflegten. Darum erzählt er ihnen den Traum, den er keineswegs vergessen hat, absichtlich nicht, um ihre magische und mantische Kunst auf die Probe zu stellen [9]. Die angedrohten drastischen Strafen sind für morgenländische Begriffe nicht ganz unerhört 3[96] ([29]) 4 Kg 10[18-27] 2 Makk 1[16].

[8 f] Nebukadnezar folgert: Wenn das Wissen der Leute nicht hinreicht, um den Traum zu erraten, ist auch ihre Auslegung nicht zuverlässig und nicht göttlicher Herkunft. Darum will er ihnen zu Betrugs- und Täuschungsversuchen nicht Zeit lassen und fordert sofortige Antwort. Dem Daniel dagegen hat er später, wie es scheint, Frist gewährt [16-24], wohl weil dieser sich sogleich zu beidem, zur Mitteilung des Traumes und zur Deutung, bereit erklärte.

Deutung geben könnt!" 10 Da sagten die Kaldäer dem König als Antwort:
„Es gibt niemand auf Erden, der mitteilen könnte, was der König verlangt.
Denn kein (noch so) großer und mächtiger König hat je ein solches Ver-
langen an einen Zeichendeuter, Wahrsager oder Kaldäer gestellt. 11 Was
der König verlangt, ist schwer, und es gibt niemand sonst, der so etwas
dem König mitteilen könnte, außer den Göttern, die aber nicht unter den
sterblichen Menschen weilen." 12 Darüber ergrimmte der König, und in
großem Zorn verordnete er, alle Weisen Babels umzubringen.

Daniel als Retter gegen den Blutbefehl

13 Als nun der Befehl erging, die Weisen zu töten, wollte man auch Daniel
und seine Gefährten töten. 14 Da besprach sich Daniel klug und verständig
mit Ariok, dem Obersten der königlichen Leibwache, der ausrückte, die
Weisen Babels zu töten. 15 Er wandte sich an Ariok, den königlichen Bevoll-
mächtigten, mit der Frage: „Weshalb dieser scharfe Befehl vom König?"
Da setzte Ariok dem Daniel die Sache auseinander. 16 Nun ging Daniel hin
und bat den König, ihm Frist zu gewähren, um dem König die Deutung
geben zu können. 17 Darauf eilte Daniel nach Hause und setzte seine Ge-
fährten Hananja, Mischael und Azarja von der Sache in Kenntnis; 18 sie
sollten Erbarmen vom Gott des Himmels erflehen wegen dieses Geheim-
nisses, damit man nicht auch Daniel und seine Gefährten mit den übrigen
Weisen Babels umbringe. 19 Nun wurde Daniel in einem Nachtgesicht das
Geheimnis geoffenbart. Da pries Daniel den Gott des Himmels.

Dankgebet

20 Daniel hob an und sprach:
„Gepriesen sei Gottes Name von Ewigkeit zu Ewigkeit!
Denn Weisheit und Kraft ist ihm eigen.
21 Er bewirkt den Wechsel der Zeiten und Fristen,
er setzt Könige ab und setzt Könige ein.
Er verleiht die Weisheit den Weisen
und das Wissen den Einsichtigen.

10 f Die an sich zutreffende Entschuldigung gegenüber dem drohenden König verfängt nicht im Munde von Leuten, die berufsmäßig mit angeblich außerordentlichem übermenschlichem Wissen arbeiten.

13-15 In der öffentlichen Meinung wurde Daniel mit seinen Gefährten nach ihrer Vorbildung 1 17-20 auch zu den „Weisen" gerechnet. Aber anders als diese begegnet er der Gefahr mit Klugheit, Umsicht und Frömmigkeit. Zunächst erreicht er den Aufschub der Urteilsvollstreckung vgl 24.

16-24 a ist ein erklärender, wohl erst durch den Sammler mit der älteren Erzählung verbundener Abschnitt für sich, in dem, besonders durch den Dankhymnus, der Erfolg Daniels schon vorausgenommen wird. 24 b könnte gut an 15 anschließen. Aus der nachträglichen Einfügung in den jetzigen Zusammenhang erklären sich Härten des Stils und des Ausdrucks: Nach 25 f scheint der König von dem Anerbieten Daniels 16 noch nichts zu wissen, ja trotz 1 18 f den Mann noch nicht einmal zu kennen. Bemerkenswerterweise werden in diesem Abschnitt auch die Gefährten Daniels mit ihrem hebräischen 17, in 49 dagegen mit ihrem babylonischen Namen angeführt.

18 „Gott des Himmels" in Dan beliebte Umschreibung des israelitischen Gottesnamens.

20-23 Offenbarung und Weltregierung ist Sache Gottes. Der Dankhymnus ist

22 Er enthüllt das Tiefe und Verborgene
und er kennt, was im Dunkeln ist.
Das Licht wohnt bei ihm.
23 Dich, Gott meiner Väter, lobe und rühme ich.
Denn Weisheit und Kraft verliehest du mir.
Nun tatst du mir kund, um was wir dich baten;
die Sache des Königs tatst du uns kund.“

Daniel vor dem König

24 Infolgedessen begab sich Daniel zu Ariok, den der König bestellt hatte,
die Weisen Babels umzubringen, [er ging] und sprach also zu ihm: „Die
Weisen Babels bringe nicht um! Laß mich vor den König treten! Ich will
dem König die Deutung geben.“ 25 Da führte Ariok den Daniel eiligst vor
den König und sprach also zu ihm: „Ich habe einen Mann unter den jüdi-
schen Weggeführten gefunden, der dem König die Deutung mitteilen will.“
26 Der König hob an und sprach zu Daniel, der den Namen Beltsazar führte:
„Bist du (wirklich) imstande, mir den Traum, den ich gehabt habe, und
seine Deutung mitzuteilen?“ 27 Daniel gab dem König zur Antwort: „Das
Geheimnis, nach dem der König fragt, können Weise, Wahrsager, Zeichen-
deuter und Sternkundige dem König nicht mitteilen. 28 Aber es ist ein Gott
im Himmel, der Geheimnisse offenbart und den König Nebukadnezar wissen
läßt, was am Ende der Tage geschehen wird. Der Traum mit den Gesichten
deines Hauptes auf deinem Lager ist dieser:

Inhalt des Traumes

29 Dir, o König, stiegen auf deinem Lager Gedanken darüber auf, was
künftig geschehen wird. Der die Geheimnisse offenbart, läßt dich wissen,
was sein wird. 30 Mir ist nicht durch Weisheit, die ich etwa in höherem
Maße als alle Lebenden besäße, dieses Geheimnis (klar, es ist mir nur)
geoffenbart, daß man dem König die Deutung mitteile, und du die Gedanken
deines Herzens verstehest. 31 Du, o König, schautest: Da stand ein mächtiges
Bild vor dir; dieses Bild war groß, sein Glanz war gewaltig, und sein Aus-
sehen war furchtbar. 32 An diesem Bild war der Kopf von gutem Gold, Brust

2 24 [ ] fehlt in Übss.

also nicht allgemein gehalten, er nimmt vielmehr auf Inhalt und Auslegung des Traumes, die erst folgt, Bezug.

23 Die Gefährten Daniels haben durch ihr Gebet an seiner Sache und an seinem Erfolg Anteil, wie sie auch von der gleichen Gefahr bedroht waren 13 17 36.

28 Der Traum bezieht sich auf die Zukunft überhaupt, auch auf die nähere vgl 29 45: „nach diesem“ im Sinne von „künftig“. Sonst bedeutet „am Ende der Tage“ meist die ferne, messianische oder endzeitliche, Zukunft Gen 49 1 Num 24 14 Jes 2 2 Jer 30 24.

30 Daß göttliches Wissen erforderlich ist, um die Frage des Königs zu beantworten, darin stimmt Daniel mit den babylonischen Weisen überein. Aber jenen bleibt es unerreichbar, ihm ist es für diesen Fall zugunsten des Königs durch göttliche Offenbarung zuteil geworden vgl 27 f.

31 Das menschengestaltige Bild stand am Fuße eines Berges 34 45.

32 Die Reihenfolge der Metalle entspricht ihrer Kostbarkeit oder Haltbarkeit in absteigender Linie (Antiklimax). Daß eine ältere von der Beziehung auf bestimmte Reiche noch absehende Tradition dafür maßgebend sei, ist ganz unsicher.

und Arme waren von Silber, Bauch und Lenden waren von Erz, 33 die
Schenkel waren von Eisen, die Füße waren teils von Eisen, teils von Ton.
34 Du schautest, bis sich ein Stein *(vom Berge)* ohne Zutun von Händen löste,
das Bild an seinen Füßen aus Eisen und Ton traf und sie zermalmte. 35 Da
zerstoben zumal Eisen, Ton, Erz, Silber und Gold, sie flogen wie die Spreu
von den Tennen im Sommer, der Wind trug sie weg, und keine Spur mehr
fand sich von ihnen. Der Stein aber, der das Bild getroffen hatte, wurde
zum großen Berg und füllte alles Land.

Die Auslegung

36 Dies ist der Traum, nun wollen wir seine Deutung dem König vor-
tragen. 37 Du, o König, König der Könige, dem der Gott des Himmels
Königtum, Macht, Stärke und Ehre verliehen, 38 dem er die Menschen all-
überall, wo sie wohnen, die Tiere des Feldes und die Vögel in der Luft in
die Hand gegeben, den er zum Herrscher über sie alle gemacht hat, du bist
das Haupt von Gold. 39 Nach dir wird ein anderes Reich, schwächer als das
deinige erstehen, und weiter ein drittes Reich von Erz, das die ganze Erde
beherrscht. 40 Ein viertes Reich wird stark sein wie Eisen, wie ja das Eisen
alles zermalmt und zerschlägt; und wie das Eisen, das zerschmettert, wird
es alle jene zermalmen und zerschmettern. 41 Daß du die Füße und Zehen
teils aus Töpferton, teils aus Eisen (bestehen) sahst, (bedeutet:) das Reich
wird geteilt sein, wird aber etwas von der Festigkeit des Eisens an sich
haben, wie du ja sahst, daß das Eisen mit Tonerde gemischt war. 42 Daß die
Zehen der Füße teils aus Eisen, teils aus Ton waren, (bedeutet:) von dem
Reich wird ein Teil stark und ein Teil gebrechlich sein. 43 Daß du das Eisen
mit Tonerde gemischt sahst, (bedeutet:) sie werden sich durch Heiraten ver-
binden, aber sie werden doch nicht miteinander zusammenhalten, so wie
eben Eisen sich mit Ton nicht verbindet. 44 In den Tagen jener Könige er-

2 34 Mit G Th nach 45 zu ergänzen.

41-43 Inhaltlich und stilistisch unausgeglichen; vielleicht ist der Schluß von 41 und ganz 42 (entbehrliche) Variante.

36 „Wir" vgl zu 23.

38 Überschwängliche Umschreibung der königlichen Macht.

40 Beim Eisen ist die Stärke und Haltbarkeit, bei den anderen Metallen der Wert der Vergleichspunkt.

41-43 Die Zehen sind nur in der Auslegung, nicht in dem darstellenden Bericht über den Traum selbst erwähnt. Das hat wohl nur stilistische Bedeutung und beruht nicht auf gedanklicher Erweiterung. Dagegen führt „Mischung von Ton und Eisen" auch gedanklich über die Darstellung des Traumes „teils von Eisen, „teils von Ton" 33 hinaus; damit soll nicht nur der Mangel, sondern geradezu die Unmöglichkeit des inneren Zusammenhangs des Reiches angedeutet werden. Es wird offenbar auf die politischen Heiraten zwischen Seleukiden und Ptolemäern angespielt vgl 11 6 17. Das sich teilende Reich ist das Alexanderreich mit den Diadochenstaaten. Das erste ist das neubabylonische Reich Nebukadnezars, in dem zweiten und dritten sehen die Erklärer gewöhnlich das medische und persische Reich. In 8 3 7-20 erscheint Medien-Persien allerdings als Einheit, versinnbildet durch den Widder mit den zwei ungleichen Hörnern. Trotzdem ist die angegebene Erklärung immer noch die wahrscheinlichste. Die Beziehung auf bestimmte Herrscher, etwa Nebukadnezar, Nabonid, Belsazar, Cyrus, statt auf bestimmte Reiche ist noch schwieriger vgl zu 7-9.

44 f Am Ende der weltgeschichtlichen Entwicklung steht das von Gott selbst begründete messianische Reich, dem alle anderen weichen müssen. Es selbst ver-

richtet der Gott des Himmels ein Reich, das in Ewigkeit nicht zerstört wird.
Dieses Reich wird keinem anderen Volke überlassen; es zermalmt und be-
seitigt alle jene Reiche, selbst aber besteht es ewig, 45 wie du ja sahest, daß
sich ohne Zutun von Händen ein Stein vom Berge löste und Eisen und Erz
und Ton und Silber und Gold zermalmte. Der große Gott läßt den König
wissen, was künftig sein wird. Der Traum ist wahr und seine Deutung zu-
verlässig."

Die Wirkung auf den König und für Daniel

46 Da fiel der König Nebukadnezar auf sein Angesicht, warf sich vor
Daniel nieder und befahl, ihm Speise- und Rauchopfer darzubringen. 47 Der
König hob an und sprach zu Daniel: „Euer Gott ist wirklich der Gott der
Götter und der Herr der Könige, der ‚die Geheimnisse offenbart'! So konn-
test du dieses Geheimnis enthüllen." 48 Dann erhob der König den Daniel zu
hohem Rang; er gab ihm viele große Geschenke und wollte ihn zum Gebieter
der ganzen Provinz Babel und zum obersten Vorstand aller Weisen Babels
bestellen. 49 Doch Daniel bat den König, er möge die Verwaltung der Pro-
vinz Babel dem Sadrak, Meschak und Abed-Nego übertragen. Daniel blieb
am Königshof.

3 1-97 [30] Daniels Gefährten im glühenden Ofen

Die goldene Bildsäule

1 Der König Nebukadnezar ließ ein goldenes Bild machen, sechzig Ellen
hoch und sechs Ellen breit; dies ließ er in der Ebene Dura in der Provinz

liert seine Macht an kein anderes Volk; es ist vielmehr ewig und umfaßt die ganze Welt, wie im Traum selbst angedeutet 35, wenn auch in der Erklärung nicht mehr ausdrücklich betont wird, vgl auch 7 13 f 27, ferner 3 100 (33) 4 31.

46 f Das Altertum beurteilt die Gottheit nach ihrer Leistung. Dementsprechend schließt der König von der Wirkung auf die Ursache und will darum Daniel göttliche Ehren erweisen vgl Apg 14 10-17. Daß Daniel sie zurückweist, wird als selbstverständlich nicht erwähnt. Mit der Anerkennung des israelitischen Gottes gibt natürlich Nebukadnezar seine eigenen Gottheiten nicht auf vgl 3 96 100 4 6 31 f 34 14 41.

48 f Belohnung war versprochen 6; zum Verdienst der Gefährten vgl 17. Die Verwalter der Landschaft Babel, wohl ausschließlich der Hauptstadt, waren durch ihre Dienstgeschäfte und vielleicht auch durch ihren Amtssitz vom Hofe ferngehalten. In Kap. 3 erscheint David von seinen Gefährten getrennt. Diese erhalten das ihm zugedachte Amt also entweder an seiner Stelle oder versehen es unter ihm als seine Gehilfen.

3 1 Die Erzählung veranschaulicht Pflicht und Segen religiöser Grundsatztreue und Charakterstärke, die selbst dem Tode trotzen muß, aber auf wunderbaren göttlichen Schutz rechnen kann (vgl Kap. 1 2 6, dazu 1 Makk 2 59 f). Gottesgesetz geht dem Frommen über Königsgesetz. Von Daniel ist hier nicht die Rede, vielleicht weil er nach Amt und Stellung nicht wie seine Gefährten 2 49 zu den allein vorgeladenen Provinzialbeamten gehört. Immerhin sind doch auch die Minister oder Räte des Königs bei dem religiösen Staatsakt zugegen 91 94 (24 27). Der Anlaß zur Feier wird nicht angegeben. Der Zusatz in G Th „im achtzehnten Jahre des Nebukadnezar" könnte als Hinweis auf eine Siegesfeier nach der Zerstörung Jerusalems 586 gedacht sein. Möglich wäre auch die Einführung eines neuen Kultes, doch darüber wissen wir nichts. Das ist aber kein Grund, die Erzählung unter Preisgabe allen geschichtlichen Wertes nur als „Verkörperung von Sentenzen" oder als „geschichtliche Illustration" zu Jes 43 2 oder Ps 66 12 gelten zu lassen, wonach Feuer (und Wasser) als Bild höchster

Babel aufstellen. 2 Dann sandte der König Nebukadnezar hin, um die
Satrapen, Präfekten, Statthalter, Kommandanten, Schatzmeister, Richter,
Räte und alle Beamten der Provinzen zu versammeln; sie sollten zur Ein-
weihung des Bildes erscheinen, das der König Nebukadnezar hatte aufstellen
lassen. 3 Da versammelten sich die Satrapen, Präfekten, Statthalter, Kom-
mandanten, Schatzmeister, Richter, Räte und alle Beamten der Provinzen
zur Einweihung des Bildes, das der König Nebukadnezar hatte errichten
lassen, und stellten sich dem Bilde gegenüber auf[, das Nebukadnezar hatte
errichten lassen]. 4 Nun rief der Herold mit mächtiger (Stimme): „Völker,
Stämme, Zungen! Es wird euch befohlen: 5 Wenn ihr Horn, Flöte, Zither,
Harfe, Psalter, Sackpfeife und jegliche Art von Instrument ertönen hört, so
fallet nieder und betet das goldene Bild an, das der König Nebukadnezar
hat errichten lassen. 6 Wer nicht niederfällt und es anbetet, wird zur Stunde
in den glühenden Ofen geworfen. 7 Sobald dann alle Völker Horn, Flöte,
Zither, Harfe, Psalter*(, Sackpfeife)* und jegliche Art von Instrument ertönen
hörten, fielen daher augenblicklich alle Völker, Stämme und Zungen nieder
und beteten das goldene Bild an, das der König Nebukadnezar hatte errich-
ten lassen.

Anklage und Verhör

8 [Darum] zur Stunde traten kaldäische Männer herzu und erstatteten
Anzeige gegen die Juden. 9 Sie hoben an und sprachen zum König Nebukad-
nezar: „Ewig lebe, o König! 10 Du, o König, hast doch Befehl gegeben, daß
jeder, der Horn, Flöte, Zither, Harfe, Psalter, Sackpfeife und jegliche Art

3 3 [ ] fehlt in Th.
7 Ergänzt nach 5 10 15.
8 [ ] Doppelschreibung nach 7.

Gefahr erscheint, aus der Gott befreien kann vgl Hebr 11 34 und die Darstellungen der altchristlichen Kunst. Zur Strafe des Feuertodes in Babylonien vgl Jer 29 22, Gesetz des Hammurabi § 25 110, 157, im alten Israel Gen 38 24 Lev 20 14 21 9 Jos 7 15 25. Die Kolossalstatute vgl 2 31-33 war wohl ein Gottesbild 12 14 18 14 3-7 22, von dem nur der Überzug aus Gold, der Kern aber aus Holz oder Ton war vgl 14 7 Jer 10 3 f. Das Größenverhältnis, 30 zu 3 Meter, ist nach dem Sexagesimalssystem in runder Zahl angegeben. Die Frage nach der statischen Möglichkeit der Proportion, bei Menschen nur 5:1, ist also müssig. Es könnte sich auch um eine Stele oder einen Obelisken als Gottesemblem handeln. Dura kaum fingiert, wenn auch als geographischer Name aus dieser Zeit noch nicht bekannt.

2 f vgl 94 (27). Die Übersetzung der Beamtentitel ist teilweise unsicher.

4 Die Volkszugehörigkeit der Untertanen des babylonischen und vielleicht noch mehr des persischen Reiches und ihrer Beamten bot das Bild bunter Vielgestaltigkeit.

5 vgl 10 15. Die teilweise erst spät, seit Plato bzw. Aristoteles, vorkommenden griechischen Namen für Zither, Psalter und Sackpfeife sind bei Bestimmung der Zeit, in der die Erzählung ihre jetzige Form erhalten hat, zu berücksichtigen.

6 Der Ofen mit einer Öffnung oben, zu der man hinaufsteigt 22, und einer an der Seite, durch die man hineinschaut 48 93 (26), vgl 46 G, ist vermutlich ein gewerblichen Zwecken dienender großer Ziegelbrennofen oder auch ein Schmelzofen, weniger wahrscheinlich ein für den Strafvollzug eigens erbauter Backofen von gewöhnlicher Form, aber außerordentlicher Größe.

8 Die Denunzianten (wörtlich „die das Fleisch der Juden fressen" auch 6 25) sind Leute kaldäischer Volkszugehörigkeit oder auch heidnische „Weise" 1 4.

von Instrument ertönen hört, niederfallen und das goldene Bild anbeten
soll; 11 wer aber nicht niederfällt und es anbetet, soll in den glühenden
Ofen geworfen werden. 12 Da sind nun jüdische Männer, die du mit der
Verwaltung der Provinz Babel betraut hast, Sadrak, Meschak und Abed-
Nego; diese Männer achten nicht auf deinen Befehl, o König: Deinen Gott
verehren sie nicht, und das goldene Bild, das du errichtet hast, beten sie
nicht an".

13 Da befahl Nebukadnezar in grimmigem Zorn, Sadrak, Meschak und
Abed-Nego vorzuführen. Man brachte also die Männer vor den König.
14 Nebukadnezar hob an und sprach zu ihnen: „Ist es wahr, Sadrak, Meschak
und Abed-Nego: Meinen Gott verehrt ihr nicht, und das goldene Bild, das
ich errichtet habe, betet ihr nicht an? 15 Nun, wenn ihr bereit seid, sobald
ihr Horn, Flöte, Zither, Harfe, Psalter, Sackpfeife und jegliche Art von
Instrument ertönen hört, niederzufallen und das Bild anzubeten, das ich
machen ließ, (ist es gut); wenn ihr es aber nicht anbetet, werdet ihr zur
Stunde in den glühenden Ofen geworfen, und wer ist der Gott, der euch aus
meiner Hand befreit?" 16 Sadrak, Meschak und Abed-Nego gaben dem König
Nebukadnezar zur Antwort: „Wir brauchen dir darauf kein Wort zu er-
widern. 17 Wenn unser Gott, den wir verehren, dazu imstande ist, uns zu
befreien, wird er uns aus dem glühenden Ofen und aus deiner Hand, o König,
befreien. 18 Wenn aber auch nicht, so sei dir, o König, zu wissen, daß wir
deinen Gott nicht verehren und das goldene Bild, das du errichtet hast,
nicht anbeten werden."

Urteil und Vollzug

19 Da wurde Nebukadnezar gegen Sadrak, Meschak und Abed-Nego von
Zorn erfüllt, daß sich seine Gesichtszüge entstellten, und er befahl, den
Ofen siebenmal stärker zu heizen als es sonst üblich war. 20 Und Männern,
starken Männern aus seinem Heer, gebot er, Sadrak, Meschak und Abed-
Nego zu binden und in den glühenden Ofen zu werfen. 21 Nun wurden jene
Männer mit ihren Mänteln, Mützen(?), Hüten und sonstigen Kleidern ge-

12 Der Ungehorsam gegen den König, im Sinne der Ankläger ohnehin eine Majestätsbeleidigung, ist bei königlichen Beamten besonders herausfordernd.

13-18 Trotz des klaren Sachverhalts werden die Angeklagten doch erst verhört und erhalten die Möglichkeit, durch Sinnesänderung die drohende Strafe abzuwenden. Immerhin aber verweist der König auf seine Macht neben ihrer Ohnmacht.

15 Satzellipse. Die Überlegenheit des israelitischen Gottes erkannte Nebukadnezar bereits 2 47 an. Daß er nun jeder Gottheit ohne Ausnahme die Fähigkeit zu retten abspricht, ist formelhafte Redewendung vgl 4 Kg 19 10-12 Jes 37 10-12 oder stilistische Unebenheit, die bei der Vereinigung der ursprünglich selbständigen Erzählung mit Dan nicht ausgeglichen wurde.

16-18 Mit religiösen Grundsätzen läßt sich nicht handeln. Für die religiöse Haltung ist Gottes Wille und für den Erfolg Gottes Macht entscheidend. Eine Diskussion darüber ist unfruchtbar. Der negative Fall, daß die Rettung unterbleibt, gilt vom Standpunkt des Königs aus, die Angeklagten selbst rechnen nicht damit vgl 1 13. Sie würden aber auch den Martertod einer Pflichtverletzung und Preisgabe ihrer Grundsätze vorziehen vgl Apg 5 29.

19-21 Der überhitzte Ofen, die Kleider am Leibe, deren Art und Form nicht sicher zu bestimmen ist, und die Fesseln vgl 94 (27) lassen das Wunder der Rettung um so größer erscheinen. Sonst

bunden und in den glühenden Ofen geworfen. 22 Weil aber der Befehl des
Königs so streng und der Ofen so gewaltig geheizt war, töteten die Feuer-
flammen jene Männer, welche Sadrak, Meschak und Abed-Nego (zum Ofen-
schlund) hinaufhoben. 23 Jene drei Männer also, Sadrak, Meschak und Abed-
Nego, fielen gebunden in den glühenden Ofen.

24 Sie gingen inmitten der Flammen hin und her, lobten Gott und priesen den Herrn.

Gebet des Azarias

25 Azarjas stand da und betete also, er öffnete den Mund und sprach mitten im Feuer:

26 Gepriesen bist du, Herr, Gott unserer Väter,
gelobt und verherrlicht ist dein Name in Ewigkeit.

3 24 f Hieronymus bemerkt in V am Anfange und Schluß des Abschnittes 24-90, daß er ihn hebräisch nicht vorgefunden und daher (aus dem Griechischen) nach Th übertragen habe. Der alexandrinische Text (G, nur in 88, Codex Chisianus, erhalten) weicht hier von Th nicht wesentlich ab, ausgenommen 24 f 46, wo Th besser und kürzer ist. Danach ist 24 f oben übersetzt, während G umständlicher lautet: 24 „So nun beteten Ananias, Azarias und Misael (beachte die gräzisierte Form der Namen!) und lobten Gott, als der König anordnete, sie in den Ofen zu werfen. 25 Azarias stand da und betete also, er öffnete den Mund und dankte dem Herrn zugleich mit seinen Gefährten mitten im Feuer des von den Kaldäern gewaltig geheizten Ofens. Sie sprachen ..."

wurden den Verurteilten die Kleider genommen Ps 22 17 Mt 27 35.

22 Die Flammen schlugen zur oberen Öffnung heraus, durch die man die Opfer hineinwarf 6 47 f.

24-90 Der nur griechisch erhaltene Abschnitt (s. oben die Textanmerkung) fügt sich stilistisch nicht ganz glatt ein. Trotzdem muß auch zu M ursprünglich ein längerer oder kürzerer Bericht über das Verhalten und Ergehen der Drei im Feuer gehört haben vgl 46-50 mit 92 (25). Jedenfalls schließt 91 (24) nicht nahtlos an 23 an. Aber auch dem überlieferten griechischen Text liegt ein semitisches (hebräisches oder aramäisches) Original zugrunde, und man hat sogar durch Rückübersetzung ins Hebräische die Probe auf das Exempel versucht. Jedoch in der noch durchschimmernden Form war auch das semitische Original nicht von Haus aus ein Bestandteil des Danielbuches. Es ist zu beachten, daß in diesem Abschnitt die Drei im Feuer mit ihren hebräischen, wenn auch gräzisierten, nicht mit ihren babylonischen Namen wie im umgebenden Text, und noch dazu in anderer Reihenfolge aufgeführt werden. Zudem ist der Abschnitt selbst keine Einheit, er setzt sich vielmehr deutlich aus drei Teilen zusammen. Das Gebet des Azarias 26-45 verbindet ein erzählender Bericht 46-51 nur ganz äußerlich mit dem Lobgesang der Drei im Feuer 52-90. Die beiden lyrischen Teile, „Gebet" und „Lobgesang" sind nach dem Inhalt in sich geschlossene Einheiten und existierten, etwa als Formular für Volksklage (Bußgebet) bzw. Hymnus, ursprünglich selbständig, oder sie standen in anderem Zusammenhang. Der Lage der Drei im Feuer sind sie nur leicht angepaßt, soweit sie überhaupt auf sie Bezug nehmen. Wenn die beiden Lieder, wie man annimmt, nicht einmal gleichzeitig, sondern zu verschiedenen Zeitpunkten dem Danielbuch, jedenfalls vor dessen Abschluß, eingefügt sind, so erklärt dies manche Unebenheiten und Überscheidungen vgl 24 mit 51, 47 f mit 22, ferner 88a mit 88b c, s. dort.

24 Der Vers, inhaltlich durch 51 wieder aufgenommen, erscheint als Einführung zu dem erst mit 52 beginnenden Lobgesang, von dem er jetzt durch das (erst später hier eingesetzte?) Gebet des Azarias und den folgenden verbindenden Text getrennt ist.

25 Nach G (vgl oben die Anmerkung zum Text) sprechen, besser dem Inhalt gemäß, die Drei das Gebet (Plural!), und zwar, wie es scheint, unmittelbar nach dem Urteil schon vor der Vollstreckung.

26-45 Inhalt des Bußgebetes: Das Volk

27 Denn gerecht bist du in allem, was du uns tatest.
All deine Werke sind echt, deine Wege gerade,
deine Urteile sind alle verlässig.
28 Ehrliches Gericht hast du gehalten
in allem, was du über uns brachtest
und über Jerusalem, *die* heilige Stadt unserer Väter.
Denn nach ehrlichem Urteil hast du all dies bewirkt ob unserer Sünden.
29 Denn wir haben gesündigt [in allem] und Unrecht gehabt, dich zu verlassen;
wir haben gefehlt in allem und gehorchten nicht *deinen* Geboten.
30 Wir haben nicht beachtet und nicht getan,
was du uns gebotest, daß es uns wohlgehe.
31 Und alles [nun], was du über uns brachtest,
und alles, was du uns angetan,
hast du nach ehrlichem Urteil getan.
32 Du hast unseren Feinden in die Hand uns geliefert,
gottlosen, feindseligen Abtrünnigen,
und einem ruchlosen König, dem schlechtesten der ganzen Welt.
33 Nun dürfen wir nicht den Mund mehr auftun;
Schmach und Schande erwuchs deinen Dienern und deinen Verehrern.
34 Gib uns doch nicht für immer preis deines Namens wegen,
und löse nicht deinen Bund mit uns!
35 Entziehe uns dein Erbarmen nicht
ob Abrahams, deines Lieblings,
ob Isaaks, deines Dieners,
und Israels, deines Heiligen!
36 Ihnen ja hast du verheißen,
ihre Nachkommen zahlreich zu machen wie die Sterne des Himmels
und wie den Sand am Ufer des Meeres.
37 Wir sind, o Herr, doch geringer geworden als alle Völker,
wir sind gedemütigt heute auf der ganzen Welt ob unserer Sünden.
38 Es gibt in jetziger Zeit nicht Herrscher, nicht Prophet, nicht Leiter,
nicht Brandopfer, nicht Schlachtopfer, nicht Gabe, nicht Rauchopfer,
und keinen Ort, dir die Erstlinge zu bringen, um Gnade zu finden.
39 Doch (auch nur) mit zerknirschtem Herzen und demütigem Sinn laß uns Aufnahme finden!
Wie Brandopfer von Widdern und Stieren,
wie Zehntausende fetter Lämmer,

3 28 So Th; G: „deine".
29 G: „den Geboten deines Gesetzes" — [ ] fehlt Th.
31 [ ] fehlt Th.

ist in größter Not, ohne Tempel und König, Jerusalem liegt darnieder 28, die religiöse und staatliche Ordnung ist zerstört, wie es zur Zeit des Exils der Fall war 32 f 37 f, aber Gott ist gerecht 27 f 31, das Unglück ist wohlverdiente Strafe für die Sünden 28 f; man kann nur voll Reue Gott um Gnade und Rettung bitten 34-36 38-45. Die Bitte 43-45 um Rettung konnte auf die Lage der Drei bezogen, auch der schlechte und ungerechte König 32 als Anspielung auf ihren Fall gedeutet werden vgl aber zu 4 16.

34 Der Appell an die Ehre und Verheißungstreue Gottes vgl 43 steht mit dem ehrlichen Schuldbewußtsein 27-31 nicht in psychologischen Widerspruch.

36 vgl Gen 15 5 22 17.

38 Eine Zeit ohne Prophet galt immer als trostlos 1 Sm 3 1 Ez 7 26 Ps 74 9 Kl 2 9.

40 so soll heute vor dir unser Opfer gelten
und dich versöhnen!
Denn die dir vertrauen [und vollkommen dir folgen],
geraten nicht in Schande.
41 Nun folgen wir dir von ganzem Herzen und fürchten dich
und suchen dein Antlitz; bringe uns nicht in Schande!
42 Verfahre mit uns nach deiner Huld,
nach deines Erbarmens Fülle.
43 Rette uns deinen Wundertaten gemäß,
und mache deinem Namen Ehre, o Herr!
44 Alle sollen in Schmach geraten, die deinen Knechten Böses erwiesen,
sie werden zuschanden an all ihrer Macht,
ihre Stärke werde zerschmettert!
45 Sie sollen erkennen, daß du der Herr bist, Gott, allein,
voll Ruhm auf der ganzen Welt!

Der Engel im Ofen. Die Wirkung des Feuers

46 Die Diener des Königs, welche sie hineingeworfen hatten, hörten nicht
auf, den Ofen zu schüren [ ] mit Erdharz und Werg und Pech und Reisig.
47 Die Flammen schlugen bis zu neunundvierzig Ellen hoch über den Ofen
empor, 48 sie griffen aus und verbrannten, wen sie von den Kaldäern im
Umkreis des Ofens erfaßten. 49 Ein Engel des Herrn jedoch war zugleich
mit den Gefährten des Azarias in den Ofen gestiegen und trieb die Feuer-
flammen zum Ofen hinaus. 50 Das Innere des Ofens machte er (kühl), wie
wenn der Tauwind durchwehte. Das Feuer berührte sie überhaupt nicht und
fügte ihnen weder Leid noch Schaden zu.

Der Lobgesang auf den erhabenen Gott

51 Da hoben die Drei im Ofen an, wie aus einem Munde Gott zu loben
und zu verherrlichen und zu preisen [und hoch zu rühmen]:

3 40 [ ] fehlt in Th. Verwendet als Gebet beim Offertorium der Messe.
46 So nach Th; in G die Erweiterung: „als sie die Drei auf einmal in den Ofen geworfen hatten — der Ofen war über seine gewöhnliche Hitze hinaus auf die siebenfache Glut gebracht — als man sie hineingeworfen hatte, befanden sich von den Hineinwerfenden die einen oberhalb von ihnen, die anderen schürten unterhalb von ihnen".
49 Th der Engel.
51 f [ ] fehlt Th.

Fehlt auch noch Priesterschaft und Obrigkeit, ist das Unglück voll.

45 vgl Ps 46 11 u. ö.

46-50 Diese Überleitung vom vorausgehenden Gebet zum folgenden Lobgesang ist inhaltlich teilweise Wiederholung von 21-23.

46 greift hinter 22 zurück, wo schon erzählt war, daß die Henker verbrannt sind. In G werden, wie es scheint, die Henker von den Heizern unterschieden, vgl die Anmerkung oben zum Text.

47 f Die Angabe, daß außer den Henkern auch Unbeteiligte vom Feuer erfaßt wurden, geht über 22 hinaus.

49 Der Text 92 (25) hat wohl zur Voraussetzung, daß ein Bericht über den Engel ähnlich wie 49 vorhergegangen ist. Ob man dabei an den Mal'ak Jahwe der altisraelitischen Zeit dachte Gen 16 7 22 11 15 Ri 6 11-24, steht dahin vgl zu 92.

50 Das Feuer ist nicht erloschen vgl 92 (25), es ist nur unschädlich und sogar von angenehmer Kühle. Das macht das Wunder um so größer.

51 vgl 24.

52 Gepriesen bist du, Herr, Gott unserer Väter,
und gelobt und hochgerühmt in Ewigkeit,
und gepriesen ist dein heiliger, herrlicher Name
und gelobt und hochgerühmt in [alle] Ewigkeit.
53 Gepriesen bist du im Tempel deiner heiligen Herrlichkeit
und hochgelobt und hochverherrlicht in Ewigkeit.
54 Gepriesen bist du auf deinem Königsthron
und gelobt und hochgerühmt in Ewigkeit.
55 Gepriesen bist du, der in die Abgründe schaut, der über Keruben thront,
und gelobt und verherrlicht in Ewigkeit.
56 Gepriesen bist du an der (Himmels)feste
und gelobt und verherrlicht in Ewigkeit.

Das Lied der Schöpfung

a) Die Himmels- und Naturkräfte

57 Preiset den Herrn, alle Werke des Herrn,
lobet und rühmet ihn hoch in Ewigkeit!
58 Preiset den Herrn, ihr Engel des Herrn,
lobet und rühmet ihn hoch in Ewigkeit!
59 Preiset, ihr Himmel, den Herrn,
lobet und rühmet ihn hoch in Ewigkeit!
60 Preiset, alle Wasser oben am Himmel, den Herrn,
lobet und rühmet ihn hoch in Ewigkeit!
61 Preiset den Herrn, alle Kräfte des Herrn,
lobet und rühmet ihn hoch in Ewigkeit!

3 55 bei Th vor 54; statt „verherrlicht" in Th „hochgerühmt".
56 Nach Th.
61 „des Herrn" fehlt in Th.

52-90 Von 88bc und vielleicht 66 („Feuer und Glut") abgesehen, nimmt auch dieser Hymnus, inhaltlich Ps 148 zu vergleichen, auf die Lage der Drei im Feuer nicht Bezug. Dazu kommt die stilistische Schwierigkeit in 88a s. dort. Dem Ganzen ist, wie Ps 136, die Litanei-Form eigentümlich. Das Responsorium des ersten Teils 52-56 unterscheidet sich jedoch von dem des zweiten 57-88 und wieder von dem des viel kürzeren dritten Teils 89 f. Im römischen Brevier bilden 52-57 das Canticum „Benedictus" der Laudes II, 57-88a 56 ohne Responsorium das Canticum „Benedicite" der Laudes I des Sonntags.

52-56 Der Form nach lauter „hymnisch erweiterte" Anreden an Gott, vielleicht ursprünglich ein besonderes, selbständiges Gedicht.

53-55 Man denkt an den Tempel in Jerusalem mit dem Kerubenthron über der Lade. Aber nach 38 scheint dieser Tempel zerstört zu sein, und „in die Abgründe schaut" Gott leichter von seinem himmlischen Wohnsitz aus; auf diesen weist auch 56.

57-88a Werke und Geschöpfe Gottes, unbelebte und belebte Kreatur werden in einer gewissen Ordnung, von oben nach unten, zu seinem Lobe aufgerufen: Der Himmel mit den kosmischen Kräften und Gewalten, von den Engeln angefangen bis zum Blitz und Regen 57-73, die Erde, Land und Meer mit Fauna und Flora 74-81 und schließlich die Menschen in verschiedenen Gruppen 82-88. Als Pascha-Hymnus oder als Lied an die drei Männer läßt sich der Gesang nicht erweisen vgl zu 88a.

60 Die nach der dichterischen Phantasie in himmlischen Speichern aufbewahrten Wasservorräte vgl Job 38, aus denen die Niederschläge herkommen, sachlich dasselbe wie die Wolken 73.

61 Die Himmelskörper im allgemeinen.

62 Preiset, Sonne und Mond, den Herrn,
lobet und rühmet ihn hoch in Ewigkeit!
63 Preiset, Gestirne des Himmels, den Herrn,
lobet und rühmet ihn hoch in Ewigkeit!
64 Preiset, aller Regen und Tau, den Herrn,
lobet und rühmet ihn hoch in Ewigkeit!
65 Preiset, ihr Winde alle, den Herrn,
lobet und rühmet ihn hoch in Ewigkeit!
66 Preiset, Feuer und Glut, den Herrn,
lobet und rühmet ihn hoch in Ewigkeit!
67 Preiset, Frost und Kälte den Herrn,
lobet und rühmet ihn hoch in Ewigkeit!
68 Preiset, Tau und Reif, den Herrn,
lobet und rühmet ihn hoch in Ewigkeit!
69 [Preiset, Eis und Kälte den Herrn,
lobet und rühmet ihn hoch in Ewigkeit!]
70 Preiset, Reif und Schnee, den Herrn,
lobet und rühmet ihn hoch in Ewigkeit!
71 Preiset, Nächte und Tage den Herrn,
lobet und rühmet ihn hoch in Ewigkeit!
72 Preiset, Licht und Dunkel, den Herrn,
lobet und rühmet ihn hoch in Ewigkeit!
73 Preiset, Blitze und Wolken, den Herrn,
lobet und rühmet ihn hoch in Ewigkeit!

b) Erde, Land und Meer

74 Es preise die Erde den Herrn,
sie lobe und rühme ihn hoch in Ewigkeit!
75 Preiset, Berge und Hügel, den Herrn,
lobet und rühmet ihn hoch in Ewigkeit!
76 Preiset, alle Gewächse auf Erden, den Herrn,
lobet und rühmet ihn hoch in Ewigkeit!
77 Preiset, ihr Quellen, den Herrn,
lobet und rühmet ihn hoch in Ewigkeit!
78 Preiset, Meere und Ströme, den Herrn,
lobet und rühmet ihn hoch in Ewigkeit!
79 Preiset, Seetiere und alles, was sich im Wasser bewegt, den Herrn,
lobet und rühmet ihn hoch in Ewigkeit!

3 66-72 Die Reihenfolge der Verse ist in den Hss verschieden.
69 f In Th hinter 72; wahrscheinlich ist 69 nur Variante zu 67.
77 In Th hinter 78.

65 „Winde" (neues Psalterium: venti), nicht „Geister" (spiritus), wie V zusammenhangwidrig will.

66-72 Ordnung und Ebenmaß der Versglieder ist teilweise gestört; es finden sich auch Wiederholungen bzw. Varianten. Bei der Verschiedenheit des hss Überlieferung lassen sich die Unstimmigkeiten aber nicht restlos beheben.

66 Es ist schwer zu entscheiden, ob „Feuer und Glut" trotz der Gefahr, die den Betenden davon droht, aus dem überkommenen Hymnus beibehalten oder gerade mit Rücksicht auf ihre Rettung eigens dort eingefügt wurde.

80 Preiset, alle Vögel in der Luft, den Herrn,
lobet und rühmet ihn hoch in Ewigkeit!
81 Preiset, Vierfüßler und Tiere des Feldes, den Herrn,
lobet und rühmet ihn hoch in Ewigkeit!

c) Die Menschen

82 Preiset, ihr Menschenkinder, den Herrn,
lobet und rühmet ihn hoch in Ewigkeit!
83 Preiset, ihr Israeliten, den Herrn,
lobet und rühmet ihn hoch in Ewigkeit!
84 Preiset, ihr Priester (des Herrn), den Herrn,
lobet und rühmet ihn hoch in Ewigkeit!
85 Preiset, ihr Diener (des Herrn), den Herrn,
lobet und rühmet ihn hoch in Ewigkeit!
86 Preiset, Geister und Seelen der Gerechten, den Herrn,
lobet und rühmet ihn in Ewigkeit!
87 Preiset, ihr Frommen und Demütiggesinnten, den Herrn
lobet und rühmet ihn hoch in Ewigkeit!
88 [Preiset, Ananias, Azarias, Misael, den Herrn,
lobet und rühmet ihn hoch in Ewigkeit!]
Denn er hat uns der Unterwelt entrissen,
aus des Todes Gewalt uns errettet;
er hat uns vom glühenden Ofen befreit
und uns aus dem Feuer erlöst.

Dankhymne

89 Danket dem Herrn, denn er ist gut,
denn ewig währt seine Gnade!
90 Preiset, ihr Frommen alle, (den Herrn,) den Gott der Götter!
Lobet und danket, denn ewig währt seine Gnade
[und in alle Ewigkeit]!

Die Rettung

91 (24) Da wunderte sich der König Nebukadnezar. Er stand eilends auf
hob an und fragte seine Minister: „Haben wir nicht drei Männer gebunden

3 81 Th: (wilde) Tiere und (zahmes) Vieh.
84 f ( ) nach Th vgl 58 61 Ps 113 1.
90 vgl zu 24. — Tilgung und Ergänzung nach Th.
91 In G (kürzer Th) der verbindende Text: „Als der König sie lobsingen hörte, trat er herzu und sah sie noch leben".

85 „Diener des Herrn", neben Priester 84, wohl die Leviten.

86 Die auffallende Wendung „Geister und Seelen" soll wohl die ganze Persönlichkeit der Gerechten umschreiben. Todesstrafe vgl 2 5.

88 Die einzige deutliche Bezugnahme auf die Lage der Betenden; 88bc ist von den Drei im Feuer selbst gesprochen vgl 51. Um so merkwürdiger ist es, daß die Aufforderung zum Lobpreis Gottes 88a an sie gerichtet wird. 88a wird also doch vielleicht Zusatz sein.

89 f Zu dem kleinen Danklied vgl Ps 136 1f.

91 (24) Der König hielt sich entweder in der Nähe des Ofens auf, um die Exekution zu beobachten, oder er wurde durch eine dienstliche Meldung veranlaßt, aus seinem Palaste herbeizukommen. In M,

ins Feuer geworfen?“ Sie erwiderten dem König: „Gewiß, o König!“ 92 (25)
Er fuhr fort und sprach: „Ich sehe nun vier Männer frei im Feuer umher-
gehen, ohne daß sie eine Verletzung haben. Das Aussehen des vierten
gleicht dem eines Engels.“ 93 (26) Dann trat Nebukadnezar an die Türe des
glühenden Ofens, hob an und sprach: „Sadrak, Meschak und Abed-Nego,
Diener des höchsten Gottes, geht heraus und kommt her!“ Da kamen Sadrak,
Meschak und Abed-Nego aus dem Feuer heraus. 94 (27) Nun versammelten
sich die Satrapen, Präfekten, Statthalter und Minister des Königs, und sie
sahen, daß über den Leib dieser Männer das Feuer nicht Gewalt hatte, daß
ihr Haupthaar nicht versengt und ihre Mäntel nicht beschädigt waren, nicht
einmal Brandgeruch war daran gekommen. 95 (28) Nebukadnezar hob an und
sprach: „Gepriesen sei der Gott des Sadrak, Meschak und Abed-Nego, der
seinen Engel sandte und seine Diener befreite, die ihm vertrauten, das Gebot
des Königs übertraten und ihren Leib hingaben, nur um keinen Gott ver-
ehren und anbeten zu müssen außer ihrem Gott. 96 (29) Nun ergeht von mir
Befehl: Wer von jeglichem Volk und Stamm und jedweder Zunge *etwas*
gegen den Gott Sadraks, Meschaks und Abed-Negos sagt, soll in Stücke ge-
hauen und sein Haus in einen Schutthaufen verwandelt werden. Denn es
gibt keinen anderen Gott, der retten könnte, als diesen.“ 97 (30) Dann beließ
der König Sadrak, Meschak und Abed-Nego unbehelligt in der Provinz Babel.

3 98 (31) - 4 34 Die Krankheit Nebukadnezars: Erlaß über seinen Traum

Einleitung

98 (31) Der König Nebukadnezar an alle Völker, Stämme und Zungen auf
der ganzen Erde: Heil euch in Fülle! 99 (32) Ich habe mich bewogen gefun-

3 96 Unsicheres Wort vgl 6 5; manche raten: „Lästerung“.

wo der Bericht 49 f fehlt, kommt die Feststellung des Wunders ziemlich unvermittelt. Nach G und Th wird man durch den Gesang aus dem Ofen aufmerksam. Der überlieferte M-Text erwähnt vom Gesang aber nichts.

92 (25) Den Männern im Ofen sind die Fesseln abgefallen. Für „Götter- (oder Gottes-)Sohn“ steht 95 (28) unmißverständlich „Engel“ vgl 49.

94 (27) Der wunderbare Tatbestand wird in aller Öffentlichkeit vor den hohen Beamten als Zeugen festgestellt.

95 f (28 f) Nebukadnezar erkennt nicht bloß selbst den israelitischen Gott an wie 2 47, sondern er verbietet auch seinen Untertanen Verunglimpfung desselben bei Todesstrafe vgl 2 5.

97 (30) Die Geretteten behielten ihr Amt oder wurden, nach Th, gar durch Beförderung ausgezeichnet.

98 (31) Der Bericht über den Traum Nebukadnezars und seine Erfüllung hat die Form des Edikts oder Briefes, vom König nach längerem Verzicht auf die Ausübung der Regierung infolge von Krankheit und Abwesenheit an die Bevölkerung seines weitausgedehnten Reiches erlassen: Grund und Hergang der merkwürdigen Begebenheit wird dargelegt. Das Unglück war dem König durch einen Traum angekündigt; wie ihn Daniel deutete, so hat er sich erfüllt; nun ist das Unglück zu Ende, weil die beabsichtigte Wirkung auf den König erzielt ist, er bekennt — das ist der religiöse Grundgedanke des ganzen Berichts — unumwunden: Der höchste Gott, wie ihn Daniel verehrt, ist allgewaltig; er duldet keine menschliche Hybris, auch nicht beim mächtigsten König; wer hierdurch fehlt, wird gestürzt und gedemütigt, bis er die göttliche Überlegenheit und Allmacht rückhaltlos anerkennt 4 14 22 f, ein Gedanke, wie er besonders von Jesaja nachdrücklich vertreten wird Jes 10 5-27 vgl 14 5-22 47. —

den, die Zeichen und Wunder, die der höchste Gott an mir getan hat, (euch) kundzumachen.

100 (33) Seine Zeichen, wie sind sie groß,
seine Wunder, wie sind sie gewaltig!
Sein Reich ist ein ewiges Reich,
seine Herrschaft besteht durch alle Geschlechter.

Der Traum

4 1 Ich, Nebukadnezar, lebte ruhig in meinem Hause und glücklich in mei-
nem Palaste. 2 Nun hatte ich einen Traum; dieser erschreckte mich, und Ge-
danken auf meinem Lager und Gesichte meines Hauptes machten mich
bestürzt. 3 Von mir erging darum Befehl, mir alle Weisen Babels herbei-
zuholen; sie sollten mir die Deutung des Traumes mitteilen. 4 Da kamen die
Zeichendeuter, Wahrsager, Kaldäer und Sternkundigen herbei, und ich er-
zählte vor ihnen den Traum, aber seine Deutung konnten sie mir nicht mit-
teilen. 5 Schließlich trat Daniel vor mich, der nach dem Namen meines Gottes

Eine ähnliche Nachricht über die Krankheit und zeitweise Regierungsunfähigkeit Nebukadnezars vgl 5 20 f findet sich in den zahlreichen Urkunden aus seiner Zeit nicht. Was ein nur teilweise erhaltenes babylonisch-persisches Strophengedicht auf die Frevel des babylonischen Königs Nabonid von dessen achtjährigem Aufenthalt im arabischen Tema erzählt, während dessen Belsazar in Babylon die Regentschaft führte, ist etwas anderes. Denn diese Abwesenheit war nicht durch Krankheit oder Unfähigkeit verursacht, sie diente vielmehr politischen, ja kriegerischen Zwecken und war offenbar wohl überlegt und freiwillig. Wahnsinn haben Nabonid auch seine Gegner nicht vorgeworfen. Was man aber über etwaigen Wahnsinn des assyrischen Königs Sanherib 705—689 vermutet, und was Eusebius (nach Megasthenes bzw. Abydenus) von Nebukadnezar berichtet, liegt zeitlich oder sachlich so weit ab und ist so unsicher, daß es die Erklärung nicht fördert. Daß die sonstige Bezeugung fehlt, ist freilich kein Grund, alles in Allegorie aufzulösen. In der akkadischen Dichtung Ludlul bēl nēmeqi, die man mit dem biblischen Job verglichen hat, wird Krankheit und Elend des Leidenden in einer Weise geschildert, die dem Zustand des verstoßenen Nebukadnezar kaum entfernt entspricht. Abhängigkeit von diesem nur unvollkommen erhaltenen Text kommt also auch nicht in Frage. — Der neue Erlaß steht mit jenem von 96 (29) nicht in Zusammenhang, wenn letzten Endes auch beide auf die Anerkennung des „höchsten Gottes" hinwirken. Wie ein babylonischer Brief beginnt das Edikt mit dem Gruß an den Empfänger vgl 6 26 1 Petr 1 2. Trotz der Ausdehnung des babylonischen Reiches und der Verschiedenartigkeit seiner Bevölkerung ist „alle Völker der ganzen Erde" natürlich überschwenglicher Amtsstil.

100 (33) ähnlich 4 31 (vgl 7 27) Zitat aus Ps 145 13, hier dem nichtisraelitischen König in den Mund gelegt. In monotheistischem Sinne meint dieser selbst sein Bekenntnis nicht vgl 6 2 47. Der Erlaß wird vom Erzähler nicht wortgetreu angeführt, sondern sinngemäß frei gestaltet. Auch 2 Kor 1 3 f Eph 1 3 f 1 Petr 1 3 f beginnt unmittelbar nach dem Briefeingang ein kurzer Lobpreis Gottes.

3 Obwohl Daniel dem König als bewährter und allen babylonischen „Weisen" überlegener Traumdeuter bekannt ist 6 2 48, werden diese trotz ihres früheren Versagens 2 1-12 als die zunächst Zuständigen doch wieder befragt, abermals erfolglos 4 15. Daß auf den in Kap. 2 erzählten Vorgang gar nicht Bezug genommen wird, erklärt sich wohl wieder aus der ursprünglichen Selbständigkeit beider Erzählungen.

4 Dieselbe Reihe von „Gelehrten" wie 5 11, ähnlich 2 2 27 vgl zu 1 4.

5 vgl zu 1 7. Wahrscheinlich ist die Gottesbezeichnung Bel gemeint. Wollte man den Namen als balaṭ-su-uṣur erklären („schütze sein Leben!"), so müßte man darin eine Kurzform sehen, bei der ein Gottesname, etwa Marduk oder Nebo, abgestoßen ist.

Beltsazar heißt, auf dem der Geist heiliger Götter ruht, und ich erzählte vor
ihm den Traum: 6 Beltsazar, Oberster der Zeichendeuter, ich weiß, daß der
Geist heiliger Götter auf dir ruht, und daß dir kein Geheimnis Mühe macht.
(Dies) sind meine Traumgesichte, die ich sah. Sage mir nun die Deutung!

Inhalt des Traumes

7 Die Gesichte meines Hauptes auf meinem Lager: Ich schaute:
Da war ein Baum inmitten der Erde,
seine Höhe war groß.
8 Der Baum wuchs und ward stark;
seine Höhe reichte zum Himmel;
er war zu sehen bis ans äußerste Ende der Erde.
9 Sein Laub war schön, seine Frucht war reich,
er hatte Nahrung für alle.
Den Schatten unter ihm suchten die Tiere des Feldes;
seine Zweige bewohnten die Vögel in der Luft.
[Von ihm nährte sich alles Lebende.]

10 Ich schaute in den Gesichten meines Hauptes auf meinem Lager: Da war
ein Wächter und Heiliger, der vom Himmel herabstieg; 11 er rief mit mäch-
tiger Stimme und sprach also:
„Den Baum haut um, seine Zweige schneidet weg,
sein Laub streift ab, zerstreut seine Frucht!
Das Wild unter ihm eile fort,
die Vögel von seinen Zweigen!
12 In der Erde jedoch laßt den Wurzelstock ihm,
in einer Fessel von Eisen und Erz im Grün des Feldes!
Vom Tau des Himmels sei er benetzt,
mit den Tieren habe er Teil am Gras auf dem Boden.
13 Sein Herz werde anders als das eines Menschen,
das Herz eines Tieres sei ihm gegeben!
So sollen sieben Zeiten über ihn hingehn!

4 9e Vielleicht nur Doppelung zu 9b, fehlt 18.

6 Zur Anrede vgl 2 48. Der König redet polytheistisch. Aber übermenschliches, prophetisches Wissen und wunderbares Können ist auch für ihn Wirkung des göttlichen Geistes im Menschen Gen 41 38 f Ri 6 34 vgl Jes 11 2.

7-9 vgl Ez 31 3-18 die Zeder als Bild des Pharao, dazu Ez 17 22-24 19 10-14.

10 Der „heilige Wächter" (wohl so als Hendiadys!) ist ein himmlisches Wesen aus der Umgebung Gottes 14, also ein Engel. Von Dan 4 abgesehen — Jes 21 11 f bedeutet „Wächter" den Seher — findet sich diese Bezeichnung für Engel im AT allerdings nicht; häufiger ist sie im apokryphen Henochbuch 15 9 vgl 12 4 13 10.

11 Allgemeine Aufforderung; die Ausführenden sind nicht genannt.

12 Der Wurzelstock Jes 6 13 11 1 bedeutet die Aussicht auf Wiederherstellung 23. Das Bild vom Baum wird aber dann aufgegeben bzw. bereits mit der Erklärung vermengt vgl 22. Schon die Fessel oder das Metallband dient nicht der Stütze oder Umfassung des Baumstumpfes, — solche Baumpflege übte das Altertum nicht — gemeint ist vielmehr sofort die Sicherung des Thrones 23.

13 Der Mann wird wahnsinnig und vgl 1 Sm 21 14, er lebt und benimmt sich wie ein Tier (Tierwahnsinn). Das Herz gilt dem alten Orient als Sitz des Verstandes und weiterhin der geistigen Kräfte überhaupt. Das Unglück hat nur begrenzte Dauer; „sieben" ist jedoch runde Zahl, „Zeit" eine unbekannt lange Frist, vgl jedoch zu 7 25.

14 Auf Entscheid der Wächter (beruht) der Beschluß,
und Befehl der Heiligen ist die Sache,
damit die Lebenden erkennen, daß der Höchste der Herr ist über das König-
tum bei den Menschen; er gibt es, wem er will, den Niedrigsten der Men-
schen betraut er damit.“ 15 Dies ist der Traum, den ich, der König Nebukad-
nezar, hatte, und du, Beltsazar, sage mir die Deutung! Denn keiner von all
den Weisen meines Reiches konnte mir die Deutung mitteilen. Doch du ver-
magst es, denn der Geist heiliger Götter ruht auf dir.

Die Deutung

16 Da wurde Daniel, genannt Beltsazar, eine Weile wie starr, und seine
Gedanken machten ihn bestürzt. Der König hob an und sprach: „Beltsazar,
der Traum und die Deutung sollen dich nicht bestürzt machen!“ Nun er-
widerte Beltsazar: „Mein Herr, der Traum gelte deinen Gegnern und seine
Deutung deinen Feinden! 17 Der Baum, den du sahst, der wuchs und stark
ward, dessen Höhe zum Himmel reichte, der zu sehen war bis ans äußerste
Ende der Erde, 18 dessen Laub schön und dessen Frucht reich war, der Nah-
rung hatte für alle, unter dem die Tiere des Feldes wohnten, in dessen
Zweigen die Vögel in der Luft nisteten, 19 das bist du, o König, der wuchs
und stark wurde, dessen Größe wuchs und zum Himmel reichte, dessen
Herrschaft (ging) bis zum Ende der Erde. 20 Daß der König einen Wächter
und Heiligen vom Himmel herabsteigen sah, der sprach: ‚Hauet den Baum
um und vernichtet ihn, doch lasset von ihm den Wurzelstock in der Erde,
in einer Fessel von Eisen und Erz im Grün des Feldes, vom Tau des Him-
mels werde er benetzt und bei den Tieren des Feldes habe er sein Teil, bis
sieben Zeiten über ihn hingehen‘, 21 dafür ist dies die Deutung, o König,
und dies der Entscheid des Höchsten, der über meinen Herrn, den König,
ergeht: 22 Man treibt dich fort von den Menschen, bei den Tieren des Feldes
ist dein Aufenthalt, man gibt dir Gras wie den Rindern als Nahrung, vom
Tau des Himmels läßt man dich benetzt werden, und sieben Zeiten gehen
(so) über dich hin, bis du erkennst, daß der Höchste der Herr ist über das
Königtum bei den Menschen, und daß er es gibt, wem er will. 23 Daß man
befahl, vom Baume den Wurzelstock zu belassen(, bedeutet): Dein Königtum
ist dir (wieder) sicher, sobald du erkennst, daß der Himmel die Herrschaft

4 17 Ergänzt nach 8 19.

14 Es ist natürlich ein göttlicher Beschluß vgl [21], etwa in der himmlischen Ratsversammlung gefaßt vgl 3 Kg 22[19] Job 1 und von den dabei anwesenden Engeln verkündet [10 f] und ausgeführt. Sein Zweck ist, die alleinige göttliche Autorität gegen menschliche Überheblichkeit [26] zur Geltung und Anerkennung zu bringen vgl [22 f]. Auch das Königtum ist ein Geschenk, das Gott frei vergibt Lk 1[52], nicht eigenes Verdienst. Die Hybris ist, wie nach Jesaja, die Sünde und das Unglück der Könige.

16 Hier wird der Ich-Bericht ohne ersichtlichen Grund durch den Er-Bericht unterbrochen, um erst mit [31] wieder aufgenommen zu werden. Edikt oder Brief ist eben nur literarische Form, wobei die stilistische Ausgleichung vernachlässigt ist. Daniel wird bestürzt, weil der König nach dem Traum von einem Unglück bedroht ist, wie man es höchstens seinem Feinde wünscht. Von feindseliger Gesinnung gegen den König, wie sie in der Makkabäerzeit bei den Jahwetreuen gegen Antiochus IV. herrschte, ist hier keine Spur vgl aber 3[32].

23 „Himmel“ im Sinne von „Gott“, wie man heute noch etwa vom Segen des Himmels redet.

hat. 24 Darum, o König, laß dir meinen Rat gefallen: Tilge deine Sünden
durch Gerechtigkeit und deine Vergehen durch Barmherzigkeit gegen
Elende, wenn dein ungestörtes Glück von Dauer sein soll!"

Die Erfüllung

25 All (dies) kam über den König Nebukadnezar. 26 Als sich der König
nach Verlauf von zwölf Monaten auf dem Königspalast in Babel erging,
27 hob er an und sprach: „Ist dies nicht das große Babel, das ich als Residenz
erbaut habe in meiner gewaltigen Macht mir zu Ruhm und Ehr!" 28 Noch
war das Wort im Munde des Königs, da ertönte eine Stimme vom Himmel:
„Man sagt dir, König Nebukadnezar, das Königtum geht dir verloren. 29 Von
den Menschen treibt man dich fort, bei den Tieren des Feldes ist dein Auf-
enthalt, wie den Rindern gibt man dir Gras als Nahrung, und sieben Zeiten
gehen (so) über dich hin, bis du erkennst, daß der Höchste der Herr ist über
das Königtum bei den Menschen, und daß er es gibt, wem er will." 30 Zur
Stunde erfüllte sich das Wort an Nebukadnezar: Er wurde fortgetrieben von
den Menschen, aß Gras wie die Rinder, und vom Tau des Himmels wurde
sein Körper benetzt, bis sein Haar wuchs wie (das Gefieder) bei Adlern und
seine Nägel wurden wie (die Krallen der) Vögel.

Ende der Strafe

31 Nach Verlauf der Tage erhob ich, Nebukadnezar, meine Augen zum
Himmel[und mein Verstand kam mir wieder] und pries den Höchsten, und
den Ewiglebenden lobte und verherrlichte ich,

> denn seine Herrschaft ist eine ewige Herrschaft
> und sein Königtum besteht durch alle Geschlechter.

4 31 [ ] Zusatz aus 33 (Imperfekt zwischen lauter Perfekten!). Der gewissenhafte Glossator wollte betonen, erst müsse der König wieder seinen Verstand haben, bevor er den höchsten Gott bekennen könne.

24 Da das Unglück mit der Erreichung des pädagogischen Strafzweckes sein Ende finden soll, rechnet Daniel noch mit der Möglichkeit, daß es der König durch Mildtätigkeit gegen Hilfsbedürftige, also durch „gute Werke", abwenden könne Tob 12 9 14 10 f. Die Verbindung von „Gerechtigkeit" und „Barmherzigkeit" (Parallelismus) ist beachtenswert. In den letzten Jahrhunderten v. Chr. galt Almosengeben bereits als wichtige und wirksame Betätigung der israelitischen Frömmigkeit Tob 1 3 16 f 4 7 16, vgl aber auch schon Ps 112 5 9.

26 f Eine Szenerie wie in Schillers Ring des Polykrates. Vom flachen Dach des Königspalastes, der die bürgerlichen Bauten überragte, hatte man den Blick über die weitausgedehnte Stadt. Auch in seinen erhaltenen Inschriften gefällt sich Nebukadnezar als großer Bauherr, der er in der Tat war, während er von seinen siegreichen Feldzügen und großen Eroberungen wunderwenig redet. Sein Übermut wird ihm auch 5 20 vorgeworfen. In der Offenbarung Johannis 14 8 18 2 f vgl 16 19 ist das „große Babel" zum Inbegriff aller Bosheit und Schlechtigkeit geworden.

30 Haar und Krallen ergänzen das Bild der Verwilderung gegenüber 12 f 20 22. Gemeint ist wohl, daß der ganze Körper mit Haaren, wie beim Vogel mit Federn, bedeckt ist, während die Nägel lang wachsen. Von Nägeln gleich Adler- oder Löwenkrallen beim Menschen scheint auch das Gilgames-Epos zu wissen VII E 19, während „der babylonische Job" kaum Parallelen bietet vgl zu 3 98.

31 Nach Verlauf der „sieben Zeiten" 13 20 22 29 ist der Zweck der Strafe erreicht. Zitat nach Ps 145 13 ähnlich 3 100 (33).

32 Wie nichts gelten alle Bewohner der Erde;
er verfährt, wie er will, mit dem Heer des Himmels
[und mit den Bewohnern der Erde],
und niemand gibt es, der auf die Hand ihm schlüge
und spräche: „Was tust du?“
33 Um dieselbe Zeit kam mir mein Verstand wieder, und zur Ehre meines
Königtums erhielt ich meine Pracht und meinen Glanz zurück. Meine Mini-
ster und meine Großen suchten mich, ich wurde wieder in mein Königtum
eingesetzt und großer Machtzuwachs wurde mir verliehen. 34 Nunmehr lobe
ich, Nebukadnezar, rühme hoch und verherrliche den König des Himmels,
denn all sein Tun ist Wahrheit,
seine Wege sind Recht.
Die hochmütig wandeln,
vermag er zu stürzen.

5 1 - 6 1 Gastmahl des Belsazar. Die geheimnisvoll schreibende Hand

Frevler Mißbrauch der Tempelgefäße

1 Der König Belsazar veranstaltete ein großes Gastmahl für seine tausend
Großen, und mit den Großen sprach er dem Weine zu. 2 In der Weinlaune
befahl Belsazar, die goldenen und silbernen Gefäße herbeizuholen, die sein

4 32 [ ]wohl Doppelschreibung.

32 Zur Nichtigkeit der Menschen Jes 40 17 Ps 144 4 Job 14 2. Got regiert nicht willkürlich, aber er hat Macht über Himmel und Erde und ist niemand verantwortlich.

34 Die Warnung vor Hochmut ist ein indirektes Schuldbekenntnis des Königs, er hatte sie selbst nicht beachtet. Eine Schlußformel, wie man sie beim Edikt oder Brief erwarten möchte, fehlt.

5 1 f Belsazar, der hier statt Nebukadnezar im Mittelpunkt der Erzählung steht, ist eine geschichtliche Persönlichkeit. Nach zeitgenössischen einheimischen Verwaltungsurkunden war er der Sohn des letzten babylonischen Königs Nabonid; für diesen und unter diesem führte er längere Zeit die Regentschaft; so kommt es, daß in einer Anzahl von Urkunden und Gebeten die beiden, der König Nabonid und der „Königsohn“ Belsazar, als Machthaber neben einander genannt werden. Vor allem hat Nabonid während seines achtjährigen Aufenthaltes im arabischen Tema vgl zu 3 90 seinem „Sohne“, eben dem Belsazar, die Regentschaft in Babylon überlassen. In ähnlicher Weise war später Kambyses eine Zeitlang (538/7) Mitregent seines Vaters Cyrus gerade für Babylon. „König“ wie 5 1 7 1 8 1 wird Belsazar allerdings in den bis jetzt bekannten babylonischen Urkunden nirgends genannt; auch erscheint er dort niemals als Sohn oder unmittelbarer Nachfolger Nebukadnezars wie in Dan, sondern immer als Sohn Nabonids. Daß er etwa mütterlicherseits Enkel Nebukadnezars, also dessen Sohn im weiteren Sinne, gewesen sei, ist reine Vermutung. Die Erzählung bietet also vorläufig ungelöste geschichtliche Schwierigkeiten, vgl weiter 30 6 1. „Historischer Roman“ oder „ungenaue Berichterstattung“, „Verwechslung“ oder „Kontamination“ verschiedener Ereignisse und Personen ist als Erklärung unzureichend. — Von assyrischen Gastmählern gibt es alte Schilderungen und bildliche Darstellungen. An Zahl der Gäste und Qualität der Speisen und Getränke übertraf wohl die Hoftafel alles übrige. Das „Gelage“ hat vom Trinken seinen Namen 10, wohl weil dies die Hauptsache war und seine Wirkung tat.

2-4 vgl 1 2. Der Gebrauch der heiligen Gefäße beim ausgelassenen Zechgelage ist sakrilegischer Frevel 23. Den heidnischen Göttern hat man vielleicht zuerst ein Trankopfer gespendet, um ihre Überlegenheit über Jahwe darzutun. Die

Vater Nebukadnezar aus dem Tempel in Jerusalem weggenommen hatte;
der König und seine Großen, seine Frauen und Nebenfrauen wollten daraus
trinken. 3 Da holte man die goldenen *(und silbernen)* Gefäße, die man aus
dem Tempel [des Hauses] Gottes in Jerusalem weggenommen hatte, und der
König und seine Großen, seine Frauen und Nebenfrauen tranken daraus.
4 Sie tranken Wein und priesen die Götter von Gold und Silber, von Erz,
Eisen, Holz und Stein.

Die Schrift an der Wand

5 Alsbald zeigten sich die Finger einer Menschenhand, und sie schrieben
gegenüber dem Leuchter auf den Kalk der Wand des Königspalastes. Der
König gewahrte die gerundete Hand, die schrieb. 6 Da entstell*ten sich* die
Züge des Königs, seine Gedanken beunruhigten ihn, seine Hüftgelenke
lösten sich und seine Knie schlugen aneinander. 7 Der König schrie gewaltig,
man solle die Wahrsager, Kaldäer und Sternkundigen hereinführen. (Als
sie dann eingetreten waren,) hob der König an und sprach zu den Weisen
Babels: „Jeder, der diese Schrift liest und mir ihre Deutung mitteilt, wird
in Purpur gekleidet, (erhält) eine goldene Kette um den Hals und bekommt
die Stelle des ‚Dritten Mannes' im Reiche." 8 [ ] Keiner der Weisen des
Königs jedoch vermochte die Schrift zu lesen und ihre Deutung dem Könige
mitzuteilen. 9 Da geriet der König Belsazar in große Unruhe, seine Züge
entstellten sich, und seine Großen wurden verwirrt.

Daniels göttliche Weisheit

10 Auf die (Schreckens-)Rufe des Königs und seiner Großen hin kam die
Königin ins Haus, wo man tafelte. Die Königin hob an und sprach: „Ewig
lebe, o König! Deine Gedanken sollen dich nicht beunruhigen und deine
Züge sich nicht entstellen. 11 Es ist ein Mann in deinem Reiche, auf dem der

5 3 Ergänzung ( ) nach 2, Streichung [ ] nach Übss.
6 Lies wie 9!
7 f ( ) aus 8 herauf zu nehmen.
11 [ ] Doppelschreibung vgl Übss.

„Kultfrevel" Nabonids nach dem babylonisch-persischen Strophengedicht sind ganz anderer Art.

5 Die Wand ist vom Licht grell beleuchtet, die zum Schreiben gebogenen Finger heben sich gespenstisch davon ab.

7 vgl 11 2 2. Daniel ist auch unter Belsazar im königlichen Dienst 8 1 27. Aber der König denkt im ersten Schrecken nicht an ihn, oder er kennt ihn und seine besonderen Fähigkeiten gar nicht, weil er daran nicht das gleiche Interesse genommen hat wie Nebukadnezar 2 48 4. Zudem mag auch diese Erzählung bereits vor ihrer Vereinigung mit den vorausgehenden und mit dem jetzigen Danielbuch ihre feste Form gehabt haben. Purpur 1 Makk 10 20 62-64 und goldene (Amts?-) Kette Gen 41 42 waren wohl königliches Vorrecht oder vom König allein zu verleihende Auszeichnung. Der „Dritte", zunächst der dritte Mann neben dem König als Schützen und dem Fahrer auf dem königlichen Streitwagen, ist zum Titel eines hohen Hof- oder Staatsbeamten geworden, dessen Rechte und Obliegenheiten sich aber nicht näher bestimmen lassen, vgl jedoch 6 3.

8 f Das Unvermögen der Weisen, wie Kap. 2 4, steigert Angst und Verwirrung.

10-12 Die Königin-Mutter nimmt den ersten Rang unter den Damen des orientalischen Hofes ein, auch vor der Gemahlin des regierenden Königs 3 Kg 15 13 Jer 13 18. Sie ist durch den Lärm oder durch eine Meldung auf den Vorgang aufmerksam geworden. Die Frauen des Königs selbst waren ja beim Gelage anwesend 2 f 23.

11 vgl 2 48 4 5 15.

Geist heiliger Götter ruht. Zur Zeit deines Vaters fand sich Erleuchtung,
Einsicht und Weisheit gleich der Weisheit von Göttern bei ihm. Der König
Nebukadnezar, dein Vater, bestellte ihn als Obersten der Zeichendeuter,
Wahrsager, Kaldäer und Sternkundigen[, dein Vater, der König]. 12 Denn
überragender Geist, Wissen und Einsicht, Träume zu deuten, Rätsel zu ent-
ziffern und Knoten zu lösen, fand sich bei Daniel, den der König Beltsazar
benannte. Man lasse jetzt Daniel rufen, er wird die Deutung angeben!"
13 Darauf wurde Daniel zum König hereingeführt. Der König hob an und
sprach zu Daniel: „Du bist also Daniel von den Weggeführten aus Juda, die
der König, mein Vater, aus Juda (hieher) brachte! 14 Ich habe von dir
gehört, daß der Geist von Göttern auf dir ruht, und daß sich Erleuchtung,
Einsicht und überragende Weisheit bei dir findet. 15 Nun wurden die Weisen
und Wahrsager zu mir hereingeführt, um diese Schrift zu lesen und mir
ihre Deutung mitzuteilen, aber sie vermochten die Deutung der Sache nicht
anzugeben. 16 Doch von dir habe ich gehört, daß du Deutungen zu geben
und Knoten zu lösen vermagst. Wenn du nun die Schrift lesen und mir ihre
Deutung mitteilen kannst, so wirst du in Purpur gekleidet, (erhältst) eine
goldene Kette um den Hals und bekommst die Stelle des ‚Dritten Mannes'
im Reiche."

Tadel über den königlichen Frevel

17 Da hob Daniel an und sprach vor dem König: „Deine Gaben sollen dir
bleiben, und deine Geschenke gib einem anderen! Aber die Schrift will ich
dem König lesen und ihre Deutung ihm mitteilen. 18 Du, o König! — der
höchste Gott gab Königtum, Größe, Ehre und Pracht deinem Vater Nebu-
kadnezar. 19 Vor der Größe, die er ihm gab, zitterten alle Völker, Stämme
und Zungen, und sie hatten Furcht vor ihm. Denn er konnte töten, wen er
wollte, er konnte leben lassen, wen er wollte, er konnte erhöhen, wen er
wollte, und er konnte stürzen, wen er wollte. 20 Da sich aber sein Sinn über-
hob und sein Geist sich vermaß zu Übermut, wurde sein Königtum vom
Throne gestoßen, und man nahm ihm seine Ehre. 21 Von den Menschen
wurde er fortgetrieben, sein Herz wurde dem eines Tieres gleich, bei den
Wildeseln war sein Aufenthalt, Gras wie den Rindern gab man ihm als
Nahrung, und vom Tau des Himmels wurde sein Leib benetzt, bis er er-
kannte, daß der höchste Gott der Herr ist über das Königtum bei den Men-
schen, und daß er dazu bestellt, wen er will. 22 Auch du, sein Sohn, Belsazar,
warst nicht demütigen Sinnes, obgleich du dies alles wissen mußtest. 23 Du
erhobst dich vielmehr gegen den Herrn des Himmels, und die Gefäße seines
Tempels mußte man vor dich bringen; du trankest mit deinen Großen, mit
deinen Frauen und Nebenfrauen Wein daraus und priesest die Götter von

12 „Knoten" Bild für Schwierigkeiten oder Geheimnisse.

13-16 Durch die Empfehlung seiner Mutter ist der König über Daniel nun unterrichtet, so spart er nicht mit Lob und wiederholt sein Anerbieten 7.

17 Daniel will das Rätsel nicht gegen Lohn lösen, schließlich nimmt er die versprochenen Auszeichnungen aber doch an 29.

18-23 Der Vorwurf des Übermuts wird umständlich erläutert und begründet. Belsazar hätte aus der Strafe für den viel geringeren Frevel Nebukadnezars 4 26 lernen sollen.

23 „Wildesel" ist ein neuer Zug gegenüber 4 12 f 20-22 29.

Silber und Gold, von Erz, Eisen, Holz und Stein, die nicht sehen, nicht hören
und nichts wissen; doch den Gott, in dessen Gewalt dein Odem ist, der über
all deine Wege verfügt, den ehrtest du nicht. 24 Da wurde von ihm die
gerundete Hand geschickt und die Schrift hier verzeichnet.

Sinn der Inschrift. Die Drohung verwirklicht

25 So nun lautet die Schrift, die verzeichnet ist: Mᵉne' [mᵉne'] tᵉkel
ūpharsīn. 26 Und so lautet die Deutung der Sache: Mᵉne': Gott hat dein
Königtum gezählt und macht ihm ein Ende. 27 Tᵉqel: Du bist gewogen
auf der Waage und (zu) leicht befunden. 28 Pᵉres: Dein Reich wird (los)-
getrennt und den Medern und Persern gegeben." 29 Da gab Belsazar Be-
fehl, man kleidete Daniel in Purpur, (legte) ihm eine goldene Kette um den
Hals und machte von ihm bekannt, daß er die Stelle des „Dritten Mannes"
im Reiche einnehme. 30 In derselben Nacht wurde Belsazar, der König der

5 25 [ ] Doppelschreibung? Die Übss bieten als Inschrift nur drei Worte, die sie umschreiben mit: mane, tekel, phares Th V vgl 28 M, also wohl drei aramäische Participia Passiv „gezählt, gewogen, getrennt".

25 Das Rätsel der geheimnisvollen Inschrift lag wohl in einer Art Wortspiel. Man konnte die angeschriebenen Worte, zumal ohne die jetzt beigefügten Vokale, für babylonische Gewichts- oder Münznamen ansehn: „Mine, Sekel, Halbminen". Daß nur Bilder oder Exemplare dieser Gewichte oder Münzen, nicht ihre Namen selbst mit Buchstaben geschrieben, an der Hand erschienen seien, entspricht dem Wortlaut des Textes kaum. Die Worte sind wohl auch nicht, unter Verzicht auf Textänderung s. oben, als Satz aufzufassen, der etwa zu lauten hätte: „Gezählt wird eine Mine, ein Sekel und Halbminen" oder aber: „(Alles) zusammengezählt: Mine, Sekel, Halbminen". Die einzelnen Zeichen oder Buchstaben kannten die Weisen und ein Teil der anwesenden Gäste wohl auch, aber sie wußten keinen Sinn und Zusammenhang hineinzubringen. Die Worte waren vieldeutig, so wie etwa „Gebet" als „oratio" oder, anders betont, als „date" verstanden werden kann. Die Lösung lag darin, daß die Worte nicht als Substantiva, als Gewichts- oder Münznamen, sondern als Verba zu nehmen sind, die etwas Bestimmtes aussagen sollen. Der grammatische und etymologische Sachverhalt ist dabei nebensächlich, der Sinn ist die Hauptsache, und es kam darauf an, die festgestellte Aussage nun auf die richtige Person oder Sache, also auf den König und sein Reich, zu beziehen.

27 f Es scheint eine doppelte, heute spielerisch anmutende, Ausdeutung der beiden letzten Worte der Inschrift vorzuliegen: tᵉqel wird mit tql „wägen" und auch, nach dem rein äußerlichen Anklang, mit qll „leicht sein", pᵉres mit prs („los)trennen, spalten" und auch, wieder nach dem äußerlichen Anklang, mit pāras „Perser" in Verbindung gebracht. Das erste Wort der Inschrift wird allerdings nur einfach, nicht doppelt ausgedeutet. „Meder und Perser", das durch Cyrus vereinigte medopersische Reich.

29 Öffentliche Bekanntmachung wie Gen 41 42 f Est 6 6-11.

30 Der gewaltsame Tod Belsazars steht nach Dan natürlich mit dem Fall Babylons in Zusammenhang. Die Überlieferung über diese Vorgänge ist nicht einheitlich. Von einer Überrumpelung und gewaltsamen Besetzung der Stadt gelegentlich eines Festes erzählen nur die griechischen Schriftsteller Herodot (I 188-191) und Xenophon (Cyropädie VII 5 15-31). Nach den babylonischen und persischen Quellen (Nabonid-Cylinder und Cyrus-Chronik) wurde die Hauptstadt Babylon selbst nach einer vorausgegangenen Schlacht bei Opis von den Persern ohne Kampf besetzt und der letzte König gefangen genommen. Er heißt Nabonid, der siegreiche Perserkönig Cyrus. Von Belsazar und seinem Ende ist in diesem Zusammenhang in keiner außerbiblischen Quelle, die den Ereignissen einigermaßen nahesteht, die Rede. Den verstümmelten Schluß der Cyrus-Chronik in diesem Sinn zu ergänzen, ist willkürlich. Der Vorgang, der dem bekannten

Kaldäer, getötet, 6 1 und Darius der Meder übernahm das Reich im Alter
von zweiundsechzig Jahren.

6 2-29 Daniel in der Löwengrube

Neid auf Daniel

2 Darius fand sich bewogen, im Reiche einhundertzwanzig Satrapen zu
bestellen; es sollte allenthalben im Reiche solche geben. 3 Über sie (setzte er)
drei Oberbeamte; einer davon war Daniel. Ihnen sollten jene Satrapen
Rechenschaft ablegen, damit der König nicht benachteiligt werde. 4 Nun
übertraf dieser Daniel die Oberbeamten und Satrapen, weil er überragen-
den Geist besaß, und der König war gesonnen, ihn über das ganze Reich

Gedicht von H. Heine zugrunde liegt, bedarf also noch der geschichtlichen Klärung, wobei zu beachten ist, daß die genannten Darstellungen in perserfreundlichem Sinne gehalten sind und die Besetzung Babylons als Befreiung und somit gar als Wohltat für seine Bewohner erweisen wollen. Mit der Auskunft „Personenverwechslung“ oder „ätiologische Dichtung“ zu dem Zwecke, die Erfüllung von Drohungen wie Jes 21 5-10 nachzuweisen, wird man sich auch hier nicht zufrieden geben können.

6 1 Auch „Darius der Meder“ ist ungeklärt vgl 2, der 9 1 als Sohn des Xerxes, 10 1 als Vorgänger des Cyrus erscheint vgl 6 29. Dem babylonischen Reich machte der Perser Cyrus ein Ende 538, sein zweiter Nachfolger, der Perser Darius I., aber mußte das aufständische Babylon um 521 mit Gewalt erobern Herodot III 150—160, desgleichen wieder der Perser Xerxes I 485. Daß das medische Reich im persischen aufgegangen war, begründet das Attribut „Meder“ nicht hinreichend. Auch geht es kaum an, für Darius kurzerhand den Namen anderer Könige wie Astyages, Kambyses oder Kyaxares einzusetzen, die zudem auch nicht passen, oder die Angaben ohne weiteres für irrtümlich zu erklären. Es bleibt vorläufig auch hier bei einem non liquet.

2 f Die Erzählung von Daniel in der Löwengrube knüpft nicht mehr wie noch 14 23-43 an die Zeit der babylonischen, sondern der persischen Herrschaft an. Wie Kap. 1 3 14 zeigt die Darstellung, daß religiöse Grundsatzfestigkeit trotz Verfolgung und Martyrium letzten Endes doch von Erfolg gekrönt ist, weil sie unbedingt auf göttlichen Schutz rechnen kann. 1 Makk 2 60 wird auf den Vorgang als Beispiel verwiesen. Außerdem wird hier wie in Kap. 2—5 14 die Überlegenheit des israelitischen Gottes über alle Königs- und Göttermacht veranschaulicht. Der persische König ist der israelitischen Religion und ihrem hervorragendsten Vertreter Daniel noch freundlicher gesinnt als der babylonische, wie es den geschichtlichen Nachrichten über die religiöse Duldsamkeit der Achämeniden entspricht. Auch für die hohen Beamten bildet nicht der religiöse Gegensatz, sondern nur der Amtsneid den Grund zum Vorgehen gegen den volksfremden Daniel. Eine außerbiblische Bezeugung des Vorgangs mit den hier erzählten Einzelheiten fehlt, Erörterungen über die geschichtliche Möglichkeit oder Unmöglichkeit hängen also ziemlich in der Luft. Die Annahme, daß auch diese Erzählung (vgl zu 5 30) lediglich zur Verkörperung von Sentenzen wie Ps 57 4-7 91 3 erdichtet sei, ist unbegründet. Dagegen weist Hebr 11 33 f auf Daniel zurück. — Nach Herodot III 89 schuf Darius I. bei der Neuordnung der Reichsverwaltung zwanzig Satrapien, unter Xerxes hatte das Reich einhundertsiebenundzwanzig Provinzen Est 1 1 8 9. Die Verschiedenheit der Angaben rührt wohl hauptsächlich daher, daß die Bezeichnungen für die Verwaltungseinheiten nicht scharf gefaßt sind und daher jeweils Verschiedenes bedeuten können. Esr 7 14 ist von sieben königlichen „Räten“ die Rede; die Dreizahl der „Oberbeamten“ vgl 5 29 ist sonst nicht bezeugt. Sie führten wohl die Aufsicht über die gesamte Reichsverwaltung und waren dem König für richtigen Eingang der Gefälle und Hintanhaltung von Unregelmäßigkeiten verantwortlich.

4 Daniel sollte eine ähnliche Stellung erhalten wie Josef in Ägypten Gen 41 40-44.

zu setzen. 5 Da suchten die Oberbeamten und Satrapen eine Unregelmäßig-
keit (zur Anklage) gegen Daniel in Sachen des Reiches ausfindig zu machen,
aber sie konnten keinerlei Unregelmäßigkeit oder Unrecht finden, weil er
zuverlässig war, und sich Nachlässigkeit oder Unrecht bei ihm (eben) über-
haupt nicht finden ließ. 6 So sagten (sich) jene Männer: „Wir werden (zur
Anklage) gegen diesen Daniel keinerlei Unregelmäßigkeit ausfindig machen;
(es ist) nur (möglich,) wenn wir gegen ihn etwas im Gesetze seines Gottes
finden."

Der erschlichene Erlaß

7 Darauf eilten jene Oberbeamten und Satrapen zum König und sprachen
also zu ihm: „Ewige lebe, König Darius! 8 Alle Oberbeamten des Reiches,
Präfekten, Satrapen, Minister und Statthalter geben zusammen den Rat,
der König wolle bestimmen und als Satzung erlassen: Wer in den (nächsten)
dreißig Tagen von irgendeinem Gott oder Menschen etwas erbittet außer
von dir, o König, wird in die Löwengrube geworfen. 9 Laß nunmehr,
o König, die Satzung ergehen, und fertige die Urkunde aus, sie soll nach
dem unwiderruflichen Gesetz der Meder und Perser unabänderlich sein!"
Demgemäß fertigte der König Darius die Urkunde mit der Satzung aus.

Anklage und Urteil

11 Als Daniel erfuhr, daß die Urkunde ausgefertigt sei, begab er sich in
sein Haus. Die Fenster in seinem Obergemach eröffneten ihm (den Blick)
nach Jerusalem zu, und dreimal des Tages warf *er sich* auf die Knie nieder
zum Gebet und pries seinen Gott, wie er es auch vorher getan hatte. 12 Da

6 5 Schluß fehlt besser in Th.
11 Vokalisiere: h^a^wā'; M: „er" vgl Hss.

5 f Die Amtsführung Daniels ist einwandfrei. Die neidischen Intriganten handeln nicht aus staatspolitischen und nicht aus religiösen, sondern aus persönlichen Gründen. Die Religion ist den Heuchlern gleichgültig, sie gebrauchen sie nur als Vorwand, um den unbequemen Konkurrenten zu Fall zu bringen, dessen Gewissenhaftigkeit sie als stillen Vorwurf gegen ihre eigene Bosheit oder Unzulänglichkeit empfinden mochten. So wollen sie aus seiner Frömmigkeit ihm ein Verbrechen machen.

8 f Der merkwürdige Antrag auf Verbot des Gebetes und damit der Kultausübung überhaupt für einen Monat wird dem König gegenüber gar nicht begründet. Daß die Verordnung von allen Beamten gewünscht wird, ist wohl Übertreibung der Antragsteller. Sie rechnen offenbar mit der Eitelkeit des sonst als tatkräftig und duldsam bekannten Herrschers, der nichts Böses ahnt und seine Beamten nicht vor den Kopf stoßen will. Einen Löwenzwinger hielt sich der Assyrerkönig Assurbanipal zu Jagdzwecken. Daß persische Gesetze unwiderruflich sind, setzt auch Est 1[19] 8[8] voraus.

11 Dreimaliges tägliches Gebet Ps 55[18] war also schon damals frommer Brauch, wenn auch nicht ausdrückliche Vorschrift. Der Betende wendet den Blick Jerusalem als der Stätte des Tempels zu 3 Kg 8[38 44 48] vgl Ps 28[2] 134[2] und Mekka als Gebetsrichtung im Islam. Als Körperhaltung beim Gebet war neben dem Knien (bei ausgebreiteten Armen) 3 Kg 8[54] 2 Chr 6[13] Lk 22[41] auch achtungsvolles Stehen noch in nachbiblischer Zeit üblich 1 Sm 1[26] 3 Kg 8[22] Jer 18[20] Lk 18[11]. Vorübergehend, besonders am Anfang und Schluß des Gebetes und Gottesdienstes, warf man sich auch mit dem Gesicht bis auf den Boden nieder Num 16[22] 2 Chr 20[18] 29[29 f] Sir 50[17-21].

12 Die hinterlistigen Denunzianten beobachten Daniel durch die geöffneten Fenster.

kamen jene Männer eilends herbei und fanden Daniel beim flehentlichen
Gebet vor seinem Gott. 13 Darauf begaben sie sich zum König und sprachen
zu ihm[betreffs der königlichen Satzung]: „Hast du nicht eine Satzung aus-
gefertigt, wornach jeder, der in den (nächsten) dreißig Tagen von irgend
einem Gott oder Menschen etwas erbittet außer von dir, o König, in die
Löwengrube geworfen wird?“ Der König hob an und sprach: „Das ist fest
bestimmt nach dem unwiderruflichen Gesetz der Meder und Perser“. 14 Nun
erwiderten sie und meldeten dem König: „Daniel von den jüdischen Weg-
geführten achtet nicht auf dich, o König, und auf die Satzung, die du er-
lassen hast, dreimal des Tages verrichtet er sein Gebet“. 15 Als der König
dies hörte, war ihm die Sache sehr unangenehm, und er war darauf bedacht,
Daniel zu retten; bis Sonnenuntergang machte er Anstrengungen, ihn frei zu
bekommen. 16 Da erschienen jene Männer (wieder) aufgeregt beim König
und sprachen zum König: „Wisse, o König, es ist Gesetz bei den Medern und
Persern, daß keine Satzung oder Bestimmung, die der König erlassen hat,
geändert wird!“ 17 So gab der König Befehl, und man holte Daniel herbei
und warf ihn in die Löwengrube. Der König hob an und sprach zu Daniel:
„Dein Gott, dem du so unablässig dienst, möge dich retten!“ 18 Ein Stein
wurde herbeigebracht und auf die Öffnung der Grube gelegt, und der König
setzte mit seinem Ring und dem Ring seiner Großen das Siegel darauf, da-
mit in der Sache Daniels keine Änderung versucht werde.

Wunderbare Rettung

19 Dann begab sich der König in seinen Palast und verbrachte die Nacht
in Fasten. Frauen ließ er sich nicht kommen, und der Schlaf floh ihn. 20 In
der Morgenfrühe aber[, als es hell wurde,] machte sich der König auf und
begab sich eilends zur Löwengrube. 21 Als er an die Grube herankam, rief
er mit schmerzbewegter Stimme nach Daniel. Der König hob an und
sprach zu Daniel: „Daniel, Diener des lebendigen Gottes! Dein Gott, dem
du so unablässig dienst, konnte er dich vor den Löwen retten?“ 22 Darauf
sprach Daniel mit dem König: „Ewig lebe, o König! 23 Mein Gott sandte

6 13 [ ] vielleicht Zusatz; Übss weichen ab.
20 [ ] wohl erklärende Beischrift.

13 f Die heimtückischen Ränkeschmiede werden zudringlich und nehmen den König beim Wort. Verdrießlich sieht sich dieser in der eigenen Schlinge gefangen und läßt sich zu einer grausamen Maßnahme drängen, zu der er sich bei rechter Überlegung freiwillig niemals herbeigelassen hätte.

15 f Die Ankläger merken, daß der König zugunsten Daniels nur Zeit gewinnen will und dringen darum auf Vollstreckung des Urteils.

17 Gegen die herrschende Schicht sich durchzusetzen, ist auch der Despot zu schwach oder zu furchtsam. Bei allem Wohlwollen geht ihm die Staatsräson doch über Gerechtigkeit und Freundschaft. Die Vertröstung auf göttliche Hilfe ist in seinem Munde klägliche Ausflucht.

18 König und Beamte trauen sich gegenseitig nicht. Kein Teil soll die Möglichkeit haben, durch heimliche Machenschaften etwas für oder gegen Daniel zu unternehmen; zum Siegel am Fingerring befestigt vgl 14 14.

19 Ganz ohne Gefühl ist der Despot doch nicht. Sorge um den Freund und schlechtes Gewissen bereiten ihm eine schlaflose Nacht und veranlassen ihn zu freiwilliger Enthaltsamkeit.

23 Ein Engel als Beschützer und Retter auch 3 49 92 (24). Etwas anders ist seine Aufgabe 14 34-39. Gebet und religiöse Betätigung ist im Sinne Daniels trotz des erschlichenen königlichen Verbotes so

seinen Engel und verschloß den Rachen der Löwen, daß sie mich nicht ver-
letzten, weil sich vor ihm meine Unschuld fand, und auch gegen dich,
o König, habe ich nichts Unrechtes getan". 24 Das gefiel dem König überaus,
und er befahl, Daniel aus der Grube herauszubringen. So wurde Daniel aus
der Grube herausgebracht, und es fand sich an ihm keine Verletzung, weil
er sich auf seinen Gott verlassen hatte. 25 Nun gab der König Befehl, und
man holte jene Männer, die Daniel hinterlistig angeklagt hatten, und warf
sie samt ihren Kindern und Frauen in die Löwengrube. Sie hatten den
Boden der Grube noch nicht erreicht, als die Löwen sie schon überwältigten
und all ihre Knochen zermalmten.

Erlaß über die Anerkennung des israelitischen Gottes

26 Daraufhin richtete der König Darius an alle Völker, Stämme und Zun-
gen auf der ganzen Erde ein Schreiben (des Inhalts): „Heil euch in Fülle!
27 Von mir ergeht Befehl: Im ganzen Gebiet meines Reiches soll man vor
dem Gott Daniels erzittern und sich fürchten! Denn er ist der lebendige
Gott, er besteht auf ewig. Sein Reich wird nicht zerstört, seine Herrschaft
(geht) bis ans Ende. 28 Er befreit und rettet, er tut Zeichen und Wunder im
Himmel und auf Erden. Er befreite Daniel aus der Gewalt der Löwen."

29 Dieser Daniel lebte glücklich unter der Regierung des Darius und unter
der Regierung des Persers Cyrus.

Visionen und Weissagungen

7 1-28 Die vier Tiere (Reiche) und der „Menschensohn"

Die vier Tiere

1 Im ersten Jahre des Königs Belsazar von Babel hatte Daniel einen
Traum[, und Gesichte seines Hauptes auf seinem Lager (beunruhigten ihn)].

7 1 [ ] zu streichen oder ( ) nach 15 zu ergänzen.

wenig ein Unrecht gegen den König wie gegen Gott. Gegen die Amtsführung besteht ohnedies kein Vorwurf 5.

25 vgl 14 42. Die Strafe erfolgt wie bei falschen Zeugen nach dem jus talionis 13 61f Dt 19 18 f. Die Anklage war zwar nicht Verleumdung gewesen, aber doch Denunziation aus höchst unlauteren eigennützigen Beweggründen. Daß die Familie die Strafe des Übeltäters teilt Am 7 17, ist alter, aber im AT selbst angefochtener und aufgegebener Rechtsbrauch Dt 24 16 Jer 31 29 Ez 18.

26-28 Der Grundgedanke der Erzählung: Einzigkeit und Anerkennung der überlegenen Macht des israelitischen Gottes, wie 3 96 98 (29 31) in die Form des königlichen Edikts gefaßt, das einen kleinen Hymnus verwertet.

29 vgl 3 97 (30) 6 1.

7 Während Kapitel 1-6 im Er-Stil von Vorgängen berichten, bei denen Daniel (und teilweise seine Gefährten) als kluger und gottesfürchtiger Mann selbständig in eigener Verantwortung, allerdings mit göttlicher Weisheit begabt, handelt, erscheint er in den Kapiteln 7—12 als eigentlicher gottbegnadeter Seher, der im Ich-Stil redet. Als gemeinsamen Blickpunkt haben alle folgenden Visionen und Weissagungen das ersehnte künftige Heil. Ihr eigentlicher Gegenstand sind aber nicht die Segnungen der Heilszeit selbst, sondern die entscheidungsvollen Ereignisse im großen Weltgeschehen, die ihrem Beginn vorhergehen: die Entfaltung, der gegenseitige Kampf und schließliche Sturz der großen Weltreiche, die zuletzt vom ewigen Gottesreich abgelöst werden, sowie die Not, die Israel durch sie zu erdulden hat. Diese Zukunftsschau ist schon mit

Er schrieb dann den Traum nieder — Beginn der Worte: Er sprach: —
2 [Daniel hob an und sprach:] Ich schaute in meinem Gesicht während der
Nacht: Da stürmten die Winde aus den vier Himmelsrichtungen gegen das
große Meer, 3 und vier große Tiere entstiegen dem Meer, eines verschieden
vom anderen. 4 Das erste glich einem Löwen und hatte Adlerflügel. Ich
schaute, wie ihm schließlich die Flügel ausgerissen wurden; es erhob sich
vom Boden und stellte sich auf zwei Füße wie ein Mensch, und ein Men-
schenherz wurde ihm gegeben. 5 Dann erschien ein anderes zweites (Tier),
dies glich einem Bären; es richtete sich auf nach einer Front; es hatte drei

7 2a Fehlt in Übss.

der Ausdeutung des Traumes Nebukadnezars in Kapitel 2 begonnen. In 7—12 haben wir es mit ausgesprochener Apokalyptik zu tun, die es liebt, über die ältere Prophetie hinaus auch auf Einzelheiten des künftigen Geschehens oft in drastischen Bildern einzugehen. Trotzdem bleibt an den Gesichten und Weissagungen mit ihren Sinnbildern und Symbolen für den Seher selbst, für seine Zeitgenossen und erst recht für die Späteren und Heutigen vieles unklar. Namentlich ist nahe und ferne Zukunft nicht deutlich abgegrenzt, so daß sich oft nicht mit der wünschenswerten Sicherheit erkennen läßt, was in der makkabäischen Zeit bereits als erfüllt zu gelten hat, und was erst von dem messianischen oder gar eschatologischen Zeitalter erwartet wird. Keine der drei Epochen kommt ausschließlich in Frage; der Makkabäerzeit wird der Hauptanteil zufallen, aber messianische und endzeitliche Züge fehlen nicht ganz, vgl die folgende Einzelerklärung.

Das Traumgesicht 7 1-14 zeigt vier Tiere als Sinnbilder großer Weltreiche 2-8. Ihnen wird durch ein himmlisches Gericht 9-14 die Herrschaft (dem vierten und letzten auch das Leben) genommen und für ewig dem „Menschensohn" 13 f verliehen. Durch einen Engel wird der Sinn der Vision erklärt 15-28. Die Ausführungen über die zehn Hörner 7 (Schluß) 8 11a 20-22 24 f werden von vielen Erklärern für „makkabäische" Erweiterung gehalten. Sie fallen sachlich und besonders stilistisch auf und würden im Texte nicht vermißt.

7 1 Der Verfasser des Danielbuches fand den Bericht über den Traum wohl bereits in fester Form vor und hat ihn so hier eingesetzt. Anfang und Ende 28 des Berichts hat er durch eine besondere Bemerkung kenntlich gemacht. Nach der Datierung gehört der Traum der Zeit vor dem in 5 f Erzählten (Gastmahl des Belsazar und Löwengrube) an. In babylonischen Urkunden findet sich die Datierung nach Belsazar bis jetzt nicht vgl aber zu 5 1.

2 f „Meer" ist weder mythologisch noch geographisch, etwa als Mittelmeer, sondern in allgemein visionärem Sinne zu verstehen; die daraus kommenden Tiere sind auch keine Seetiere, sondern die gefährlichsten auf dem Lande lebenden Raubtiere. Manche Erklärer halten auch die Ausdeutung der Tiere auf bestimmte geschichtliche Reiche nicht für angängig.

4 Löwe Jer 48 19 50 17 und Adler Jer 48 40 49 22 sind, jeder für sich, Sinnbild gefährlicher, feindlicher Macht. Der geflügelte Löwe Ez 1 10 ist ein beliebtes Motiv der assyrisch-babylonischen Plastik. Nach der gewöhnlichen Annahme versinnbildet das Tier ja auch das neubabylonische Reich. Das Ausreißen der Flügel (vgl den babylonischen Adapa-Mythus) weist auf Verlust der Macht durch Niederlage im Kampf. Die Aufrichtung des Niedergeworfenen bedeutet dann aber nicht Kampfstellung, sondern, neben der Verwandlung des Herzens wie 4 13, eher Wiederherstellung des Reiches oder seines Herrschers, etwa wie sie 4 33 f vorausgesetzt wird. Daß die Verwandlung zur Anerkennung des wahren Gottes 2 46 f 3 96 f (29 f) 4 31-34 und damit zu einer Existenz des Reiches „in höherem Sinne" führt, sagt der Text hier natürlich nicht.

5 Der Bär spielt als mythologisches und symbolisches Tier im alten Orient keine besondere Rolle. Geschichtliche Ausdeutungen sind daher unsicher. In Frage kommt in erster Linie Medopersien. Dafür ist allerdings 8 3 f 20 der Widder Sinnbild. Der Bär erscheint zum Angriff aufgerichtet; die drei Rippen

Rippen in seinem Rachen zwischen den Zähnen, und also sprach man zu ihm:
„Auf, friß viel Fleisch!“ 6 Danach erschien, als ich (weiter) schaute, ein
anderes (Tier) gleich einem Panther; es hatte vier Vogelflügel auf seinem
Rücken, auch vier Häupter hatte das Tier, und die Herrschaft wurde ihm
gegeben. 7 Weiter schaute ich in den Nachtgesichten, da erschien ein viertes
Tier, fürchterlich, schrecklich und über die Maßen stark; es hatte große
Zähne von Eisen *(und Klauen von Erz);* es fraß und zermalmte und zertrat,
was übrig blieb, mit den Füßen; es war verschieden von allen Tieren vor
ihm, und es besaß zehn Hörner. 8 Ich betrachtete die Hörner: siehe, da kam
ein anderes, kleines Horn zwischen ihnen hervor; dafür wurden drei von
den früheren Hörnern ausgerissen. Augen wie Menschenaugen zeigten sich
an diesem Horn und ein Mund, der groß prahlte. 9 Ich schaute,

7 7 Ergänzt nach 19.

in seinem Maule sind der traurige Rest der verzehrten Beute Am 3 12, aber nicht gerade die drei von Cyrus unterworfenen Reiche der Meder, Babylonier und Lyder. Die Gefräßigkeit könnte die unersättliche persische Eroberungslust andeuten. Daß die Haltung des Tieres (nur halb aufgerichtet!), wie die ungleichen Hörner des Widders 8 3, auf den Unterschied zwischen dem zur Einheit verbundenen schwächeren Medien und stärkeren Persien hinweisen soll, ist wenig wahrscheinlich.

6 Die vier Flügel und Köpfe, die den Panther zum dämonischen oder Fabelwesen machen, versinnbilden nur die Macht und Gefährlichkeit, vielleicht auch den schnellen Erfolg des Alexander-Reiches; sie sind kaum eine Anspielung auf die vier Diadochenreiche (wie die vier Hörner 8 8 22) oder auf die 11 2 in Betracht gezogenen vier persischen Könige. Die Beziehung auf Medopersien ist durch 5 28 kaum erfordert.

7 f vgl 19-27 11 31-36. Das vierte, nur der phantasiereichen Apokalyptik und nicht der natürlichen Wirklichkeit zugehörige und deswegen unbenannte Tier, das unheimlicher, gefährlicher und gewalttätiger ist als alle anderen vgl 23, vertritt nach der wahrscheinlichsten Annahme das Seleukidenreich, dessen Eingriffe in die religiösen Verhältnisse der Juden die Makkabäerkämpfe auslösten. Eine bewußt andere Erklärung als Dan selbst gibt allerdings das apokryphe vierte Buch Esra 12 11 f. Horn ist beliebtes Sinnbild der Macht 1 Sm 2 1 Ps 75 11 113 9 132 17 Lk 1 69. Ob „zehn“ nur schematische Zahl ist, ob zehn bestimmte, aufeinander folgende Seleukidenkönige oder zehn neben- bzw. nacheinander bestehende Teilreiche gemeint sind, und welche diese sein müßten, läßt sich auch aus 24 nicht mit Sicherheit feststellen; über den Textzusammenhang s. oben vor 1. Das kleine Horn wird niemand anders als Antiochus IV. sein vgl 8 9-12, der 175 gegen drei andere Thronanwärter zur Macht kam (oder auch: drei feindliche „Könige“ 24 besiegte, etwa die Herrscher von Ägypten, Persien, Juda?). Dabei sind zwei Bilder vermengt: Das Horn redet als Großmaul und hat menschliche Augen vgl auch 11 20. Manche Erklärer sehen die Gestalt des endzeitlichen Antichrist durchschimmern, aber das Römerreich mit allen gottfeindlichen Mächten bis ans Ende der Welt kann vom vierten Tier doch wohl nicht versinnbildet sein.

9 f Der „Hochbetagte“ vgl Ps 102 25-28 Henoch 46 1 als Vorsitzender des Gerichtshofes ist nach dem Zusammenhang niemand anders als Gott selbst, umgeben von den Engeln als himmlischer Ratsversammlung 3 Kg 22 19 Job 1 6. Das versteht sich ohne Bezugnahme auf babylonische, iranische und Ras-Schamra-Mythologie. Alter und weißes Gewand Koh 9 8, wie es auch die Priester trugen, machen feierlich und ehrwürdig. Licht 2 22 und Feuer begleiten die Gotteserscheinung Ps 18 9 50 3 97 3 vgl Ex 3 2 Dt 4 24; zum feurigen Thronwagen s. Ez 1 10, besonders 10 2. Ob Gott selbst, oder die nach Art einer irdischen gedachte himmlische Ratsversammlung in seinem Namen, das Urteil spricht vgl 4 14, ist belanglos. Die Verhandlung selbst wird nicht beschrieben, nur von der Eröffnung der Sitzung und vom Vollzug des

Gericht über die „Tiere“

wie schließlich Throne aufgestellt wurden
und ein Hochbetagter Platz nahm.
Sein Gewand war weiß wie Schnee,
sein Haupthaar rein wie Wolle.
Sein Thron waren Feuerflammen,
dessen Räder flackerndes Feuer.
10 Ein Feuerstrom ergoß sich
und ging von ihm aus.
Tausend(mal) Tausende dienten ihm,
Zehntausend(mal) Zehntausende standen vor ihm.
Das Gericht nahm Platz
und die Bücher wurden aufgeschlagen.

11 Ich schaute dann vor dem Lärm der großen Worte, mit denen das Horn
prahlte — ich schaute, wie schließlich das Tier getötet, sein Leib vernichtet
und dem lodernden Feuer übergeben wurde. 12 Auch den übrigen Tieren
nahm man die Herrschaft, und die Lebensdauer wurde ihnen nach Zeit und
Frist begrenzt.

Der „Menschensohn“

13 Ich schaute in den Nachtgesichten: Da kam mit den Wolken des Himmels
(einer) wie ein Menschensohn; er gelangte bis zum Hochbetagten, und man
brachte ihn vor diesen. 14 Ihm wurde Herrschaft und Ehre und Königtum
verliehen, und alle Völker, Stämme und Zungen dienten ihm. Seine Herrschaft ist eine ewige Herrschaft, die nicht vergeht, sein Königtum *(ein ewiges Königtum)*, das nicht zerstört wird.

7 [11a] Könnte ohne Schaden für den Sinn fehlen; Text wohl verderbt vgl die Bemerkung zum Inhalt vor [1].
[14] Ergänzt nach [27] 3 [100 (33)].

gefällten Urteils ist die Rede. Dies stützt sich auf Akten, in denen wie in Merk- oder Kontobüchern die Untaten des Bösewichts verzeichnet sind vgl Mal 3 [16] Ps 139 [16], so wie umgekehrt die Namen der Gerechten und deshalb Geretteten im Buche (Gottes) 12 [1] bzw. im Buche des Lebens stehen mit der Wirkung, daß sie vor frühzeitigem Tod Ex 32 [32 f] Ps 69 [29] bewahrt werden bzw. gar für die messianische Zeit Jes 4 [3] Dan 12 [1] oder (nach dem NT) für die himmlische Seligkeit bestimmt sind Phil 4 [3] Offb 13 [8] 17 [8] 20 [12 15].

[11 f] Zu [11a] s. oben vor [1 8]. Der Darsteller sagt das Wichtigste und Entscheidende zuerst, das ist die Vernichtung des vierten Tieres. Zeitlich geht die Entmachtung der drei anderen Tiere (Reiche) natürlich voraus. Das Leichenfeuer ist wohl ein anderes als das vom Thron ausgehende.

[13 f] Die Vernichtung der Weltreiche macht die Bahn frei für die Aufrichtung des ewigen Gottesreiches vgl 2 [44] 3 [100 (33)] 4 [31]. Dessen Vertreter oder Inhaber entsteigt nicht (wie 4 Esr 13 [2 f]) gleich den Tieren [3] der Tiefe, sondern er kommt in menschengleicher Gestalt bedeutungsvoll aus der Höhe und empfängt von dem „Hochbetagten“, d. i. Gott [9], die nach Raum und Zeit unbegrenzte, also ewige Weltherrschaft. „Menschensohn“ bedeutet, auch hier in der Vision, an sich nichts weiter als „Mensch“ Num 23 [19]. Allerdings betont der Ausdruck hier nicht, wie sonst oft Ps 8 [5] 144 [3 f] und häufig bei Ezechiel, die menschliche Schwäche, sondern die Überlegenheit über die Tiere. Wie diese nun jeweils Reiche und zugleich deren Könige versinnbilden [17], so vertritt auch der „Menschensohn“ ein Kollektivum, nämlich das „Volk der Heiligen des Höchsten“ [27] vgl [18 21 f 25],

Sinn der Vision

15 Ich, Daniel, wurde *darob* innerlich bestürzt, und die Gesichte meines
Hauptes beunruhigten mich. 16 Ich trat an einen der Umstehenden heran und
erbat von ihm über all dieses zuverlässigen Bescheid. Er gab Antwort und
erklärte mir den Sinn der Vorgänge: 17 „Jene großen Tiere, vier an der Zahl(,
bedeuten): Vier Könige erstehen auf der Erde. 18 Aber dann erlangen die Heili-
gen des Höchsten das Königtum, und sie werden das Königtum festhalten in
Ewigkeit, bis in alle Ewigkeit". 19 Darauf begehrte ich (noch) zuverlässigen Be-
scheid über das vierte Tier, das von ihnen allen verschieden war — fürchter-
lich über die Maßen, mit Zähnen von Eisen und Klauen von Erz, das fraß
und zermalmte und, was übrig blieb, mit den Füßen zertrat, — 20 und über
die zehn Hörner auf seinem Kopfe und über das andere (Horn), das hervor-
kam, während drei dafür abfielen — jenes Horn: [und] Augen besaß es und
einen Mund, der groß prahlte, und an Gestalt war es größer als seine Ge-
fährten. 21 Ich schaute: Da führte jenes Horn einen Kampf mit den Heiligen
und überwältigte sie, 22 bis der Hochbetagte kam, und den Heiligen des

7 15 b^e^gō' (oder: b^e^gin?) d^e^nāh.

d. i. in erster Linie die gesetzestreuen Juden, er ist aber zugleich deren Repräsentant und Herrscher. Durch ihn wird die Herrschaft verkörpert bzw. ausgeübt, die dem „Volk der Heiligen" verliehen wird 18 22 27. In der Darstellung wird allerdings das Kollektivum und seine Spitze als Einzelgestalt nicht auseinandergehalten; von 13 abgesehen, ist nur vom Kollektivum die Rede. Messianischer Begriff ist demnach „Menschensohn" von sich aus im AT und überhaupt im Alten Orient nicht, nur der hier damit verknüpfte Gedanke der ewigen Weltherrschaft ist messianisch. Da nun zwischen Herrschaft (Reich) und Herrscher, zwischen Kollektivum und Individuum nicht scharf unterschieden wird, ist es nicht überraschend, daß „Menschensohn", gewiß in bewußter Anlehnung an diese Danielstelle, im Munde Christi selbst zur Bezeichnung des göttlichen Messias geworden ist, der auf den Wolken des Himmels kommt Mt 26 64 vgl 24 30 Offb 14 14 und zur Rechten Gottes sitzt Apg 7 56, dazu auch Offb 1 7 13 und die Apokryphen, besonders Henoch 46 2-6 48 2-7 u. ö. Erst im NT wird klar: Der Menschensohn kommt als persönlicher Messias seinem Wesen nach vom Himmel, ist also nebst der ihm verliehenen Herrschaft letzten Endes himmlischer, nicht irdischer Natur.

15 Sorge macht dem Seher außer der Unklarheit auch die Art der visionären Vorgänge.

16 Ein Engel aus der Zahl der in 10 Erwähnten vgl zu Sach 1 9 u. ö.

17 Die vier Könige, deren Namen leider nicht genannt werden, vertreten ebensoviele, wohl aufeinander folgende Reiche.

18 Der Plural „die Höchsten" hat auch 22 25 27 als Gottesbezeichnung schon nach den alten Übss Singularbedeutung. Das „Volk der Heiligen des Höchsten", d. i. Israel wenigstens in seinem gesetzestreuen Teil, übt die ewige Weltherrschaft durch sein Haupt, eben den Menschensohn, aus vgl zu 13 f.

19-27 Mit 18 könnte die freilich ziemlich allgemein gehaltene Erklärung des Engels schließen. Was noch folgt, macht den Eindruck einer erläuternden Fortführung der kurzen Ausdeutung in 17 f. Daraus erklärt es sich wohl auch, daß der Traumbericht über das vierte Tier und seine Hörner 7 f noch einmal umständlich wiederholt 19 f und sogar erweitert wird 21 f.

20-22 Zusätzlich gegenüber 8 erfährt man hier in dem stilistisch schwerfälligen Text, daß „das kleine Horn", größer geworden als alle anderen, vor der endgültigen Entscheidung durch das himmlische Gericht 9-14 einen siegreichen Kampf gegen die „Heiligen", also gegen Israel, führt vgl 25 Offb 11 7. Auch der „Menschensohn" als das Haupt des „Volkes der Heiligen" muß bei dieser Entscheidung, die natürlich dem Antritt seiner Herrschaft vorausgeht, schon zugegen

Höchsten Recht gegeben wurde, und die Zeit eintrat, da die Heiligen das
Königtum übernahmen. 23 Also antwortete er: „Das vierte Tier: ein viertes
Reich wird es auf Erden geben, das sich von allen Reichen unterscheidet;
es verschlingt die ganze Erde, zertritt und zermalmt sie. 24 Und die zehn
Hörner: Aus jenem Reich erstehen zehn Könige, und ein anderer ersteht
nach ihnen; dieser unterscheidet sich von den früheren und bringt drei
Könige zu Fall. 25 Er redet (vermessene) Worte gegen den Höchsten, und die
Heiligen des Höchsten vernichtet er. Er trachtet (Fest)zeiten und Gesetz zu
ändern, und sie sind ihm in die Hand gegeben auf Zeit und Zeiten und halbe
Zeit. 26 Aber das Gericht wird Platz nehmen, und man entreißt ihm die
Herrschaft, um (sie) endgültig zu zerstören und zu vernichten. 27 Königtum,
Herrschaft und Triumph über die Reiche unter dem ganzen Himmel wird
dem Volk der Heiligen des Höchsten verliehen. Sein Königtum ist ein ewiges
Königtum, alle Herrschaften dienen und gehorchen ihm." — 28 Bis hieher.
Ende des Berichts. — Mich, Daniel, beunruhigten meine Gedanken sehr,
mein Aussehen entstellte sich, und ich behielt die Sache fest im Sinn.

8 1-27 Vision vom Widder und Ziegenbock

1 Im dritten Jahre der Regierung des Königs Belsazar wurde mir, Daniel,

und beteiligt sein, was aus 13 f allein nicht zu ersehen wäre. Der Gedanke, daß ein himmlischer Gerichtshof über Könige und Völker das Urteil fällt und vollstreckt vgl 9-12 und die Heiligen des Höchsten dadurch gegenüber dem anmaßenden Feind Recht bekommen 22, ist im NT in der Weise fortgeführt, daß die Heiligen selbst als Richter über die Welt mitwirken Mt 19 28 Lk 22 30 1 Kor 6 2 Offb 20 4. Die Übersetzung in G (Th): τὴν κρίσιν (τὸ κρίμα) ἔδωκε τοῖς ἁγίοις mag diese Vorstellung begünstigt haben.

23 f Die Auskunft gibt wohl derselbe Engel wie 16 f. Der elfte König (Antiochus IV.) unterscheidet sich von den übrigen vermutlich durch seine größere Gewalttätigkeit vgl weiter 7 f.

25 Derselbe Kampf wie 21. Antiochus IV. suchte aus Gründen der Reichseinheit auch in Juda die einheimischen religiösen Feste und Bräuche selbst mit blutiger Gewalt zu unterdrücken 9 27 1 Makk 1 61-64. In Jerusalem währte der Zustand höchster Religionsnot ohne Opfer und Tempelkult von 168—165. Diese Dauer entspricht den dreiundeinhalb „Zeiten" auch 12 7 Offb 12 14, sodaß „Zeit" gleich „Jahr" zu setzen wäre, vgl aber die sieben „Zeiten" 4 13 20 22 29. Immerhin bleibt die Dreiteilung merkwürdig, wobei noch dazu der Plural „Zeiten" im Sinne von „z w e i Zeiten" genommen werden muß. Die Zeit dieses religiösen Unglücks wird 9 27 mit halber (Jahres-) Woche, 8 14 mit 1150 Tagen, Offb 11 2 f 12 6 13 5 mit 42 Monaten oder 1260 Tagen, Dan 12 11 mit 1290, Dan 12 12 mit 1335 Tagen angegeben, vgl unten zu den Stellen. Der Endpunkt ist jeweils verschieden angesetzt, daher der Zahlenunterschied. Das NT hat dabei das Wirken des endzeitlichen Antichrist im Auge, scheint aber dreieinhalb Jahre als herkömmlich und typisch für die Dauer eines großen Unglücks überhaupt zunehmen, Lk 4 25 Jak 5 17 vgl mit 3 Kg 17 2. vgl Hos 6 1 f. Die Zahl hat sonach doch wohl mehr apokalyptische als geschichtliche Bedeutung.

26 könnte unmittelbar an 23 anschließen und sich auf das vierte Tier (statt: auf das kleine Horn) beziehen vgl 10-12.

27 vgl 14 18 22. Das (messianische Gottes)reich, in dem das „Volk der Heiligen" durch den Menschensohn herrscht, ist ein ewiges Weltreich vgl 2 44.

28 vgl zu 1. Daniel ist auch jetzt noch nicht zur vollen Klarheit gelangt 10 8. Dies und der Gedanke an die drohenden Kämpfe und Schrecken bereitet ihm weiterhin Sorge 8 27.

8 Kapital 8 ist wie 7, mit dem es sich inhaltlich berührt, Visionsbericht 1-14 samt Deutung durch den Engel 15-27. Hier sind es aber nur zwei symbolische Tiere, die sich bekämpfen und zwar andere als in 7: der Widder für das medopersische Reich und der Ziegenbock mit den

ein Gesicht zuteil nach jenem, das mir früher zuteil geworden war. 2 Ich
schaute im Gesicht, und als ich schaute, war ich in der Festung Susa in der
Provinz Elam[, da ich schaute im Gesicht, war ich] am Ulaj-Fluß.

Der Widder

3 Ich erhob meine Augen und schaute: da war ein Widder, der vor dem
Strome stand; er hatte zwei Hörner; die zwei Hörner waren hoch, das eine
aber war höher als das andere, und das höhere wuchs später empor. 4 Ich
sah, wie der Widder nach Westen, nach Norden und nach Süden loßstieß;
kein Tier hielt gegen ihn stand, und niemand rettete aus seiner Gewalt.
Er tat, was er wollte, und wurde groß.

Der Ziegenbock

5 Während ich (das) bedachte, kam ein Ziegenbock vom Westen her über
die ganze Erde, ohne daß er den Boden berührte; und der Ziegenbock hatte
ein *einziges* Horn zwischen den Augen. 6 Er gelangte zu dem Widder mit den
zwei Hörnern, den ich vor dem Flusse stehen sah, und rannte gegen ihn mit
gewaltiger Wut. 7 Ich sah ihn auf den Widder stoßen, er erboste gegen ihn,
traf den Widder und zerbrach seine zwei Hörner; der Widder hatte nicht die
Kraft, gegen ihn standzuhalten. Er warf ihn zu Boden und zertrat ihn,
und niemand fand sich, der den Widder aus seiner Gewalt befreite. 8 Der
Ziegenbock wurde überaus groß. Als er aber am stärksten war, brach das
große Horn ab, und an seiner Stelle wuchsen vier *andere* Hörner (gerichtet)
nach den vier Himmelsgegenden.

8 2 [ ] fehlt in G Th.
5 'aḥat vgl G; M: „ansehnliches(?)" ungewöhnlicher Ausdruck.
8 'aḥerōt G, fehlt Th V, vgl zu 5

vier Hörnern für das Reich Alexanders d. G. und der Diadochen 3-8 vgl 20-22. Das Bild vom kleinen Horn 9-14 vgl 23-25, von manchen für eine besondere Vision gehalten, ist dasselbe wie 7 8 11a 20-22 24-27. Die Beziehung auf Antiochus IV. steht hier außer Zweifel. Als literarisches Problem erhebt sich dieselbe schwer zu zu entscheidende Frage wie in 7, 9 und 11: Ist alles einheitliche Weissagung, oder hat ein Bearbeiter der makkabäischen Zeit bereits Erlebtes in die Deutung der überlieferten älteren Vision einfließen lassen, vielleicht gar den ganzen Abschnitt über das kleine Horn 9-14 erst eingefügt? Vgl die Bemerkungen vor 10 1.

1 f Ohne ersichtlichen Grund für den Wechsel ist der Text von hier ab wieder hebräisch vgl zu 2 4. Die frühere Vision ist die in 7 erzählte, s. dort auch die Datierung. Daniel ist nach wie vor in Babylonien 27, nur visionär befindet er sich in der nächst dem Ulaj (Euläus) gelegenen Hauptstadt Susa in Elam (früher selbständiges Reich, damals nur mehr persische Provinz).

3 Der Seher steht östlich, der Widder westlich des Stromes. Die verschiedene Größe der Hörner deutet an: Der Nachfolger übertrifft als Herrscher den Vorgänger, oder: Das persische Reich ist stärker als das ältere medische?

4 Medopersien 20 unternimmt Eroberungszüge nach allen Seiten und überwindet jeden Widerstand.

5 Der schnell wie im Fluge daherkommende Jes 41 3 visionäre Ziegenbock hat zum Unterschied von dem naturwirklichen zunächst nur ein Horn, das lediglich der Symmetrie halber zwischen den den Augen steht, weil nur ein König, Alexander d. G., dadurch versinnbildet werden soll 21, dessen Siegeslauf unaufhaltsam vorwärts geht.

6 f Der Tierkampf bedeutet die Zertrümmerung der Perserreiches durch Alexander den Großen 333—331.

8 Hinweis auf die vier Diadochen, die sich in das Reich Alexanders teilen 22, weniger wahrscheinlich nur allgemeine Anspielung auf den Zerfall des Reiches.

Das kleine Horn

9 Aus einem von ihnen kam ein einzelnes kleines [] Horn hervor, das dann
über die Maßen groß wurde, gegen Süden, gegen Osten und gegen das
Pracht*(land)* zu. 10 Seine Größe reichte bis zum Heer des Himmels, und es
stürzte von dem Heer und von den Sternen (manche) herab auf die Erde
und zertrat sie. 11 Bis zum Fürsten des Heeres reichte sein Großtun(?). Von
ihm(?) wurde das tägliche Opfer aufgehoben und seine heilige Stätte nieder-
gelegt. 12 Ein Heer wurde eingesetzt gegen das tägliche Opfer in Frevel; es
warf die Wahrheit zu Boden, und was es tat, das gelang. 13 Nun hörte ich
einen Heiligen sprechen, und eben diesen, der sprach, fragte ein (anderer)
Heiliger: „Wie lange dauert (die Erfüllung des) Gesicht(s) über das tägliche
Opfer, den Frevel des Verwüsters, die Preisgabe [] des Heiligtums und das
Zertreten durch das Heer?“ 14 Er entgegnete *ihm:* „Bis zu zweitausenddrei-
hundert Abend-Morgen; dann kommt das Heiligtum zu seinem Recht“.

Die Deutung

15 Als ich, Daniel, nun das Gesicht schaute und mich um sein Verständnis
bemühte, stand vor mir einer, der aussah wie ein Mann. 16 Dazu hörte ich

8[9] Ergänzt nach 11[16 41]. — [von] zu streichen.

[11 f] Der verderbte Text schwer wiederherzustellen, G Th teilweise anders; in [11] ist der Verfolger, sonst das Horn (Femininum!) als Subjekt zu denken. Inhaltlich [12] nur Wiederholung von [11]?

[13b] Text trotz aller Verbesserungsvorschläge mehrfach unsicher; tilge jedenfalls [und].

[14] 'ēlāu Übss; M: „zu mir“.

[9] Das kleine Horn, hier deutlich ein Nachfolger und Nachkomme der Diadochen vgl [23-25] 7[8] [11a] [20-22] [24-27], nämlich Antiochus IV. vgl 11[21-45], der gegen Ägypten, Persien und das „Prachtland“ Palästina 11[16] [41] Jer 3[19] Ez 20[6] [15] Kriegszüge unternahm.

[10 f] In der Darstellung wird das Bild alsbald aufgegeben und die natürliche Wirklichkeit geschildert vgl 7[8] 11[36], oder Bild und Erklärung wird vermengt, sodaß auch Maskulin-(Verfolger) und Feminin-Formen (Horn) wechseln. In frevelhafter Anmaßung vergreift sich der gewalttätige Herrscher an Gott, dem „Fürsten“ [25] des Himmelsheeres, und an dessen Volk. Daß die Sterne“ ohne weiteres dem „Volk der Heiligen“ [24], also den frommen Israeliten gleich zu setzen seien vgl 7[18] [27], wäre doch auffallend. Wahrscheinlich ist der Kampf gegen die Sterne reines Bild für die grausame und willkürliche Religionsverfolgung, die in der Unterdrückung des regelmäßigen Opferkultes und der Entweihung des Tempels in Jerusalem ihren Höhepunkt erreichte 1 Makk 1[45-59], zum täglichen Opfer s. Ex 29[38] [42] Num 28[3-8].

[12] inhaltlich gleich [11]: Der Angreifer, das „Horn“, hat mit seinen Gewaltmaßnahmen gegen Kult und Religion traurigen Erfolg vgl 7[21].

[13 f] Das Gespräch führen zwei Engel 4[10] 7[10]. Die Frage nach der Dauer der Religionsnot ist im Lapidarstil gehalten. Unter „Frevel des Verwüsters“ ist möglicherweise hier schon wie 9[27] 11[31] 12[11] die heidnische Opferstätte im Tempel zu verstehen.

[14] Die Antwort ist an den fragenden Engel gerichtet, aber für Daniel bestimmt. Das regelmäßig am Abend als dem Tagesbeginn Neh 13[9] und Morgen darzubringende Opfer fällt zweitausenddreihundert Mal, also an elfhundertfünfzig Tagen aus (von 168 bis 165). Dem rechtswidrigen Zustand machte die Reinigung und Wiedereinweihung des Tempels ein Ende 1 Makk 4[36-59] vgl zu 7[25].

[15 f] Gabriel erscheint hier zum ersten Mal als „Dolmetschengel“ vgl 9[21]. Sein geheimnisvoller menschenähnlicher Auftraggeber — das hebräische Wortspiel mit Gabriel läßt sich nicht nachahmen — muß nicht der „Menschensohn“ von 7[13] sein.

eine menschliche Stimme über dem Ulaj rufen und sagen: „Gabriel, erkläre
diesem hier das Gesicht!" 17 So kam er und stellte sich neben mich; doch ich
erschrak, als er kam und fiel auf mein Angesicht. Er sprach zu mir: „Beachte,
o Mensch, das Gesicht gilt der Endzeit!" 18 Als er mit mir sprach, stürzte
ich betäubt auf mein Angesicht zu Boden. Doch er rührte mich an und
stellte mich wieder aufrecht auf meinen Platz. 19 Dann sprach er: „Sieh,
ich teile dir mit, was am Ende der Zornes(zeit) sein wird; denn *(das Gesicht)*
gilt der Endzeit. 20 Der Widder mit den zwei Hörnern, den du gesehen hast,
(bedeutet) die Könige von Medien und Persien. 21 Der [zottige] Bock ist der
König von Griechenland; das große Horn zwischen seinen Augen, das ist
der erste König. 22 Daß es abbrach und vier an seine Stelle traten (bedeutet):
Vier Reiche erstehen aus (seinem) Volke, aber (sie sind) nicht von seiner
Kraft. 23 Am Ende ihrer Herrschaft, wenn es die Frevler auf die Spitze
treiben, ersteht ein König, frech und listenreich. 24 Stark durch seine Kraft
[und nicht durch seine Kraft] stiftet er Unheil zum Staunen; er hat dabei
Glück und führt es durch; er richtet Starke zugrunde, [und] das Volk der
Heiligen, 25 [und] durch seine Klugheit. Er kommt zum Erfolg durch List
und Gewalt.

Er ist überheblichen Sinnes
und richtet ohne Aufsehen viele zugrunde.
Gegen den Fürsten der Fürsten tritt er auf,
doch wird er zerschmettert, und keine Hand (muß sich rühren).

26 Das Gesicht über Abend und Morgen, wie angekündigt, ist Wahrheit.
Und du, verschließe die Vision, sie gilt fernen Tagen!"

27 Mir, Daniel, wurde es schwach(?), und ich war tagelang krank; dann
erhob ich mich und versah (weiter) den königlichen Dienst. Über das Ge-
sicht aber war ich betroffen, da es niemand erklären konnte.

8 19 Ergänzt nach 17.
21 [ ] Glosse? Übs: „Ziegenbock" wie 5.
24 [ ] Doppelschreibung nach 22, fehlt Th.

17 Endzeit ist hier das Ende der Zeit des (göttlichen) Zornes 19, also die letzte Zeit der Religionsverfolgung 26, nicht das Weltende.

18 Sogar in der Vision bewirkt die Nähe des Göttlichen oder Himmlischen beim Seher Furcht und Beklemmung im Gefühl der eigenen Unwürdigkeit Jes 6 5.

19 Zum Aufschub der Erfüllung bis zum „Ende" vgl außer 17 25 noch 10 14 11 27 35 40 12 4 9 13.

20 vgl 3 f. Medien und Persien als Einheit auch 5 28 6 9 13 16 (anders 2 39?). Die Verschiedenheit der ursprünglich getrennten Reiche könnte durch die Ungleichheit der Hörner noch angedeutet sein.

21 f vgl 5-8. Unter dem Zwang der Vierzahl steht der Verfasser nicht, wenn auch zwei der Diadochenreiche, Mazedonien und Thrazien, für ihn geographisch weit abliegen.

23-25 das „kleine Horn" vgl 9-12. Am Ende der Diadochen- und aller vorher genannten Reiche, aber dem letzten derselben noch angehörend, tritt der König auf, der an Verschlagenheit und Vermessenheit, jedoch auch an Erfolg im Zerstören und Vernichten alles Frühere übertrifft: Antiochus IV. „(Volk der) Heiligen" wie 7 18 21 f 25 27 anders 8 10. Sturz des Verfolgers ohne menschliches Zutun durch Gott selbst, den „Fürsten der Fürsten" vgl 2 34. Der Bericht über das Ende des Antiochus 1 Makk 6 8-14.

26 Sinn: Die Ankündigung über die Dauer der Not 14 ist völlig zuverlässig und so klar, daß sie keiner Erläuterung bedarf. Man soll die Verheißung gut in Erinnerung behalten, denn bis zur Erfüllung währt es noch lange 12 4 9 Hab 2 3.

27 vgl 7 28 10 2 f. Der Seher leidet schwer darunter, daß die Vision soviel Bedrohliches und für ihn Unklares enthält.

9 1-27 Die siebzig Jahrwochen

Vorbereitung auf die Vision:

a) Buße

1 Im ersten Jahre des Darius, des Sohnes des Xerxes, aus medischem Ge-
schlecht, der zum König über das Reich der Kaldäer bestellt war, 2 im ersten
Jahre seiner Regierung, suchte ich, Daniel, in den Schriften Klarheit über
die Zahl der Jahre, die nach dem Wort Jahwes an den Propheten Jeremias
über den Trümmern Jerusalems dahingehen sollten: siebzig Jahre. 3 Ich
wandte den Blick zu Gott dem Herrn, um (ihn) anzugehen mit flehentlichem
Gebet unter Fasten in Sack und Asche. 4 Ich betete zu Jahwe, meinem Gott,
bekannte und sprach:

b) Schuldbekenntnis

„Ach Herr, großer und furchtbarer Gott, der festhält an Bund und Gnade
für die, so ihn lieben und seine Gebote befolgen. 5 Wir haben gesündigt und
gefehlt, wir waren Frevler und Abtrünnige und ließen von deinen Geboten

9 1 f Die Verdoppelung der Zeitangabe geschah vielleicht bei der Vereinigung ursprünglich selbständiger Visionsberichte.

9 ist nach dem deutlichen Abschluß 8 26 f stilistisch und inhaltlich nicht bloß Anhängsel zu 8, sondern selbständige Einheit, die Klarheit über den Ablauf der bei Jeremias erwähnten Unheilsjahre für Jerusalem geben soll. Daniel bittet förmlich um solche Aufklärung 1-3 und erhält Bescheid durch Gabriel 21-27. Das Gebet, 4 b-19 im Wortlaut angeführt und durch die (neben 3 21) pleonastischen Bemerkungen 4a 20 mit dem erzählenden Text verbunden, ist ebenso wie dieser für sich allein verständlich. Es enthält ein Schuldbekenntnis im Namen des Volkes 4b-14 sowie die Bitte um Gnade für die samt dem Tempel in Trümmern liegende Stadt Jerusalem 15-19. Auf das eigentliche Anliegen Daniels, die siebzig Jahre, nimmt das Gebet gar nicht Bezug; umgekehrt wird in der erklärenden Antwort 24-27 Gabriels auf den Inhalt des Gebetes kaum zurückgegriffen. Viele Erklärer rechnen daher nicht ohne Grund mit nachträglicher Einfügung. Für diese Annahme ist jedoch auch das Alter der Erzählung oder Weissagung von Wichtigkeit. Gegen ihre Entstehung oder schriftliche Fassung erst unter Antiochus IV wird geltend gemacht, daß die siebzig Jahrwochen damals noch gar nicht abgelaufen waren und auch die Dreiteilung in sieben, zweiundsechzig und eine Jahreswoche hiebei Schwierigkeiten bereitet vgl unten nach 27.

9 1 Babylonien war inzwischen persisch geworden, vgl 6 1 29 auch über Darius; Xerxes ist unerklärt.

2 Siebzig Jahre sollte nach Jeremias die Verwüstung des Landes bzw. das Exil in Babylonien dauern Jer 25 11 f 29 10 vgl Sach 1 12 2 Chr 36 21. Daniel glaubte, mit dem Ende des babylonischen Reiches und dem Einrücken der Perser sei diese Frist verstrichen und wünscht nun Aufklärung über den Verzug der Heilszeit. „Schrift“ bedeutet bereits „Heilige Schrift“.

3 Über Bußfasten unter den bekannten Trauerbräuchen vgl 2 Sm 12 16 f Jo 1 13 f Job 1 12.

4a Verbindender Text zwischen Gebet und Bericht wie 20. Inhalt wie 3.

4b-19 Das teilweise formelhafte Gebet ist nicht originell, es berührt sich vielfach wörtlich mit dem Tempelweihegebet Salomos 2 Chr 6 vgl 3 Kg 8 und mit den Gebeten des Esra und Nehemia Esr 9 Neh 1 und der Leviten Neh 9. Außerdem kehrt es, mit Erweiterungen, fast ganz Bar 1 15-3 8 wieder. Es ist der einzige Abschnitt des Danielbuches, in dem der Jahwe-Name gebraucht wird. „Wort Jahwes“ 2 ist wohl nur Zitat nach Jer. Beachtenswert ist, daß der Betende sich in keiner Weise auf eigene Verdienste beruft, sondern nach offenem Schuldbekenntnis im Namen des Volkes nur an Gottes Ehre und Gnade appelliert 18 f

und Satzungen. 6 Auch hörten wir nicht auf deine Diener, die Propheten, die in deinem Namen redeten zu unseren Königen, unseren Fürsten, unseren Vätern und zum gesamten Volk des Landes. 7 Du, o Herr, bist im Recht; doch uns muß heute Scham das Gesicht (bedecken), den Leuten von Juda, den Bewohnern Jerusalems, allen Israeliten, den nahen und den fernen in allen Ländern, wohin du sie zerstreut hast wegen all der Untreue, die sie gegen dich verübten. 8 Jahwe, Scham muß uns das Gesicht bedecken, unseren Königen, unseren Fürsten und unseren Vätern, weil wir gegen dich sündigten. 9 Beim Herrn, unsern Gott, (suchen wir) Erbarmen und Nachsicht, da wir ihm abtrünnig wurden 10 und nicht dem Willen Jahwes, unseres Gottes, folgten, nach den Geboten zu wandeln, die er durch seine Diener, die Propheten, uns vorlegte. 11 Ganz Israel übertrat dein Gesetz und wandte sich ab, ohne deinem Willen zu folgen. So ergoß sich über uns der eidlich bekräftigte Fluch, der im Gesetze des Moses, des Dieners Gottes, geschrieben steht, weil wir gegen dich sündigten. 12 Er ließ seine Drohung in Erfüllung gehen, die er gegen uns und unsere Leiter, die uns leiten sollten, gerichtet hatte, großes Unglück über uns zu bringen, wie es nie geschehen war unter dem ganzen Himmel, wie es (aber jetzt) an Jerusalem geschehen ist. 13 Wie es im Gesetze des Moses geschrieben steht, [] so ist all dieses Unglück über uns gekommen; aber wir haben Jahwe, unseren Gott, nicht besänftigt, indem wir von unseren Freveln uns abgewandt und auf deine Treue Bedacht genommen hätten. 14 Doch Jahwe wachte darüber und brachte das Unglück über uns. Denn Jahwe, unser Gott, ist gerecht in all seinen Werken, die er wirkt, und wir folgten (ja) seinem Willen nicht.

c) Bitte

15 Aber nun, Herr, unser Gott, der sein Volk mit starker Hand aus Ägyptenland geführt und sich einen Namen gemacht hat, wie er heute (gilt): wir haben gesündigt, wir haben gefrevelt. 16 O Herr, ob all deiner Gerechtigkeit kehre dein grimmiger Zorn sich doch ab von deiner Stadt Jerusalem und deinem heiligen Berg! Denn unsrer Sünden und der Frevel unsrer Väter wegen ist Jerusalem und dein Volk zu(m Gegenstand) der Schmach geworden für unsere ganze Umgebung. 17 So höre nun, unser Gott, auf das Gebet deines Knechtes und auf sein Flehen, und lasse dein Antlitz leuchten über dein Heiligtum, das verwüstet liegt, um *(deiner selbst)* willen, o Herr! 18 Neige, mein Gott, dein Ohr, und höre, öffne deine Augen, und blicke auf die Verwüstungen bei uns und auf die Stadt, die deinen Namen trägt! Denn nicht (im Vertrauen) auf unsere Verdienste legen wir unsere flehentlichen Bitten dir vor, sondern (in der Hoffnung) auf dein großes Erbarmen. 19 Höre

9 13 Akkusativzeichen zu tilgen.
17 lᵉmaʿanᵉkā Th vgl 19; M: „um des Herrn willen".

6 „Väter" sind hier vielleicht die Vorgesetzten, nicht die Vorfahren.

7 Strafe und Schande, obwohl in der Gegenwart so groß, daß man am liebsten vor Scham das Gesicht bedeckt Jer 7 19 Ps 44 16 f, sind wohl verdient.

9 Man ist ganz auf Gottes Gnade angewiesen.

11 Fluch Lev 26 14-39 Dt 28 15-68 29 20-27.

14 Gott „wacht" über das Unheil, indem er dafür sorgt, daß die angedrohte Strafe auch eintritt Jer 1 12 31 28.

16 „Gerechtigkeit" nähert sich dem Begriff der Gnade, steht jedenfalls dazu nicht im Gegensatz.

doch, Herr, vergib doch, Herr, vernimm doch, Herr, und handle! Zögere
nicht um deiner selbst willen, mein Gott! Deine Stadt und dein Volk trägt
ja deinen Namen."

Die Erklärung Gabriels

20 Während ich noch redete und betete, meine Sünde und die Sünde meines
Volkes Israel bekannte und Jahwe, meinem Gott, meine flehentliche Bitte
für den heiligen Berg meines Gottes vorlegte, 21 während ich noch mein
Gebet sprach, eilte der Mann, Gabriel, den ich früher im Gesicht geschaut
hatte, *im Fluge* zu mir heran, um die Zeit des Abendopfers. 22 Er *kam*, sprach
mit mir und sagte: „Daniel, nunmehr bin ich ausgezogen, dir Klarheit zu brin-
gen. 23 Zu Beginn deines Flehens erging ein (Gottes)wort, und ich bin gekom-
men, es (dir) mitzuteilen. Denn Gottes Lieb*ling* bist du! Also merke auf das
Wort und achte auf das Gesicht:

24 Siebzig Wochen sind bestimmt
für dein Volk und deine heilige Stadt,
den Frevel zu verschließen,
die Sünde zu versieg*eln*
und die Schuld zu sühnen,
ewige Gerechtigkeit herbeizuführen,
Gesicht und Prophet unter Siegel zu legen
und das Allerheiligste zu salben.

20 wie 21a, vgl zu 4a.
21 So nach Übss; Punktation in M: „ermüdet in Ermüdung" kaum zutreffend.
22 wajjābō' G Syr; M: „er gab Einsicht".
23 Wohl zu ergänzen: 'īš vgl 10 11 19.
24b welaḥtom wie 24c; M: „zu Ende zu bringen" (Hifil von tāmam).

20 neben 21 verbindende Klammer wie 4a.

21 könnte unmittelbar an 3 anschließen. Gabriel schon 8 15 f.

23 Liebling (Gottes) wie 10 11 19.

24 enthält in Form der Weissagung sachlich schon die ganze Antwort auf das Bemühen Daniels um das Verständnis der siebzig Jahre 2. Was 25-27 folgt, ist nur weitere Erläuterung dazu. Der Sinn der Weissagung ist: Nicht siebzig Jahre, sondern siebzig Siebenheiten (Wochen Lev 25 8) von Jahren, also vierhundertneunzig Jahre werden vergehen, bis für Stadt und Volk die wirkliche Wendung zum Heile kommt; vgl die ähnliche Steigerung der Siebenzahl Mt 18 22 Gen 4 24. Mit dem Ende des Exils ist trotz der Heimkehr das vollendete Heil noch nicht erreicht, man muß es von einer ferneren Zukunft erwarten. Ziel und Erfolg dieser langen Zeit wird negativ und positiv jeweils in drei Gliedern ausgedrückt. Von den drei negativen Gliedern besagt wohl jedes dasselbe, nämlich: die Sünde (des Volkes d. i. wohl der Frevel gegen Stadt und Volk vgl 8 12 f) wird gehemmt, unmöglich und in ihren Wirkungen unschädlich gemacht. Unter Prophezeiungen das Siegel setzen dagegen bedeutet sie erfüllen oder ihre Erfüllung feststellen Job 3 33. „Ewige Gerechtigkeit", ein sonst nicht gebräuchlicher Ausdruck vgl immerhin Ps 119 142, scheint das messianische Heil zu bezeichnen im Unterschied von dem doch nur episodenhaften Ereignis der Heimkehr aus dem Exil. Allerheiligstes sagt man immer von einem Gegenstand (1 Chr 23 13 ist unsicherer Text). Die Salbung bezieht man daher auf die Wiedereinweihung (um 165) des durch Antiochus IV. profanierten Tempels oder auch auf ein völlig neues Heiligtum. Über Tempelsalbung gibt es zwar keinen Bericht, aber nach Ex 30 26-29 40 9-11 ist wenigstens das heilige Zelt samt Altar und Kultgeräten zu salben, wodurch sie „hochheilig" werden.

25 Du sollst wissen und merken: von (der Zeit, da) das Wort erging von der
Rückführung und dem Wiederaufbau Jerusalems bis zu einem Gesalbten,
einem Fürsten, sind sieben Wochen, und zweiundsechzig Wochen dauert (der
Zustand nach) der Rückkehr und der Wiederherstellung von Platz und
Graben. Am *Ende* dieser Zeiten, 26 nach den zweiundsechzig Wochen, wird
ein Gesalbter ausgerottet, und ihm ist nicht(s?). Stadt und Heiligtum wird
das Volk eines Fürsten verderben, der kommt. Sein Ende erfolgt durch
Überflutung, und bis zum Ende herrscht Krieg (und) beschlossene Ver-

9 25 übeqeṣ, G Syr vgl 11 13 12 13, mit 26 zu verbinden; M: „und in bedrängten Zeiten". — „Graben" nach der altaramäischen Zakir-Inschrift 10 und dem Akkadischen.

25 Die drei Zeitabschnitte, in denen die siebzig Jahrwochen verlaufen, sind von sehr ungleicher Länge. Das „Wort", das den Ausgangspunkt der Berechnung zu bilden hat, und damit dieser selbst, läßt sich aber nicht mit der wünschenswerten Deutlichkeit feststellen. Am wahrscheinlichsten ist es das oben in 2 angezogene Wort bei Jeremias über die Dauer des babylonischen Exils, das etwa um 605 erging Jer 25 1 11 oder das Wort über die Dauer der babylonischen Herrschaft Jer 29 10, deren Beginn mit dem Regierungsantritt Nebukadnezars und der zwangsläufigen Unterordnung des judäischen Königs Jojaqim unter ihn (ebenfalls 605) gleichzusetzen wäre. Manche Erklärer fassen 586 ins Auge, wo die Drohung sich mit dem Fall Jerusalems zu erfüllen begann, oder ziehen Jer 30 18 als Verheißung in Betracht, andere denken an das Edikt des Cyrus über die Heimkehr der Exulanten 538 Esr 1 1-4 6 3-5, an das Edikt des Darius über den Tempelbau 520 Esr 6 1-12 oder gar an die Erlaubnis zur Heimkehr unter Esra 458 Esr 7. Aber in keinem Fall ergibt sich das gewünschte glatte Resultat für den Endpunkt der Fristen s. unten nach 27. Der ersten Periode, den sieben Jahrwochen, könnte die Zeit von 586—538 (Exil) wohl entsprechen. Für den gesalbten Fürsten hält man darum vielfach Cyrus Jes 45 1 oder den Hohepriester Josua, der beim Tempelbau eine Rolle spielte Esr 2 2 3 2, etwa auch Serubbabel Sach 4 14 oder einen anderen unbestimmten einheimischen Fürsten vgl Hos 3 5 Jer 30 9, wie er in der Exilszeit gefehlt hat. Die zweiundsechzig „Wochen", beginnend mit der Heimkehr und der zunächst gewiß notdürftigen Wiederherstellung Jerusalems, auch der Mauer und des Stadtgrabens sowie wohl auch anderer Orte, sind die, gemessen am Exil, verhältnismäßig erträgliche Zeit unter einheimischer aaronitischer (priesterlicher) Spitze bei fremder Oberhoheit.

26 Den Abschluß der langen Periode von zweiundsechzig „Wochen" bildet ein religiöses und nationales Unglück, die gewaltsame Beseitigung eines „Gesalbten", der zum Unterschied von jenem in 25 aber nicht zugleich Fürst ist. Man versteht darunter die widerrechtliche Absetzung und spätere hinterlistige Ermordung des Hohenpriesters Onias III um 174 bzw. 171 vgl 2 Makk 4 1-6 33-35, weniger wahrscheinlich auch den Tod des Messias selbst. Der Sinn der verstümmelten Bemerkung: „ihm ist nichts (kein Rechtsschutz, kein Anhang, keine Schuld?)" bleibt unklar. In dem kommenden Fürsten der dann beginnenden einen Jahr-Woche sieht man gewöhnlich Antiochus IV., der Jerusalem besetzte und den Tempel entweihte und diesen Zustand bis zu seinem eigenen unglücklichen Ende aufrecht erhielt 1 Makk 1 29-35. Die Beziehung auf Titus 70 n. Chr. hätte noch größere chronologische Schwierigkeiten. Andere lassen, weniger wahrscheinlich, über Stadt und Tempel das Ende kommen und diesen Zustand der Verwüstung bis Kriegsschluß andauern. Jedenfalls währt die Kriegsnot bis zum Ende der letzten Jahreswoche und damit der siebzig Jahrwochen überhaupt. Der Krieg mit seinen Schrecken und Verwüstungen als Überflutung auch 11 10 40 Jes 8 8 10 22 vgl Ps 32 6.

wüstung. 27 Er schließt einen festen Bund mit vielen eine Woche lang, eine halbe Woche unterdrückt er Schlacht- und Speiseopfer, und auf dem Fittich der Greuel ist der Verwüster(?) [und] bis zum beschlossenen Ende, das über den Verwüster hereinbricht.

9 27 Text am Schluß unsicher, vielleicht šiqqūṣ mešōmem G Th vgl 11 31 12 11 „der Greuel des Verwüsters" oder „verheerender Greuel". Einige finden hier den Gottesnamen Schomem, Verstümmelung oder „ironische Umdeutung" von Baal-Schamaim, dem alten Namen des syrischen Sonnengottes.

27 Der fremde Eroberer gewinnt eine starke Partei im Lande für sich 11 32: Antiochus IV. verband sich mit den hellenistisch gesinnten Juden 1 Makk 1 11 f. Daß die letzte „Woche" umgekehrt den Bund Gottes mit Israel 4 11 22, also die religiöse Treue, stärkt 1 Makk 1 62 f 2 27, scheint der Text nicht zu sagen. Die Kraft der religiösen Überzeugung mußte sich allerdings bei der gewaltsamen Unterdrückung der pflichtmäßigen Religionsübung auch bewähren vgl 1 Makk 1 54-64. Zur Unglückszeit von einer halben „Woche" (dreieinhalb Jahren) 168—165 vgl zu 7 25 8 14 12 11 f. Der letzte Satz scheint auf die Errichtung des Götzenaltars 1 Makk 1 54 f 59 oder des Götterbildes 2 Makk 6 2 anzuspielen vgl 11 31 12 11. Das verächtliche „Scheusal", „Greuel" ist im AT häufig Bezeichnung für Gottesbild. Die Wiedergabe „Greuel der Verwüstung(en)" in G Th, auch 11 31 12 11 und im Zitat Mt 24 15 Mk 13 14 scheint die Verheerung von Tempel und Stadt (und Land) miteinzubeziehen. Unklar bleibt der „Fittich der Greuel". Ist vielleicht zu übersetzen: „Auf dem Fittich des Tempels ist der Greuel des Verwüsters", also etwa ein Götterbild oder -Emblem (vgl Mt 4 5 Lk 4 9 πτερύγιον „Zinne, Bauteil über dem Haupttor"?) Ferner ist nicht sicher zu erkennen, ob das Ende des gewalttätigen Feindes — das ist das Wahrscheinlichere — oder das Ende des Tempels durch Entweihung und Verwüstung angedroht werden soll. In diesem letzten Falle bliebe nur die Befristung der Schreckenszeit als Hoffnungsschimmer. Daß ursprünglich hier noch ein besonderes Wort über die dann anbrechende Heilszeit gefolgt sei, läßt sich nicht beweisen.

Zur G e s a m t b e u r t e i l u n g von 24-27 ist im Auge zu behalten, daß die Weissagung nicht über das künftige Heil selbst, sondern über die Dinge und Ereignisse Aufschluß geben will, welche die siebzig Jahrwochen v o r dem Anbruch des Heils kennzeichnen oder begrenzen. Es kommt also darauf an, diese angedeuteten Ereignisse und die daran beteiligten Persönlichkeiten geschichtlich zu fassen und einzuordnen. Auf dem Wege z a h l e n m ä ß i g e r B e r e c h n u n g läßt sich die Frage nach Anfangs- und Endpunkt der einzelnen Fristen — sieben, zweiundsechzig, eine „Woche" — nicht erfolgreich entscheiden. Es ist von vornherein zu beachten, daß die Einteilung der Zeit bis zum Beginn des Heils hier anders erfolgt als in den Weissagungen über die vier Weltreiche Kap. 2 7, obwohl das Ende des Gesamtablaufs das gleiche ist. Ob man die Ankündigung bei Jeremias (605), die Wegführung ins Exil (586, das Cyrus-, Darius- oder Artaxerxes-Edik (538, 520, oder 458) als Anfangspunkt der siebzig Jahre nimmt, für den Endpunkt der einzelnen Fristen in der nachexilischen, makkabäischen oder messianischen Zeit ergeben sich die erwarteten Resultate überhaupt nicht oder nur annähernd.

Für das Ende der ersten Periode — neunundvierzig Jahre — paßt wohl 538/7, aber weder für das Jahr 556 (nach 605) noch für 489 (nach 538) noch für 471 (nach 520) noch für 409 (nach 458) ist ein entsprechendes Ereignis bekannt. In gleicher Weise würde — von den zweiundsechzig Wochen ganz zu schweigen — die Rechnung für das Ende der siebzig Wochen unbefriedigend. Die Jahre 115, 96, 48, 30 v. Chr. und 32 n. Chr. sind durch nichts ausgezeichnet, was als Ende einer siebenjährigen Religionsnot gelten könnte 27. Die Vielfalt der Erklärungsversuche, die sich auf die Zahlen stützen, zeigt die Schwierigkeit, ja Unmöglichkeit der zahlenmäßigen Berechnung. So sehr man früher für die messianische Ausdeutung, auf Christi Tod und das Ende Jerusalems, eingetreten ist, über die Berechnung im Einzelnen war man sich keineswegs einig, sodaß von einem consensus patrum im Sinne der Dogmatik nicht die Rede sein kann. In der Weissagung spricht ja nicht der Historiker, sondern der Apokalyptiker, danach sind die Zahlen aufzufassen. Siebzig ist runde Zahl für einen längeren Zeitabschnitt. Mit siebzig Jahren, der durchschnittlichen Dauer eines Menschenlebens Ps 90 10, bemißt sich auch sonst in der prophetischen Verkündigung die Zeit des Unglücks vgl Jes 23 15-17 (für Tyrus). Auch dreieinhalb Jahre ist typische Unglückszeit vgl zu 7 25. Eine zahlenmäßig genaue Zeitbestimmung ist also auch Dan 9 gar nicht beabsichtigt.

Aber auch die s a c h l i c h e n Anhaltspunkte geben keine volle Sicherheit, weil die Aussagen über die entscheidenden Ereignisse oft zu undeutlich sind. Was sich an Vorgängen sachlich mit einiger Sicherheit bestimmen läßt, weist in die makkabäische Zeit. Der feindliche „Fürst“, der in Jerusalem „Frevel“ verübt, „Stadt und Heiligtum zugrunde richtet“, den Kult unterdrückt und „Greuel“ veranlaßt, entspricht ziemlich genau dem „kleinen Horn“ 8 11-14, das ohne Zweifel Antiochus IV. versinnbildet; selbst die Zeitdauer (dreieinhalb Jahre: elfhundertfünfzig Tage 8 14) stimmt ziemlich überein, und als „Greuel der Verwüstung“ wird die heidnische Opferstätte im Tempel, das Werk des Antiochus IV., auch 1 Makk 1 54 bezeichnet (wie in G Th zu Dan 9 27 11 31 12 11). Daher hat schon Josephus hierin die Erfüllung der Danielweissagung gefunden. Ein zweites Mal sah er sie allerdings, wie es scheint, durch die Römerherrschaft erfüllt, die unter Titus 70 n. Chr. das Ende Jerusalems herbeiführte Ant. X 11 7 XII 7 6. Auch Christus verweist in seiner Gerichtsrede für den „Greuel der Verwüstung“ an heiliger Stätte auf Daniel zurück Mt 24 15 vgl Mk 13 14. Das würde freilich die makkabäische Deutung nicht ausschließen. Trotzdem ist diese für sich allein kaum genügend. Namentlich der Beginn der „ewigen Gerechtigkeit“ 24 mutet messianisch an und ist für makkabäische Verhältnisse schwer verständlich. So freilich, daß man den „gesalbten Fürsten“ am Ende der sieben (Cyrus?) und wieder den „Gesalbten“ am Ende der zweiundsechzigsten „Wochen“ (Onias?) 25 f einfach als Vorbild für Christus betrachtet, wird die Sache auch nicht gehen. Die Unterdrückung des Tempelkultes durch Antiochus und die durch den Messias bewirkte Aufhebung von Tempel und Opfer sind ja nach Grund und Absicht ganz verschieden. Jener will sie als böswilliger Gegner absolut vernichten, dieser aber will das Opfer- und Tempelwesen durch etwas Neues, an Wert und Bedeutung weit Überlegenes ersetzen. Wie öfters in der Prophetie, so fließt für den Apokalyptiker unter Verzicht auf geschichtliche Perspektive nahe und ferne Zukunft, makkabäische Religionsnot und Anbruch messianischen Heils in eins zusammen. Zur Annahme eines vaticinium post eventum vgl vor 10 1.

Bei der allerdings kaum begründeten eschatologischen Ausdeutung der Weissagung (ausschließlich auf die Endzeit nicht einmal auf die mit Christus beginnende messianische Zeit) erübrigt sich jeder Versuch zur zeitlichen Festlegung und geschichtlichen Einordnung.

10 Der gemeinsame Rahmen, der Kapitel 10-12 umspannt, ist die „Erscheinung“ 10 1 f, in welcher der Offenbarungsengel dem Seher umfangreiche und eingehende Erklärung zu einer vorhergegangenen, hier aber im Wortlaut nicht mitgeteilten visionären Offenbarung gibt, die 10 1 als „Wort“, 10 14 als „Gesicht“ bezeichnet wird. Gegenstand der Offenbarung und Erklärung sind, wie immer, die Leiden und Kämpfe der Zukunft, besonders am „Ende“ unmittelbar vor Anbruch der Heilszeit. Einleitend wird von der Vorbereitung Daniels auf die neue erklärende Offenbarung 1-3 sowie von der Gestalt des Offenbarungsengels und deren Wirkung auf den Seher berichtet 4-19. In einer langen Rede verweist dann der Offenbarungsengel selbst zuerst auf den Kampf der Engel als der Vertreter der feindlichen Völker 10 20-11 1 untereinander, und entwirft darauf ein Bild von den zu erwartenden Kämpfen zwischen Seleukiden und Ptolemäern 11 2-20; am ausführlichsten behandelt er den Religionskampf unmittelbar vor dem „Ende“ unter Antiochus IV. Epiphanes 11 21-45. Die Rettung in einem anderen Stadium der Endzeit durch Auferstehung der Gerechten 12 1-3, Zeitangaben sowie persönliche Belehrung und Verheißung für Daniel 12 4-13 bilden den Abschluß. Für den Seher bleibt auch nach dieser langen Wortoffenbarung vieles, namentlich die genaue Zeit des Endes, unklar und unbestimmt und soll es sein 12 9. Daneben finden sich hier aber, weit mehr noch als in 7-9, so

10 1-12 13 Vision mit Wortoffenbarung über die Geschehnisse vor Anbruch der Heilszeit

Vorbereitung

1 Im dritten Jahre des Königs Cyrus von Persien wurde dem Daniel, genannt Beltsazar, ein Wort geoffenbart. Das Wort ist zuverlässig, (es bezieht sich auf) große Kriegsnot. Er suchte Klarheit über das Wort, und Klarheit erhielt er durch die (folgende) Erscheinung.

2 In jener Zeit hielt ich, Daniel, drei volle Wochen lang Trauer. 3 Schmack-
hafte Speise aß ich nicht, Fleisch und Wein kamen mir nicht in den Mund, auch salbte ich mich in keiner Weise, bis drei volle Wochen verstrichen waren.

Der Offenbarungsengel erscheint

4 Am vierundzwanzigsten Tag des ersten Monats befand ich mich am Ufer
des großen Flusses[, nämlich des Tigris]. 5 Als ich meine Augen erhob und
schaute, war da ein Mann, in Linnen gekleidet, um die Lenden einen Gürtel
aus Gold *und Feingold*, 6 sein Leib wie Tarsis(-Stein), sein Gesicht an Aussehen
wie der Blitz, seine Augen wie brennende Fackeln, an Armen und Beinen ein Funkeln wie von Glanzerz und der Ton seiner Worte (gewaltig) wie das
Lärmen der Volksmenge. 7 Ich, Daniel, allein sah die Erscheinung, die Leute

10 4 [ ] wohl Glosse; der große Fluß ist sonst der Euphrat.
5 ūpāz vgl HL 5 11; M: unsicheres Wort Jer 10 9; vgl 3 Kg 10 18 mit 2 Chr 9 17.

genaue Einzelangaben über die Zukunft wie sonst nirgends in der Prophetie. Auch traditionsbewußte Erklärer rechnen deswegen damit, daß ein in der Makkabäerzeit lebender Bearbeiter von ihm selbst bereits Miterlebtes in die älteren Weissagungen miteinfließen ließ. „Fingierte Weissagung" wäre zu einfache Erklärung. Zudem ist „Endzeit", wie schon in 9, umfassender Begriff, der messianisches und Eschatologisches nicht ausschließt vgl 12 1-3.

10 1 Verbindender Text im Er-stil wie 7 1 inmitten des Ich-Berichtes. Über Beltsazar vgl 1 7, zum Datum, dem jüngsten im Danielbuch, 1 21. Das „Wort" ist inhaltlich gleich dem „Gesicht" 14. Im folgenden wird nicht sein dem Daniel ja schon bekannter Inhalt, sondern nur die vom Seher gewünschte Erklärung dazu in einer neuen „Erscheinung" 10 1 7 f mitgeteilt und von 11 2 an verzeichnet. Unter Kriegsnot sind die in 11 geschilderten Kriege und ihre Auswirkungen, nicht die Engelkämpfe 10 13 20 f zu verstehen.

2 f Trauer- und Bußfasten ist durch die im „Wort" angedrohten Übel veranlaßt, oder es soll die Bitte um Aufklärung darüber unterstützen 12 9 3. Salbung gehört beim heißen Klima des Morgenlandes zur gewöhnlichen Körperpflege, die beim Fasten unterbleibt Mt 6 17. Auf Fleisch und Wein hatte Daniel nach Abschluß seiner Ausbildung für den Hofdienst 1 8-16 wohl nicht mehr völlig verzichtet.

4 Hier beginnt der einleitende Bericht über die „Erscheinung" 7 f, in deren Verlauf der Engel dem Daniel seine Mitteilungen macht. Ob das Datum (Monat des Pascha-Festes) eine besondere Bedeutung hat, ist nicht zu ersehen.

5 f Der ungenannte Offenbarungsengel ist, in Anbetracht seiner Verbindung mit Michael 13 21, möglicherweise wieder Gabriel wie 8 16 9 21, nicht etwa der Offb 1 13-15 ähnlich beschriebene Messias. Von (weißem) Linnen war die Gewandung der Priester Offb 15 6 vgl Ez 9 2 10 2; im übrigen ist die Gestalt visionär; ihre Ausstattung, ähnlich der in Ez 1 4-28, deutet auf ein himmlisches Wesen. Die Frage, wie man trotz des Gewandes auch den Leib sieht, ist bei einer Vision müßig. Tarsis-Stein soll Name für Chrysolith oder Topas sein.

7 Die Begleiter merken wohl, daß etwas Ungewöhnliches und für sie Unheimliches vorgeht, sie nehmen aber nur an dem Schrecken teil, den die Vision

bei mir sahen die Erscheinung nicht; doch befiel sie ein großer Schrecken,
so daß sie flohen, um sich zu verbergen. 8 So blieb ich allein zurück, als ich
diese große Erscheinung hatte. Aber es blieb mir keine Kraft, mein gutes
Aussehen entstellte sich furchtbar[, und ich behielt keine Kraft]. 9 Nun hörte
ich den Ton seiner Worte; als ich aber den Ton seiner Worte vernahm, fiel
ich betäubt auf mein Angesicht und (blieb) mit dem Angesicht auf dem
Boden (liegen). 10 Doch sieh, eine Hand berührte mich und brachte mich hoch
auf meine Knie und Handflächen. 11 Dann sprach er zu mir: „Daniel, Lieb-
ling (Gottes), achte auf die Worte, die ich dir sage! Stelle dich aufrecht auf
deinen Platz, denn nun (endlich) bin ich zu dir gesandt!" Als er dies Wort
zu mir sagte, stellte ich mich zitternd aufrecht. 12 Dann sprach er zu mir:
„Fürchte dich nicht, Daniel! Denn vom ersten Tage an, da du dich bemühtest,
Klarheit zu erlangen und dich vor deinem Gott zu demütigen, wurden deine
Worte gehört, und deiner Worte wegen hatte ich mich auf den Weg (zu dir) ge-
macht. 13 Aber der (Engel)fürst des Perserreiches stellte sich mir einundzwan-
zig Tage entgegen, doch siehe da, Michael, einer der ersten Fürsten, kam
mir zu Hilfe. So wurde ich dort, bei *dem* König von Persien, überflüssig.
14 Drum komme ich nun, dir Klarheit zu bringen über das, was deinem
Volke in den letzten Tagen geschehen wird. Denn das Gesicht gilt erst für
(ferne) Tage." 15 Während er solche Worte an mich richtete, senkte ich
meinen Blick zu Boden und blieb stumm. 16 Da siehe, wie (mit) Menschen-
(hand) berührte er meine Lippen, daß ich meinen Mund öffnen und reden
konnte. So sprach ich zu dem, der vor mir stand: „Mein Herr, durch die
Erscheinung überkamen mich Wehen, und ich behielt keine Kraft. 17 Wie

10[8] [ ] wohl Zusatz aus [16].
[13] So Übss; M: Plural.
[16] Ergänze nach G: jad.

verbreitet, nicht an dieser selbst, ähnlich wie die Begleiter des Paulus vor Damaskus Apg 9[7] 22[9] 26[13 f].

[8] Der Schrecken entstellt das Gesicht des Sehers ähnlich 7[28] 8[27].

[9-11] Proskynese aus Ehrfurcht vor dem himmlischen Wesen vgl Jes 6[5], aber auch infolge des lähmenden Schreckens, den der Engel selbst beheben muß vgl 8[17 f].

[11] Anrede wie [19] vgl 9[23].

[12 f] Das nach [2 f] vorauszusetzende, wenn auch nicht ausdrücklich erwähnte Gebet Daniels um Belehrung war sofort erhört worden, aber er war davon nicht verständigt. Das Hindernis lag an dem Widerstreit unter den die einzelnen Völker vertretenden Engeln, der in stark menschlicher Weise nach Art des Kampfes zwischen den Völkern selbst gedacht erscheint. Er wird ausgefochten, offenbar zugunsten Judas, zwischen dem Offenbarungsengel, der von Michael, dem Schutzengel Judas, unterstützt wird [21] 12[1], gegen die Engel von Persien und Griechenland [20]. Die Vorstellung vom „Schutzengel" einzelner Völker tritt hier zum ersten Mal klar hervor. Aus Jos 5[14] Jes 24[24] Sir 17[17] allein könnte man sie nicht erschließen.

[14] Das Gesicht, in [1] als Wort bezeichnet, das der Engel nun erläutern will, hat nicht die nächste, sondern eine unbestimmte ferne Zukunft zum Gegenstand vgl 8[19 26] 11[27 35] 12[4 9 13]. — Die Erklärung beginnt erst 11[2]. Den dazwischen stehenden Text, der teilweise in Unordnung geraten zu sein scheint und nichts wesentlich Neues bringt, würde man hier nicht vermissen.

[15-19] In der Hauptsache Wiederholung des Vorganges von [8-12]. Daniel wird ohnmächtig und muß vom Engel erst wieder zu Kraft und Besinnung gebracht werden, um reden zu können.

[16] Berührung der Lippen des Sehers Jer 1[9] als Sinnbild oder Mittel sittlicher Reinigung Jes 6[7], hier wohl der Kraftübertragung.

[17] Der Untergebene spricht von sich

kann auch der Knecht meines Herrn hier mit meinem Herrn hier sprechen!"
Von da ab war keine Kraft mehr in mir, und aller Atem war mir benommen.
18 Da berührte mich (die Gestalt, die) wie ein Mensch aussah, noch einmal
und stärkte mich. 19 Dann sprach sie: „Fürchte dich nicht, Liebling (Gottes)!
Heil dir! Sei stark, sei stark!" Indem er so mit mir redete, fühlte ich mich
gestärkt und sprach: „Nun rede mein Herr! Denn du hast mich gestärkt".
20 Da sagte er: „Weißt du, warum ich zu dir gekommen bin? Jetzt muß ich
wieder umkehren, um mit dem (Engel)fürsten von Persien zu kämpfen; und
ziehe ich aus, sieh, da kommt schon der (Engel)fürst von Griechenland.
21 [] Niemand unterstützt mich gegen sie als euer Fürst Michael, 11 1b *der
mir* beisteht als Stärkung und Schutz. — 11 1a Ich, im ersten Jahre des
Meders Darius — 10 21a Doch nun tue ich dir kund, was im Buche der Wahr-
heit verzeichnet ist. 11 2 Nun gebe ich dir zuverlässige Auskunft:

Die Offenbarung:

a) Kämpfe zwischen Süden und Norden (Ptolemäern und Seleukiden)

Siehe, noch drei Könige erstehen den Persern, und der vierte erwirbt
größeren Reichtum als alle. Bei seiner Stärke bietet er vermöge seines Reich-
tums alles auf gegen das griechische Reich. 3 Nun ersteht ein heldenhafter
König; er begründet eine weite Herrschaft und tut, was er will. 4 Doch
(rasch) wie er aufgetreten, zerbricht sein Reich und wird verteilt nach den
vier Himmelsrichtungen, doch nicht unter seine Nachkommen. Der Herr-
schaft, wie er sie besaß, (wird es) nicht (mehr) gleichen, vielmehr wird sein

10 21-11 1 Vielleicht durch Verschmelzung zweier älterer Visionsberichte scheint der Text verwirrt zu sein; Umstellung wie oben nur versuchsweise. 21a erweiternde Variante zu 11 2a?

11 1a Aus anderm Zusammenhang? vgl 6 1. Zweck der Zeitangabe hier unklar. 1b ʿōmed ... lī vgl Syr; M: „mein Stehen ... ihm".

und dem Angeredeten unterwürfig bzw. respektvoll in der dritten Person. Die erneute Ohnmacht und wiederholte Berührung fällt auf. Auf 17a könnte sofort 19b folgen.

20 Den Zweck seines Kommens hat der Engel dem Seher bereits mitgeteilt 14. Die Unausgeglichenheit des Textes wird meist damit erklärt, daß zwei ursprünglich getrennte Darstellungen, der Bericht über den Engelkampf 13 20 f 12 1 und die Erläuterung des Offenbarungsengels zu der vorausgegangenen Vision, verbunden sind vgl zu 14 und die Textbemerkung oben zu 21.

21 Die Belehrung des Sehers über die Zukunft 11 2-12 13 erfolgt natürlich vor der Fortsetzung des Engelkampfes gegen Persien und Griechenland. Daß sich der Engel selbst für seine Mitteilungen auf ein Buch bezieht, in dem wohl die Zukunft im voraus festgelegt war vgl zu 7 10 12 1 Ps 139 16 könnte auffallen, bedeutet aber keinen unlösbaren Widerspruch zu 14 11 2. Michael wie 13 12 1.

11 1 Das hier den Zusammenhang störende unerklärte Datum vgl 6 1 scheint hinter 10 1 zurückzugreifen. Text aber unsicher.

2 könnte gut unmittelbar an 10 14 anschließen s. dort. — Gemeint sind nach der gewöhnlichen Annahme die Nachfolger des Cyrus 10 1: Kambyses und Pseudo-Smerdis 529—21, Darius I. 522 bis 485 und Xerxes I. 485—65, der den Zug gegen Griechenland unternahm.

3 Alexander der Große 336—23. Der Zeitraum zwischen ihm und Xerxes bleibt unberücksichtigt. Unumschränkte Macht und unbegrenzte Willkür wird auch dem Perserkönig 8 4 und dem Seleukidenherrscher zugeschrieben 11 16 36.

4 Das Reich Alexanders fällt nicht seinen Leibeserben zu, sondern es wird unter die Diadochen aufgeteilt 8 8 22.

Reich zertrümmert, und anderen als jenen wird es gehören. 5 Nun erstarkt
der König des Südens, doch von seinen Fürsten wird ihn [] einer an Stärke
überflügeln und selbst Herrscher werden; dessen Herrschaft ist eine gewaltige Macht. 6 Nach Verlauf von Jahren verbünden sie sich, und eine Tochter
des Königs des Südens kommt zum König des Nordens, um den Frieden zu bekräftigen. Doch sie wird die Kraft seines Armes nicht behalten; er und sein Arm hat nicht Bestand; dahingegeben wird sie selbst, dazu ihr Gefolge (aus der Heimat), ihr *Kind* und ihr Schutzherr. Zu (gegebener) Zeit 7 tritt
einer auf, *ein* Sproß ihrer Wurzeln, *an* seiner Statt. Er rückt aus gegen das Heer und gelangt in die Festung des Königs des Nordens. Er handelt gegen sie und zeigt sich stark. 8 Selbst ihre Götter samt ihren Guß-
bildern, samt ihren kostbaren Geräten, Silber und Gold bringt er als Beute nach Ägypten. Dann läßt er Jahre lang ab vom König des Nordens. 9 Dieser
zieht gegen das Reich des Königs des Südens, doch muß er wieder umkehren in sein Land. 10 Aber *sein* Sohn rüst*et* und samm*elt* gewaltig große Streit-
kräfte; damit rückt er *gegen ihn* vor und zieht, (alles) überflutend, daher. Noch einmal rüstet er (und gelangt) bis zu seiner Festung. 11 Das erbittert
den König des Südens; er zieht aus und kämpft mit ihm [mit dem König des Nordens]. Dieser bietet eine große (Heeres)masse auf, doch die Masse gerät in seine (des Ägypters) Hand. 12 Die Masse wird geworfen; da wird
er *hoch*mütig, er schlägt Zehntausende nieder, doch hält seine Kraft nicht

11 5 [und] Doppelschreibung vgl G Th.
6 w^{e}jaldāh; M: genitor eius.
7 ja^{ca}mod neṣær miššòrāšæhā ^{c}al kannō vgl G.
8 Statt „ablassen" Gen 29 35 übersetzen manche: „er wird überlegen sein".
10 Singulare nach G und teilweise Ketib, in M Plurale. — Ferner: bō Hss G; M: „kommen" (Infinitiv).
11 [ ] überflüssig erklärender Zusatz.
12 w^{e}rām; M: Unform.

5 Unter dem Begründer des Ptolemäerreiches in Ägypten, Ptolemäus I. Lagi 323—285, diente zunächst als Feldherr auch Seleukus; später machte er sich unabhängig und herrschte als Seleukus I. Nikator über das von ihm in Syrien begründete Seleukidenreich 312 bis 281. Die häufigen Kämpfe zwischen beiden Reichen, dem der Ptolemäer im Süden und jenem der Seleukiden im Norden, zogen in der Folge auch Palästina stark in Mitleidenschaft, das dabei öfter den fremden Herrn wechselte.

6 Zu den politischen Heiraten, die ihren Zweck verfehlten vgl 17 2 43. Ptolemäus II. Philadelphus 285—47 vermählte seine Tochter Berenike um 252 mit Antiochus II. Theos 261—47, um seiner Dynastie auch die Anwartschaft auf Syrien zu sichern. Antiochus selbst mußte seine bisherige Gemahlin Laodike verstoßen. Später gewann sie aber wieder die Oberhand, ließ ihn als den Beschützer der Berenike vergiften und diese selbst samt ihrem Kinde töten. So sicherte sie ihrem eigenen Sohn Seleukus II. Kallinikos 246—26 die Nachfolge.

7 f Zur Rache für die Bluttat unternahm der Bruder der Berenike, Ptolemäus III. Euergetes 247—21, einen erfolgreichen Zug gegen Syrien, von dem er reiche Beute heimbrachte. Die Festung ist Antiochia oder die zugehörige Hafenstadt Seleukia vgl Apg 13 4.

9 Ein Angriff des Seleukus II. Kallinikos auf Ägypten 242—40, um sich dessen Druck zu entziehen, war erfolglos.

10-19 bezieht sich auf Antiochus III. den Großen 222—187.

10-12 Antiochus III., der tatkräftige Nachfolger seines nur kurz regierenden Bruders Seleukus III. Keraunos 226—22, begann alsbald den Kampf mit Ägypten 219—17 (Ptolemäus IV. Philopator 221 bis 204), besetzte das bisher ptolemäische Palästina, das damit zum Aufmarsch- und Kampfgebiet wurde, und eroberte Gaza, wurde aber dann bei Raphia an der pa-

an. 13 So stellt der König des Nordens abermals eine (Heeres)masse auf,
größer als vorher, und nach Verlauf von [Zeiten] Jahren rückt er *gegen ihn*
vor mit einem großen Heere und vielem Troß. 14 In jenen Zeiten treten nun
viele gegen den König des Südens auf, und gewalttätige Leute aus deinem
Volke erheben sich, so daß sich das Gesicht erfüllt; aber sie kommen zu Fall.
15 So rückt der König des Nordens vor, wirft einen Wall auf und nimmt eine
Stadt mit (ihren) Befestigungen. Die Kräfte des Südens halten nicht stand,
und das Volk seiner Erwählten — [] es fehlt die Kraft, standzuhalten. 16 Der
gegen ihn vorrückt, tut nun, was er will. Keiner tritt ihm entgegen. Er faßt
im Prachtlande Fuß, Verderben in seiner Hand. 17 Er strebt danach, sein
ganzes Reich in die Gewalt zu bekommen, schließt *Frie*den [] mit ihm und
gibt ihm (s)eine Tochter zur Frau, um ihm zu schaden; doch die Sache ist
nicht von Bestand und gelingt [ihm] nicht. 18 Nun wendet er sich gegen die
Inseln und nimmt viele ein. Doch ein Machthaber vertreibt ihm den Hohn,
*zu*dem wird er ihm den Hohn vergelten. 19 Dann kehrt er sich den Festungen
seines Landes zu, stürzt aber und fällt und ist nicht mehr zu finden. 20 An

11 13 bō wie 10. „Zeiten“ wahrscheinlich Zusatz vgl 6; andere streichen „Jahre“ wegen 14.

15 [und] Doppelschreibung.

17 mēšārīm ... ja‘ᵃśæh vgl 6; M: „und er tut“. — [Ihm] Doppelschreibung? vgl G; zum letzten Satz s. Jes 7 7.

18 lᵉbiltī „abgesehen davon, daß“; M: „ihm nicht“ kaum möglich.

lästinisch-ägyptischen Grenze so vernichtend geschlagen, daß sich sein Heer auflöste 217. Es war sein Glück, daß der Ägypter seinen Sieg nicht entsprechend ausnützte.

13 f Erst 204—197 konnte Antiochus III. einen neuen Krieg gegen den inzwischen auf den ägyptischen Thron gelangten unmündigen Ptolemäus V. Epiphanes 204—181 wagen, der durch Aufstände im eigenen Lande bedroht war.

14 Hellenistisch gesinnte Juden vgl 30 32, vielleicht besonders die damals griechenfreundlich eingestellten Tobiaden vgl 2 Makk 3 11 Jos. Ant. XII 4 2 5 1 Bell. Jud I 1 1, nehmen für Antiochus gegen Ägypten Partei, sehen sich aber in ihren Erwartungen getäuscht. Durch ihre Haltung vergrößern sie noch das Unglück für ihr Volk und bringen so bewußt oder unbewußt, mit oder ohne Absicht, die in Dan enthaltenen Weissagungen über Leiden und Verfolgungen Israels in Erfüllung.

15 f Um 200 drang ein ägyptisches Heer unter Skopas gegen Syrien vor, aber Antiochus III. besiegte es 198 bei Paneas an den Jordanquellen und drang auch in das feste Sidon ein, auf das sich die geschlagenen Ägypter zurückgezogen hatten. Das „Prachtland“ Palästina 41 8 9 war nun auch der Willkür des Siegers ausgeliefert; es blieb in der Folge syrischer Besitz, und damit war die Voraussetzung geschaffen für die späteren religiösen Bedrückungen.

17 Wieder eine politische Heirat ohne dauernden Erfolg vgl 6 2 43. Antiochus III. gab seine Tochter Kleopatra Ptolemäus V. zur Ehe und schloß mit ihm ein Bündnis (um 193) Jos. Ant. XII 4 1. Der Zweck, auf diese Weise Ägypten für die Seleukiden zu erlangen, wurde jedoch nicht erreicht.

18 Den Angriff auf die Inseln und Küsten des Mittelmeeres betrachteten die Römer als Herausforderung. Der Konsul Lucius Cornelius Scipio schlug Antiochus III. bei Magnesia 190 aufs Haupt.

19 Daß der König nach Verlust aller Eroberungen sich dem eigenen Lande widmet, scheint mit bitterer Ironie bemerkt. Antiochus III. wurde auf einem Zug gegen die Parther nach Plünderung eines Beltempels in Elymais von der erzürnten Volksmenge ermordet 187 vgl 1 Makk 6 2 Makk 9, zum Ausdruck Ps 37 36.

20 Seleukus IV. Philopator 187—75 schickte Heliodor nach Palästina, der „Pracht des Reiches“ vgl 16 41, denselben, der ihn später nach verhältnismäßig kurzer Regierung umbrachte, mit dem Auftrag, den Tempel zu plündern; aber der Versuch scheiterte 2 Makk 3.

seine Stelle tritt einer, der einen Zwingvogt schickt durch die Pracht des Reiches; doch schon nach wenigen Tagen wird er zerschmettert, aber nicht durch Zorn und nicht im Kampf.

b) Die letzte Schreckenszeit. Antiochus IV.

21 An seine Stelle tritt ein Verächtlicher. Ihm wollte man die königliche
Würde nicht geben, doch er kommt unversehens und bemächtigt sich des
Königtums durch Ränke. 22 Streitkräfte fluten *haltlos* vor ihm weg; auch der
Bundesfürst *wird* zerschmettert. 23 Sobald man sich verbindet mit ihm, handelt
er trügerisch. Er zieht heran und gewinnt Macht, (selbst) mit (nur) wenigen
Leuten. 24 Unversehens [] bricht er in die fettesten (Teile) einer Provinz ein
und tut, was seine Väter und Vorväter nicht taten. Beute aus Plünderung
(gewonnen) und Besitz verschleudert er an sie, und er spinnt seine Pläne
wider die Festungen, aber nur eine Zeit lang. 25 Dann entfaltet er seine
Kraft und seinen Mut gegen den König des Südens mit großer Heeresmacht.
Doch der König des Südens rückt in den Kampf mit einem Heer, groß und
überaus stark; aber er hält nicht stand, denn man spinnt gegen ihn Ränke.
26 Seine Tischgenossen verursachen seinen Zusammenbruch, sein Heer flutet
weg, und es fallen viele Durchbohrte. 27 Die beiden Könige haben Böses im

11 22 hiššāṭeph; M: „die Überflutung". — w^ejiššāber gam; M: „und sie werden zerschmettert und auch ..."

24 [und] zu tilgen.

21-45 Antiochus IV. Epiphanes 175—64.

21 vgl 8 25. „Verächtlicher" Ps 15 4 wohl beabsichtigter Spott auf den Beinamen Epiphanes „der Erlauchte, Prächtige", den Antiochus IV. 175—164 führte. Er war als Bruder Seleukus IV. nicht der nächste Thronanwärter. Die Nachfolge stand vielmehr dessen Sohn Demetrius zu. Antiochus befand sich beim Tode seines Bruders gerade auf dem Rückwege von Rom, wo er bis 176 als Geisel geweilt hatte. Demetrius hatte sich an seiner Statt dorthin begeben müssen. Antiochus landete nun rasch in Syrien und bemächtigte sich des Thrones. Er war ein grausamer, unberechenbarer Despot, der sich hemmungslos seinen Launen und Neigungen ergab; bald freiheitlichen Anwandlungen folgend und um die Volksgunst bemüht, bald rücksichtslos und tyranisch, fiel er von einem Extrem ins andere, so daß ihn Polybius scherzweise Epimanes „den Verrückten" statt Epiphanes nennt.

22 Im Kampfe mit Heliodor, der die Sache des abwesenden Demetrius vertrat, blieb Antiochus Sieger. Der Hohepriester Onias III. wurde auf Betreiben seines eigenen Bruders Jason unter Antiochus, der von Jason dafür eine große Geldsumme erhielt, abgesetzt 174 und später, 171, hinterlistig ermordet vgl 9 26 2 Makk 4 1-10 32-38.

23 f Möglich wäre an sich auch die Erklärung: „Sobald er sich mit dem Bundesfürsten (Onias) verbindet". Wahrscheinlich bezieht sich das vernichtende Urteil aber auf Verhalten und Charakter des Königs überhaupt. An Verschlagenheit, Raffgier und Verschwendung übertrifft er alle Vorgänger. Durch Bestechung und reiche Belohnungen gewinnt er überall ergebene feile Kreaturen, die in den Ländern und Provinzen, die er besitzt oder erobern will, für ihn gegen ihre eigenen Landsleute arbeiten 38 f.

25-28 Antiochus drang in Ägypten ein, eroberte Pelusium und erfocht einen Sieg am Berge Kasion gegen den unmündigen Ptolemäus VI. Philometer 181—46, den eine Palastrevolution schwächte, in die sein Bruder Ptolemäus Physkon verwickelt war 1 Makk 1 16-19 vgl 2 Makk 5 11. Die Chronologie dieser Vorgänge — um 171 — ist unsicher.

27 Die Verhandlungen zwischen Ptolemäus (VI. und VII.) und Antiochus waren beiderseits auf Täuschung berechnet und führten nicht zum Ziel. Ein günstiger Ausgang hätte die planmäßige Unterdrückung der jüdischen Religion aus

Sinn; an einem Tische halten sie verlogene Unterredung, doch es führt nicht
zum Ziel. Denn das Ende steht noch aus bis zur bestimmten Frist. 28 So tritt
er den Rückweg an in sein Land mit großem Troß, mißstimmt wider den
heiligen Bund. Er handelt (danach) und kommt in sein Land zurück. 29 Zur
bestimmten Zeit rückt er wieder gegen Süden vor, doch das zweite Mal geht
es nicht wie das erste Mal. 30 Gegen ihn ziehen kittäische Schiffe; so tritt er
betroffen den Rückzug an. Doch er zürnt dem heiligen Bund und handelt
(danach); dann kehrt er heim und bemüht sich um Leute, die vom heiligen
Bunde lassen. 31 Streitkräfte von ihm (geschickt) treten auf, entweihen das
Heiligtum (und) die Burg, unterdrücken das tägliche Opfer und stellen den
Greuel *des* Verwüsters auf. 32 Die freveln am Bunde, verführt er durch
Schliche; die vom Volke aber ihren Gott kennen, bleiben stark und handeln.
33 Die Weisen im Volke verhelfen vielen zur Einsicht, doch sinken sie hin
durch Feuer und Schwert, durch Haft und Plünderung eine Zeit lang. 34 Da
sie so hinsinken, kommt ihnen ein wenig Hilfe; nun schließen sich ihnen
viele durch Ränke an. 35 Auch von den Weisen kommen manche zu Fall; so
wird geprüft und geläutert und gereinigt unter ihnen bis zur Zeit des Endes;

11 31 šiqqûṣ haššōmem oder mešōmem? vgl 9 27 12 11.

Gründen der Staatsräson wohl beschleunigt. Vorläufig war die Zeit, wo die Religionsnot ihren Höhepunkt erreichen und der Umschwung folgen sollte, noch nicht da vgl 35.

28 Auf dem Rückweg von Ägypten beginnt Antiochus immerhin schon mit den Verfolgungsmaßnahmen in Palästina (um 170 Tempelplünderung vgl 1 Makk 1 21-24 2 Makk 5 11 21), wo infolge eines falschen Gerüchtes von seinem Tode Unruhen entstanden waren.

29 f Ein zweiter ägyptischer Feldzug des Antiochus endete infolge des Einspruchs und der drohenden Haltung der Römer, in deren Dienst wohl auch die kittäischen Schiffe standen Num 24 23, ergebnislos mit einem mißlichen Rückzug 168. Nach dem militärischen und außenpolitischen Mißerfolg sollte nun wenigstens innenpolitisch die hellenistische „Gleichschaltung“ 1 Makk 1 41 f auch in Juda durchgeführt werden. Dabei sollten die abtrünnigen, hellenistisch gesinnten Juden als Werkzeuge dienen 14 32 39.

31 Zu diesem „Höhepunkt“ der Verfolgung“ vgl 8 11-13 9 27 1 Makk 1 29-64 2 Makk 5 24 f. Der Tempel selbst war wohl auch befestigt vgl 1 Chr 29 1 19, aber in der Nähe, südlich oder nordwestlich davon, war noch eine eigene Burg angelegt, welche die Syrer lange besetzt hielten und als Zwingburg gegen die Stadt benützten 1 Makk 1 33-35 6 18-27 10 32 13 50 f.

32 Die Verfolgung machte den Unterschied offenkundig zwischen den charakterlosen, wendigen Griechenfreunden 14 30 1 Makk 1 43 52 2 18, die aus Furcht vor Unbequemlichkeiten ihre Religion preisgaben, und den opferbereiten bekenntnistreuen Altgläubigen, die sich weder durch Versprechungen noch durch Drohungen von Pflicht und Überzeugung abbringen ließen 1 Makk 1 62 f 2 1-66 2 Makk 7. Gotteserkenntnis ist auch hier wie in der prophetischen Literatur tatbereite Frömmigkeit Hos 4 1 Jer 22 16, nicht religiöses Wissen.

33 „Weise“ 35 12 3 sind fromme, einflußreiche Altgläubige, die durch Wort und Beispiel ermunternd auf Schwache und Schwankende einwirken und trotz Mißerfolgs ihr Leben in die Schanze schlagen.

34 Eine durch Erfolge der makkabäischen Erhebung herbeigeführte Erleichterung der Lage führt den Rechtsgläubigen auch Leute zu, die nicht aus innerer Überzeugung, sondern aus eigennützigen und unlauteren Beweggründen handeln.

35 Auch für die konservativen Frommen 33 bedeutet die Heimsuchung Prüfung und Bewährung 12 10, in der nicht alle bestehen. Der wirklich Opferbereite erkennt darin die verdiente Strafe für eigene Sünden vgl 2 Makk 7 18 22 f 38. Das Ende der Religionsnot ist noch nicht da vgl 27.

denn noch steht es aus bis zur bestimmten Frist. 36 Der König tut, was er
will. Er überhebt sich groß wider jeden Gott; gegen den Gott der Götter
führt er erstaunlich (vermessen)e Reden. Doch hat er Glück bis zum Ende
des (göttlichen) Zornes; denn was beschlossen ist, wird vollführt. 37 Selbst
der Gott seiner Väter kümmert ihn nicht; ihn kümmert nicht der Liebling
der Frauen noch irgend ein anderer Gott; gegen alle vielmehr macht er sich
groß. 38 Den Gott der Festungen verehrt er statt dessen; einen Gott, den
seine Väter nicht kannten, ehrt er mit Gold und Silber, mit kostbaren
Steinen und mit Kleinodien. 39 Er geht gegen die Befestigungen der Burgen
vor mit Hilfe des fremden Gottes. Die ihn anerkennen, überhäuft er mit
Ehre; er macht sie zu Herren über viele und verteilt an sie Land zum Lohn.

c) Zusammenfassung: Höhepunkt und Ende der Not sowie ihres Urhebers

40 In der Zeit des Endes stößt der König des Südens mit ihm zusammen.
Der König des Nordens stürmt gegen ihn an mit Wagen und Reitern und
vielen Schiffen; er rückt vor in die Länder und (alles) überflutend zieht er
daher. 41 Er kommt auch ins Prachtland; Zehntausende sinken dahin. Nur
diese entrinnen seiner Hand: Edom und Moab und der Hauptteil der Ammoniter.
42 Nach Ländern streckt er die Hand aus. Das Land Ägypten entgeht
ihm nicht; 43 er wird Herr über die Schätze von Gold und Silber, über alle
Kleinodien Ägyptens. Libyer und Kuschiten gehören zu seinem Gefolge.
44 Da erschrecken ihn Gerüchte von Osten und Norden, und in großer Wut

^{36f} vgl 7^{8} ^{25} 8^{10-12} $^{23-25}$, auch 9^{26f}. Der Erfolg macht den Despoten anmaßend und frivol gegen jegliche Religion, auch gegen die eigene, von seinen Vorfahren überkommene. Pietätlose Willkür und politische Ranküne, nicht religiöser Fanatismus sind die Triebfeder seiner Religionspolitik. Gott läßt ihn eine Zeitlang gewähren, bis das Maß voll ist.

^{37} Der Liebling der Frauen ist der alte semitische Vegetationsgott Tammuz-Adonis, dessen Kult verpönter Weise auch von den israelitischen Frauen betrieben wurde Ez 8^{14}.

^{38f} Der Mann betet die Macht an. Der fremde Gott der Festungen ist vielleicht der olympische Zeus 2 Makk 6^{2} oder Jupiter Capitolinus. Sein Kult soll dem Verehrer militärischen Erfolg bringen und wohl zugleich eine Verbeugung vor dem übermächtigen Rom sein.

^{39} Möglich an sich auch: „Er legt Festungen an“. Der König stattet Leute, die grundsatz- und charakterlos auf seine religiösen Liebhabereien und Launen eingehen, freigiebig mit Besitz und Ämtern aus vgl ^{24}, auch 1 Makk 2^{18} 2 Makk 7^{24}.

$^{40-45}$ ist wohl zusammenfassende, stark abkürzende Wiederholung dessen, was im vorhergehenden über die kriegerischen Unternehmungen des Antiochus gegen Ägypten gesagt ist, nicht Ankündigung eines neuen (dritten) Feldzuges dorthin, über den nur eine sehr späte unsichere Nachricht bei Hieronymus erhalten ist. Die Zeit des Endes ist die ganze Leidenszeit, die Juda unter Antiochus durchzumachen hat.

^{41} Als Kriegsschauplatz oder Etappe, dazu als Herd religiöser Unruhen wird das „Prachtland“ Palästina ^{16} in den Kämpfen gegen Ägypten hart mitgenommen. Die Nachbarn werden wohl geschont als alte Feinde Judas 1 Makk 5; dazu liegt ihr Gebiet von der großen Heerstraße nach Ägypten weiter ab.

^{42f} Auf dem Gipfel des Erfolgs verläßt den Eroberer das Glück. Libyer und Kuschiten (Äthiopier) standen früher in ägyptischen Diensten Jer 46^{9}.

^{44} Daß die Nachricht vom Abfall der Parther und Armenier den König gerade in Ägypten erreichte, steht nicht da. Sie hatte aber neue Gewaltmaßnahmen auch gegen Palästina zur Folge 1 Makk 3^{31-37}.

zieht er hin, viele zu vernichten und auszutilgen. 45 Seine Palastzelte schlägt er auf zwischen den Meeren und dem heiligen Prachtberg. Doch geht es mit ihm zu Ende, ohne daß einer ihm hilft.

d) Rettung durch endzeitliche Auferstehung und Vergeltung

12 1 In jener Zeit tritt Michael auf, der große Fürst, der Beistand für die Söhne deines Volkes. Da ist eine Zeit der Bedrängnis, wie sie niemals war bis auf jene Zeit, seit es ein Volk gibt. In jener Zeit wird dein Volk gerettet, wer immer sich im Buche verzeichnet findet. 2 Viele von denen, die im Lande des Staubes schlafen, erwachen, die einen zu ewigem Leben, die anderen zur Schmach und zu ewigem Abscheu. 3 Da glänzen die Weisen, wie die Himmelsfeste glänzt, und jene, die vielen zur Gerechtigkeit verholfen haben, wie die Sterne immer und ewig.

Unklarheit trotz Offenbarung

4 Du nun, Daniel, verschließe diese Worte und versiegle das Buch bis zur Endzeit! Viele werden nachforschen und das Wissen wird groß sein."

12 4 Manche erklären: hārāʿāh ... „das Böse (Unrecht, Unglück?) wird groß sein" vgl G 1 Makk 1 9.

45 Der „heilige Prachtberg" ist der Sion. Wenn der Bericht über das unselige Ende des Antiochus auf seinem Zuge gegen Persien nicht vorläge 1 Makk 6 1-17 2 Makk 9, würde man nach dieser kurzen Bemerkung vermuten, es sei in Palästina erfolgt.

12 1-3 wird wohl mit Recht als selbständiges Stück betrachtet. Vielleicht ist es Bestandteil eines Berichts über den Engelkampf, in den Michael zugunsten Judas eingreift 10 13 20 f.

1 Die Wendung „in jener Zeit" knüpft, wenn überhaupt, jedenfalls nur äußerlich an 11 35 40 an, inhaltlich greift sie gewiß über die makkabäische Zeit hinaus. Die unerhörte, alle Erfahrung übersteigende Bedrängnis (vgl Mk 13 19, auch Jo 2 2 1 Makk 9 27) und die Auferstehung 2 weisen in die eschatologische Zukunft. Die Geretteten sind Israeliten, aber nicht das Volk als Ganzes und unterschiedslos, sondern nur, wer im Buche (Gottes oder: des Lebens) verzeichnet ist Ex 32 32 Jes 4 3 Ps 69 29 Phil 4 3 Offb 3 5 u. ö. s. oben zu 7 10. Die Scheidung im Volke 2 hat ja schon vorher begonnen 10 11 14 32 35.

2 Das „Land des Staubes" heißt die Scheol oder Unterwelt, weil dort, wenigstens nach babylonischer Vorstellung, alles voll Staub liegt, oder vielleicht besser, weil in der volkstümlichen Redeweise Grab und Jenseits — noch heute — nicht auseinander gehalten werden Ps 22 30 Job 17 16 21 26. Der Tod als Schlaf wie Ps 22 30 Apg 7 60 1 Thess 4 13 f. Gemeint ist die leibliche, wenn auch nicht die allgemeine Auferstehung vgl Jes 26 14 19. Sie steht hier deutlich im Dienste der Vergeltung vgl 2 Makk 7 14. Das Los der Auferstandenen, vorab das der Martyrer und der Abtrünnigen, ist ja ein ganz verschiedenes. Die so Geretteten führen kein irdisches Leben mehr, sondern ein himmlisches 3. Ein Dasein in Schmach und Schande nach der Auferstehung ist natürlich keine Rettung 1.

3 Der sternenhafte Glanz der „Weisen" 10, d. i. der Frommen, die in der Zeit der Verfolgung andere religiös gestärkt und erbaut haben 11 33 35, ist nur Bild für überirdisches Glück als Lohn der Treue vgl Mt 13 43 auch Henoch 10 42. Dieses ist also wohl verschieden von dem irdisch gedachten Reich, das den „Heiligen des Höchsten" verliehen wird 7 27.

4 Das Versiegeln und Verschließen des Buches vgl 9 8 26, in dem der Seher die in Kapitel 11 enthaltenen Mitteilungen verzeichnet, ist wahrscheinlich selbst noch visionärer Vorgang oder wenigstens nur sinnbildliche Handlung. Damit soll angedeutet werden, daß volle Klarheit über die Weissagungen erst aus der Erfüllung „am Ende" kommt; diese liegt

5 Ich, Daniel, sah nun, daß zwei andere da standen, der eine hier am Ufer des
Flusses, der andere dort am Ufer des Flusses. 6 Da sprach *ich* zu dem Mann
im Linnenkleid, der sich über dem Wasser des Flusses befand: „Wie lange (ist
es noch bis zum) Ende der erstaunlichen Dinge?“ 7 Darauf hörte ich den
Mann im Linnenkleid, der sich über den Wassern des Flusses befand; er hob
seine Rechte und Linke zum Himmel und schwur beim Ewiglebenden: „Zeit,
Zeiten und eine halbe (Zeit). Und wenn man damit fertig ist, die Macht des
heiligen Volkes zu zerschlagen, wird sich dies alles vollenden“. 8 Ich hörte
wohl, aber verstand nicht. Drum fragte ich: „Mein Herr, was ist das letzte
davon?“ 9 Er entgegnete: „Geh, Daniel! Denn die Worte bleiben verschlossen
und versiegelt bis zur Endzeit. 10 Viele werden geläutert, gereinigt und
geprüft, aber die Frevler begehen Frevel. Kein Frevler hat Einsicht, doch
die Weisen haben Einsicht. 11 Von der Zeit an, da das tägliche Opfer unter-
drückt und der Greuel des Verwüsters aufgestellt wird, (sind es) tausend-
zweihundertneunzig Tage. 12 Glücklich, wer wartet und tausenddreihundert-
fünfunddreißig Tage erreicht.

13 Du nun gehe(st) dem Ende entgegen und ruhest; zu deinem Lose er-
stehst du am Ende der Tage.“

12 6 wā'ōmar vgl Übss; M: „er sprach“.

aber noch in weiter Ferne. Ein wirklich versiegeltes Buch könnte ja nicht durchforscht und zur Quelle des Wissens gemacht werden. Daß der Inhalt erst am Ende bekannt werden soll, hätte auch wenig Sinn.

5 vgl das Zwiegespräch 8 13. Derselbe Fluß wie 10 4.

6 Nicht einer der zwei bisher unbeteiligten Engel 5, sondern Daniel selbst richtet die Frage an den gleichen Offenbarungsengel wie 10 5-21. Jene beiden sind nur Eideshelfer oder Schwurzeugen 7, die selbst gar nicht zum Reden kommen. Daniel will wissen, wann die Heimsuchungen zu Ende sind.

7 Sonst eine Dt 32 40, hier zwei erhobene Hände (des Offenbarungsengels) als Schwurgestus. Zu den dreieinhalb Zeiten vgl 7 25 8 14 26. Die große Wende zum Heil kommt erst nach einem für Juda katastrophalen Vorgang, eine unbestimmte Andeutung, die den Fragenden unbefriedigt läßt 8.

8 Wohl das letzte der vom Engel angekündigten schreckhaften Geschehnisse.

9 vgl 4 8 26. Die Erfüllung der Weissagung, die den vollen Sinn erst klar macht, muß geduldig abgewartet werden.

10 vgl 11 35. Die einen, die „Weisen“ 3 11 33 nehmen sich die Leiden zu Herzen, auf die anderen bleiben sie ohne Eindruck. Das führt zu einer klärenden Scheidung im Volke.

11 f Die neue doppelte Zeitbestimmung steht hier unvermittelt vgl 7 7 25 8 14 26; sie würde nicht vermißt, wenn sie fehlte. Vielleicht ist sie Zitat aus einer anderen Stelle. Der Ausgangspunkt der Frist ist derselbe wie 8 13 f, der Endpunkt wird ein anderer sein als dort, woraus sich der Unterschied von hundertvierzig Tagen erklärt (1150—1290). Das erwünschte Ereignis, das nach weiteren fünfundvierzig Tagen eintritt, ist unbekannt. Alles hier Angedeutete fällt in die makkabäische Zeit.

13 Sinn vermutlich: Daniel wird die Schrecken der makkabäischen Zeit nicht mehr erleben, er ist aber für die endzeitliche Auferstehung 2 f in Aussicht genommen.

13 f Die Verbindung der nur griechisch erhaltenen, aber auf ein semitisches Original zurückgehenden drei selbständigen Erzählungen 13 f mit dem Danielbuch, wie sie in V besteht, ist nur äußerlich. Der Grund, warum sie, erst sehr spät, erfolgte, lag vermutlich darin, daß hier wie dort die Person des Daniel eine Rolle spielte. Ein innerer Zusammenhang läßt sich jedoch nicht feststellen. Selbst die chronologische Verknüpfung durch den Hinweis auf die politische Zeitgeschichte 14 1 Th fehlt in G. Eine Bezugnahme auf das protokanonische Danielbuch 1—12 sucht man vergebens. Nur der in 14 beleuchtete Ge-

Anhang:

Drei Erzählungen aus dem Leben Daniels

13¹⁻⁶⁴ Susanna

Familie und Umgebung

1 In Babylon lebte ein Mann namens Jojaqim. 2 Er hatte eine Frau namens Susanna, die Tochter Hilqias, genommen; sie war sehr schön und fürchtete den Herrn. 3 Auch ihre Eltern waren gerecht und hatten ihre Tochter nach dem Gesetze des Moses erzogen. 4 Jojaqim war sehr reich; er besaß einen Garten nahe bei seinem Hause. Bei ihm pflegten die Juden zusammenzukommen, weil er angesehener war als alle. 5 Nun waren in jenem Jahre zwei Älteste aus dem Volk als Richter bestellt, von denen (galt, was) der Herr sagte: „Der Frevel nimmt von Babylon, von den Ältesten (als) Richtern, seinen Ausgang"; diese gaben sich den Anschein, das Volk zu leiten. 6 Sie hielten sich ständig im Hause Jojaqims auf, und zu ihnen kamen alle mit ihren Rechtshändeln.

13 1 Hieronymus (V) bemerkt: „Bis hieher lesen wir Daniel im hebräischen Buche. Was bis zum Schlusse des Buches (noch) folgt, ist nach der Ausgabe Theodotions übersetzt." Der Text von 13 f ist nur griechisch erhalten. Von G selbst existiert, wie für das ganze Danielbuch, nur eine einzige alte Handschrift, der Codex Chisianus, auch als 88 bezeichnet, der den hexaplarischen Text des Origenes bietet (ebenso wie der syro-hexaplarische Codex Ambrosianus). Alle anderen Handschriften folgen der teilweise ausführlicheren und besseren Fassung des Theodotion, die nicht bloß eine andere Rezension, sondern eine andere Bearbeitung des überlieferten Erzählungsstoffes darstellt und im kirchlichen Gebrauch den alten G-Text bald verdrängt hat. Nach Th ist hier übersetzt; die wichtigsten Stellen, in denen G sachlich abweicht, sind im folgenden jeweils vermerkt.

1-5 In G in der ursprünglichen Form nicht erhalten, sondern von Origenes offenbar aus Th eingesetzt; sonst könnte 7 in G nicht so lauten, als ob von Susanna, trotz 2, noch gar nichts gesagt wäre.

5 „Älteste und Richter" 41 vgl G 29 34 sachlich dasselbe.

6 lautet in G: Auch aus anderen Städten kam man in Rechtssachen zu ihnen.

danke von der Nichtigkeit des babylonischen Gottes berührt sich mit dem Glauben an die Überlegenheit des israelitischen Gottes über alle heidnischen Gottheiten, wie sie in den Erzählungen Dan 2—6 dargelegt und begründet wird.

Die Geschichte der Susanna 13 geht bei Th dem Danielbuche voraus, wohl mit Rücksicht auf das jugendliche Alter Daniels 45. Bei streng chronologischer Anordnung müßte sie wohl nach Dan 1 stehen. Das ist aber bei keinem Textzeugen der Fall. In G folgt die Erzählung „Susanna" dem Danielbuche. Sie veranschaulicht die Lehre: Gott läßt die Bosheit nicht über die Unschuld triumphieren 60-62. Die gerechte Vergeltung kommt für Frevler und Fromme selbst wider alles Erwarten. Im vorliegenden hoffnungslos erscheinenden Fall wird sie herbeigeführt durch die Weisheit des gottbegnadeten jungen Daniel.

13 1 f Die Darstellung beginnt ohne Einleitung unvermittelt. Susanna „Lilie" spielt vielleicht auf die Schönheit oder Tugendhaftigkeit der Namensträgerin an. Die anderen Namen waren häufiger.

4 f Die jüdischen Exulanten in Babylonien hatten eine gewisse Bewegungsfreiheit und Selbständigkeit in Wirtschaft, Justiz und Verwaltung vgl Jer 29, wie auch Geschäftsurkunden aus der babylonischen Stadt Nippur erkennen lassen. Mißbräuche blieben dabei nicht aus.

5 Im Wortlaut ist das Zitat im AT nicht nachzuweisen; vielleicht wird nur sinngemäß auf Jer 29 23 Bezug genommen.

Die Versuchung

7 Wenn nun die Leute um die Mittagszeit sich entfernt hatten, kam Su-
sanna und erging sich im Garten ihres Mannes. 8 Die beiden Ältesten beob-
achteten sie jeden Tag, wie sie eintrat und sich erging; da bekamen sie
heftiges Verlangen nach ihr. 9 Sie wurden verkehrten Sinnes und senkten
die Augen, um nicht den Himmel sehen und an die verdienten Strafgerichte
denken zu müssen. 10 Obwohl sie beide ihretwegen in Liebeskummer waren,
sagten sie einander nichts von ihrem Schmerz; 11 sie schämten sich doch, es
zu sagen, daß sie heftig begehrten, mit ihr zu sündigen. 12 So spähten sie
jeden Tag eifrig aus, sie zu erblicken. 13 Nun sagte (einmal) einer zum
andern: „Gehen wir nach Hause, es ist Zeit zum Mittagessen!" Sie gingen
also weg und trennten sich voneinander. 14 Doch auf Umwegen kamen sie an
dieselbe Stelle zurück, und auf die gegenseitige Frage nach dem Grund
gestanden sie sich ihre Leidenschaft. Dann vereinbarten sie miteinander eine
Zeit, zu der es möglich sei, (Susanna) sie allein anzutreffen.

15 Während sie nun auf einen geeigneten Tag warteten, begab es sich
einmal, daß sie, wie gewöhnlich, nur mit zwei Mädchen hinkam und im
Garten zu baden wünschte, weil große Hitze herrschte. 16 Niemand befand
sich dort außer den beiden Ältesten, die sich versteckten und sie beobach-
teten. 17 So sprach sie zu den Mädchen: „Bringt mir Öl und Salben und
schließt die Gartentüren, daß ich baden kann!" 18 Diese taten, was sie be-
fohlen hatte; sie schlossen die Gartentüren und gingen durch die Neben-
pforten hinaus zu holen, was ihnen aufgetragen war. Die Ältesten sahen
sie nicht, weil sie sich versteckt hatten.

19 Sobald nun die Mädchen hinausgegangen waren, machten sich die
beiden Alten auf, liefen auf sie zu 20 und sprachen: „Sieh, die Gartentüren
sind geschlossen, und niemand bemerkt uns. Wir haben heftiges Verlangen
nach dir. Drum sei uns zu Willen und gib dich uns hin! 21 Sonst werden wir
gegen dich Zeugnis ablegen, daß ein junger Mann bei dir war, und daß du
deswegen die Mädchen von dir weggeschickt hast." 22 Darauf sagte Susanna
seufzend: „Bedrängnis für mich von allen Seiten! Tue ich dies, droht mir
der Tod; tue ich es nicht, werde ich eueren Händen nicht entrinnen. 23 Doch
ziehe ich vor, es nicht zu tun und euch lieber in die Hände zu fallen, als vor

13[11] G: Auch die Frau wußte von der Sache nichts.
12-27 G wesentlich kürzer; vom Bad ist dort nicht die Rede.

9-11 Die alten Heuchler haben doch ein schlechtes Gewissen.

15 Im Garten befand sich also eine offene Badegelegenheit, wohl ein künstlicher Teich vgl Koh 2[6]. Gewöhnlich hatten die vornehmen babylonischen Häuser der (damaligen) Spätzeit auch asphaltierte geschlossene Baderäume mit Wannen.

19 „Alte" werden die beiden Sünder hier und im folgenden wohl verächtlich genannt. Der Titel „Älteste" 5 f 8 16 gebührt als Auszeichnung eben nur Amtspersonen 41 50, die wirklich Pflicht- und Ehrgefühl besitzen, wie es die beiden vermissen lassen.

22 Auf Ehebruch stand die Todesstrafe Lev 20[10] Dt 22[22] durch Steinigung vgl Dt 22[24] Joh 8[4 f].

23 „Vor" im Sinne von „gegen"; jede Sünde, auch der Ehebruch, richtet sich gegen Gott Gen 39[9]. Aber das aszetische Bemühen, die Erinnerung an Gottes Gegenwart als religiösen Beweggrund der sittlichen Entscheidung wirksam zu machen, mag von diesen und ähnlichen Stellen ausgehen vgl Ps 16[7 f].

dem Herrn zu sündigen.“ 24 Dann schrie Susanna laut auf, aber auch die
zwei Alten schrien gegen sie. 25 Der eine gar lief hin und öffnete die Garten-
türen. 26 Als die Leute im Hause das Geschrei im Garten hörten, eilten sie
durch die Nebenpforten herbei, zu sehen, was ihr zugestoßen sei. 27 Sobald
nun die Alten ihre Aussagen machten, schämten sich die Diener sehr; denn
niemals war etwas derartiges über Susanna gesagt worden.

Gericht und Urteil

28 Als sich dann das Volk am nächsten Morgen bei ihrem Gemahl Jojaqim
versammelte, kamen auch die beiden Alten, erfüllt von dem frevlen Gedan-
ken, gegen Susanna die Todesstrafe zu erwirken. 29 Sie beantragten vor dem
Volke: „Schickt nach Susanna, der Tochter Hilqias, die das Weib Jojaqims
ist!“ Man schickte also hin. 30 Da kam sie mit ihren Eltern und Kindern und
all ihren Verwandten. 31 Susanna war sehr üppig und von schöner Gestalt.
32 Die Gewissenlosen befahlen nun, sie zu entschleiern — sie war nämlich
verschleiert — um sich am (Anblick) ihrer Schönheit ergötzen zu können.
33 Ihre Angehörigen aber und alle, die sie sahen, mußten weinen. 34 Nun
erhoben sich die zwei Alten inmitten des Volkes und legten ihr die Hände
auf das Haupt. 35 Doch sie blickte weinend zum Himmel empor, weil sie von
Herzen auf den Herrn vertraute. 36 Die Alten erzählten nun: „Während wir
uns allein im Garten ergingen, kam diese mit zwei Mägden herein, verschloß
die Gartentüren und entließ die Mägde. 37 Dann kam zu ihr ein junger
Mann, der sich versteckt hatte, und legte sich zu ihr. 38 Wir befanden uns im
Winkel des Gartens; als wir aber den Frevel sahen, liefen wir auf sie zu.
39 Wir sahen sie beisammen, jenes (Mannes) konnten wir aber nicht habhaft
werden, weil er, stärker als wir, die Türen öffnete und so entkam. 40 Doch

13 28 Nach G ist die Gerichtsverhandlung am Versammlungsort in der Stadt, wie es der Situation besser entspricht, also wohl nicht im Hause Jojaqims vgl 6.

30 Nach G betrug die Zahl der erschienenen Kinder Susannas vier, die der Diener und Dienerinnen fünfhundert.

35 In G folgt hier ein kurzes stilles Gebet Susannas, dafür ist 36 f kürzer.

38 G: Sie bemerkten nicht, daß wir da standen.

39 G: Er konnte (unerkannt) fliehen, weil er sich verhüllt hatte.

25 vgl 39.

27 Die treue und ergebene Dienerschaft fühlt und leidet mit ihrer Herrin.

32 Eine Vorschrift, daß die Frau (beim Gottesdienst) das Haupt verhüllen soll, kennt erst das NT 1 Kor 11 5. Aber Kopftücher und Schleier, mit denen wenigstens vor Fremden das Gesicht bedeckt wurde, hatten die Frauen auch schon in atl Zeit Gen 24 65, wenn sie auch für gewöhnlich barhäuptig waren. In Babylonien jedenfalls zeigte sich keine ehrbare Frau der besseren Stände unverschleiert in der Öffentlichkeit, wie es heute noch in der traditionsgebundenen islamischen Welt der Fall ist. Die angeklagte Ehebrecherin muß den Kopf entblößen Num 5 18 und hat auch nach der Mischna keinen Anspruch auf den Schutz der öffentlichen Sitte. Für den Befehl der zwei Alten ist aber nicht Recht und Brauch, sondern nur die eigene Sinnlichkeit maßgebend vgl 56.

34 Die zwei sind in diesem Falle nur Zeugen, nicht Richter. Das Urteil hat die Volksversammlung zu sprechen 41 vgl Jer 26 11 16. Die sinnbildliche Handauflegung bedeutet, daß der Zeuge die Verantwortung für die Bestrafung des Angeschuldigten auf sich nimmt Lev 24 14. Anders ist es natürlich beim Sündenbock Lev 16 21 (Schuldübertragung) und beim Opfertier Ex 29 10 (Bitte um gnädige Aufnahme und Wirksamkeit des Opfers Lev 1 4).

diese da konnten wir fassen, und wir fragten sie, wer der junge Mann sei.
41 Sie wollte es uns aber nicht verraten. Davon geben wir Zeugnis." Die
Versammlung glaubte ihnen als Ältesten des Volkes und Richtern; so sprach
man ihr das Todesurteil. 42 Da schrie Susanna laut auf und betete: „O ewiger
Gott, der das Verborgene kennt, der alles weiß, bevor es geschieht, 43 du
weißt, daß sie Lügenzeugnis gegen mich abgelegt haben. So sterbe ich denn,
ohne etwas von dem Bösen getan zu haben, dessen mich diese bezichtigen."

Das Eingreifen Daniels

44 Der Herr hörte auf ihr Rufen. 45 Als sie zur Hinrichtung abgeführt
wurde, weckte Gott den heiligen Geist eines sehr jungen Mannes namens
Daniel. 46 Dieser rief ganz laut: „Ich bin unschuldig am Blute dieser (Frau)".
47 Da wandten sich alle Leute ihm zu und fragten: „Was soll das heißen, was
du da sagst?" 48 Nun trat er mitten unter sie und sprach: „So töricht seid
ihr, Israeliten? Ohne Untersuchung und ohne den Sachverhalt sicher fest-
gestellt zu haben, verurteilt ihr eine Israelitin? 49 Kehrt um, zurück zum
Gericht! Denn Lügenzeugnis haben diese wider sie abgelegt."

50 So kehrte alles Volk eilig um, und die Ältesten sprachen zu ihm: „Hie-
her setze dich in unsere Mitte, und erstatte uns Bericht!" Denn Gott hat dir
(Klugheit wie dem) Alter verliehen". 51 Da sagte Daniel zu ihnen: „Trennt
sie weit voneinander! Ich will sie verhören". 52 Als sie nun voneinander
getrennt waren, rief er den einen von ihnen und sprach zu ihm: „In langer
Bosheit bist du alt geworden. Nun kommt (die Strafe für) deine Sünden, die
du früher begangen hast, 53 indem du ungerechte Urteile fälltest, die Unschul-
digen verurteiltest und die Schuldigen freisprachst, obgleich der Herr sagt:

13 42-44 fehlt in G.

45-48 lautet in G: Und sieh, ein Engel des Herrn, als jene zur Hinrichtung hinausgeführt wurde — und der Engel verlieh, wie ihm aufgetragen war, den Geist der Einsicht Daniel, der noch sehr jung war. Daniel brach sich Bahn durch die Volksmenge, trat in ihre Mitte und sprach ...

49 f fehlt in G.

52 G ausführlicher: Als sie getrennt waren, sprach Daniel zur Versammlung: Schaut jetzt nicht darauf, daß diese da Älteste sind, in der Meinung, sie werden nicht lügen! Ich werde sie vielmehr verhören nach dem, was mir aufgefallen ist."

45 Zur gottverliehenen Weisheit Daniels, der ohne Rücksicht auf Dan 1 hier eingeführt wird, vgl 1 17. Auch nach der Überzeugung der Babylonier besitzt er ja den „Geist der heiligen Götter" 4 5 5 11 14. Im ntl Sinne ist „heiliger Geist" hier also nicht zu verstehen.

46 Schweigen wäre in diesem Falle Mitschuld am Justizmord. Nach Sanhedrin VI 1 2 sollte vor der Steinigung durch den Herold die öffentliche Aufforderung ergehen: „Wer etwas zur Verteidigung (des Verurteilten) weiß, komme und bringe es vor!"

48 Das Gericht war zu leichtgläubig
52 G, die Untersuchung hätte sorgfältiger und vollständiger geführt werden müssen.

50 Der weise Knabe als Richter ist ein beliebtes Motiv in der arabischen Märchenliteratur geworden.

52 Diese einfache und selbstverständliche Vorsichtsmaßregel beim Verhör hat man mit Rücksicht auf Ansehen und Stellung der Zeugen sträflich außer Acht gelassen.

53 Der Mann hat nicht bloß gegen die Ehrbarkeit, sondern, entgegen der Vorschrift Ex 23 7, seit langem durch Amtsmißbrauch auch gegen die Gerechtigkeit gesündigt.

‚Einen Unschuldigen und Gerechten sollst du nicht töten!‘ Nun denn, wenn du
diese wirklich gesehen hast, sag an: Unter welchem Baum sahst du sie denn
beisammen?“ Er antwortete: „Unter einem Mastixbaum“. 55 Da entgegnete
Daniel: „Richtig hast du auf dein eigenes Haupt gelogen. Denn schon hat der
Engel Gottes Befehl von Gott erhalten, dich in der Mitte entzweizuspalten“.
56 Er ließ ihn wegbringen und befahl, den anderen herbeizuholen. Zu ihm
sprach er: „Abkömmling Kanaans und nicht Judas! Die Schönheit hat dich
verführt, und die Leidenschaft hat dir den Kopf verdreht. 57 So konntet ihr
es mit den Töchtern Israels machen, und aus Furcht wären jene euch zu
Willen gewesen. Eine Tochter Judas aber duldete eueren Frevel nicht. 58 Nun
also, sage mir: Unter welchem Baume ertapptest du sie beisammen?“ Jener
erwiderte: „Unter einer Eiche“. 59 Daniel entgegnete ihm: „Richtig hast auch
du auf dein eigenes Haupt gelogen. Denn der Engel Gottes wartet schon mit
dem Schwert in der Hand, dich in der Mitte entzweizusägen, um so euch
(beide) zu vernichten“.

60 Nun schrie die ganze Versammlung laut auf und pries Gott, der rettet,
wer auf ihn sich verläßt. 61 Gegen die zwei Alten schritt man ein, denn
Daniel hatte sie aus ihrem eigenen Munde als Lügenzeugen erwiesen. Man

13 56 G: Warum ist dein Stamm (wörtlich: Same) verkehrt wie der von Sidon und (gleicht) nicht (dem) von Juda?

59 G: bis das V o l k euch vernichten wird.

54 f Die griechischen Ausdrücke für „Mastixbaum“ und „spalten“ ergeben wegen des ungefähren Gleichklangs ein Wortspiel, ebenso die Ausdrücke für „Eiche“ und „sägen“ 57 f, das sich im Deutschen nicht nachahmen läßt. Als Beweis für griechische Originalsprache ist das aber angesichts gegenteiliger sprachlicher Merkmale nicht ausreichend, zumal auch ein (anders lautendes) semitisches Wortspiel zugrunde liegen könnte.

55 „Auf dein eigenes Haupt“ vgl zu 34; Sinn: du bist Zeuge gegen dich selbst, vgl die deutsche Redewendung: jemand etwas auf den Kopf zusagen. Daniel ist sich über den wirklichen Sachverhalt, auch bevor er den zweiten Lügner entlarvt hat, im klaren. Das Verhör dient nur als Beweis vor der Öffentlichkeit. Die Todesstrafe für den alten Sünder ist so gerecht und wohlverdient wie ein göttliches Urteil, das ein Engel in Person vollstreckt.

56 vgl 32. Kanaan ist der Inbegriff der Schlechtigkeit vgl Lev 18 3, auch Gen 9 25.

57 Anders als 48 steht hier Israel und Juda im Sinne des alten Gegensatzes zwischen dem synkretistischen Nordreich und dem davidischen Südreich. Die nordisraelitischen Frauen standen somit im Rufe, weniger ehrbar zu sein als die judäischen Hos 4 13-15 Am 2 7 4 1.

58 f vgl 54 f.

61 f Der falsche Zeuge ist nach dem jus talionis zu behandeln, d. i. er verfällt der dem Angeschuldigten zugedachten Strafe Dt 19 18 f vgl oben 6 25.

Kapitel 14 enthält zwei an sich selbständige Erzählungen, die aber dem gleichen Zwecke dienen, nämlich die Hinfälligkeit des babylonischen Götterkultes zu erweisen. Außerdem wird die erste (über Bel) 1-22 von der zweiten 23-42 (über den Drachen) vorausgesetzt; diese weist mit 24 28 auf jene zurück. Die Einleitung 1 f gilt für beide, auch die Hauptpersonen (König, Daniel) sind dieselben. Nach der Zeitangabe 1 (vgl 6 1 mit 10 1) wenigstens in Th und nach dem Inhalt (Löwengrube!) könnte man erwarten, daß die beiden Erzählungen an Dan 6 angeschlossen worden seien. Das ist aber bei keinem Textzeugen der Fall. Sie sind dem protokanonischen Danielbuch wohl überhaupt erst angefügt worden, als dies durch Verbindung der Erzählungen 1—6 mit den Gesichten und Weissagungen 7—12 bereits abgeschlossen war, vgl die Bemerkung vor Kapitel 13.

behandelte sie, wie sie den Nächsten übel behandelt hatten. 62 Man verfuhr
mit ihnen nach dem Gesetze des Moses und tötete sie. So wurde unschuldiges
Blut an jenem Tage gerettet.

63 Da lobten Hilqia und seine Frau Gott wegen ihrer Tochter Susanna
gemeinsam mit ihrem Gemahl Jojaqim und allen Verwandten, weil sich
nichts Ungehöriges an ihr hatte finden lassen. 64 Daniel gewann an jenem
Tage für die Zukunft große Achtung beim Volke.

14 1-22 Betrug beim Beldienst

Der Betrug

1 Der König Astyages war zu seinen Vätern heimgegangen, und der Per-
ser Cyrus hatte dessen Reich übernommen. 2 Daniel war Vertrauter des
Königs und übertraf seine Freunde alle an Ansehen. 3 Nun hatten die Baby-
lonier ein (Gottes)bild, das Bel darstellte. Man machte für ihn einen täglichen
Aufwand von zwölf Scheffeln Feinmehl, vierzig Schafen und sechs Eimern
Wein. 4 Auch der König verehrte ihn und kam täglich, ihn anzubeten. Aber
Daniel betete seinen Gott an. 5 Da sagte der König zu ihm: „Warum betest
du nicht Bel an?“ Dieser erwiderte: „Ich verehre keine handgemachten
Bilder, sondern den lebendigen Gott, der Himmel und Erde schuf und über
alles Lebende die Herrschaft führt“. 6 Ihm entgegnete der König: „Dünkt
dir, Bel sei kein lebendiger Gott? Siehst du denn nicht, wie viel er täglich
ißt und trinkt?“ 7 Da sagte Daniel lachend: „Laß dich nicht täuschen, o König!

13 62 G zusätzlich: Man band sie, führte sie hinaus und stürzte sie in den Abgrund. Dann schleuderte der Engel des Herrn Feuer mitten durch sie (wohl: einen Blitz).

63 f fehlt in G; statt dessen findet sich dort die etwas unvermittelte aufdringliche Nutzanwendung: „Darum sind die Jünglinge in ihrer Einfachheit (= Aufrichtigkeit?) die Lieblinge Jakobs. Und wir werden auf die Jünglinge achthaben(, daß sie) zu tüchtigen Söhnen (werden?). Denn sind die Jünglinge gottesfürchtig, so ist in ihnen der Geist des Wissens und der Einsicht bis in alle Ewigkeit.“

14 1 folgt in Th unmittelbar auf Dan 12, s. zu 13 1. In V wird 1 als 13 65 gezählt, danach weicht die Verszählung der V auch im folgenden ab. In G fehlt 1, dafür steht dort mit Rücksicht auf 33 die Überschrift: „Aus der Prophetie des Habakuk, des Sohnes Jesus, aus dem Stamme Levi“.

2 Nach G ist Daniel Priester, Sohn des Abal, und wird wie ein Unbekannter eingeführt.

3 G: vier Schafe, sechs Eimer Öl.

7 G nachdrücklicher: „Ich schwöre dir aber bei dem Herrn, dem Gott der Götter, daß dieser nie etwas verzehrt hat“.

1 vgl zu 5 30 6 1.

2 Zu Daniels Ansehen bei Hofe vgl 2 48 f 5 29 6 29.

3 Bel „Herr“ vgl Jer 50 2 bezeichnet hier kurz den babylonischen Hauptgott vgl zu 9. Daß die Gottheit wie der Mensch Speise nötig hat und darum das Opfer verzehrt, ist alte volkstümliche Auffassung 6-9 vgl Jer 7 18. Es gab bei den Babyloniern ein eigenes Speisungs-(takultu-)Ritual für die Götter. Die Menge der Opfergaben war groß. Hier beträgt sie außer den Tieren täglich über sechseinhalb Hektoliter feinstes Weizenmehl und über zwei Hektoliter Wein; das alles hatte vielleicht der Fiskus zu liefern.

4 Daß der Perser Cyrus den babylonischen Bel verehrt, beleuchtet die bekannte Toleranz, die dieser Eroberer gegen die Religion der Unterworfenen übte.

7 Der Kern der Götterbilder war aus Holz oder Ton, nur der Überzug war

Dieser ist ja inwendig von Lehm und außen von Erz, gegessen und getrunken hat er niemals".

8 Der König geriet in Zorn, berief seine Priester und eröffnete ihnen:
„Wenn ihr mir nicht sagt, wer dieses Opfer aufißt, müßt ihr sterben. Wenn
ihr aber beweisen könnt, daß Bel es aufißt, muß Daniel sterben, weil er Bel
gelästert hat." 9 Daniel erwiderte dem König: „Wie du sagst, soll es ge-
schehen!" Es waren siebzig Belpriester, abgesehen von den Frauen und
Kindern. 10 So begab sich der König mit Daniel zum Tempel des Bel. 11 Die
Belpriester sagten: „Sieh, wir scheren uns weg. Du (selbst), o König, richte
die Speisen an, mische den Wein und stelle ihn hin, schließe auch die Türe
und bringe mit deinem Ring das Siegel an! Wenn du dann morgen früh
kommst und nicht alles von Bel verzehrt findest, sollen wir sterben, andern-
falls Daniel, der uns verleumdet!" 12 Sie waren unbesorgt, weil sie unter
dem (Opfer)tisch einen geheimen Gang gemacht hatten; durch diesen kamen
sie immer herein und zehrten die Sachen auf.

Die Entlarvung

13 Als jene nun hinausgegangen waren, richtete der König die Speisen für
Bel an. 14 Auch gab Daniel seinen Dienern den Auftrag, sie sollten Asche
herbeiholen und damit durch ein Sieb den ganzen Tempel bestreuen, in An-
wesenheit des Königs allein. Dann gingen sie hinaus, schlossen die Türe,
brachten mit dem Ringe des Königs das Siegel an und entfernten sich. 15 In
der Nacht aber kamen, wie gewohnt, die Priester samt ihren Frauen und
Kindern und verschlangen und tranken alles. 16 In der Morgenfrühe machte
sich der König auf, Daniel an seiner Seite. 17 Der König fragte: „Sind die
Siegel unverletzt, Daniel?" Dieser antwortete: „Sie sind unverletzt, o König".
18 Sofort, als man die Türen öffnete, schaute der König auf den Opfertisch
und rief ganz laut: „Groß bist du, Bel! Bei dir gibt es keinen Betrug, nicht

14 8f In G ausführlicher: (Die Priester) sprachen: „Bel selbst ist es, der es aufißt". Daniel aber erklärte dem König: „Es geschehe so! Wenn ich nicht beweisen kann, daß es Bel nicht ist, der das aufißt, will ich mit allen meinen Angehörigen sterben."

11-13 G läßt Daniel, nicht die Priester sprechen. Auch im übrigen hier und im folgenden teilweise abweichender Text.

14 Nach G werden auch die Siegel einiger angesehener Priester angebracht.

16-18 G: Daniel sprach: „Schaut, ihr Priester, nach eueren Siegeln, ob sie noch da sind, und du, König, siehe zu, ob dir nicht eine Unstimmigkeit aufstößt!" Sie fanden das Siegel, wie es gewesen war, und nahmen das Siegel ab. 18 Als sie die Türen öffneten, sahen sie alle Gerichte verzehrt und die Tische leer. Da freute sich der König und sprach zu Daniel ...

Metall Jer 10 3f vgl Jes 44 12f Bar 6 38 50, auch oben zu 3 1.

9 Das Volk macht immer und überall zwischen Bild und Gott wenig Unterschied. Daniel will die Ohnmacht beider zeigen und so einen negativen Beweis für seinen „lebendigen Gott" führen 5 vgl Ps 115 4-7.

11-13 Trotz ihres schlechten Gewissens gehen die Priester scheinbar bereitwillig auf alle Vorsichtsmaßnahmen ein, um nicht den Verdacht des Königs zu erwecken. Sie sind auch kühn geworden, weil der Betrug bisher immer gelungen war.

14-20 Daniel schlägt die Priester mit ihren eigenen Waffen: er setzt List gegen List. Alle Maßnahmen sind darauf berechnet, jede Täuschung auszuschließen beziehungsweise den verübten Betrug unwiderleglich klar zu machen.

den geringsten". 19 Doch Daniel lachte. Er bestimmte den König, nicht ein-
zutreten, und sagte: „Betrachte doch den Boden und stelle fest, wessen Tritte
das sind!" 20 Der König entgegnete: „Ich sehe die Tritte von Männern,
Frauen und Kindern". 21 Darauf ließ der König erzürnt die Priester, ihre
Frauen und Kinder zusammen ergreifen, und sie mußten ihm die Geheim-
türen zeigen, durch die sie eingetreten waren, um die Sachen auf dem Tische
zu verspeisen. 22 Der König ließ sie nun töten, und den Bel gab er dem
Daniel preis, dieser zerstörte ihn und sein Heiligtum.

14 23-42 Drache und Löwengrube

Der Drache als Gott

23 Es war da ein großer Drache, den die Babylonier verehrten. 24 Da
sprach der König zu Daniel: „Von diesem kannst du doch nicht sagen, er
sei kein lebendiger Gott, bete ihn also an!" 25 Daniel erwiderte: „Den Herrn,
meinen Gott, werde ich anbeten, weil er ein lebendiger Gott ist. Gib mir
aber, o König, die Erlaubnis, so töte ich den Drachen ohne Schwert und

14 19 G zusätzlich: „Hier sieh doch den Betrug der Priester!"

21 G: Da begab sich (der König) zu dem Hause, in dem die Priester sich aufhielten, und fand dort die Speisen für Bel samt dem Wein. Nun zeigte Daniel dem König die Geheimtüren ...

22 G: Der König entfernte sie (die Priester) aus dem Beltempel und übergab sie Daniel. Auch den für ihn bestimmten Aufwand überließ er Daniel; den Bel zerstörte er.

23 G: „an demselben Orte", d. i. in Babylon.

24 G und manche Th-Hss zusätzlich: er lebt, ißt und trinkt.

25a fehlt in G.

22 Herodot I 183 erzählt, daß Xerxes 485—465 eine riesige goldene Bildsäule aus dem Tempel in Babylon weggenommen habe. Das schließt die Maßnahme des Cyrus, über die sonst kein Bericht vorliegt, nicht aus.

23-42 Zweck und Inhalt rücken diese Erzählung in die Nähe von Dan 6. Besonders die Löwengrube als Strafe für die Ablehnung des Götterkultes ist beiden Stücken gemeinsam. Aber Begründung und Veranlassung ist doch verschieden. Dort ist der Neid der Amtsgenossen am Werk, hier geht der Angriff von Daniel selbst aus. „Dublette" wäre also unzureichende Erklärung.

23 Der Drache findet sich in der babylonischen Mythologie, und die Kunst stellt ihn dar. Manche babylonische Gottheiten haben auch ein Tier als Symbol oder Attribut. Daß man aber, wie im alten Ägypten, auch im Zweistromlande lebende Tiere als göttlich verehrte, dafür ist sonst kein Beispiel bekannt. Immerhin war der Schlangenkult im vorderen Orient weit verbreitet; die zahlreichen Darstellungen der Schlange sind gewiß nicht immer lediglich Ornament. Es lage nahe, daß man dem unheimlich erscheinenden Tier gern dämonischen Charakter zuschrieb und es mit Unterwelts- und Erdgöttern, aber auch mit Heilgottheiten in Verbindung brachte. Die Schlange spielt ja nach altorientalischer Vorstellung ihre für den Menschen meist verhängnisvolle Rolle, wo es um Tod und Leben, besonders um das ewige Leben geht vgl Gen 3 auch Num 21 6-9 4 Kg 18 4. Nach dem babylonischen Gilgameschepos XI 295-306 raubt sie dem Menschen das Lebenskraut, das die Unsterblichkeit verbürgt hätte. Indem sie es frißt und sich dann häutet, also wieder jung wird, erfährt sie die Wirkung an sich selbst.

24 Die Schlange ein lebendiger Gott im Gegensatz zum leblosen Gottesbild vgl 3 5 f, kaum im Sinne der Unsterblichkeit, vgl aber zu 23.

Keulel!“ 26 Der König erklärte: „Ich gebe sie dir“. 27 Nun nahm Daniel Pech,
Talg und Haare, knetete (die Masse) zusammen, formte sie zu Kuchen und
gab sie dem Drachen ins Maul. Der Drache fraß und barst. Er sagte dann:
„Seht da, was ihr verehrt habt!“

Die Löwengrube als Strafe

28 Als die Babylonier das erfuhren, wurden sie höchst unwillig und taten
sich gegen den König zusammen. Sie sagten: „Ein Jude ist der König gewor-
den: den Bel hat er zerschlagen, den Drachen töten und die Priester ab-
schlachten lassen“. 29 Sie begaben sich zum König und verlangten: „Liefere
uns Daniel aus! Sonst töten wir dich samt deiner Familie“. 30 Da der König
gewahrte, daß sie ihm hart zusetzten, lieferte er ihnen notgedrungen Daniel
aus. 31 Sie warfen ihn in die Löwengrube; dort blieb er sechs Tage. 32 In der
Grube befanden sich sieben Löwen, diesen pflegte man täglich zwei (Men-
schen)leichen und zwei Schafe zu geben. Damals aber gab man ihnen nichts,
damit sie Daniel auffräßen.

Essen durch Habakuk

33 Da war in Juda der Prophet Habakuk. Dieser hatte ein Gericht zube-
reitet und Brot in einen Napf zerrieben; damit ging er auf das Feld, um es
den Schnittern zu bringen. 34 Nun sprach ein Engel des Herrn zu Habakuk:
„Bringe das Essen, das du hast, dem Daniel nach Babylon zur Löwengrube!“
35 Habakuk antwortete: „Herr, Babylon habe ich nie gesehen, und die Grube

14 27 Nach G eine Menge von dreißig Minen, d. i. annähernd dreißig Kilogramm.

28 G weniger entsprechend vgl 29 f: „wider Daniel“.

29 fehlt in G.

30 G: Der König ... rief seine Vertrauten und sprach: „Ich übergebe Daniel zur Hinrichtung“. Auch im folgenden weicht der Text, sachlich allerdings wenig belangreich, vielfach ab.

31 f „und er blieb dort sechs Tage“ stelle mit G hinter 32! Nach G kommen in die Grube „die Widersacher des Königs“, und zwar täglich die Leiber von zwei zum Tode Verurteilten, keine Schafe.

32 G gibt als Begründung an: „damit er (Daniel) aufgefressen werde und kein Begräbnis erhalte“.

33 Nach G auch einen Krug voll Mischwein.

26 Auch die Babylonier bezweifeln sonach wohl nicht, daß man den göttlichen Drachen mit Waffen doch töten könnte. Daniel will zeigen, daß ein Tier, das sich sogar ohne Gewalt durch bloße Täuschung umbringen läßt, **nicht Gott** sein kann.

27 Bitterster Sarkasmus.

28 Nach dem 8-22 erzählten Vorgang, auf den die Leute ausdrücklich verwiesen, ist die drohende Haltung der nun zum zweiten Mal in ihrem religiösen Fanatismus getroffenen Volksmenge gegen den König wohl begreiflich. Dahinter stand natürlich die Priesterschaft, die durch ihre Zahl, ihren Besitz und ihren Einfluß auch eine politische Macht bildete, mit welcher man am Hofe zu rechnen hatte.

32 Löwengrube wie 6 8.

33 Das Beiwort Prophet, das in G allerdings fehlt, soll Habakuk wohl als denselben bezeichnen, nach dem das kanonische Buch benannt ist vgl 1 G. Im Zusammenhang hier kommt es jedoch nicht auf den prophetischen Beruf, sondern auf die zubereitete Mahlzeit an, vgl aber zu 36. — Die Habakuk-Episode könnte, ohne daß eine merkliche Lücke entstünde, fehlen; 40 würde unschwer an 32 anschließen. Das ist freilich kein hinreichender Grund, den Abschnitt auszuscheiden.

kenne ich nicht". 36 Da faßte ihn der Engel des Herrn am Scheitel, trug ihn
an seinem Haupthaar fort und setzte ihn ab in Babylon am Rand der Grube
in einem Atemzug. 37 Hier rief Habakuk: „Daniel, Daniel, nimm das Essen,
das Gott dir schickt!" 38 Da sagte Daniel: „So hast du meiner doch gedacht,
o Gott, und hast nicht verlassen, die dich lieben". 39 Dann machte sich Daniel
daran und aß. Der Engel Gottes aber versetzte Habakuk sofort zurück an
seinen (früheren) Ort.

Die Befreiung

40 Am siebenten Tage kam der König, um Daniel zu betrauern. Er trat an
die Grube und blickte hinein: siehe, Daniel saß da! 41 Nun schrie er ganz
laut und rief: „Groß bist du, Herr, Gott Daniels! Es gibt außer dir keinen
anderen". 42 Er ließ ihn herausziehen; die sein Verderben gewollt hatten,
aber ließ er in die Grube werfen. Sofort in seiner Gegenwart wurden sie
aufgefressen.

14 42 V bietet in Anlehnung an 6 26-28 den Zusatz: Dann sprach der König: „Alle Bewohner der ganzen Erde sollen den Gott Daniels fürchten, weil er der Retter ist, der Zeichen und Wunder tut auf Erden, der Daniel aus der Löwengrube befreit hat!"

36 Vgl die örtliche Entrückung des Elias durch den Geist Jahwes 3 Kg 18 12 4 Kg 2 16 vgl Ez 8 3 Apg 8 39 f.

40 Der König wartet, anders als 6 19, mit seinem Besuch sieben Tage, aus Furcht vor der Volkswut oder aus Hoffnungslosigkeit.

41 Was der König sagt, ist nicht monotheistisch, er meint es nur vergleichsweise: Kein Gott ist dem israelitischen an Macht gleicht 2 47 3 96 (29).

42 vgl 6 25.

ECHTER BIBEL

DAS ALTE TESTAMENT: EZECHIEL / DANIEL

DIE HEILIGE SCHRIFT IN DEUTSCHER ÜBERSETZUNG

ECHTER-BIBEL

DAS ALTE TESTAMENT

1. Lieferung

Die Psalmen

Von Friedrich Nötscher

292 Seiten, DM 7,80

2. Lieferung

Jeremias / Klagelieder

Von Friedrich Nötscher

176 und 24 Seiten, DM 6,20

3. Lieferung

Das erste und zweite Buch der Makkabäer

Von P. Dionys Schötz

108 Seiten, DM 4,60

4. Lieferung

Zwölfprophetenbuch / Kohelet

Von Friedrich Nötscher

188 und 34 Seiten, DM 6,60

5. Lieferung

Isaias

Von Joseph Ziegler

192 Seiten, DM 6,—

6. Lieferung

Ezechiel

Von Joseph Ziegler

Daniel

Von Friedrich Nötscher

148 und 72 Seiten, DM 6,60

7. Lieferung

Samuel und Königsbücher

Von Martin Rehm

124 und 136 Seiten, DM 7,20

8. Lieferung

Chronik

Von Martin Rehm

Sprüche

Von Vinzenz Hamp

142 und 88 Seiten, DM 6,90

9. Lieferung

Genesis

Von Hubert Junker

148 Seiten, DM 4,80

10. Lieferung

Esra / Nehemias

Von Martin Rehm

Hohes Lied / Rut / Weisheit

Von Johann Fischer

Insgesamt 168 Seiten, DM 5,20

11. Lieferung

Tobias / Judit / Ester

Von Friedrich Stummer

Baruch

Von Vinzenz Hamp

Insgesamt 144 Seiten, DM 4,80

12. Lieferung

Josua / Richter

Von Friedrich Nötscher

71 und 83 Seiten, DM 5.—

13. Lieferung

Job

Von Hubert Junker

Sirach

Von Vinzenz Hamp

103 und 145 Seiten, DM 7,50

14. Lieferung

2. bis 5. Buch Moses

von Heinrich Schneider und Hubert Junker. 350 Seiten, DM 11,40

15. Lieferung

Registerband mit Karten und Zeittafel

Von Friedrich Nötscher. 154 Seiten, DM 6,80

DIE HEILIGE SCHRIFT IN DEUTSCHER ÜBERSETZUNG

ECHTER-BIBEL

+

DAS NEUE TESTAMENT

---

1. Lieferung

Das Evangelium nach Matthäus

Von Karl Staab

164 Seiten, DM 5.60

---

2. Lieferung

Apostelgeschichte und Römerbrief

Von Josef Kürzinger

98 und 58 Seiten, DM 5.80

---

3. Lieferung

I. und II. Timotheus, Titus, Philemon, Hebräer, Kath. Briefe

Von Josef Reuß

Apokalypse

Von Eduard Schick

238 Seiten, DM 7,80

---

4. Lieferung

I. und II. Korinther, Galater, Epheser, Philipper, Colosser, I. und II. Tessalonicher

Von Josef Kürzinger und Karl Staab

---

5. Lieferung

Evangelium nach Markus, Lukas und Johannes

Von Karl Staab

No tiene
ISBN